泥濘中的老虎：
德國戰車指揮官的戰爭回憶

TIGER IM SCHLAMM:
Die 2. schwere Panzer-Abteilung 502 vor Narwa und Dünaburg

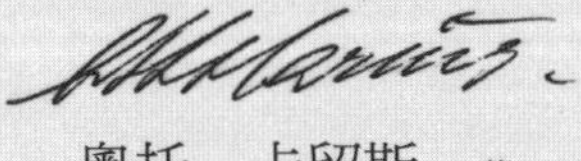

奧托・卡留斯 著
（Otto Carius）
常 靖 滕昕雲 譯
許智翔 導讀／審定

謹將本書獻給我在第五〇二重戰車營第二連（502nd Heavy Panzer Battalion）的袍澤，以榮耀陣亡弟兄，並提醒在世者那不滅與無法遺忘的袍澤情誼。

作者配戴橡葉騎士十字勳章與在野戰醫院留影。

在波森的基本訓練展開了，對於穿上「威廉皇帝紀念常服」感到十足的驕傲。

晉升為軍官候補生代中士後，在進入第 8 軍官候補生訓練班之前，獲得幾天返家探親假。

1944 年 5 月，作者於獲頒騎士十字勳章之榮譽假期間所攝。

作者在薩爾茲堡指揮部內獲頒橡葉騎士十字勳章，為國防軍第 535 位接受此殊榮者。

在波森的行軍訓練。

在波森，步兵第 140 補充營，於「下哨」命令下達之後。右起第二人為卡留斯。

在波森受訓的第 9 個星期，正進行機槍訓練。

1940 年 12 月 1 至 14 日，在普特洛斯受訓。此為打靶結束後清理保養砲膛與槍械。

準備出發前往普特洛斯射擊場。

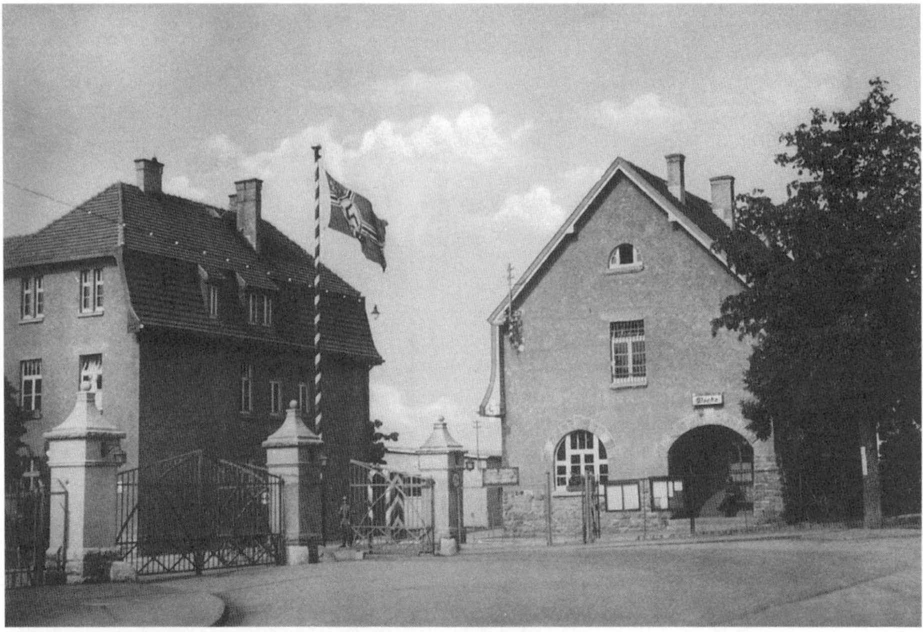
德東圖林根教練場的大門，第 20 裝甲師即是在此教練場成軍。

第 21 戰車團第 1 營執行公路之側翼掩護，在砲塔上的是裝填手卡留斯代理下士。旁側站立者為奧古斯特 · 戴勒下士，這是一輛 38t 戰車。戴勒爾後與卡留斯一起，晉升為少尉擔任排長。在一次意外事故中，戴勒不幸喪生。他在結冰地面上指示四號戰車時行動不慎滑倒，大腿以下遭履帶輾壓，戴勒很快殞命。

維爾納一帶擄獲的首批戰俘。本照片從一輛二號戰車上所拍攝，該車是營部偵察排的車輛。

1941 年，推進。日以繼夜——前進、前進、前進。

「陸行斯圖卡」（Stuks zu Fuß）所展現的集中火力，這就是「蘭澤」（Landser, 德國步兵之別稱）之所以稱「煙霧發射器」火箭為「陸行斯圖卡」的原因。雖然精準度不及砲兵或者其他精準投射武器，「煙霧發射器」多管火箭能夠在諸如多森林等地形中運用，獲得了極大的成功。此外，該火箭更可對敵產生心理上的效應。

史達林下令焦土政策！讓德國兵找不到地方住宿。是以許多地方就成為這副模樣，僅有煙囪殘留。這裡是杜納河的烏臘。

烏臘一帶杜納河上的浮橋。

作者的 38t 戰車於杜納河渡河口遭到擊中留下的彈孔，穿甲彈打掉了機槍旁的無線電手左臂。彈頭破片也劃傷了作者的臉頰，使其失去了幾顆牙齒。

捷克造38t戰車，為第21戰車團的主力，在面對T-34與 KW 戰車時處於絕望的劣勢，唯一能夠克制該等戰車的武器，僅只有轉作地面戰鬥的 88 公厘高砲。

偵察排的二號戰車。

1941 年，完成佔領斯摩稜斯克。

與穿連身服的戰士握手的戰友，為第 21 戰車團的梅耶中士。梅耶與作者一起參加了第 8 軍官候補生訓練班。爾後梅耶晉升少尉，成為第 502 重戰車營第 1 連連長。1943 年底，梅耶陣亡於加奇納以北地區。根據梅耶同車的戰友陳述，在他的戰車被擊毀時，因不願被俄國人俘虜而舉槍自戕。

進入第 8 軍官候補生訓練班之前的駕駛訓練。

1942年春，席梅爾下士（Schimmel）抓到了一隻豬，在他的38t戰車上拍照留影。這隻豬不久後下鍋烹煮成為全連的大餐。席梅爾從18歲開始擔任我的駕駛手，得過一級鐵十字勳章。某次休息時，他遭到一塊很小的破片擊中心臟，當我們叫醒他繼續行駛時，竟要先行找出他到底哪裡被打中了。

第20裝甲師砲兵團副官榮恩上尉（Jung）前來探訪間，團士官長卡留斯在他的38t戰車上留影。卡留斯與榮恩是學生時代的老朋友，4個星期之後，榮恩上尉陣亡。

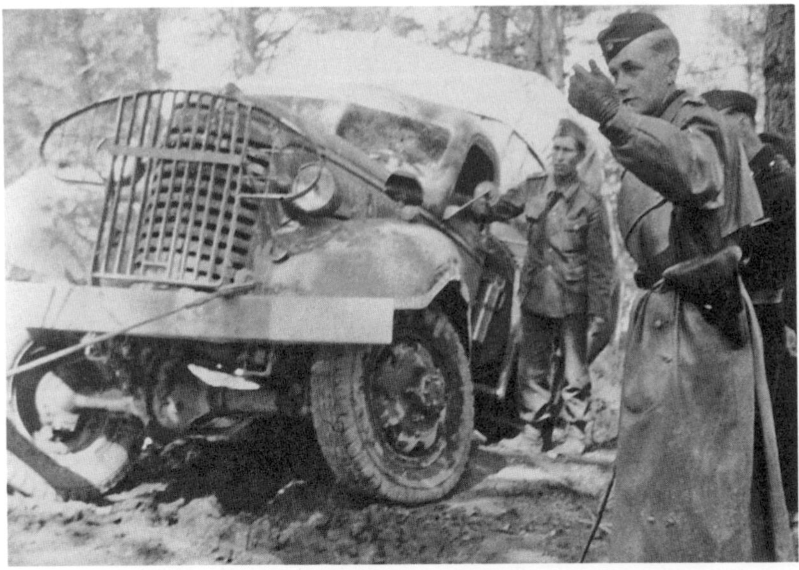

時任士官長的作者，在一次對前線實施運補時，正組織對一輛載重車實施救援。當時作者已是軍官候補生的身分。

1942 年秋晉升為預備役少尉，卡留斯獲得了一個星期的省親假，自東線戰場返家。

於普洛埃梅勒上鐵皮裝載，虎式裝上了鐵運專用履帶，圖下即是行駛用履帶。

於布列塔尼（法國）的普洛埃梅勒接收虎式戰車，進行訓練與實彈試射。

於普洛埃梅勒上鐵皮的虎式戰車，必須在兩節特殊車台中間，再安排一節普通車台。

準備開動！特殊板車－普通車板－特殊板車，這是為因應過橋時重量承載的考量。

我指揮的第 502 重戰車營第 2 連在「休養營舍」（Ruhequartier）舉行早點名。如是全單位的集合已經很少見了，通常戰鬥部隊不是投入戰鬥，就是位於由塞普 ・ 里格資深行政士官所帶領接近第一線的前推據點內。

這座橋樑太脆弱了！戰車第 3 連即將前往施救連上這輛虎式，可惜該車車長在這次事故中殞命。

赫曼士官長再一次辦到了！沒有比這更好的辦法了！

沒有人比得上赫曼士官長了，救濟排排長魯威戴少尉對此相當欣慰。

赫曼士官長，總是他的虎式遭到陷在坑裡，救濟排每次聽到他就頭疼。因為如此，救濟排的弟兄們便戲稱他「蘇聯英雄」！

這就是在前方指揮的模式，適時隱身乃不變的法則。

第 2 連的弟兄們，中間最高者為補給排排長梅耶中士；最右者為馬維茲准下士，1944 年 7 月 24 日作者負傷時，即是此員前往救助。

作者的第一輛 213 號虎式戰車，可見舊式構型之指揮塔。當開啟頂蓋時，在極遠的距離外即可辨識，也很容易被擊中。車長要關閉頂蓋時，還必須將砲塔內位於臀部上方的安全閂放開。後期型改為扁平式，頂蓋可以側旋開啟，且從砲塔內即可操作。

從另一個視角看作者的 213 號戰車。

在前線休整期間，前往列巴爾灣一艘海軍佈雷艦參訪。

於列巴爾之前線休整期間，向護士們告別。

魯道夫·茲維提二等士官長的虎式戰車，某次因技術狀況而暫停。左起：利普曼代理下士（無線電手）、在砲塔上為施帕勒克中士（射手）、修夏特代理下士（裝填手），站立於戰車前者為作者以及茲維提士官長，在駕駛手艙口的是蒙瑟斯代理下士。

另一張 213 號虎式戰車壯觀雄偉的照片。

我們最卓越的指揮官葉德少校營長。

威利・葉德少校（左四），我們的營長，爾後由史瓦納少校接替，對我們而言其在職時間實在太短了。葉德前往擔任愛森納赫士官學校指揮官。本圖為葉德與他的乘員們合影。

作者的 213 號虎式戰車於徹尼佛（Tscherniwo）。最前面的路輪脫落了，此乃爛泥或是積雪積塞於主動輪未能清除，久而久之所造成。

在補給據點展開技術勤務。

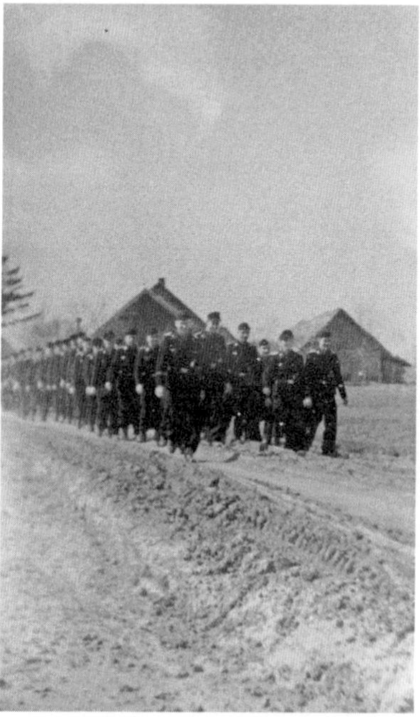

第 2 連出發前往參加營集合暨騎士十字勳章授勳典禮，典禮儀式在指揮部營房前舉行。

在車諾沃舉辦之鐵十字勳章授勳儀式之後所攝。左起：茲維提士官長、作者、戈林士官長、里爾士官長。

取自《每周新聞》於杜納堡以南的戰鬥報導。

可以清楚的觀察到，新式的指揮塔相當實用，現在頂蓋乃是往側邊推旋開啟。左起；克拉瑪下士（射手）、克舍上士（在作者轉去 217 號虎式之後，接任 213 號車長）、卡留斯少尉、呂內克代理下士（無線電手）、華格納代理下士（裝填手）。

作者在訪談中愉快地談到，我們就是這樣進行戰鬥的。這張照片乃作者 1944 年 7 月 22 日成功完成了瑪利納瓦的任務之後，由一位《每周新聞》的戰地新聞官所拍。

兩次戰鬥中極難得奢求的休憩。

1944 年 5 月的騎士十字勳章榮譽假。兩週的假期通常需花費一個星期的時間在鐵路交通上，這是戰爭期間最後一次家族聚會了。左起：兄沃夫岡，1945 年晉升預備役少尉，服役於義大利的一個戰車團，此時還是戰車兵。母親與預備役少校的父親，他在俄國戰場擔任營長，最右為奧托。

在徹爾諾佛（Tschernowe）的精緻偽裝，新的作戰命令整備就緒。

相當於美軍吉普車的水桶車，是非常好用的輔助車輛。

十八噸級的 Sd.Kfz.9 重型半履帶牽引車，是專門的戰車底盤救濟車出世之前的唯一救濟車輛。

Sd.Kfz.9 半履帶牽引車所組成的車組，正吃力的拖吊約 60 噸重的虎式戰車。

附邊車的機車在戰場前線後方之間來回穿梭是非常方便的交通工具。

蘇聯東線戰場枯燥的警戒任務。

士兵在隱蔽處觀測敵方狀況，圖中突出圍籬上的就是剪式望遠鏡。

2012年5月，卡留斯拍攝於他的私宅與本書導讀者見面。（許智翔提供）

卡留斯的鐵十字勳章，可以看見他的勳章環繞脖子的部分，即是書中所說，取用自護目鏡的橡皮帶。（許智翔提供）

卡留斯與老虎藥局，這是一個在偏鄉開設的藥局，卻吸引了許多讀者前來向作者致敬。（許智翔提供）

目錄

奧托・卡留斯生平

1922年5月27日	出生於茨魏布呂肯（或稱雙橋鎮）。
1928年	就讀於茨魏布呂肯的魯德維希小學（Ludwigsschule）。
1932年	就讀於茨魏布呂肯的文科高中。
1940年	輟學。
1940年5月	志願加入德國國防軍，於步兵第104補充營入伍，正式服役於菲爾德畔之法伊欣根（Vaihingen an der Filder）戰車第7補充營。
1941年6月22日	服役於第2 0裝甲師，參加東線戰役。
1942年	接受軍官訓練，其後擔任戰車第21團第1營排長。
1943年6月	擔任重戰車第502營第2連排長；以其新配發之虎式戰車投入戰鬥。
1944年1至7月	於納瓦與杜納堡參加戰鬥。
1944年7月	負傷，於野戰醫院休養；痊癒後轉赴西線，擔任重戰車獵手第512營（s.Pz.Jg.Abt 512）第2連連長，操作獵虎（Jagdtiger）驅逐戰車作戰。
1945年4月	於魯爾包圍圈中投入作戰，在烏納與朗薛爾德（Langschelde）之間的腓特烈－威廉高地（Friedrich-Wilhelm Höhe）參加戰鬥。
1945年4月18日	負傷入院，其後被美軍俘虜，1945年底獲釋。
1946至1948年	於茨魏布呂肯的太陽藥房（Sonnen-Apetheke）學習，擔任見習生。
1948年	通過預科考試，擔任藥房助理。
1948至1951年	在佛萊堡/布萊斯高（Freiburg/Breisgau）攻讀醫藥學。
1951年	在佛萊堡敏斯特醫藥學院成為藥劑師候選人半年。
1952至1956年	受聘於茨魏布呂肯的福杜納藥房（Fortuna Apetheke）擔任藥劑師。
1956年7月	在赫爾需威勒-佩特斯海姆（Herschweiler Pettersheim）租屋，接掌經營一間藥房。
1960年	自己的住屋與藥房建築興建完成，將藥房遷移至新址，更名為「老虎藥房」（Tiger-Apetheke）。
2011年2月	將老虎藥房出售，由繼承人接掌經營。
2011年2月起	再度執業，與繼承人一起經營老虎藥房。奧托・卡留斯可能是德國最資深的藥劑師，一直執業至2015年1月。
2015年1月24日	經過了豐富與多采多姿的一生，奧托・卡留斯在自宅熟識的環境中逝世。

為國防軍平反的藥劑師

許智翔導讀

二〇一二年的五月，還在德國的筆者搭上了德國鐵路的火車，經過薩爾邦的城鎮洪堡（Homburg, Saarland），再轉搭公車前往本書作者戰後居住的小鎮赫許韋勒-佩特斯海姆（Herschweiler-Pettersheim）拜訪卡留斯先生。卡留斯戰後於弗萊堡大學（Albert-Ludwigs-Universität Freiburg）取得藥學學位後，在該地經營「老虎藥局」（Tiger-Apotheke）到二〇一一年因身體狀況退休，筆者在卡留斯辭世約莫半年前的二〇一四年夏天又再次拜訪，與老先生談了許多他的前線經歷。曾起心動念希望得到此書的翻譯出版機會，可惜當時與之擦身而過，此次有幸能得到協助本書出版的機會，對於燎原出版的厚愛不勝感激。

奧托．卡留斯老先生的身材不高，給人的第一印象是親切但聲音宏亮的老爺爺。可能因為曾生過大病的關係，很多人聯絡「老虎藥局」想造訪老人家時，經常被經營藥局的同事婉拒；不過，據說若親自造訪，卡留斯總會邀請客人進來坐坐聊聊。「每個週末總有從世界不同角落的人過來，我老覺得自己並沒有做什麼很了不起的事情，人家辛辛苦苦大老遠跑來，不好意思讓人家失望回去，」老先生這樣說，或許這是老一輩世代的人情味吧。

老先生在藥局一樓的房間裡面招待訪客，周圍掛滿了與他和虎式戰車有關的繪畫、模型等各種贈品，可以想像有多少人與廠商曾來拜訪。儘管身體活動並不方便，也容易疲勞，不過在藥局同事們忙碌的時候，卡留斯就會緩慢地走向櫃檯，試著做點事幫忙，老人家也很樂意在回憶錄或照片上簽名，說這也可以幫忙練習一下、讓手不會退化太快。筆者到現在偶爾還是會想，是否這樣的積極、進取的處事心態，是他長壽的另一個秘訣呢。二〇一四年第二度造訪時，老先生已經需要用輔具協助走路了，不過當筆者問到時，卡留斯說：「噢，這個（腳）啊，是前幾年打網球受傷的。」這樣的充沛精力實在令人難以置信。

✠

如果說二戰各國的戰車中，要選出最具威名的其中一輛，個人以為，人們首先會想到的，多半是德國的「虎式」重型戰車吧？裝甲戰鬥車輛六號E型「虎式」（Panzerkampfwagen VI Ausf. E "Tiger"）不僅在當時為西方盟軍的士兵帶來了所謂的「恐虎症」（Tiger phobia），在戰後迄今的七十餘年裡，虎式戰車的鮮明二戰形象仍然廣泛見於各種戰記書籍、媒體、影視節目與電玩當中。而卡留斯這本最初於一九六〇年付梓的回憶錄，正是戰後初期關於德軍重戰車部隊的重要文獻。

本書隨著卡留斯的腳步，讀者從一九四一年到一九四四年在廣闊的蘇聯大地上的殘酷東線戰場，一路走到一九四五年兵敗如山倒的魯爾口袋。從前線基層軍官的視角來回顧他在大戰中的經歷，讓讀者對這場戰爭可以得到與常見的高階將領回憶錄截然不同的理解。從前線基層部隊的角度出發，我們隨著作者經歷了裝甲部隊的日常生活。然而，即使是這樣的裝甲王牌，戰鬥仍然只是整個東線生涯的一小部分；正如卡留斯親口告訴筆者的，那些他經歷過的知名戰鬥，事實上發生的時間，多半僅短短數十分鐘而已，然而在東線的日常生活，大部分每天都得花上十個小時保修戰車，長時間面對一望無際的遼闊草原的枯燥警戒。而在冬天，以上這些更與下午三點天黑、早上九點才天亮的漫長黑暗結合在一起。對經歷過那場戰事的卡留斯而言，這才是東線在大多數時候的面貌。

在作戰的過程中，書中呈現的不僅是精彩的戰車交戰過程，讀者們應該也可以注意到德國國防軍繼承自普魯士軍隊的機動戰傳統，以及用「任務戰術」（Auftragstaktik）作為核心的指揮原則。「任務戰術」簡單來說，是上層下達清楚簡潔的任務目標，並且給予前線指揮官充分的自由遂行意志以達成任務。這不僅需要高層指揮官清晰明瞭的任務賦予，各階層指揮官到士官兵的高度專業，以及對作戰的共同理解才能達成。藉由給予前線基層極高的自由度，以靈活性來穿透所謂的「戰場迷霧」（fog of war）；這樣的作戰指揮原則發展至今日，受到現代美軍高度重視，並且在德國聯邦國防軍（Bundeswehr）稱為「任務式指揮」（Führen mit Auftrag）。在這樣的前提下，卡留斯等前線基層部隊及指揮官，因而能享有極高的行動自由。儘管如此，相信有很多讀者在閱讀這本回憶錄的同時，仍會覺得虎式戰車部隊的自由度似乎大得驚人。這其實是因為德國陸軍當時將虎式戰車集中編成幾個「重戰車營」（schwere Panzerabteilung）獨立運用，因此相較於傳統隸屬於裝甲師戰車團的裝甲兵而言，這些重戰車獨立部隊確實擁有更高的行動自由，這也是筆者在造訪卡留斯時，老人家一再強調的虎式戰車單位特色。而這些單位，同時也因為虎式戰車的戰力，而經常成為德軍戰線的「救火隊」四處救火。

與一般常見的印象不同，德軍戰車部隊在初期橫掃歐陸的時候，其火力與防護力都落後於同時期對手。舉例來說，三號與四號戰車的早期型號，其攻防能力與西方盟軍的英法戰車如Matilda II、B1bis，或蘇聯新銳的T－34及KV－1相比時屈居劣勢。更遑論戰爭初期，德軍陣中還有大量的一、二號輕型戰車。卡留斯在跟筆者聊到他曾操作的捷克製38（t）輕戰車時，就說該型戰車的火力與防護力幾近於零，但是機動力卻相當良好。機動力的優勢，與大量裝備無線電、具備較好通訊能力，可能是戰爭初期德國戰車的主要優勢所在，這也使得德軍能夠有利地去遂行擅長的機動戰。虎式戰車在戰爭中期推出時，確實立刻使得德軍裝甲部隊瞬間擁有對盟軍戰車在性能上的全面優勢，然而當時納粹德國已經逐漸顯露敗相，德軍開始漸漸轉入防禦態勢。正因為如此，原本要集中運用的虎式重戰車營，有時候又必須打散成小單位，分散到戰線各處以強化防禦能力。例如書中在納瓦戰役的很長一段時間內，卡留斯旁邊僅有克舍一輛僚車而已，到了後來才有第三輛戰車得以協助強化防線。

本書內的另一個重點，在於像卡留斯這樣的德軍二戰老兵，嘗試為德國國防軍「辯護」的努力，試圖在回憶錄中告訴讀者，德國國防軍並非是戰敗國的「犯罪組織」，而是專業、忠誠的戰士。持平而論，跨越冷戰期間建立的「潔白無瑕的國防軍」（Saubere Wehrmacht）迷思，正是戰史研究在近年重視的重要方向。換言之，德國國防軍實際上也確實有部分官兵成為了納粹德國慘絕人寰大屠殺（Holocaust）的一部，這是在戰後「潔白無瑕的國防軍」迷思所避談與忽視的部分。但本書成書的一九六〇年代，則是開始逐漸有前國防軍軍人，如卡留斯等基層官兵逐漸開始用自己的經歷，試圖為國防軍平反。此外，對筆者而言，德國陸軍（Heer）與親衛隊（SS）之間的關係，也是本書饒富趣味的一點。卡留斯曾告訴筆者，黨衛軍士兵通常比較高傲，認為自己是精銳。不同軍種之間的競合心態，尤其是國家傳統的常備武裝部隊，與納粹黨私兵之間關係的敘述，對筆者而言，在閱讀時是一種能更接近當時氛圍的趣味所在。

卡留斯在書中，毫不保留地表達他對蘇聯紅軍對手的欽佩。對奮勇作戰的對手抱持敬意，或許對於當時曾親歷戰事的士兵們來說是很普遍的現象。筆者在二〇一四年秋天到荷蘭參與「市場花園作戰」（Operation Market Garden）七十週年紀念活動時，有幸與幾位美軍空降部隊老兵談談他們的二戰經歷。其中一位前美軍一〇一空降師士官Guy Whidden先生，在談到對手德國空降獵兵（Fallschirmjäger）時，同樣帶著敬意告訴筆者，對方是可敬且勇敢的對手，彼此都讓對方付出了極高代價。對於經歷殘酷戰爭的士兵來說，當時的經歷是共通的語言，也是互相理解的基礎，這樣的態度也能在《泥濘中的老虎》這本回憶錄中見到。當筆者告訴卡留斯，自己家族長輩曾志願加入日本海軍航空隊時，老人家立刻用嚴肅的口吻問：「他有沒有（在戰後平安）回家？」對經歷過那場人類史上絕無僅有的殘酷戰事的世代而言，「平安活下來」或許也是他們的共通語言與希望。

隨著親身參與二戰的世代逐漸凋零殆盡，作為戰後數十年出生的世代，我們在閱讀相關文獻記載時，或許可以用相對上更為中立的角度探討戰史，並試著進一步用逐漸出現的各種資訊與記錄，像拼湊拼圖一般、慢慢地還原當時的戰況。事實上，不論是回憶錄還是口述歷史，在還原當時戰事的全貌時，都有其侷限性。舉例來說，人的記憶在事情發生過若干年後回想時，多少會出現一些誤差。以本書為例，最初出版時已經是第二次世界大戰結束的十五年之後了，儘管本書的作者保留了相當多的原始文件協助寫作，記述上出現一些出入仍然在所難免；此外，當事人或多或少會為自己的作為與決策辯護，這種現象尤其容易出現在高階指揮官或政治人物的回憶錄上。也因為這樣，回憶錄並不被認定為是極高價值的史料。然而前線軍人、尤其是卡留斯這樣的王牌的大戰回憶，在戰爭結束將近八十年的今天，仍然是讓我們一窺二戰德軍傳奇戰車王牌與其單位面貌的重要文獻，以及作為進一步研究的開端。

前言

身為前德國國防軍的士兵，我們非常感謝國際間多家出版社翻譯推出二戰相關德文書籍。這些出版品使德國士兵在電影、電視和媒體報導中惹上的污名得以獲得洗雪，國防軍的形象也在許多資料的協助下變得更為客觀。尤其值得感謝的是我們對陣亡戰友的致敬，他們和西歐所有國家的志願者一起為了阻止共產主義而奮戰，而對他們的記憶卻被詆毀。我對與西班牙的「藍色師」（Blauen Division）並肩作戰仍有鮮明的記憶。

不幸的是，我們必須親眼目睹自己國內的戰爭紀念碑遭到摧毀與褻瀆，而「無名逃兵紀念碑」卻在不萊梅、漢堡與波昂盛大地建造起來。

（一定要提的有趣一點是：直到一九四四年十二月三十一日止，在整個五年戰爭期間，國防軍大約七百萬人當中，國防軍紀錄在案的逃兵只有一千四百零八人！）

沒有哪個國家的民眾，曾如一九四五年後的德國人民般，被成功欺騙卻還是得意洋洋的，這也令我感到羞愧。雖然擁有最新的資料來源，但對歷史的理解（Geschichtsbild）並未得到修正。在許多前第三帝國宣傳人員的協助之下，這樣的「再教育」過程大獲成功。傳統成為嘲笑的對象；而國防軍與我們全體國民在第二次世界大戰中的表現，充其量得到來自我們過去對手的認同，而某些情況下，甚至還是崇敬。

每個軍人都必須「如同法律明文規定」般完成自己的職責。敵人是誰絕不會由軍人自己決定，永遠是政治家為他決定的。「Mourir au feu ou sur la route, c'est le metier du soldat」（死於敵火或行軍途中，這就是軍人的宿命）。拿破崙的這句名言至今仍然適用於每一位士兵。正如許多聚會中所顯示的一樣，這樣的共同宿命仍緊密連繫著所有國家的前線戰士。

自一九四五年以來，世上便不曾有過完全和平的一週。在贏得兩次世界大戰的狂喜中，協約國和後來的同盟國卻也在二十世紀中失去兩次世界和平。但願在不久的未來，掌權的政治人物能在最出色的戰鬥與勝利的狂喜中，仍能記得政治上的目標。

所有人都希望能在和平與自由中生活。

但我們也不能只談人的權利，也必須指出人的義務。

希望年輕的一代能建立和平而持久的秩序。而其先決條件，就是所有的國家都必須準備好妥協。

不論如何，我們這些過去的老兵從自己艱苦的經驗學到，並代替逝去戰友傳授一件事：戰爭，乃是政治上最惡劣的替代選項！

奧托・卡留斯

德文初版前言

當我剛開始寫下自己在前線的經歷時，本來只打算寫給第五〇二虎式戰車營的成員閱讀。當這樣的寫作演變成這本書時，用意也隨之變成替德國前線士兵辯護。自一九四五年以來，不論是在德國國內和國外，都有人有意或無意在公開場合有系統地羞辱德國士兵。然而大眾有權知道這場戰爭和一般德國士兵的真正面貌！

然而最重要的，本書主要仍是為了我先前的戰車組員戰友而寫。對他們而言，本書將是提醒他們那段艱苦時光的媒介。我們做的和其他兵種的士兵並無二致，只是在盡我們的責任而已！

由於我在戰後成功保存了各部隊的相關戰鬥報告，才得以描述本書主要的相關事件，也就是一九四四年二月二十四日到三月二十二日之間的行動。這些資料我當年就看過，並把它們寄回家。而書中的其他事件則除了我的記憶之外，也還有一般官方文件可以參考。

奧托．卡留斯

第一章

祖國的呼喚

「他們到底看上那個矮子哪一點……這我也想知道啊，」牌桌上的一人說道。他們靠在一起、膝上放著行李箱，企圖透過玩牌讓離家的過程好過一點。

「他們到底看上那個矮子哪一點……」指的是我。我站在艙房的窗邊，回望著列車向東急駛通過萊茵河平原時，出現在窗外的哈爾特山脈（Haardt Mountains）。這種感覺就像一艘船要離開安全的港口、航向未知的大海。我還得不時說服自己，說徵兵通知單就放在口袋裡，上面寫著波森（Posen）[1]，第一〇四步兵補充營（Infanterie-Ersatzbataillon 104），步兵。這可是兵科中的精銳啊！

我是這群人之中的怪胎，而且也實在不能責怪其他人不把我放在眼裡。其實這點還滿容易理解的。我已經有兩次被叫去之後又被退貨了：「目前體重過輕，不適合服役！」我兩次都必須硬吞下來，偷偷擦乾臉上的淚水。我的天啊，前線的人根本不會問一個人體重有多重吧！

這時我們的軍隊已經開進波蘭，正追逐著前所未有的勝利。就在幾天前，法國也第一次感覺

---

1 譯註：即波蘭的波茲南 Poznań。

到了我軍武器的重擊。父親當時就在現場，在戰爭開始時，他又穿上了制服。這樣一來，母親獲准回到我們位於邊境的家中時，就只有一個小家庭要照顧了。而我則有史以來第一次必須在波森獨自度過十八歲生日。這時我才知道，父母給我這麼棒的童年，是多麼值得感謝的一件事！我要到什麼時候才有辦法回到家，坐在鋼琴邊、拿起大提琴或小提琴呢？我一直到幾個月前，都還打算把自己的人生投入鑽研音樂，之後就改變了想法，開始喜歡機械工程。出於這個理由，我也自願加入戰防單位（Panzerabwehr），但在一九四〇年的春天，他們根本不需要什麼志願者。我只能去當個步兵，但這樣也沒關係，重點是我總算加入了！

過了一段時間，艙房安靜了下來。顯然每個人都有很多自己的心事要想，而漫長的旅途也提供了許多這麼做的機會。等到我們帶著僵硬的雙腿和酸痛的背部來到波森以後，其實還滿樂見內心自省的時間遭到剝奪的。

有一隊第一〇四步兵補充營的人來接我們，叫我們齊步前進，帶著我們來到營區。士兵的營房顯然稱不上是美侖美奐，房間的數量也不夠，我必須和其他四十個人一起待在一間大通鋪裡過夜。這裡沒多少時間可以沉思身為祖國防衛者的崇高職責，因為「老野兔」[2]們已經開始逼我們為「此在」[3]而戰了。他們把我們當成是只會惹麻煩的「外人」。其中，我的處境又特別絕望，因為臉上還長著像桃子般的絨毛！只有堅硬的鬍子才是真男人的表徵，因此我一開始就只能屈居守勢。而我只需要每週刮一次鬍子這一點，也引起了他人的妒意，讓所有事情都變得更糟。

我們所接受的訓練非常容易讓我緊張。每當演習和儀式進行到極度厭倦的地步，或是我們在野外訓練場的泥地打滾時，我都會想起高中在馬克西米利安宮（Maximilianeum）的時光。我要到後來才會知道，這些新兵基本訓練其實是很值得的。我後來不只一次利用自己在波森學到的知識逃離危險。幾個小時過後，一切的悲慘都已被我們拋諸腦後了。我們對軍隊、長官和自己的愚行所感到的憤怒很快就消失了。基本上，我們都相信自己所做的一切是有意義的。

只要有願意為國家付出一切的年輕人，能像兩次大戰的德國年輕人般無私地為國家而戰，不論是哪個國家都應該要覺得很幸運。沒有人有權利像我們在戰後受到的待遇那樣非難我們，即使我們心中的理想遭到誤用也一樣。我只希望現在的世代不必承受我們當時的那種失望感。若是永遠和平的時代來臨，一個國家再也不需要有任何士兵，那就更好了。

我在波森的夢想，就是順利完成我的步兵基礎訓練。這個夢想沒有實現的主要原因，就是大背包行軍。他們一開始先叫我們走十五公里，每週再增加五公里，最後達到五十公里。同時部隊裡還有不成文的規定，那些完成高中畢業資格考（Abitur）[4]的新兵都要攜帶機關槍。顯然他們打算考驗整群人裡最矮小的我，看看我那想要成功的固執意志力，到底極限在哪裡。怪不得有一天我回到營區時，得了肌腱炎，身上還長了和鴿子蛋一樣大的潰爛水泡。我沒能在波森表現出更多有關作為一名步兵的本領。我們後來被送到達姆施塔特（Darmstadt）。這裡離家比較近，使軍旅生涯突然變得比較輕鬆，同時還有週末外出的機會，讓人就更有動力了。

某天，我想自己是有點囂張吧，那時連長正在找十二個志願參加裝甲部隊的人。一般應該

---

2 譯註：「老野兔」（Alte hasen）是德國士兵俚語對老兵的稱呼。

3 編註：Dasein，出自德國存在哲學家海德格（M. Heidegger）於《存在與時間》（*Being and Time*）一書提出的概念，用以特指「人類存在」之意。中文亦被譯為「此在」、「親在」、「定在」等。

4 編註：德國學制中，完成高中畢業資格考的中學畢業生，才具備申請大學（Universität）資格。

只有汽車技工出身的官兵才能參加，但在連長同情的笑容下，我也獲准參加了十二位志願者的行列。那個老傢伙大概很樂於擺脫這個矮子吧。但我這個決定其實不算是依著良心而為，因為父親雖然准我加入任何軍種，甚至包括空軍，但唯獨明令禁止我加入裝甲部隊。在他的心裡，大概已經看到我全身著火、面對可怕的痛苦了吧。雖然如此，我後來還是穿上了黑色的裝甲兵制服！但我從未後悔過踏出這一步，如果能再次從軍，毫無疑問，裝甲部隊依然會是我的唯一選擇。

當來到位於法伊欣根（Vaihingen）的第七戰車補充營（7th Panzer Replacement Battalion）時，我又一次成了新兵。車長奧古斯特·戴勒下士（Unteroffizier August Dehler），他人非常好，也是一位好軍人。我擔任他的裝填手，當我們接收捷克製38（t）型戰車時[5]，大家都感到自豪。我們覺得只要有了車上的三十七公厘主砲和兩挺捷克製機槍，我們就所向無敵了。我們都對此型戰車的裝甲防護滿懷信心，直到後來才知道那只能保護我們的士氣而已：有必要的話，它是可以擋住輕兵器的射擊。

我們在霍爾斯坦（Holstein）的普特洛斯（Putlos）訓練場[6]學習裝甲戰的基本知識，在那裡進行實彈射擊。一九四〇年十月，第二十一戰車團（21st Panzer Regiment）在法伊欣根成立。就在東部作戰開始前，它在奧德魯夫訓練場（Übungsplatz Ohrdruf）[7]被整編至第二十裝甲師（20th Panzer Division）。我們的進階訓練主要課目是與步兵一起進行的協同演習[8]。

當我們在一九四一年六月收到標準配額的緊急口糧時，我們都知道有大事要發生了，沒有人有把握要被派遣到哪裡，直到發現出發開往東普魯士為止。雖然東普魯士的農民對著德軍竊竊私語，但心裡仍然相信我們是被派往邊界、準備保障此地的安全。這樣的假設是一種幻覺，這是基於我們在普特洛斯接受的訓練，期間我們學會如何利用戰車渡河。這些戰車能在水下前進，到達岸邊然後再浮出水面。我們比較希望跟英國人交手。現在已經來到東普魯士，但這樣的不確定感並不會折磨我們太久。

我們在六月二十一日移防到邊界。聽取狀況報告後，終於知道接下來要扮演什麼角色了。大家表面上都很冷靜，但心裡其實都非常激動。到了晚上，這樣的緊張感幾乎讓人難以忍受。當聽到轟炸機和斯圖卡俯衝轟炸機機群從裝甲師上空向東方飛過去的時候，我們的心臟幾乎要從胸口跳出來了。我們被部署在卡瓦亞（Kalwarya）[9]南邊一處森林的邊緣。指揮官在戰車裡裝了一台民用收音機。這台收音機在預定行動時間的五分鐘前，正式宣告了東線作戰的開始。除了少數幾位軍官和士官之外，我們當中沒有人真正上過戰場，只有在靶場聽過實彈射擊的聲音而已。我們都信任部隊裡的老手們，他們都拿過鐵十字勳章和突擊勳章了，給人一種無法撼動的冷靜形象，但其他人的腸胃跟膀胱都開始在作怪。俄國人隨時都有可能開火，但一切都很平靜。我們收到了攻擊命令，這讓大夥都鬆了一口氣。

5 編註：捷克原編號 LTVz38 的輕戰車，在併吞捷克之後，成為德軍裝甲部隊的生力軍，其性能優於早期型的德國III號戰車。

6 編註：一九三五年，德國在重整軍備時於霍爾斯坦地區為其年輕的裝甲部隊建立了普特洛斯訓練場，至今聯邦國防軍仍在該地進行演訓，為現今什列斯威－霍爾斯坦邦 (Schleswig-Holstein) 唯一的聯邦國防軍演訓基地。

7 編註：位於德東圖林根（Thüringen），自二十世紀初開始作為部隊訓練場所，目前聯邦國防軍也仍在運用此場地。

8 編註：德文原文在此寫成「擲彈兵單位」（Grenadiereinheiten），德國國防軍自一九四二年十月開始，將步兵改稱擲彈兵以提振士氣，故此前應為原作者的敘述習慣。

9 編註：即立陶宛的卡爾瓦里亞 Kalvarija。

第二章

跟隨拿破崙的腳步

我們突破了卡瓦亞西南方邊境的陣地。行軍了一百二十公里，於夜晚來到奧利塔（Olita）時[1]，都覺得自己像是個老兵了。即使如此，當我們停下腳步時，依然相當開心，因為在行軍的過程當中，大夥已經繃緊神經一整天了。武器一直都保持在預備射擊狀態，每個人也都堅守著自己的崗位。

身為裝填手，我的位置是最糟糕的。我不但什麼都看不到，而且也沒辦法探頭出去呼吸新鮮空氣。車內的酷熱實在讓人難以忍受。每次靠近農莊的時候內心都有點緊張，得小心翼翼地靠近，但裡面都沒有人。我滿懷好奇心地等著車長描述外面的狀況，當他說看到第一個陣亡的蘇軍時，我真的激動之極。我們滿心期待與焦急地等著第一次與俄國人交戰，但卻一直都沒有發生——我們不是前鋒營，只能盼望部隊的推進被耽擱了，我們才會有機會接敵。

於是我們來到了當天的第一個目標——奧利塔機場，一路上什麼事都沒有發生。我們都很樂意脫下沾滿塵土的制服，也很高興總算找到了一些水，可以把自己清理乾淨了。

「我從沒想過戰爭就像是日常訓練，」車長兼射手如此說[2]，他似乎是個永遠不覺得自己已經洗得夠乾淨的人。

「在這裡打仗還真不錯，」車長戴勒下士笑著說。這次他總算把頭拉出水桶，看似永無止境的洗臉也剛好結束了。他前一年去過法國戰場。他的說法讓我這個第一次參戰的人來說多少有了點信心。我很興奮，但同時也有點害怕。

我們的武器狀況很糟，得要從沙裡把它們挖出來才能用。要是真的遇到狀況，大概連機槍都無法射擊。我們把所有東西都清得乾乾淨淨，等待晚餐時間的到來。

「飛官們在這裡打得真漂亮，」無線電操作手邊清理武器邊說。他看著森林邊緣的另一邊，那裡的俄國飛機在德國空軍發動第一擊時就被擊毀在地面上。

我們脫下了制服，感覺舒服多了。多年前我們熱心收集的香煙卡收集冊裡的那些圖片不由得突然浮上心頭[3]，上頭寫著：「在敵境紮營」。

突然之間，周圍碰碰作響。「他媽的！」車長罵道。他就躺在我身旁的髒土上，但他不是在罵敵人開火，只是在罵我——我剛好躺在他的軍用麵包（Kommißbrot）上。像這樣的戰火洗禮實在沒有什麼浪漫可言。

俄國人還待在機場附近的森林裡。經過白天一開始的震驚之後重整旗鼓，開始對我們開火。在還不清楚狀況之前，我們回到了車上，然後驅車出動進行第一次夜間行動，好像我們多年來都只做這件事一樣。我很驚訝地發現，當知道自己的所作所為是極其嚴肅的事情以後，大家都變得

---

1 編註：現今立陶宛的阿利圖斯（Alytus）。
2 譯註：38（t）戰車共四名組員，分別是車長兼射手、裝填手、駕駛、無線電操作手。
3 編註：十九世紀後半到二十世紀中葉時，香菸公司為了促銷，會在包裝內附上收集卡，內容包羅萬象，流行文化、體育、歷史、軍事等是其常見主題。

非常安靜。

當第二天要前去支援奧利塔的戰車作戰時，我們幾乎都覺得自己已經是個老兵了。我們協助部隊強行跨過尼曼河（Njemen），雖然有一些損失，但我們還是很高興知道德國戰車和蘇聯的一樣好。

推進很順利。完成畢蘇斯基（Pilsudski）的佔領後，部隊隨後往維爾納（Wilna）前進[4]。六月二十四日佔領維爾納之後，我們都相當自豪，甚至有點自大，相信自己真的參與了什麼了不起的事情，也因此幾乎不會注意到長途行軍讓自己累得像條狗，只有在部隊停下來的時候，才會在原地躺躺，然後就睡死。

我們很少去想實際正在發生什麼事。有誰能阻止我們前進呢？或許有幾個人想過，我們正走著和法國偉大的皇帝拿破崙一世一樣的路，就在一百二十九年前的同一天、同一個時分，他也對另一群習慣打勝仗的士兵下了完全相同的攻擊命令。這個奇怪的巧合真的只是偶然嗎？還是希特勒想要證明自己不會犯這個偉大科西嘉人所犯過的錯？不論如何，我們這些軍人都相信自己的能力和運氣。幸好我們不能預知未來，只擁有往前衝、盡快結束戰爭的意志力。

我們所到之處，都受到立陶宛百姓的熱情歡迎，將我們視為解放者。我們很震驚地發現，幾乎所有地方的猶太商家都在我們到來前遭到洗劫和摧毀。我們以為這種事只會在德國的「水晶之夜」[5]期間才會發生。我們對此事相當煩惱，並且也會譴責暴徒的行為。但我們沒有花很多時間去想這方面的事，畢竟進軍仍然在持續進行中。

直到七月初，都忙著佔領並朝著杜納河（Düna）前進[6]。我們收到的命令是：前進、前進、再前進，不分日夜、不能停下來。這種不可能的任務對駕駛的負擔很大，很快就連我都要坐上駕駛座，讓累壞了的弟兄可以休息幾個小時。要是沒有那些難以忍受的沙塵就好了！我們用布包住口鼻，以便漫天塵土飛揚的環境下呼吸，而整條大道（Rollbahn）[7]都是這種塵土。我們老早就把裝甲板上的觀測窗關好，這樣至少還可以看得到一點東西。這種細微的沙塵就像麵粉一樣無孔不入。我們身上的衣服沾滿了汗水、黏在身上，然後再從頭到腳都包了一層沙塵。

只要有可以喝的，情況就好多了，但實際上卻事與願違。我們不能在外飲水，因為水井裡可能有毒。我們會在停止前進時跳出車外，去找附近的池塘。只要把上面那層綠色的東西撥開，我們就能用下面的水潤潤唇。這樣讓我們得以多撐一陣子。

我們朝著明斯克推進，參加了城北的戰鬥，並且形成了第一個大包圍網、跨過別列津納河（Beresina），然後一路開往維捷布斯克（Witebsk）。行軍的節奏並沒有慢下來。現在連補給都很難跟上我們的腳步了，而步兵不論是多麼努力，當然也更跟不上來。沒有人有空去管行軍大道兩邊的土地。

後來會遇上的游擊隊就躲在那裡。野戰麵包坊也很快就被我們遠遠拋在後頭，軍用麵包於是

---

4 編註：立陶宛的維爾紐斯（Vilnius）。

5 譯註：一九三八年年底發生於德國的反猶太暴動，由納粹黨衝鋒隊發起，旨在報復同年稍早猶太裔波蘭人於巴黎刺殺德國外交官恩斯特・馮・拉特一事。

6 編註：即道加瓦河（Daugava）。

7 編註：Rollbahn 在德文裡是跑道的意思，在二戰東線戰場中指德軍特別修築強化過、作為裝甲部隊主要進擊路線的關鍵樞紐幹道，也被稱為「裝甲大道」（Panzerrollbahn），後來在蘇軍反攻如巴格拉季昂作戰（Operation Bagration）時，也成為紅軍裝甲部隊重要的前進路線。

成了稀有的美食。雖然有家禽可以提供肉類，但這麼單調的菜單一下就吃膩了。過了一陣子，我們只要想到麵包和馬鈴薯就會流口水，但對於正在推進、收聽著收音機上傳來的華麗勝利特別宣言的士兵來說，並不會太認真看待任何事情。

七月八日，我們中彈了。我第一次跳車逃生。

當時我們正領軍前進，行經一座完全夷為平地的村莊，名叫烏臘（Ulla）。工兵必須在杜納河被炸毀的橋旁邊另外再搭建浮橋。我們就從這座橋突破了杜納河沿岸的陣地。而敵人就從河對岸的林線把我們的戰車打到報銷。一切發生得如電光石火般快。戰車中了一發砲彈，發出一聲金屬裂開的聲音，接著便聽到有一位弟兄尖叫，然後一切就結束了！就在無線電操作手的座位旁，有一大塊裝甲被打穿了，根本不需要下令棄車。直到在路旁的水溝裡用手摸了摸臉，才發現自己也被波及了；無線電操作手更慘，他的左手臂沒了。我們咒罵著又硬又脆、沒有彈性的捷克裝甲，居然害我們這麼容易就被俄製四十七公厘戰防砲打敗。戰車上的裝甲碎片與鉚釘所造成的傷害，比砲彈破片還要嚴重。

我碎掉的牙齒很快就進了醫務站的垃圾桶。插進臉的彈片一直待在那裡，直到某天自行重見天日為止——就和預期的那樣發生。

我搭著便車回到了前線。燃燒的村莊沿途為我開路，直到在維捷布斯克外圍和連上的其他人碰面。起火燃燒的城市將夜空染成了血紅色。隔天佔領維捷布斯克之後，我們覺得這場戰爭似乎才正要開始而已。

推進、防禦、殲滅戰、追擊，這四種任務型態一直不停地輪流上場。三週的時間內發生的事情，在我的日記上只用幾行帶過：

七月十一日至七月十六日：經傑米多夫—杜霍夫什希納（Demidow-Duchowschtschina）前往雅策伕（Jarzewo）（斯摩稜斯克—莫斯科高速公路），以便包圍維捷布斯克—斯摩稜斯克地區的敵軍。爭奪拉什諾（Ratschino）的聶伯河（Dnjepr）渡口。

七月十七日至七月二十四日：雅策伕與弗普河（Wop）防禦戰。弗普—沃崔雅（Wotrja）陣地防禦戰。殲滅在斯摩倫斯克口袋被圍的敵軍。

七月二十五日至七月二十六日：沿杜納河上游追擊。

七月二十七日至八月四日：葉利尼亞（Jelnja）與斯摩稜斯克防禦戰。在弗普河與別耶洛（Bjeloj）前的防禦戰鬥。

在如此冷靜的重點描述背後，其實隱藏著當時艱困的作戰環境。只有當時親臨現場的人，才能理解這樣的艱苦。反之，就算試著描述，也只會讓人覺得是在誇大而已。我相信大家一定會原諒我不做更清楚的說明，尤其考慮到我是坐在裝填手席上經歷這一切。裝填手的位子並不適合觀察軍事行動的進展。

每個人都很努力，並且大步向前，承接各種不愉快的體驗。我們相信只有讓每個人都全力付出，才能得到成功的結果。

即使如此，人們偶爾還是會鬧情緒，有些人並不明白自己的責任與義務。在大熱天作戰了一整天、過了長時間都喝不到水之後，大家一聽說營長下令拿我們泡咖啡的水去泡澡便咒罵了起來。對於一個作為長官的人而言，居然有這種難以置信的行為實在讓人費解。但一想到熱愛泡澡的上級提供了能夠嘲笑與軍中相關特有笑料的機會，這件事很快就被當成是笑話一樁了。

第三章

令人畏懼的T－34

另一件大事卻像是一堆磚頭重重地打擊了我們——俄國人第一次開著T－34上戰場了！這件事完全出乎意料之外。那些「上面」的人怎麼可能不知道這款性能如此優越的戰車已經問世了？直到戰爭結束為止，T－34憑藉其優秀的裝甲，理想的外型和威力強大的七十六．二公厘長砲身主砲而令大部分人感到畏懼，並且威脅到德國的每一款戰車。我們到底應該怎麼應付這些數量龐大的怪物？德軍的主砲只能在它上面「擦邊球」而已；而俄國人卻能老神在在地坐在戰車內出招攻擊我們。當時，我們手上最強的反裝甲武器還是三十七公厘戰防砲。如果運氣好的話，可能會擊中T－34的砲塔環，造成砲塔卡死，若是運氣又更好，也許能讓對方失去戰力。這可不是什麼好消息啊！

我們唯一的救星就是八十八公厘防空砲。就算是這種新型的蘇聯戰車，八八砲也能有效擊毀。因此，我們開始對防空砲組員投以最高的敬意，不像之前有時會用同情的笑容面對他們。

而伊凡（Iwan）[1]似乎看出我們的窘境，開始喊著「烏拉！烏拉！」（Huzzah）地攻擊我們的

1 編註：對俄國人的暱稱。

陣地。一開始還以為是我們這邊的步兵邊喊萬歲（Hurrah）邊發動攻擊，但很快發現並不是那麼一回事。莫斯科現在（在我們看來）已經近在咫尺、垂手可得了，但大家慢慢開始感覺到，這場戰役恐怕一時半刻是結束不了了。

因此當我在一九四一年八月四日收到調度命令，要前往愛爾朗根（Erlangen）的第二十五戰車補充營（25th Panzer Replacement Battalion）時，其實混雜著沮喪與放鬆的心情。我在三天前才剛在制服肩章縫上下士的銀白色織條。

我們在愛爾朗根考了車輛和戰車的駕駛執照。在那之後，前往柏林近郊的溫斯道夫（Wünsdorf）接受第八號軍官候補課程訓練。

一九四二年二月二日，我接到通知表示沒有達到課程的標準。就像同一排的戈特．梅耶（Gert Meyer）和克勞斯．瓦登麥爾（Klaus Waldenmeier），我看待這整件事的態度顯然不夠認真。而且還問了一個真的不該問的問題：我以為在黑板上寫下了自己的疑惑，但上級一點都不覺得「後備軍官也算是人嗎？」的這個問題感到有趣。因此訓練結束的時候，我們仍然是上士（Feldwebel）兼候補軍官。其實我們對此也不覺得有什麼了不起。

畢竟這些剛出爐的少尉都勢必得去補充單位，而我們卻馬上就能回到原本的團去。解散時，長官還給予鼓勵。我們的戰術教官很受大家歡迎，他是個真正的好人，領軍衝鋒時也讓人覺得很可靠。他在我們要離開時，說很確定我們很快就會在前線達成自己的目標，並且在前線更易於證明自己適合成為軍官。而我們也希望證明他的話是對的。

即使到了今天，我都還會想起他。當我發現菲利普上校（Philipp）是安德納赫（Andernach）的教導團的指揮官時，[2]我默默地恭喜西德國防軍的好運。

2 編註：西德在一九五五年得以重新建立軍隊後，除了從一九四九年成立的準軍事組織聯邦邊防隊（Bundesgrenzschutz，二〇〇五年後改編為聯邦警察），轉移一萬名志願者到新生的聯邦國防軍外，也建立三軍最初的教導部隊，其中安德納赫教導部隊（Lehrtruppe Andernach）即為戰後西德陸軍成立的第一個單位，恩斯特·菲利普上校正是其首任指揮官。

第四章

回歸舊單位

我們在格莎茨克（Gshatsk）[1]找到了進入冬季陣地的第二十一團。團裡的狀況很糟，只剩一個連還有戰車可用。其他車輛都在一九四一到一九四二年間那場惡名昭彰的冬季撤退戰中被擊毀了。

「等你們很久了，」團裡的弟兄說道，「讓我們看看你們學到的本事吧！」他們一臉陰險地笑著，感覺事情不太妙哦。於是我們接到任務，要去接手指揮「鏟雪司令部」。

鏟雪人的任務就是在交戰時清理戰車前方的地面，以免戰車受困。這可是在雪地裡穿著黑色制服，然後站在戰車前面面耶！真了不起啊！但跟想像中不同的是，一切都還滿順利的。我們肯定比那些穿著裝甲兵制服，卻被迫去當步兵的士兵好多了。

一再看到伊凡有比德軍更好的裝備，總令我們滿心嫉妒。當幾輛補充戰車總算從本國送來時，真的高興極了。第十連的車輛已經補滿，我總算可以接手自己的排了。從一九四二年三月到六月底，我們一直在打防禦戰，和格莎茨克冬季陣地附近與維亞斯馬（Wjasma）東邊的俄軍交戰。然後再派往瑟喬夫卡（Ssytschewka）附近，加入別耶洛東邊的攻勢。

我在這段交戰期間升官了，而就在升遷的幾天後，發現了一件差點害我剛拿到的階級章又要拔下來的事。

我的排駐守在一條有森林的小徑上。「這地方真好！」駕駛兵這麼表示，而他也說得沒錯。不論是在前還是在後，敵人都看不到我們，這裡只有樹木和草叢。兩軍交戰的無人地帶從小徑的另一邊開始。我們的旁邊有一門戰防砲，稍微偏向一邊，而少數的步兵則分布在我們之間。

在我的四輛戰車上，各車駕駛和裝填手都離開去拿食物了。我的思緒也已經飄往食物的方向，就在這時俄國佬放起了「煙火」，開始進攻了。有一半的組員不在，沒有一輛戰車有作戰能力。我當時非常慌張，滑進駕駛座，倒車離開森林。排上其他戰車也跟著我，他們以為無線電通訊大概是故障了。他們只是依令行事，在這種事發生時，排長的戰車做什麼，他們就跟著做，如此而已。

在行駛了幾百公尺後，我便發現自己到底幹了什麼蠢事。那些戰防砲組和少數步兵在看到我們逃走時，大概快要崩潰了吧。我馬上掉頭回到原本的位置。這些守在散兵坑裡的好傢伙還很沉穩，已經擊退了攻勢。「天啊，真是一群英雄好漢啊，」戰防砲砲長說，「如果你們就只有這麼點本事，那最好乾脆別來前線！」我站在原地，只能夾卵蛋再三保證這種事不會再次發生。

這件事在接下來的好幾天仍然讓我耿耿於懷。做這種匆忙的決定太容易了，其可能的結果也太可怕！我當然應該要待在那裡，就算沒有準備好作戰也一樣。我在幾分鐘後就想通了這一點，但這時錯誤已經鑄成。

這對我而言是非常重要的一課，也一直提醒自己這件事，尤其當我必須將判斷傳達給部下的

1 編註：一九六八年改名加加林（Gagarin），以紀念蘇聯首位飛上太空的加加林。

時候。很高興有機會在部隊轉往奧廖爾（Orel）北方之前先洗刷自己的紀錄。這樣一來，至少可以不必昧著良心等待下一次升遷。

但在升遷之前，命運安排我認識了一種非常特別的兵科。我後來當了一陣子本部連的工兵排排長。

第五章

那是一場災難

我們待在遠離前線的碉堡裡。有一天早上，指揮官很興奮地來找我，他說：「喂，卡留斯，快來看，就像是《每周新聞》（Wochenschau）影片！這怎麼可能！」一個配發了新裝備的空軍野戰師，正經過我們的駐地往前線的路上。我非常震驚，彷彿是童話故事！從麵包袋到大砲，一切都是新的。我們還看到了只在謠言中聽過的武器——MG42機槍、七十五公厘長管戰防砲，還有更多驚人的裝備。看來戰線的這一邊顯然不會出什麼大事了，我們也想相信，自己的單位總算可以更新裝備了。一切開往前線的東西，都是本戰區在來臨的冬季不會有戰事發生的保證。

連長當然很想近距離看看這些好東西。我們開車前往前線觀察。這裡的氣氛相當嚴肅，還以為進到了演習場。士官戴著優雅的大盤帽，士兵則有些茫然又有些無聊地待在自己的位置上。這裡完全沒有要投入作戰的氣息，他們還把MG42機槍包好，避免有異物進入。這邊的同袍們不管我們好說歹說，就是不願意示範一下這種前所未見的神奇武器是怎麼操作的。我們心裡都有個不太舒服的想法。如果俄國佬攻擊那該怎麼辦？在這些武器準備好作戰之前，伊凡早就攻陷這些陣地了。

擔憂很快就成真。有一天早上，我們被東北方傳來的鈍重隆隆聲吵醒。我們豎起耳朵聽了幾分鐘後，無法在碉堡內待下去了。外面的冰冷暴風雪幾乎讓我們無法呼吸，甚至差點被吹倒在地。這對俄國人而言是理想的攻擊天氣。不等警報傳來，直接叫醒了全連的弟兄。猜測果然沒有錯，很快就有消息，俄國人突破防線了。

我們發現那個空軍的師長在指揮所裡陷入了完全絕望的狀態。他不知道所屬單位到底在哪裡。俄國戰車搶在戰防砲能開火以前，就直接碾過了一切。伊凡奪走了全新的裝備，還把這個師打得分崩離析。幸好敵軍在一開始快速獲勝後按兵不動，因為他們懷疑有詐。經過了一番努力之後，我們的團便得以擊退突破的敵軍。簡直就要瘋了！

有一個步兵單位行軍來到一處村莊，看到穿著空軍制服的人向自己揮手。但不久後，他們卻用驚人效率開火射擊——穿著這些擄獲冬季制服的是紅軍。

因此我們接到命令，看到空軍制服就開槍，因為只有俄國人會穿。不幸的是，有幾個德軍孤立的突擊群也遭到了波及。接下來的幾天到幾週之間，只要聽到MG42在射擊，我們都敢以性命擔保，那一定是俄國人開的槍。我們還沒有在實戰當中使用過，而我們的步兵通常只能用搶來的俄國武器作戰。

我們每次想到誰該為這件事負責的時候都會很生氣，他們把最好的武器交給了完全沒有經驗、訓練不足的部隊，然後把這些部隊直接丟到前線。

若是部署得當，我們在接下來幾週的別耶洛、科瑟斯克（Koselsk）與蘇希尼奇（Sschinitschie）[1]攻防戰中，一定能好好利用這些人力與裝備的！

身為新上任的工兵排少尉排長，我挺過了一次特別難纏的行動。我們的任務是要清除戰車前方的地雷，我很驚訝自己居然只有手上受了點皮肉傷而已。在這之後，我對工兵每天例行要做的這些工作感到感激。

當被調回原本的第一連時，我相當高興。我又見到了以前的老車長奧古斯特・戴勒。他在這段期間升了上士，不用說我們當然會在同一個排裡一起行動。我們一起參與的行動，卻對本營造成自戰役發動以來最嚴重的一次損失。

俄國人擁有大量的反戰車步槍，能輕易打穿德軍的戰車。我們承受了非常嚴重的損失。很多弟兄都在車內受到致命傷，或是只能負了重傷逃生。

我們在夜間沒有任何勝算，俄國人先會讓我們靠得很近，等到我們認出他們之後想要自保就已經來不及了，尤其戰車瞄具在晚上根本不可能精確瞄準。

這種不堪一擊的感覺很難受。幸好，第一批裝備七十五公厘長管戰車砲的四號戰車和裝甲增厚、配有五十公厘長管砲的三號戰車開始從祖國少量送達了。這正是黑暗盡頭的曙光，常常讓我們重燃在東線戰場的希望。

在基本上已經放棄希望、對自己的戰車徹底失去信心之後，我們又鼓起勇氣，對之前作戰失利的別扎耶瓦（Betzajewa）的波羅斯卡雅（Ploskaja）再發動攻擊。

這時已經是一九四三年的一月了。我必須在接下來停止休假之前，把我的回國假清一清。出發前一晚，老車長戴勒將他的戰車移出「箱子」外。該車一直半埋在土裡，以便抵禦驚人的酷寒。戴勒穿著毛氈防寒靴，在光滑又傾斜的坡道上滑了一跤，倒在戰車左側履帶的前面。在駕駛兵注意到之前，履帶已經把他捲進去了。戰車在其他組員的大聲呼喊下馬上停車，但履帶已

1 譯註：此地為一九四一至一九四二年間德蘇兩軍激烈爭奪的鐵路線重要樞紐。

經壓過了戴勒的大腿上段。他當場死亡，連一點聲音都來不及發出。我就這樣失去了一位最好的朋友。

這時候的我真的很想放假了，想要趕快回國，回到我父母的家去。但看來我註定無法享受回國時光。沒多久傳來一封電報，說我被調到了第五〇〇補充營（500th Replacement Battalion）。我很失望，一直不懂為什麼就是無法回到原有的部隊去。

我懷著複雜的心情來到普特洛斯，並且確信自己一定又要重新接受一次砲術訓練了。我比較想回到位於前線的舊單位去。直到前往本部報到，才發現這裡是要訓練一些已經有前線作戰經驗的軍官，以及幾個東線戰場調回來的連去操作一種命名為「虎式」的新型戰車。這個消息傳得比野火還快，卻沒有人知道這種戰車的細節。我們曾有機會看過這種戰車開發過程中的幾種早期設計，卻沒有很喜歡。

呂提紹上尉（von Lüttichau）本來要來擔任訓練任務的指揮官。我在俄國時就認識他，並不認為他把經營軍官俱樂部的工作交給我是一件好事。大概已經沒有半個初階軍官了吧。反正我也無從改變，那就算了吧！要到後來才發現，這個工作帶給了我不錯的好運氣。

我們來到了帕德伯恩（Paderborn），也就是第五〇〇補充暨訓練營的家。此單位日後會負責所有接收虎式戰車的單位。

身為俱樂部的負責人，我見到了蕭伯上尉（Schober），他帶著他的連從俄國回來受訓。呂提紹上尉給我下了非常嚴格的命令，要我聽從蕭伯對酒類的任何要求。他們兩個是好朋友，而蕭伯喜歡偶爾來一杯。

由於為數不多的酒歸我管，他幾乎每天都會到我這裡來報到。我們也因為這樣而認識並尊敬彼此。我認為他還滿欣賞我的，而且原因不只是他想要比別人有更多的法國苦艾酒配額。

我們常常坐在一起聊天，他的連上弟兄也在場。有一天他這樣問我，讓我格外高興：

「卡留斯，您想不想來我的連上？」

「報告是，馬上去！」我幾乎不敢相信自己的運氣。一開始規劃要成立的連總共只有兩個；一整群軍官當中，需要的最多也不過六人，而我就是其中之一！在我的推薦下，蕭伯選了席勒中尉（von Schiller）當他的副指揮官。我是在二十一團認識後者的。

調去新的連隊之後不久，總算離開了俱樂部負責人的職務，蕭伯卻喝了不少。必須一提的是，在這個過程中，他也給了他的連隊不少烈酒。

當有人要接待「高層」而向我要幾瓶酒時，我只能「很有禮貌地」回報說我們連一滴都不剩了。嗯，至少我的繼任者不用接管任何庫存，這樣交接就容易多了！

這樣我就能準備將自己完全投入新連隊的事情上了。當蕭伯介紹我給他們認識時，我實在很難不去想起從軍時那些和我一起遠行的人對我的評價。我絕不會忘記連隊資深士官里格和二等士官長戴爾采的眼神。他們後來向我坦白說出了兩人對我的第一印象。這個印象簡單來說就是：

「天啊，塞普，老傢伙到底去哪弄來這個小鬼頭啊？」

一般而言，一個外人要在戰鬥連隊裡取得信任並不容易。但這次一切都很順利，在我們還沒有前往預定要接收虎式戰車的法國之前，我已經和這些人打成一片了。彷彿我一直都在他們身邊似的。

不幸的是，蕭伯上尉被調去接管營長。他臨別前的演講我一直銘記在心，並且成為了我的動力。他請他的部下信任我，就像他們信任他一樣。

我全心全意投入工作，在幾個月的訓練之後，我們成功超越了本營的其他連。在訓練過程中，我們發生的機械故障次數是最少的。

當蕭伯將本連交給拉德克上尉（Radtke）時，我根本不敢抱持期望會有這麼高成就。第三連由歐摩上尉（Oehme）指揮，而第一連則自一九四二年秋季以來，在東線戰場北邊擔任實驗連蒐集實戰經驗。在正式成軍之後，我們本來是要跟著他們投入列寧格勒附近地區。

第六章
布列塔尼

然而，我們一開始卻是往西走，來到布列塔尼（Brittany）的普洛埃梅勒（Ploermel）。本連受命前往一處廢棄、無人聞問的莊園。連長和副連長獨自住在市區，我比較想和弟兄們一起住。如果日後要一起作戰，那就必須認識彼此。連上弟兄對此都看在眼裡。我很樂意在「莊園」裡那間又小又有霉味的房間忍受所有不舒服的感覺。

大家一搬進來，事情就變得很有趣了，我們得把舊馬廄整理好才能住進去。裡面不僅沒有木頭地板，連行軍床都沒有。我想先暫時替弟兄弄點乾草來，可是隔壁的農場若是沒有本地司令部的收據，就什麼也不願意給我。所以我開車前往城裡的總部，但他們已經下班了。

我主動寫了一份證明給那個農夫，這樣他才能用這份證明往上去投訴。營裡的責備很快就來了。要不是過沒多久我們要離開前往東線的話，他們大概會用掠奪民間物資之類的罪名起訴我吧。戰後每次我看到法國佔領軍是怎麼輕易透過我們來滿足自己的需求時，都會想到這一點……

這段期間，我在良心上還犯了另一個戰爭罪——未經審判的處決。當時我們在小鎮的外圍舉行實彈演練。下一個將輪到我上場，這時附近農場的一隻公雞就這樣跑過靶場。照理說，射擊操演期間應該都有對附近居民指示，要他們把所有的農場動物都關起來才對。就在那隻公雞從我和目標中間通過時，我剛好正在瞄準。

指揮官似乎喊了些什麼話，但已經來不及了。我實在忍不住，放棄了靶子，轉而讓那隻雞變成我們所有人的歡樂來源。牠翻了幾個筋斗，然後變成一塊不太能吃的東西。當傷心的主人跑來為公雞慘案興師問罪時，連長已經在狠狠訓斥我了。就算我們賠錢，她也不願意冷靜下來，死掉的公雞是方圓五百英里最優秀的一隻，別無分號。

當然，紅酒也是我們停留在法國時不可或缺的一環，連上的奧地利人尤其喜歡。我幾乎每天晚上都必須起來把奧地利籍兵趕回床上睡覺。

宿營值勤士官（Unteroffizier vom Dienst, U.v.D.）通常不太有辦法落實準時熄燈睡覺的規定，連上有超過半數的人都是士官下來當駕駛、射手和車長。我幾乎每天都必須親自宣佈熄燈時間到了。但通常都要等到給我的那杯酒喝完、維也納的曲子也聽完，大家才會真的上床睡覺。

我們並未太認真看待必要的操演與儀式，只會在上級出現時才開始動作，以免太顯眼。畢竟我自己也很樂於在回到前線之前，過過幾天的輕鬆日子。

很快我們就編成了運輸小組，將虎式從德國運過來，其中一個運輸小組就歸我指揮。

我去程和回程都在巴黎過夜，這座城市和它的市民都讓我覺得很有趣，雖然要和他們好好對話充滿了難度。我很推崇法國人的態度。天啊，他們輸了戰爭，可是卻不說自己軍人的一句壞話，他們也不會批評我們什麼。看來只有德國人才會在打敗仗後羞辱自己的名聲。

我們在巴黎的士兵的表現，彷彿戰爭已經結束、已經勝利了。這些行為對我來說實在難以置信。我可是忘不了，再過幾週就要回去和俄國人苦戰了。

第七章
虎式戰車的尊容

在回程的路上，我們的心思自然都放在新戰車上頭。虎式的性能究竟如何呢？外形實在稱不上好看，看起來很擁腫，幾乎所有的平坦表面都是垂直的，只有車體前部有傾斜焊接的斜面。更諷刺的是，我們在戰前不久才運交大型液壓式沖床給俄國人，讓他們得以製造出T－34與T－43戰車上那些優雅的曲面[1]。我方的武器專家完全沒有看到這樣做的價值，他們認為這麼厚重的裝甲根本沒有必要。所以我們就只剩下直線平面的裝甲可以用了。

即使我們的虎式長得不好看，但它堅實的性能卻激發了我們的熱情。它開起來就跟開車沒有兩樣。只要動兩根手指，就能驅動七百匹馬力、讓六十噸的鋼鐵轉向，在道路上開到時速四十五公里，越野則能開到二十公里。但為了裝備著想，我們在道路上只會開二十到二十五公里，越野時就更慢了。

顯然，對一輛戰車的戰備程度負最多責任的人是駕駛。這必然是個一流的人才行，他必須用

1 編註：作者此處所述之「T－43」戰車應是指一九四四年出現於戰場、裝備八十五公厘戰車砲的 T-34/85，後文敘述的七十六．二公厘戰車砲應是誤植；蘇聯另有T－43戰車的研發計畫，惟因應德國高性能虎式及豹式戰車登場而終止研發、改投入發展 T-34/85。

腦袋開車，不是用膝蓋。只要保持警覺，虎式戰車就不會讓他陷入困境。真正優秀的戰車駕駛（程度不夠也開不到虎式）還得進一步擁有對地形的直覺。他必須在越野時以適當的方式操作，更必須時時將戰車以最有利的角度朝向敵人，而不需要車長一步步指示該怎麼開。只有這樣，車長才能完全專注在敵人身上；也只有這樣，排長或連長才能好好指示所屬的戰車作戰，而不必一直注意地形地貌。

對於戰車駕駛的這個職務還很講求膽識。他畢竟是車上唯一一位看到最多事情如何發生的過程，但被攻擊時卻只能被動挨打、等著車上其他人解決敵人的人。在這樣的狀況下，他只能觀察狀況，並且完全依賴砲塔裡的弟兄。

說明了上述戰車駕駛的特質之後，就不難理解大部分車長是由駕駛出身的官兵而不是射手的原因了。舉例來說，科舍爾（Kerscher）和林克（Linck）都是駕駛出身，而我的「可靠老友」卡爾．巴瑞許（Karl Baresch）在我於一九四四年負傷後，也馬上接過我的車長職位。

請讀者容許我在此說明一些有趣的知識。對我們所有人，特別是駕駛而言，作戰結束後，並不代表工作已經結束了，而是才剛開始而已，這樣我們才能在隔天處於良好

虎式戰車，儘管其不恰當的構型，然而有賴其優異的主武裝與充分的裝甲，假如運用得當的話，能夠克制任何敵人戰車。

狀態。

油箱有五百三十公升的容量，也就是二十七個二十公升的油桶，或是相當於三個大汽油筒。這個量正好可以讓我們越野八十公里。

電瓶保養也很重要，尤其在冬天。只要是沒有長途行駛的日子，就要不時讓引擎運轉、幫電瓶充電，否則啟動裝置便會發不動引擎。如果發生這種狀況，車上就要有兩個人下來，在車尾用扳手轉動類似於舊型飛機的慣性起動器。不需要有太多的想像力，就能發現在戰場上與敵人面對面時，這樣做實在不是什麼明智之舉。即使如此，有時候電池就是不夠力。我們在前線很快就找到個巧妙的方法，可以不必爬出車外這麼做。

先叫一輛附近的戰車過來，請對方將主砲轉向後方，然後慢慢靠近前方戰車的車尾。這輛會推動受困的戰車，而引擎通常會在前進幾公尺後發動。

不論無線電裝備、車內外照明、通風設備、還是主砲的電動擊發裝置，都要依賴電瓶，因此其維護與保養自然非常重要。

引擎的冷卻是由一具容量一百二十公升的水冷散熱器和四具風扇負責。後車身上的散熱罩非常重要，使暖空氣得以排出。而它們也常常讓平常不足以造成傷害的彈頭或破片，使戰車喪失戰鬥能力的原因。這種狀況通常是因為這些東西損毀了散熱罩下面的散熱器。

引擎內有二十八公升的機油，變速箱則有三十公升、減速齒輪十二公升、砲塔動力系統五公升，通風馬達還要再七公升。還有一對大型空氣濾清器能過濾沙塵。考慮到僅僅前進七公里，就要吸入十七萬公升的空氣進入引擎，同時還會捲起一萬平方公尺土地上的沙塵（相當於一個人在最髒的環境下，坐在車尾十天會吸入的量）[2]，那就不難理解每次行動前為什麼都要清理空氣濾清器了。只要定期清理空氣濾清器，任何人都能用同一具引擎在作戰中行駛到五千公里之遠；但如果空氣濾清器裡塞滿了沙塵髒污，那連五百公里都無法前進。

四具雙化油器為引擎供油，並透過調速機控制引擎的轉速。化油器脆弱的特性是德國汽油引擎在面對俄國人堅固的柴油引擎時最大的劣勢。但反過來說，德國戰車引擎的優勢則在於耐用性。

車上半自動的預選式變速箱有八個前進檔和四個倒退檔。轉向齒輪能將動力從要轉向那邊的履帶轉移到另一邊。若是要原地轉向，便會有一條履帶往前、另一條往後。這個能力從一號到四號戰車都是由轉向煞車取代。虎式的駕駛坐在方向盤前，可以輕易地將六十三噸的戰車轉向，就像開一般的汽車一樣容易。在這之前，要讓戰車轉向都是很費力的。

重疊式懸吊系統每一側有八根車軸。每根車軸有三個路輪，同時由下方的履帶驅動旋轉，也負責支撐上方的履帶。相較之下，比較輕型的德國戰車通常同時備有路輪和支輪。想像一下每次要更換內側路輪時，要拆掉多少輪子吧！

排氣量達二十二公升的引擎在兩千六百轉時擁有最好的表現。若是拉到三千轉[3]，很快就會過熱。在將戰車裝上火車運送之前，必須先將越野用的履帶換成比較窄的運輸用履帶，否則履帶會突出火車兩側，可能會危害到對向來車的安全。陸軍為了用鐵路運送虎式戰車，特別打造了特製的六軸鐵路平板車，這種平板車可承重八十噸，會跟著各營前往作戰區域。為了避免損傷鐵路橋，兩輛載運虎式的平板車之間至少要間隔四節其他運貨車廂。

砲塔的轉動是由一組液壓齒輪箱來帶動。射手的腳踩在一個可以搖擺的踏板上，如果他腳尖往前踩，砲塔就會往右轉，如果他鞋底往後踩，砲塔就會往左轉。他踩得越重，轉得就越快。若是用最慢的速度，砲塔內的武器轉一圈需要六十分鐘；若是用最快的速度，只要六十秒。如此便能達成極為優異的精準度，讓充分練習過的射手不需要之後再手動調整。

由於主砲使用電子方式擊發，只要用小指輕輕一壓，砲彈就擊射出去了。這樣的設計避免了扣下機械式扳機時無法免除的跳動問題。

我們在俄國最危險的對手就是T－34和「T－43」，兩者皆配備長管七十六．二公厘主砲。這類戰車在正面六百公尺內、側面一千五百公尺內、背面遠達一千八百公尺內的範圍都可以威脅到虎式。如果擊中這些戰車對的部位，還是能用八十八公厘主砲，在九百公尺外擊毀對方。我們在一九四四年第一次遇到的史達林戰車，必須說與虎式旗鼓相當，在外形方面則是遙遙領先（就像T－34那樣）。至於KV－1、KV－85，以及其他比較少遇到的敵軍戰車，如配備大口徑主砲的突擊砲，就不在這裡贅述。

一個滿編的虎式戰車連一共有十四輛戰車，因此其火力比一整個防砲營（三個連，每連四門砲）還要強。一輛虎式的造價略低於一百萬帝國馬克[4]，因此只成立了少數幾個重戰車營。這樣一個連的連長，其責任非常重大……

2 編註：關於此處揚起地上一萬平方公尺沙塵的記述，亦可見諸於虎式戰車乘員手冊 *Tigerfibel*。此處的原文是寫「四『摩根』（Morgen）」，相當於一萬平方公尺，此單位早年用於德意志各邦國、荷蘭及這些國家的殖民地，然其單位由約一九〇六平方公尺到一一七八〇平方公尺不等，北德邦聯（Norddeutscher Bund，一八六七年至一八七一年）將其單位統一為二五〇〇平方公尺。台灣傳統的土地計算單位「甲」，也是來自荷治時期所引進的「摩根」。

3 編註：虎I戰車所使用的邁巴赫（Maybach）引擎，不論 HL230 P45 還是初期的 HL230 P45，在三千轉時可達最大輸出馬力。

4 譯註：舉例來說，根據 Niklas Zetterling 所著的 *Kursk 1943: A Statistical Analysis*，一輛配備長管七十五公厘主砲的四號戰車後期型，其造價約十一萬六千帝國馬克，也就是說虎式戰車一輛的造價就可以買八到九輛四號戰車。

第八章

在往列寧格勒前線的特快車上

在多少摸熟了虎式之後，我們就被載往東線。這時正逢普洛埃梅勒在慶祝基督聖體聖血節。我們裝車運輸的時刻已經事先和市政府知會過，所以信徒的遊行都會在我們帶著戰車到達車站之前結束。但當地人又怎麼會在乎德國在列寧格勒附近的前線需要增援、那裡的士兵們已經久候多時呢？我們一邊咒罵，一邊等了三個小時，最後才能裝車上路。

虎式的行蹤保密到家。他們在車上蓋上了帆布，連一顆螺絲釘都不會露出來。即使如此，我們一直都覺得敵人對新戰車的了解，已經和我們一樣多了。

很快就發現，這是名副其實的特快車，只有在要換火車頭時才會短暫停留。我在麥次（Metz）發了電報回家，但懷疑家人有誰能在這麼短的時間從茨魏布呂肯（Zweibrücken）趕到薩爾河的洪堡（Homburg）碰面。但真正的軍人的母親什麼事都做得到。

火車靠站時，月臺上已經有人在等我了。除此之外我還有一大好運——列車要在這裡更換火車頭。我有充足的時間可以向母親介紹要和我一起去前線的人。幸好我們在穿過德國、前往列寧格勒的路上並不知道接下來會發生什麼事。更何況此時我們手上有了新車，迎接接下來戰事的冷靜沉著遠勝過先前任何一次行動。

我們偶爾像是充滿愛戀般地看看帆布下的怪獸，有了這些戰車，我們至少還能在戰場上有所作為！虎式可是陸軍裡的重量級戰鬥車輛；最小的是一號戰車，我們的部隊稱之為「克魯伯跑車」（Krupp sports car）。車上有兩位組員，全車重量接近六噸，備配的是兩挺機槍——到了東線作戰的時候，我們已經把這種戰車留在後方了。二號戰車裡有三個人，比一號戰車重一點，並且配有二十公厘機砲。在這個時候，只有輕裝排會用它來當偵察車使用。

三號戰車的組員有五個人，重量幾近二十噸，並裝有五十公厘短管砲（後來換成了長管砲）和兩挺機槍。捷克製的38（t）戰車大概和三號戰車差不多，但她的缺點除了裝甲品質比較差之外，車上只有四個人。車長必須同時觀察戰場和開砲。

每個戰車營的重裝連都會有四號戰車，車上有五個人。這種戰車的重量介於二十二噸和二十八噸之間。直到一九四二年年底以前，這種戰車都採用短管七十五公厘砲，在那之後則換成了長管的同口徑戰車砲。

五號戰車又叫「豹式」（Panther），是一款依照戰時經驗新開發的戰車。車上有五名組員，總重四十二噸，擁有七十五公厘超長管砲、兩挺機槍和類似虎式的砲塔迴轉系統。

最後是我們的虎式，裡面坐著的也是五名組員，擁有八十八公厘主砲、兩挺機槍、半自動傳動系統和七百匹馬力，組成六十噸重戰車的雄偉外型。

八十八公厘主砲就是在防砲部隊中大放異彩的那一款，新型的主砲還採用了加長的砲身。我們很快就要讓這款戰車接受真正的考驗了。

✠

卸貨站靠近加奇納（Gatschina），而我們也在這裡第一次倒了大楣。鐵道末端卸貨用的坡道不見蹤影，在下卸戰車的時候，有一輛虎式就這樣翻了車。好個充滿希望的開始！

第一連的行動報告也不理想。我們的戰友從一九四二年九月四日開始，就一直在這個地區跑來跑去。過去四週，他們參加了拉多加湖（Ladogasee）南邊的第一次防禦戰，然後在第十一軍團的作戰區內，參加了列寧格勒周圍的陣地戰；從一九四三年一月十二日到四月五日，他們參加了拉多加湖南邊的第二次防禦戰，還包括了波戈斯提耶（Pogostje）口袋和科匹諾（Kolpino）南方等地的戰鬥。

行動中傷亡是難免的，而戰車組員在這種沼澤地帶，常常會被迫棄車。雖然早有命令，說在任何情況下都絕不能讓虎式落入俄國人手裡，但燒毀的戰車與炸毀的武器仍經常不得不被留在現場。

這些殘骸廢鐵已經足以讓俄國人知曉我們有新玩具了。在後來的行動中我們很快發現，俄國人可以非常精確地描述虎式是什麼樣的戰車。每個伊凡都知道這些資料，以確保熟知我們的弱點。由於高層還沒做出任何訓練手冊，我們就用了俄國人的資料來訓練。這樣一來，我們就也知道自己的弱點在哪裡了。

我們的虎式預訂要在一九四三年七月二十二日首次登台，並且在八週的時間裡天天都有演出。這時正逢第三次拉多加之役，俄國人正打算不計一切代價，第三次試圖重新建立與列寧格勒的陸路連結，讓史達林運河和伏爾霍夫（Wolchow）－列寧格勒鐵路的運用再次成為可能。

我們在七月二十一日裝車運輸，但根本到不了預定目的地，費盡了千辛萬苦才來到史尼格里（Sniigri），也就是姆加（Mga）附近的一個小火車站。正當費盡心力從平板車卸下我們的虎式時，俄國人的砲兵開始轉往攻擊我們附近，只能又一次在沒有坡道輔助的狀況下將戰車弄下火車。

第三連已經直接從火車站開往戰場。在我們搭火車到來以前，連長歐摩上尉和格魯納瓦德少尉（Grünewald）都已經陣亡了。

俄國佬對我們放出了一大堆攻擊機，我們很不習慣面對這種狀況。他們模仿斯圖卡俯衝轟炸機四處盤旋，如收割般把地面上的一切通通擊毀。大道上到處都是人與動物的屍塊，以及損毀的各種物資和裝備，我要到一九四五年西線的撤退才再一次看到如此的景象。

通常只有晚上才能開上大道。至於那些速度緩慢、用馬拉車的單位則幾乎無法前進。我們的單位也被丟進了這個巫婆的鍋子裡[1]，直到九月底，都在和俄國人奮戰。兩邊都沒有勝利，只有損失。辛亞維諾（Sinjawino）、十號高地（Höhe X）、馬祖里道路（Masurenweg）、碉堡村（Bunkerdorf）……對生還者而言，這些地名都會讓他們回想起當時的慘烈戰況。日復一日的來回交戰，重要陣地常常一日多次易手。

有一回，我們跟著連隊要去攻打碉堡村。我從東南方接近，到達村莊後，原本的計畫是位於西南方林地的友軍會發動一波攻擊支援我。

目標達成後，我們卻遲遲等不到第二批虎式——我從來不知道別連的戰友讓我們陷入困境的原因。最後只好獨自對付那些戰防砲陣地了，我們也曾瞥見幾輛戰車，但很快就連哪邊是前線、哪邊是後方都分不清楚了。我們運氣真的很好，能夠離開那裡而沒有驚動到俄國人。我也很欣慰

---

1 編註：德國俗語 Hexenkassel，意指吵鬧、危險又一團大亂，難以脫身的地方。

地看到手下所有虎式都再次集合；誰有時間能在這樣的混亂中遵從命令，確保沒有受損的虎式被丟下來呢！

有個非常「有想法」的人，決定要給每個虎式戰車車長都發了一份破壞性炸藥包。炸藥包固定豎立在砲塔裡車長座位右邊的一個架子上，可以輕鬆破壞主砲。除了車長身邊的蛋形手榴彈之外[2]，這又是另一樣獨特的整人道具，我完全不需要這種東西。

如果有人的戰車遭到致命一擊，那車長已經可以確定這輛車不會落入俄國人手中，至少他們無從辨識這是什麼東西了。最後我把前面說的那個架子拿來裝一瓶烈酒，對我車上的五個人而言，這比爆破炸藥包要令人放鬆多了！

有時我們真的相信，只有倚靠酒精才能度過這場該死的行動。我們都很失望，覺得自己本應用這些新戰車取得的勝利卻沒有到手。

另外，本營換營長的速度，幾乎和辛亞維諾附近的高地易手的速度一樣快。有許多戰友不幸陣亡：我們第三排的排長、然後是凡史提爾（Pfannstiel）下士，以及基恩茲勒（Kienzle）下士，他是我在普洛埃梅勒莊園遇到的幽默奧地利人之一，是個美好老派的正宗維也納人。

前線附近許多沒有意義的措施也讓我們之間瀰漫的挫折感更加擴散。舉例來說，有人想到要用木材固定加強托斯諾（Tossno）附近沼澤地區的道路，然後表面再鋪上柏油。遠到加奇納的加固道路都被蓋起來了，而且更靠近前線。當俄國人在一九四四年一月往前推進時，有這麼棒的道路可以利用肯定很高興，但此前我們將近三年的時間卻得忍受急造的束柴道。

光束柴道本身都夠寫一個章節了！任何在上面開過車的人都有一些故事可以分享。雖然有許多避車彎，但塞車問題還是無法避免，我們不可能駛離道路，就算在遠離前線的地方也不行，因為左右兩邊馬上就是低窪的沼澤林地。

在一次通過這個「交通網」的途中，我又再次引起令人不快的關注。我剛結束會議，想要回到前線，並且一如往常地在趕時間。突然之間，我的後面有人在瘋狂地按我喇叭。

我應該要找一處避車彎讓他超車，因為他顯然開著更重要的車輛、比我還要趕時間。但如果我真的在避車彎停了下來，那我們肯定就不用走了，這裡車水馬龍，沒有人會停下來讓我們再次加入車道。因此我繼續前進，就算在我回頭看到那輛車掛著參謀部的旗子後也沒有讓車。

最後遇到一個標準的塞車路段，逼我們不得不停下來，立即被後面那個大人物逮個正著。他是北方集團軍的高級司令官[3]林德曼（Georg Lindemann）[4]參謀部的一個上尉，馬上開始臭罵我一頓。

當我向他解釋，說我出現在前線和他去前線視察一樣重要。可是當我把話說到「若不是因為有人在守前線，他也無法開車到這」的時候，他馬上要求看我的證件。「您去找司令報到，了解什麼叫必要的東西！」他以一種不祥的口吻向我宣佈。

於是第二天，我發現了什麼叫必要的東西——林德曼帶著微笑迎接我。他在齊格菲防線認識

2 編註：兩次大戰時德軍使用的手榴彈，除了常見的柄式手榴彈（Stielhandgranate）外，也有類似今日常見造型的蛋形手榴彈（Eierhandgranate）。

3 編註：Oberbefehlshaber，軍團級以上的指揮官。

4 編註：蓋奧爾格・林德曼（Georg Lindemann，一八八四至一九六三年）為德國陸軍一級上將（Generaloberst）。林德曼自一九四二年一月至一九四四年三月擔任第十八軍團司令、在列寧格勒前線作戰，後更於一九四四年三月至七月間擔任北方集團軍（Heeresgruppe Nord）司令。

了我的父親，他沒有責罵我，只是愉快地聊了幾句而已。

「那個人沒什麼了不起，只是運氣好而已，」當我報告完、帶著滿足的笑容回來後，我的戰友是這樣說的。

好幾週之後，我們終於在拉多加湖南段擋住俄國人的腳步，他們又一次平靜了下來。我們被調離主戰線，在加奇納附近的車諾沃（Tschernowo）設營。大部分車輛差不多都可以進廠了，一定要把剩下的基本問題給修好才行。連長被調走了，因此原本的副連長席勒中尉接任了這個職位。直到隔年夏天，連上除了他以外，就只剩我一個軍官了。

休息期間，我接到了一個任務，要偵察通往列寧格勒的道路、從加奇納往北前往海岸線的路，以及兩者之間的聯絡道路。在執行任務的同時，我得與前線的步兵單位建立聯繫，以及調查所有橋梁和涵洞的承重能力。如果有必要的話，接下來就要請工兵動手強化，以配合虎式的寬度，並在道路上留下我們的戰術符號「長毛象」。不幸的是，我們在這裡的工程，最後只便宜了一九四四年進攻的俄國人。

在這幾趟偵察任務中，我得以摸熟了列寧格勒前線的地形。從大道上幾公里遠的地方，我們可以看到港口裡的吊車正在移動。這些吊車已經給了我們很多麻煩了，因為它們提供了俄國人絕佳的觀察位置，也無法以砲兵摧毀。

每次來到位於列寧格勒路面電車終點站的前線時，都會從被擊毀的電車中偷看一眼城裡的狀況。我一遍又一遍地問自己：為什麼我們一九四一年時沒有佔領這裡？當時這裡沒有任何值得一提的抵抗。

我們從一位女性醫護兵俘虜那裡得到了答案。在一九四一到四二年的冬天，整個城市幾乎快被餓死，當時屍體堆得像柴火一樣（她原本是一位上校的司機，但因開車壓到地雷，被罰要以醫護兵的身份參加突擊隊）。她說列寧格勒的生活幾乎已經恢復正常了。這裡的人照常上班，不會受到任何打擾，他們都知道德軍什麼時候會開火、會朝哪裡開火。更何況，根據她的說法，我們也沒有多少彈藥了。

當後來從其他戰俘口中聽說，一九四一年時城裡幾乎沒有部隊，俄國人實質上已經放棄列寧格勒的時候，連餐廳裡階級最低的駕駛兵都知道這個大錯已無可挽回了。

雖然前線保持相同的狀態將近三年，但我們卻沒有做什麼事情來有效抵禦一定會到來的俄軍反攻。他們向師長承諾，說會在一九四三年的秋天從國內送推土機過來，這些東西本來應該要用來在前線最危險的路段挖反戰車壕的，而這已是在我們來到這裡的三年後。等到真的拿到推土機時，地面已經凍得硬邦邦，推土機根本派不上用場。第二年春天反攻的俄國人肯定能好好利用它們。

列寧格勒是東線戰場的北端，我們本來可以在準備周全的陣地裡過冬的。這樣一來，當一九四二年的春天一到，就能擁有合理的起點、可以繼續發動攻擊。

對莫斯科攻勢的關注度，勝過了攻打列寧格勒。那場攻勢就在俄國首都已經近在咫尺的時候，被困在泥濘裡動彈不得。在一九四一到四二年間惡名昭彰的冬季期間所發生的事情，根本無法以口述或文字表達。德國士兵必須在慘無人道的狀況下守住防線，對抗熟悉冬季特性、裝備十分精良的俄國師團。

我們的團，或更精確的說是還剩下的部隊，在比地獄更可怕的狀況下堅守了好幾個月——四肢凍僵、處於半飢餓狀態，還要應付精神上的折磨。在如此原始狀況的守備下，我軍居然能撐過整個冬天，今天看起來實在有點令人費解。

如去問問曾在東線戰場度過這第一個冬天、甚或還多待了一兩個冬天的士兵，為什麼他們對於在戰時分化打擊部隊士氣、破壞或類似罪行受到重罰甚至被關入集中營的人沒有表達任何憐憫之心。這些犯錯的人，後來被人當成英雄或烈士來紀念！

前線士兵是因為對死亡感到喜悅而堅守嗎？前線的士兵能活著回來，再次看到家園，也是運氣使然嗎？沒有人知道，但沒人相信我們不是基於希特勒的關愛凝視、戈培爾的宣傳或戈林的制服讓我們感覺很好而能堅守下去！

怎麼會有人把「政府」和「祖國」混為一談？我們堅守陣地，並拿出最強的實力，是因為在法律上有義務這樣做。當處境艱困、冷得半死又餓得要命，已經進入半瘋狂狀態，連上述這一點都已經顧不及的時候，之所以還撐得下去，只是因為恐懼和本能，讓自己相信我們及整個西方社會會遭受到來自東方的巨大威脅。

我們在列寧格勒面前詛咒著這場該死的戰爭。但不用說，只要命令下來，我們都會服從。或許這就是德國軍人的精神，雖然很多人常常會試著醜化解讀。為要求自己有所表現，卻明顯違背了心中更為明智的判斷，這會帶來預料外的成功，也時常能將幾乎確定必敗的局勢扭轉成勝利。

第九章
內韋爾防禦戰

拉多加湖附近的前線大致上已經安定下來了，但在可以喘口氣之前，新的裝車命令卻出乎意料地下來了。作戰地區：內韋爾（Newel）。俄國人突然攻擊此地，並且佔領了內韋爾。這波攻勢如此出奇不意，我軍甚至還有些士兵在電影院觀影時被俘，當時陷入徹底的恐慌。內韋爾的指揮官後來也不意外的，因糟糕的安全措施而必須面對軍事法庭。

而我們的任務，是要不計一切代價，保持大盧基（Wilikje-Luki）—內韋爾—維捷布斯克大道的暢通，使步兵得以佔領道路東邊最有利的陣地，畢竟是打算要把伊凡給再次趕回去的。我們很快就在一些前所未聞的事件中，認識到自己面對的是什麼樣的對手。

我們在內韋爾南邊的主戰線，自從一九四一到四二年的冬季開始，就有一段空隙。由於這裡的地形是一整片的沼澤，因此被視為天然屏障。但在內韋爾遭到突破後，我們研判俄國人其實派了小部隊兵力成功從沼澤地溜了進來，以便騷擾大道上的交通。因此我奉令單車前進警戒，並讓連上其他車輛跟在後面。我們完全沒有看到敵人，必須保持暢通的大道就在眼前從右到左延伸過去。右邊的是上坡路，並且在大約兩千公尺外消失在高地後方。營上其他弟兄應該要從那個方向過來，加強我們在洛威茲（Lowez）和內韋爾之間的防線。十一月四日，我們走出戰車，駕駛兵科斯特勒下士（Köstler）正在修理受損的左側履帶。我們站在開闊地，正滿意地看著我軍戰車正沿著前面所說的高地大道朝我們接近，至少無線電手還沒報告說狀況不是如此。當仔細辨識前幾輛戰車之後，我嚇了一跳，上面坐著步兵。我拿出望遠鏡，沒錯，是俄國人來登門拜訪了。所有人都快如閃電地回到自己的位置。可是對方根本沒注意到我們，他們大概以為我們是一輛廢棄的戰車，也沒預期到會遇上敵軍吧。駕駛兵科斯特勒幾乎把事情給搞砸了。每次只要有戰車出現，他總是會殺紅了眼。對他來說開砲的速度總不夠快，他更喜歡是自己親自給撞上去。他已經把引擎發動了，還一直要求開火，完全無法理解我們的靜默策略。射手克拉攸斯下士（Clajus）是年紀比較大的大學生，很喜歡喝酒，比起他先前的上級，我和他處得比較好。但很不幸，我們很快就得分道揚鑣，因為他請求回去念書獲准了。我希望他能順利畢業（雖然他比較喜歡酒神巴克斯），並在戰後的現在正在某個地方擔任工程師的主管職。就在我準備要下令「開火」的時候，科斯特勒失去耐性，企圖前進。俄國人已經距離

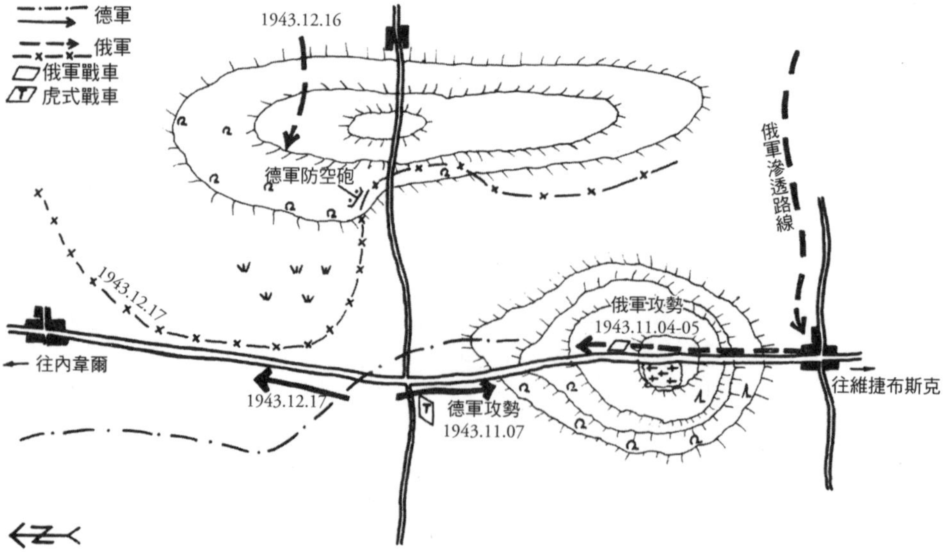

我們不到六十公尺；克拉攸斯即時把一發砲彈射進砲塔與車身之間，徹底消滅了對方。那輛戰車轉向路旁的邊溝冒煙悶燒，沒有表現出任何組員生還的跡象。俄軍的步兵立刻在大道旁的田野散開。接下來，克拉攸斯忙著射擊其餘的敵軍戰車，它們在慌亂中彼此相撞、四處亂轉，根本沒想到要和我們交戰。十二輛T－34中，只有兩輛逃過我們的火網。

那天晚上，我被叫回北方。我們要在薛爾庫尼札（Scheikunicha）附近進行一次小型作戰。防砲部隊的人會接手我們舊陣地的警戒任務。兩天後，我回到了這裡，還有一輛第三連的戰車獲派前來支援我。這輛車的車長是迪特瑪上士（Dittmar）。在敵人遭受這麼大的打擊之後，我們並不認為俄國戰車還會再出現，但我們又一次低估了伊凡的固執。他們在中午出現在兩天前完全一樣的地點。但這次他們把頂門關好、準備戰鬥，還將砲塔都往右轉了四十五度。但從表面上看起來，對方只發現了防空砲陣地，完全忽略了我們這些真正的殺手。敵軍戰車努力繞過那些被燒毀的戰車，一共有五輛。他們犯了一個大錯，所有人都在同時行進，並且只觀察高地。當他們（很不準確地）開砲時，還吵醒了防砲組員，這些組員原本是打算完全靠我們幫忙處理敵人的。我們擊毀了三輛戰車，剩下的則由遭到粗魯喚醒的防砲解決。結束之後，馬上對山丘快速地偵察了一下，發現俄國人其實還從沒有道路的沼澤地運了更多物資過來。那天晚上，我們回到了原本的陣地，並在接獲了新任務，要在第二天早上佔領高地後面的村莊。我們必須要為步兵團開路。在天色轉暗時，我手下多了兩輛戰車和三門四聯裝二十公厘防空機砲，後者後來證明在對付地面目標時十分有用。

晚上月光相當明亮，我決定要盡快攻擊，奇襲可以多多少少彌補在數量上的不足。我們組成編隊，由我的虎式打頭陣，其他戰車和四聯裝機砲交錯跟在後面。利用防空車燈的照明，到達了離村莊相當近的地方。驚人的是，途中我們沒有開一槍一彈，伊凡大概以為是自己人吧。我們停在村莊前，讓四聯裝機砲開火射擊。有一個射手違背了我的命令，對著大道左邊的房子開砲。結果往東邊吹的風將濃煙吹到街上，遮蔽了視線。我們在村子裡輾過三門設在房舍旁邊、安靜不動的俄國戰防砲之後散開來確保四周安全，並與步兵團聯繫，那些步兵已經上來、掃蕩房屋內部，到了早上就能繼續往北前進了。這次奇襲很成功，我方沒有任何損失，只有兩輛俄國戰車逃離戰場。要是我們等到白天再行動，敵人就會用更強的火力攻擊了，這點可以從我們虜獲的物資看得出來。

儘管採取了各種預防措施，以及多次嘗試封死該地，但俄國人還是成功持續透過那個老缺口滲透我們的前線，並且建立了一條長而窄的「管路」，將越來越多的人力和物資投入這一區。我們的軍力不足，沒辦法封死這個被突破的地區，進而切斷俄國人，並消滅在這之後形成的包圍圈。但情況卻一天比一天嚴峻，「管路」越來越可能爆開，俄國人會包圍我們。這就是東線作戰常常問到的問題：到底是誰在包圍誰？我們因此往西撤退，避開敵軍從「管路」那裡的進一步推進。那裡的地形實在不適合裝甲部隊。雖然霜雪交加，可能會困住我們的沼澤地依然四處可見。我們也不是很在意森林地，但比起東戰場北線的狀況，我們覺得這裡已經很不錯了。

十一月十日，我們對普加奇恰（Pugatschicha）反攻，切斷「管路」的一條支線。我們的路徑穿過了大約五公里的高山森林地，俄國人最近才剛在那邊虜獲兩門德國八十八公厘長管戰防砲。我們找到了這些大砲，依然完整、而且沒有用過。顯然伊凡不知道怎麼使用這個東西。我們能做的事情不多，只能把這些完好無缺的大砲徹底炸毀。不想給俄國人另一次機會，拿我們來測試這種火砲的穿甲力。後來在繼續前進時有點粗心，很快就聽到來自某個方向的砲火聲。我方立刻有一輛車陷入火海。幸好車上的組員還能自救進入另一輛戰車，我們在最短的時間內回到主幹道上。雖然發生這些事，但我們認為敵人在這一區只有派次級部隊推進。但整體而言情況並不明朗。就算是位階比較高的人，也沒辦法告訴我們戰線的確切位置。

這段期間發生了一件令人哭笑不得的事。我們在巡邏時遇到一位騎馬的傳令兵。我們慢慢開，以免造成馬兒緊張。但就在和牠並排時，年輕的馬兒開始亂跳，不幸地跳到左側履帶前面，駕駛煞車不及。那隻可憐的動物身受重傷，得以跳馬逃生的騎士只好一槍給牠個痛快。我們讓傳令兵上車，載到他的單位去。然後我在官方調查紀錄證實，他不需要對此事負任何責任。當我們開回去時，死掉的馬兒已經消失了。後來我才在野戰廚房裡發現牠，我的部下開戰車載了回去。這為我們相當稀缺的伙食增色不少，尤其天氣寒冷，肉可以儲藏好幾天。第二天的晚餐是肉丸[1]，指揮官什麼都不知道，吃了三顆還稱讚廚房很照顧我們。但當我將真相告訴他之後，可憐的傢伙吐了。在這之後的好幾天，直到確定馬肉已經全部吃完之前，他一律不吃肉。

幾天後，戰事又開始緊繃。我們從一處小山丘上警戒，可以清楚看見塞爾蓋切沃村（Ssergeizewo）。村子本身是在我軍手裡，但在那後面就是俄國人的地盤了。我們要協助擊退已可預見會到來的攻擊。到了傍晚，伊凡還真的從森林裡派出四輛戰車和步兵。要從制高點反擊這次攻擊很容易，各車車長甚至在交戰時站在車外引導射擊。最後四輛T－34全數化為火球，俄國人也退回林中。

---

1 編註：Frikadelle，一種較扁的德式肉丸。

交戰持續到年底才告一段落。十一月二十五日，我們支援五〇三擲彈兵團攻擊塞爾蓋切沃西邊的一片林地。根據原訂計畫，攻擊應該要在黎明發動。我們的四輛戰車就定位停好之後，卻驚訝地發現，步兵戰友們居然正在衝向林線。我們很讚賞他們的氣魄，但更驚訝於俄國人居然允許他們這麼做而沒有出手干預！在我們前進大約七十公尺後，謎團終於解開了。這些衝向林地的不是我們的弟兄，而是在夜間挖壕據守的俄國人。他們正要在我們攻擊之前後撤。德軍擲彈兵在戰車左右兩邊排開，正在等待我們出擊。伊凡運氣太好了，居然遇到被晨光欺騙的我們。接下來只得在林地裡與他們交戰，而不是原本可能的狀況——在開闊地輕鬆解決他們。當天晚上，擲彈兵營長約翰梅耶上尉（Johannmeyer）[2]被樹林裡的一位蘇聯狙擊手打成了重傷。肺部中彈的他，我們全都很擔心無法活到去主急救站（Hauptverbandplatz）[3]。由於這個原因，我在一九四四年在醫院接到他發來的問候時，真的非常非常高興。就在他重傷之前，他成了第三百二十九位獲得騎士十字勳章上橡葉的軍人；由於身負重傷，他差點沒辦法參加授勳儀式。

✠

十二月二日，我和茲維提二等士官長（Zwetti）一起前往高魯什卡（Goruschka），以便和步兵一起推進、更進一步切斷「管路」。俄軍已經在一處小但足以控制附近地區的高地上建立了相當良好的防禦陣地，他們一直都很擅於這一點。在山丘後面及兩側林地，他們部署了包括戰防砲與迫擊砲等各種重武器，我們無法攻擊到他們。我們必須沿著一條小徑前進，而這條小徑通往一條完全無法通過的橋。俄國人的視線十分良好，因此搬出迫擊砲來招呼我們。我頓時對工兵部隊的上尉指揮官起了殺意。他保證，雖然過橋完全不可行，但我們可以輕易地通過右手邊的一個邊溝。我當然明白他不想在敵人的視線下加固那座橋的結構，但我也同樣不大想卡在邊溝裡、在俄國人面前執行不必要的車輛回收作業。工兵上尉很快就跑來要求我馬上發動攻擊。我們吵了起來，俄國佬還配上了「友善的」火力攻擊，替我們的爭辯伴奏。

到最後他講出逃避卸責、懦夫等罪名安在我頭上時，我一把扯下外套上的鐵十字勳章，丟在他的腳邊上車離開。我的戰車馬上在泥濘裡陷得又深又實，我只要輕輕鬆鬆從砲塔上走一步，就能踩到地面。上尉被上了一堂課，同時也偷偷溜走，這我倒不怪他，畢竟伊凡就在不遠處觀察我們的愚行，對方絕對能開火打進戰車的砲塔頂門裡。我向茲維提揮手，然後一起把纜繩接好。幸運的是，並沒發生更糟的狀況。只有一片迫擊砲的破彈片傷到了我的太陽穴附近而已。在戰車終於奮力倒車脫困後，我像個白癡，叫射手幫我把破片拉出來，傷口開始瘋狂地出血，顯然是扯破了更大的血管。茲維提不得不很專業地實施「加壓包紮法」，我們學的「急救」措施還滿有用的。現在我身上多了一條細緻的白色頭巾，在冰天雪地裡剛好可以充當偽裝。我們一如以往的冬季，將戰車漆成白色了。我的頭也很少會伸出更高的距離探出車外——實在萬幸。順帶一提，那天晚上工兵上尉把我的勳章送了回來，還附上一封信。他在信中向我道歉，並且保證隔天早上那座橋就可以使用了。我們第二天也真的在晨光之中，順利跨過了這座成為爭辯核心的橋梁，雖然有些搖搖晃晃，但沒有垮掉。

---

2 編註：一九四五年，約翰梅耶擔任希特勒貼身的最後一任「陸軍副官」（Heeresadjutant）。

3 編註：由師下轄的各衛生連（Sanitätskompanie）負責，通常在團指揮所附近，擁有進行麻醉及手術的能力，如有需要可將傷患轉送至師級或更高層級野戰醫院（Feldlazarett）及戰區外的後備醫院（Reservelazarett）。

靠著運氣和技術，我們通過了一片地雷區。我讓茲維提開在我的後面，接著就來到了俄國人的前面，可以看到前坡上的散兵坑。我們幫步兵爭取了一些喘息的空間，茲維提很快解決了正在警戒地雷區的兩門戰防砲。

接著右側的傢伙開始在極近距離用反戰車步槍朝我們開火，過了沒多久所有的觀測窗都毀損了。茲維提試著想逮到這種步槍的射手，但他們總是會轉移陣地，馬上消失得無影無蹤。我們沿著整個土牆防禦工事用火力來偵察。但俄國人對自己非常有自信，甚至還從掩體下對我們丟手榴彈。我們才前進了一點點，第一波戰防砲砲彈就已經從我的頭旁邊竄過了，看來在步兵跟上之前，沒有理由繼續前進了。我們在原地待了好幾個小時，卻不見步兵戰友們的身影。原來他們根本出不了散兵坑，伊凡從森林裡直接壓制了整個區域。連我們都不得不關閉車上的頂門，擔心俄國人會從上面打進來。

那天下午，茲維提提醒我車尾有一灘水。我有不好的預感。駕駛一發動引擎，溫度計馬上超過了攝氏一百一十度。俄國人用反戰車步槍和迫擊砲在我們的散熱器上打了個洞。這要怎麼辦？在如此的狀況下，不可能棄車或是拖車，必須試著以自己的動力回到橋的另一頭，還要搶在活塞卡死之前抵達。

而這時又禍不單行！茲維提忘了把無線電調回接收模式，所以我可以清楚聽見當時我沒什麼興趣聽、他們那一車的所有對話。這種事會讓人明白那些討厭的演習究竟有多重要——無線電手每天都被提醒十幾次，要在發出無線電訊息後馬上切回接收模式。但在這次的狀況，提醒顯然還是不夠！我從車長頂門口抓著我的耳機揮手，提醒茲維提說我想和他說話。此時分秒必爭，因為散熱器還在持續漏水。他終於注意到我在揮手，然後粗暴地叫醒了他的無線電手——我還是可以聽到這過程。我引導傍車駕駛通過地雷區，他必須蒙著開車（因為是倒退），但還是帶著我們通過了。在萬分焦急之下，來到了橋邊，這座橋在我們第一次通過時已經硬撐過一次，中間都凹下去了。我們拼命祈求好運，最後成功過橋：走了一百公尺後，會有低矮的沼澤樹木掩護，擋住俄國人的視線。我們沒有再次對該地攻擊，這對步兵來講實在是不可能的任務。沒有人能活著走到那座山丘，即使看起來很近也是如此。

十二月十二日，我們獲派前往洛威茲的維捷布斯克—內韋爾大道。俄國人正在從東方廣正面對我軍防線施壓。剛開始幾天，我們只有一個任務，就是沿著大道上上下下開個幾公里，佯裝是規模更龐大的裝甲單位。十二月十六日，敵軍在戰車支援下企圖攻打我們在幾週前擊毀俄國戰防砲的那座山丘，我們馬上發動成功的反擊。過程之中，擊毀了不少敵軍戰車。伊凡如果集中裝甲部隊搶攻山丘，其實可以避掉這些損失的。但他們卻謹慎的、有點焦急地一個接著一個逐次推進，這讓我們得以輕鬆解決掉他們。

反過來說，我們面對俄國攻擊機就沒有那麼輕鬆了，他們幾乎日夜不停地從我們頭上竄過，他們的飛行方式真的只能用「竄」來形容。我的射手克拉瑪下士（Kramer）立了大功，大概整個東線戰場都沒有人比得上他。他居然成功用戰車砲擊落了一架俄國攻擊機，當然帶有點運氣成分。事情是這樣的：我的好克拉瑪受夠了這些傢伙整天來煩人，決定將主砲抬高，對準他們的進場路線，我幫他看飛機動向給他提示，他賭了一把，開了一砲。第二次嘗試時，擊中了其中一隻「蜜蜂」的主翼；那架俄國戰機墜毀在我們背後。同一天，我們又多了另一次的喘息機會：兩架蘇聯戰機相撞，在空中解體後墜毀。那天晚上，我和步兵團團長作情況匯報，這花的時間比預期中多了不少。最後到凌晨兩點才能準備回去。路上我看到了我軍的步兵待在大道前面，他們才剛在陣地安頓下來而已。俄國人有時候會用卡賓槍或機槍對著道路射擊。就在我的戰車所在位置之前，很快地沿著往南的道路走，往「家」的方向。現在的戰車組員已經減編到每車兩人。他們在找我，我長時間不在，讓他們很擔心。我們都很高興能夠再次見面，茲維提說，前線已經後退到我剛剛走的那條大道了；那條路在無人地帶上。同時，敵軍正在持續增援，我們只能很勉強地長期守住這個陣地。俄國的部隊和物資從東邊由開著頭燈的卡車運過來，根本不擔心我方的抗擊。德軍的砲擊火力薄弱，而且都要等到敵方的車隊已經消失之後才會到來。

第二天，我們又再次沿著大道往北攻擊，希望讓步兵有機會能贏回前一天失去的陣地。俄國人已經推進到道路右側附近了。有一輛位於開闊地的史達林風琴[4]發現了我們然後開火。我的戰車車頭被火箭擊中。茲維提透過無線電問我發生什麼事；他在煙霧裡沒辦法辨認發生了什麼。我們很幸運，很快就離開了敵軍的視線範圍之外。

雖然步兵多次嘗試，但還是無法推進到大道的東側。俄國人卻開始從另一邊越了過來。過程之中，我們還有時間讚嘆一位蘇聯政委的冷靜，他居然能在槍林彈雨中直挺挺地站著，並且固執地揮手要他的部下前進，機關槍似乎都打不中他似的。我們很生氣，於是克拉瑪用了八八主砲把他轟上天。俄軍步兵就這樣又跑回了大道的另一邊。即使如此，我軍的攻擊還是喊了停，新的主戰線設在更西邊的地方去。

當我回到團部的時候，指揮官很生氣：有兩個亞爾薩斯人不見了。他們那時候實在不應該再被派到前線了。由於他們很可靠，所以有人願意破例，結果現在開始擔心他們可能跨過前線，投敵去了。這段期間兩輛虜獲的俄製T－34戰車涉及另一件令人痛心的事故。這兩輛「德軍」戰車巡邏警戒後，就在黃昏的暮光中回到基地。我們的戰防砲部隊不知道裡面是德國組員，主動把兩輛戰車悉數擊毀。漆上去的德軍樑狀十字徽（Balkenkreuz）在暮光中下難以辨識。至此，我們再也沒有人願意去開虜獲的戰車了。

我們待在內韋爾地區的日子不多了。在列寧格勒的南邊還有著全新且艱苦的戰況等著我們。內韋爾戰線的狀況在我們快速退往下一個鐵路貨運站時，仍然沒有穩定下來，但列寧格勒地區的撤退行動更需要我們。我們的目標是列寧格勒—納瓦（Narwa）公路上的集結點加奇納。在離開內韋爾戰線時，身後的橋梁和鐵路開始炸毀。前線又再次必須大幅後退。

✠

在這個節骨眼上，我必須稱讚一群很特別的人，就是我們維修連（Werkstattkompanie）的救濟收排弟兄。這些人達成了不可能的任務。排長魯威戴少尉（Ruwiedel）很想和他在戰車連的戰友們待在一起，可是沒有人能取代他的工作，這樣的職務只有特別的人才能勝任，但我們不會羨慕他的工作。若要明白這一點，首先必須想像救濟排的任務性質。這些人必須（通常是在敵軍砲火下）用他們的重型十八噸牽引車[5]，把失去行動力的戰車拖走。在大多數情況下，重型回收車必須在夜間開到比最前方陣地更前面的地方去。他們會在那裡用絞盤幫戰車脫困、把纜繩接上，然後將戰車拖走。在地面正常的情況下，這基本上沒什麼問題，只要我方步兵保持安靜，不要打

---

4 譯註：即蘇聯製 BM-13「卡秋莎」自走多管火箭砲。

5 編註：指 Sd.Kfz.9 半履帶車。

照明彈驚動敵軍就好。但我們的人得在冰天雪地下工作。用兩輛牽引車在前面呈縱列拖走六十噸重的虎式，需要相當的經驗與超乎常人的膽識。當敵人一如所有撤退戰一樣緊追在後時，只要犯一個錯，通常就表示要失去一輛貴重的戰車了。

✠

幸好，我們得以在火車站炸毀前抵達，把戰車裝上火車，然後往加奇納的方向出發。這樣急急忙忙地調動實在不是好兆頭，目的地那邊大概已經發生了各種事情，因而我們再次扮演「救火隊」的任務。

不祥的預感後來成真了。加奇納的中央車站在我們抵達時正遭受砲火攻擊，無法在那裡將戰車卸下火車，還聽說我們的第一連已經接敵，而且損傷慘重。他們是直接從卸貨坡道投入戰場的。事情會變成這樣，主要是俄國人以優勢兵力向西突破了列寧格勒與加奇納之間的防線。他們將主攻部隊之一推往海岸線，另一支則在普希金（Puschkin）附近，這個地方位於加奇納的東方。我們遇到的正是先前提過的那種不幸的狀況——我們把加奇納與列寧格勒之間所有的橋梁都偵察了一遍，以便補強到能讓重戰車通過的程度。雖然我們很快就通過，但負責炸橋的戰友們遲到了，害得我們等於是幫伊凡做了一堆苦工，讓他們能快速進軍。

到達戰場時，發現了第一連遭到消滅的悲慘經過。它在大道上被俄軍戰車包圍，其中由梅耶少尉帶領的排幾乎全軍覆沒。梅耶本人則在俄國人企圖俘虜他時，把武器對準了自己的太陽穴，這樣的消息讓人垂頭喪氣。我在心裡將這件事怪罪在指揮官頭上，他沒有延後這些人的部署時機，等到各連都集結後再出擊。後來我才認知到，其實他別無選擇。某種程度上來說，每個單位出發時都是迎向未知，沒有人對戰場有準確的了解。更重要的是，葉德少校（Jähde）是五〇二營史上最好的指揮官。他一直都是我們的榜樣，總是照顧部下，絕無例外。面對嚴峻的狀況，他人一定會在場。我們所認識的他正是如此，絕不會忘記他。

第十章

撤往納瓦

我們不得不放棄加奇納，北方集團軍（Army Group North）也沿著加奇納—沃羅索沃（Wolosowo）—納瓦大道往後撤退。據了解沿著納瓦建立了非常良好的陣地，這條「豹線」（Panther Line）可以在有秩序地撤退的情況下好好守住。身為有過相關經驗的部隊，即使聽說有堅實的碉堡和已經蓋好的戰車陣地，也還是讓人存疑。若是有好的碉堡，對步兵戰友們而言當然是大好消息。在這個季節要挖土或是建造陣地基本上都是不可能的。而我們的懷疑也不是空穴來風：「豹線」其實只存在於紙面上。當時在場的人，對於相關負責人日後被上層追究可一點都不覺得可憐！

雖然在我們來到納瓦的時候，從幻想中回到現實的過程並不愉快，但別的地方還是有一些好消息。我們和「溫格勒擲彈兵團」（Wengler's Infantry）[1]組成後衛部隊，而且跟他們的合作關係非常好。我們的任務是掩護所有步兵與砲兵撤離加奇納—列寧格勒地區，這個任務可不容易。幾乎所有部隊都得靠著唯一一條大道撤退，同時一直在海岸和大道間來回的俄國人卻超前我們一步，把大道切斷了。我們必須前去解除大道上的威脅，這樣一來伊凡又可以攻擊我們的後衛了。有時候我們會往北方更遠的地方推進，逼敵軍遠離大道，避免對方試圖趕上我們。

有一次我們又往海岸的方向前進，並在一處無人村莊中建立陣地。林線大概延伸到村後一公里遠的地方，幾乎是大道到海岸的一半路程，我們在村莊道路的出口警戒。到了晚上，一些遲到的步兵跟了上來。兩邊的人都很高興，因為我們也覺得有步兵支援比較好。天色變暗後，我看到一支俄國巡邏隊從林子裡走了出來，或許是來偵察，看看這座村子有沒有敵人吧。他們大膽地朝我們靠近，在前方大約五百公尺外，俄國人突然跳進了路旁的邊溝裡。我們馬上開火，但無法阻止其中幾人消失在森林裡。這表示俄國人已經佔領了我們前方的高地。

每當要在戰車上警戒時，晚上總顯得特別漫長。每分鐘都像一小時那麼長久，特別是在太陽下午三點就下山、早上九點才會再出來的冬天更是如此。我有一套原則——待在砲塔裡，不和別人換班；我了解過勞的時候非常容易睡著，而我也不想過度要求部下。更何況他們必須休息，出狀況時才能做好準備。有時候我打瞌睡，頭會撞到砲塔的邊緣；這招總是能「讓人打起精神」。抽菸的時候，常常直到菸頭燙到手指才驚覺自己在打瞌睡。在這樣的狀況下，我還會突然看見四處移動的幻影，把在白天看起來無害的東西，例如樹或草叢，看成卡車、戰車或其他各種東西。有時候我們會打照明彈，確認周遭的狀況。但在照明彈燒完後，夜晚只會顯得比原本更暗。發現這樣做只會曝露自己的位置、根本看不到什麼東西之後，我們就盡量不再使用這些照明效果了。在戰鬥中狀況就不一樣了，得想辦法讓射手可以瞄準才行。而若是月光不作美，這根本不可能。

我們最近才收到可以燃燒更久、附有降落傘的照明彈。但我的車上，這種東西卻發生一件讓人五味雜陳的意外。收到了配發給我的信號槍，想說上膛看看，卻沒有把擊鎚完全拉到底。結果

---

1 譯註：指當時的第三六六擲彈兵團，由馬克西米立安．溫格勒上校（Maximilian Wengler）指揮。

擊鎚往前彈，就在車內擊發了照明彈，它像著了火的老鼠四處亂竄。實在不敢相信，就在希望它趕緊熄滅的時候，這照明彈卻偏偏燃燒那麼久。我們很幸運，過程中沒有任何人受傷。

我們在村外警戒了好幾個小時，沒有什麼事情發生。大概凌晨兩點的時候，突然聽到迫擊砲射擊的聲音。砲彈聲太短了，但我們一點都不會懷疑——這些砲彈是衝著我們而來的。很快，整座村子遭受非常強大的火力攻擊。俄國人注意到這裡有人佔領，想在繼續西進之前把這裡「清理」一下。但他們採取的行動，顯然完全沒有想到村子裡有一整個虎式戰車連進駐。

我看到林線內有砲口的火光，而且每次開火都會往右邊移動。這一定是沿著林線移動的戰車，他們想從便道前往村子另一頭的道路，而那裡有茲維提二等士官長把守，他的後面還有席勒的戰車。我用無線電聯絡了茲維提，在照明彈的協助下，我可以看到一輛T－34正在距離茲維提不到五十公尺處移動。由於砲擊的關係，我們聽不見任何引擎聲，導致敵人因此來到了村口。茲維提把他的「鄰居」打成火球，我們卻很驚訝地發現，還有第二輛T－34出現在村內街道中間，就在席勒的戰車旁。俄國人常常犯一個致命錯誤，就是時時保持戰車的頂門緊閉，這樣使得乘員很難看到什麼東西，尤其是在晚上。車上同樣是載著步兵，但即使是如此，他們還是無法及早發現狀況。席勒想要轉動砲塔，卻在過程中讓砲管撞上了蘇聯戰車。他得先倒車，才能把對方擊毀。我覺得太冒險了，所以沒有開砲。這真是我遇過最瘋狂的狀況之一！

在茲維提解決另外三輛戰車後，俄國人撤退了，他們所承受的損失已經夠慘重的了。那天晚上的其餘時間，我們都保持無線電聯絡，而且還能在其中一個頻道清楚聽見俄國人的對話，這表示他們離我們肯定不會太遠。

天亮時，步兵有點大意地靠近了那輛T－34。它還在席勒的車旁，除了車身上被打了一個洞之外，這輛戰車並沒有什麼受損。令人驚訝的是，當他們想把砲塔頂門打開時，卻又被關上。然後一枚手榴彈從車內飛了出來，造成三名士兵重傷。席勒再次開火射擊敵人，但他卻用了三發砲彈才逼俄軍車長離開戰車，並因重傷而倒地，其他俄軍組員都已經死了。我們把這個蘇聯少尉帶到師部去，但他們已經不能向他問話了，他在來著的路上已經傷重不治。這次事件證明，一定要非常小心才行。這個俄國人已經向他的部隊傳達了關於我們非常詳盡的報告，而他只需要慢慢轉動砲塔，就能在極近距離擊毀席勒的戰車。我還記得當時我們曾經咒罵這個蘇聯少尉為什麼這麼固執。但到了今天，我的看法卻不太一樣了……

北方集團軍的撤退明顯遭到俄軍側翼包圍運動的干擾。撤退的路線越來越阻塞，各個單位都擠在一起，尤其是在敵人封鎖德軍大道的狀況越演越烈之下。我們一直竭盡全力保持撤退路線的勉強開放。過程之中，常常有機會向對手良好的戰鬥紀律投以讚嘆的眼光。有一次，我們差不多就像在演訓場那樣擊退了敵軍的攻勢。俄國人從我們西邊幾公里外，以滿編的步兵團加上戰車支援，從北往南朝著大道的方向攻來，我軍則從東邊、沿著他們的左側翼接近。

接著，我們見證了在戰爭中可以說是罕見的奇景。伊凡的側翼一如往常，在沒有任何掩護的情況下在我們眼前推進，彷彿像走在演訓場那樣。我們在村莊邊緣停了下來、開始射擊。有一段時候，俄國戰車成為我方砲火下的俎上肉。但蘇聯步兵對於這樣的損失不為所動，他們還是照常向前行進。相鄰的兩個蘇聯兵絕不會同時衝鋒，他們每跑三四步就會消失、臥倒。在失去裝甲部隊支援的狀況下到達了大道旁，我們只好再次肅清他們。這種奇觀再次證明，好的戰鬥訓練是有多重要，以及當每個人都知道該怎麼行動時，傷亡可以壓得多低。

每當我們完成前方的撤退路線肅清時，後面馬上又有狀況了。這種瘋狂的狀態一直持續到納瓦。有一天晚上，俄國人甚至還成功包圍了其中一個師的指揮所。我們要把他們再次擊潰並不困難，因為俄國人只能用輕部隊，也就是摩托化步兵、輕型戰防砲和輕戰車執行側翼追擊。到了早上，參謀就可以繼續前進了。將軍是搭著我的戰車最後一個離開的。但在沃羅索沃的交通樞紐前，遇到了一個棘手的狀況。我們的任務，是要在歐波策村（Opotze）外不計一切代價防守一個陣地，直到調度命令下來為止。我們的陣地位於大道南緣，村子就在道路另一邊大約一百公尺外。早上的時候，還沒有敵人的蹤影，後撤部隊大批通過我們的位置。在我們四輛虎式後方有一個步兵營負責掩護。由於許多單位並未摩托化，撤退只能斷斷續續、緩慢地進行。除了少數落後的單位之外，大道到了下午幾乎都空了，眼前的村子在這之後又有了生氣。看到那裡有人來回奔跑，我們只能提高警覺。再一次，今晚又是一個令人非常愉快的夜晚。夜色降臨時，步兵營也離開了。我和我的四輛虎式變成這個廣大地區的孤軍。還好，俄國人並不知道我們處境艱難，或許他們還是太尊敬我們的實力了。他們在對面的陣地架了兩次戰防砲，但我們都沒讓他們有機會開到第二砲，他們再也沒有嘗試第三次了。看來俄國指揮官似乎認為我們也會在早上離開，他似乎以為我們身邊有著各種步兵的支援，否則他應該會很樂意徒步前來接近我們的戰車。

午夜前不久，東邊出現了車輛，及時認出是我軍的。那是一個燧發槍兵營（Füsilier-Battalion）[2]，錯過與大部隊的會合，因此遲至現在才抵達大道這裡。我後來發現，他們的營長喝得爛醉，坐在帶頭的唯一一輛戰車內。災難很快臨頭，該部隊對周遭狀況一點都不了解，卻在開闊地上走進俄國人的射程範圍。當機槍和迫擊砲開始射擊時，極度恐慌的狀況也隨即發生，很多士兵中彈。由於沒有人指揮，大家都往回跑向了大道，而不是在它南邊的野地尋求掩護。再怎樣的袍澤情誼也都不復存在了，只剩下「各人自掃門前雪」。車輛直接輾過傷兵，大道則上演著恐怖的畫面。這場災難其實並不必然會發生，只要這夥官兵的指揮官有盡到責任，帶著部下越野而行，而不是坐在戰車裡睡覺解酒就行了。

俄國人停火之後，我的各車無線電手和車長們爬出車外，匍匐前進到大道前，至少救了幾個重傷的士兵。我們盡力照顧他們，並將人安置在戰車上。由於月光的關係，救援行動變得更加困難，伊凡可以從室內觀察到我們的一舉一動，而我們卻只能用槍口的閃焰來辨識敵人的位置。我們的陣地越來越危險了，我至少每十五分鐘和營部聯絡一次，可是請求的移動命令卻沒有下來。俄國人定時發動相當令人『親切的』迫砲攻擊，卻沒有靠上來。即使如此，損害已經夠慘重了。接近早上的時候，維斯里上士（Wesely）向我報告，說他的戰車散熱器被打了一個洞。半小時後，第二輛戰車回報同樣的狀況。這表示現在我們必須用剩下的兩輛戰車，把它們都拖走。我們不能冒著讓這兩輛戰車報銷的風險，任誰都知道要得到新戰車是有多困難的事情。駕駛也很難離開自己的戰車，就像以前的騎士很難離開自己的戰馬。

我向營部回報最新狀況，大約二十分鐘後，等待已久的撤離命令終於下來了。我們把那兩輛不能動的戰車盡量綁好，拖了兩公里，來到一處正燒得十分耀眼的陸軍軍糧站。戰友們沒辦法把

---

2 譯註：德軍於大戰後期的步兵師編制中，由原先的偵察營所改編的營級單位，其下轄有步兵連及偵察連、自行車連等單位；此外，如同「擲彈兵」，「燧發槍兵」之名也因其傳統精銳部隊的意涵，而被授予部分步兵單位以提振士氣，如德國陸軍大德意志裝甲擲彈兵師（Panzergrenadier Division Großdeutschland）即有「裝甲燧發槍兵團」（Panzer-Füsilier-Regiment）。

所有東西都帶走，當然也不想留給伊凡。隨後我們往南離開大道，根據最新報告，俄國人已經到達大道更西的地方了，因此不可能從那邊通過。這時部隊還在軍糧站的火光照得到的範圍內。我們再次下車，把纜繩固定好。

突然間，一陣讓人緊張的爆炸聲撼動了空氣。由於氣壓的關係，我們彷如被人擊斃，全倒在地上。同時間，我們日盼夜盼的食物也從空中飛了過來，再加上各種大大小小的板子和樑柱，這些東西數量之多，我們沒有因為某種不太光榮的原因而受傷可以說是好運。那些炸毀軍糧站的工兵表現不錯，只是應該要再晚一點引爆才對。像這麼罕見、英雄式地死於罐頭臨頭的機會並不怎麼討人喜歡，因此趕緊加速離開現場。拜霜雪所賜，我們在大道南邊的行進路線相當容易行駛。天剛亮時，一輛水桶車[3]朝我們開來。當認出車上是我們的指揮官時開心極了。雖然附近友軍不多，伊凡又隨時可能出現，但他連一分鐘的遲疑都沒有，就開車過來跟我們碰頭。葉德少校用力抱了我一下，坦承已經把我們列入陣亡人員了。他看到我們甚至還把兩輛損傷的戰車都給帶了回來，高興得不得了。

不幸的是，我們在最後一段行軍的過程中，與我們隨行的步兵發生了一件令人悲痛的事情。這些人非常疲累了，幾乎無法繼續行走。他們坐在散熱罩上，想說讓戰車引擎排出來的溫暖空氣可以取暖。他們沒多久就睡著了，卻因冷空氣和排出的廢氣混合後的一氧化碳而氣體中毒。雖然我們馬上動手施救，還是有三人救不回來。當時我們還不知道有這樣的狀況，但之後就警告每個遇到的士兵了。

沃羅索沃的路口要衝本應全力防守，確保所有單位都能安全回到納瓦。溫格勒上校與他的擲彈兵在沃羅索沃的東側設立了阻卻陣地，本營剩下的兵力和所有戰防砲部隊都加入了這道防線。

安然前往沃羅索沃的願望最後沒能實現。葉德少校表示，要我們繞過一大塊沼澤地，因此必須再次向北往大道過去，他人很好，並沒有隱瞞伊凡已經來到沃羅索沃大道前的事實。我們必須想辦法往西前進。這在白天似乎是不可能的，必須等到晚上才動身。出發之前，葉德少校喝了一大口酒，坐在我車上的裝填手腳邊。除了祝我們好運以外，他沒什麼可以做的了。

為了有效利用兩輛被拖吊戰車的火力，它們的砲塔往後轉，這樣就能掩護我們的後方了。我們幾乎不走在大路，且朝西走的時候，一門俄國戰防砲從後方敲打了我們的砲塔。但被拖行的戰車很快就爭取了一些喘息的空間。即便如此，我們還是得下車——俄國人打斷了一條纜繩，但一切還是很順利，距離新防線只剩三公里了。大道兩邊的俄國人都想把我們給解決掉，甚至還有人企圖跳上我們的戰車，但都沒有成功。在這樣的狀況下，手榴彈就派得上用場了。至於勇敢的駕駛科斯特勒那滿口的詛咒到底能不能把伊凡嚇跑，那就不太確定了。就在目的地前不遠處，我們開始遭到戰防砲攻擊——友軍以為我們是敵人！直到我們以同樣口徑的砲彈還擊，才總算換回了些寧靜。外行人或許會覺得我們應該用照明彈說明自己的身份。我們當然也這麼做了，在類似的撤退戰中，當不知道打照明彈的究竟是伊凡還是自己人時，誰會去管那些照明彈呢？

---

3 譯註：Kübelwagen，由保時捷博士（Dr. Ferdinand Porsche）設計，福斯汽車替德軍製作的小型軍用車輛，在德軍的地位類似於美軍的吉普車。

我們在沃羅索沃和連上的其他人會合，進而組成了一支強大的防禦兵力。溫格勒上校的擲彈兵們已經開始在那附近建立防線，只留下往西通往納瓦的路。我和所屬四輛可以作戰的虎式歸溫格勒上校指揮，營裡剩下的人則已前往裝貨車站，和所有重武器一起裝上火車運走，避免更大的損失。日後我們會非常樂於接受來自「最重型砲兵連」的火力支援，他們就是在類似的行動中被保留下來的火砲。

沃羅索沃的防禦由溫格勒上校指揮。後來為了紀念他手下的擲彈兵，我們都管這裡叫「溫格勒沃」（Wenglerowo）。溫格勒是部隊指揮官的楷模，原本是後備軍官，日常擔任銀行經理，他的人格特質能夠得到手下絕對的信任，讓他們隨時願意為了這位長官赴湯蹈火。他的冷靜沉著十分令人景仰，而這樣的特質在危機來臨時是非常珍貴的。有一次，我們在主戰線後方約一百公尺的小木屋裡作簡報。俄國人從三個方向開火，這絕不是可以輕鬆以對的態勢。溫格勒原本正要說明狀況，突然一發迫擊砲彈炸碎了窗戶。一名軍官手臂受傷，並躲到桌下找掩護。上校卻滿不在乎地，朝著這位軍官的方向看過去，然後說：「各位，不要讓自己在砲擊中亂了陣腳。請您專心處理手上的事情[4]，才能趕快結束，回到自己的崗位上去。」我們的自信馬上回來了。只有當「長官」能自我控制的時候，他才能要求部下做好每一件事。

我們在沃羅索沃第一次遇到了黨衛軍第三裝甲軍的成員。他們後來最出名的一役，就是在納瓦的陣地防禦戰。我們見到這些戰友們很興奮，總會多少羨慕他們擁有較好的裝備，而接下來的發現更是使人吃驚。他們那種不顧一切的態度總是能夠振奮人心[5]，但對於人與物的無情，卻又讓人覺得有點疏遠。只要派黨衛軍出去總是能夠使命必達，但他們承受的嚴重損失，往往須要到把整支部隊撤出重新整補的地步。我們承擔不起這樣的代價，必須好好愛惜部下和資源。我的目標向來都是以達成最大成功的同時，將傷亡控制在最低程度。

接下來，蘇軍開始傾全部軍力，對「溫格勒沃」施加壓力，所以當撤退命令終於下來的時候，是多麼的高興。黨衛軍利用其快速的摩托化部隊掩護撤退，特製的平板車已經在裝貨車站等待著了。我們全速往西、朝納瓦前進。正在上鐵皮時，聽到了令人悲傷的消息，第一連連長迪爾斯中尉（Diels）陣亡了。一輛俄國戰車對大道發動了攻擊，坐在水桶車上的迪爾斯，心臟被破片直接擊中。

4 編註：用敬語「您」跟「請」是德國國防軍軍官的習慣。
5 編註：指黨衛軍在戰鬥時瘋狂且奮不顧身、毫不顧忌己方損失的打法。在英美的作戰記錄及回憶錄也多有記載。

第十一章

「老弗利茨」

很高興終於抵達納瓦。新的陣地應該已經構築完畢，而且強度足以擋住俄國人的進逼。但首先得花很長時間找到我們的輜重隊（Troß）。由於納瓦附近都擠滿了撤退的部隊，因此沒有什麼居住區可言。必須找到一個能和別的單位一起待著的地方，至少保持溫暖。同時，我去尋找那兩輛受損戰車的組員，他們大概也來到納瓦了。為了應付任何可能的情況，我帶著兩罐好喝的豌豆湯。我想他們應該站在某處，冷得要死又餓得要命。由於向東就是與進入納瓦的部隊逆向而行，因此要前進其實相當困難。我們在火車站輕而易舉就找到了那兩輛戰車，卻沒看到人，最後不得不挨家挨戶地找。我實在不敢相信自己的眼睛——我那些「挨餓受凍」的部下，居然坐在如同承平時期般佈置的桌邊吃東西，他們正吃著炸肉排與其他美食，並且得到屋子女主人的豐盛招待。我帶著冷豌豆湯出現只換來了一聲招呼。當然啦，我毫不遲疑地也加入享用更好餐點的行列。想要長時間的休息和一張像樣的床，這樣的願望其實不難理解。大家最想要的就是睡覺、睡覺、睡覺！但一如往常，實際的狀況卻差很多。

我們往西回到在大道上的單位。天色已暗了，已經走了二十公里的我們，突然聽到一聲命令：「所有人往右閃避！對向來車！」我們停了下來，認出是一輛虎式，它正在艱難地越過反向的人車向我們靠近。當我攔下這輛虎式時，茲維提二等士官長從車內爬了出來，帶來一個好消息：我不用開回輜重隊了。他把連上剩下的人都帶來了，我可以馬上上車指揮。然後我們開著四輛虎式往東前進。床與睡眠只是一場短暫的美夢而已。茲維提對任務的細節所知不多，只知道我們要去找那個駐守在納瓦橋頭堡的黨衛軍師長報到而已。

我們一路胡思亂想來到了納瓦，然後開過我軍工兵架設的橋梁。到處都充滿著亢奮的心情，整個城裡只有黨衛軍的車輛來回行駛。要找到師指揮所並不容易，因為黨衛裝甲擲彈師「北地師」（Nordland Division）[1]的成員大多來自北歐國家，幾乎都不懂德語。但他們基本上都是高大、有活力的年輕軍人。

他們的師長是弗利茨・馮・紹爾茨黨衛軍准將（SS-Brigadeführer Fritz von Scholz），我馬上給他取了個外號叫「老弗利茨」[2]。我最後總算在一處非常獨特的指揮所裡找到他，那是一輛巴士，停在一間房子旁邊。這是我在戰爭期間所見過，唯一一處比團指揮所更接近前線的師指揮所。

我向第二輛巴士裡的作戰官（Ia, Erster Generalstabsoffizier）報告：階級、俸等、單位（就是一如往常的那些東西），還有「想見將軍先生。（Herr General）」

那位黨衛隊上尉接著用像看見外星生物的眼神看著我。「將軍先生，」他總算開口，還拉長音節說道：「將軍先生是吧！我們這兒沒有這種東西！以防您還不知道，您現在是在和黨衛軍講

---

1 編註：番號黨衛第十一師。
2 編註：「老弗利茨」也是德國史上重要的君王，普魯士的腓特烈二世（Friedrich II，一七一二年至一七八六年，又稱腓特烈大帝 Friedrich der Große）在普魯士國民間的暱稱。

話。而我們沒有『先生』也沒有『將軍』[3]。如果您要找他的話，這裡或許有一位黨衛軍准將，但他名字後面是不加『先生』的。其他的階級也都不加先生，一直到親衛隊元帥（Reichsführer-SS）[4]為止都是如此！」

我沒有預期會有這樣的回應，但我馬上順應情勢：「我要找您的黨衛軍准將報到！」

作戰官點了點頭。「聽起來好多了，」他用一種有點居高臨下的口吻說道，「溫格勒，問一下准將，看他有沒有時間接見從虎式部隊來的少尉卡留斯『先生』？」他似乎覺得自己一定要格外強調「先生」兩個字才行。

同時，一位黨衛軍少尉從辦公的地方站了起來，然後說了一聲「報告是，黨衛軍上尉！」就離開了。過沒多久又回來了。「黨衛軍准將在等您！」

接著我前往另一輛巴士。在先前發生的事件之後，我很驚訝地發現，自己見到了一個充滿仁慈和謙遜的人。在我整個前線生涯中，幾乎沒有遇過能和「老弗利茨」相提並論的師長。他總是和自己的部下站在一起，而他的部下也就這樣把他神格化了，因為他永遠都在，而且照顧著每一個人。在我們合作期間，他幾乎把我當成了兒子。因此當後來在杜納堡（Dünaburg）得知「老弗利茨」在納瓦地區陣亡時，對我們來說是個打擊。他後來在一九四四年八月被追贈橡葉寶劍騎士十字勳章，可是對我們這些失去「前線之父」的人而言，這又有什麼意義呢？

當我在巴士上向「老弗利茨」報到時，他馬上很友善地拍了拍我的肩膀。「好的，那要不要喝一杯烈酒，敬我們未來的合作？」他這樣說。他倒了兩杯酒，然後和我碰了杯子。「您是哪裡人？」

回答過之後，對話繼續朝著私人生活和家庭等主題走，我也提出對他的部隊的看法。當我提到作戰官對待我的方式時，他笑了。「對，這裡就是這個樣子，」他接著說，「我一開始也必須調適，那時我剛從陸軍轉過來，過程中感覺很複雜，但現在不論如何，我都不會丟下這些人了。黨衛軍的這些人是群令人難以置信的好傢伙，有著一種在別的地方可能都找不到的袍澤情誼。但就算如此，為了您的個人傾向，我也樂意聽到有人稱呼我『將軍先生』。只要和我一樣，是從舊體制[5]來的人，事情就會顯得較為自然……」

然後我們討論起眼前的狀況。過程中，看來我對傳說中的「豹線」保持懷疑的態度，實在是太正確了。

「您看看」，「老弗利茨」向我解釋：「精確來說，這整條防線都只存在於紙本。在這個季節，主戰線的弟兄們當然不可能挖掘防禦工事。這裡應該還有幾處從我們推進時留到現在的碉堡，但它們的位置通常都不是在我們需要的地方。「更何況，俄國人推進的速度比我們預期的還要快。再加上部隊都太習慣於持續性的撤退，他們已經超過要防守的位置了。當接下來想要佔領地圖上橋頭堡的主戰線時，我們發現伊凡已經坐在那裡了。」

「於是我劃了一條新的橋頭堡線。您的任務是要幫前面的人到達各自最有利的陣地，他們必

3 譯註：雖然黨衛軍的階級基本上可以完全一一對應國防軍軍階，因此在本書中也都用常見軍階的方式翻譯，但實際上黨衛隊階級在德文中的用詞和一般的軍階南轅北轍。黨衛軍准將的德文字面意義為「旅團領袖」，而找卡留斯麻煩的黨衛軍上尉，其階級字面意義則是「高階衝鋒隊領袖」。

4 編註：即海因里希・希姆萊（Heinrich Himmler）。

5 編註：紹爾茨在一九三二年加入奧地利納粹黨前，曾於奧匈帝國陸軍服役。

須加強防禦工事，然後守住那些陣地。由於俄國人在這個地區只有戰力不強的前衛部隊，要把他們推回去應該不會太困難，這樣我的人就能加強他們戰線上的防禦了。」

我的任務很清楚。正式實施時，我和黨衛軍都得到陸軍砲兵的支援，就是我們從列寧格勒帶回來的那些火砲。

要是沒有他們的支援，納瓦前線絕不可能撐好幾個月。當時我們的戰車在納瓦東邊的師指揮所附近。從南邊開始，前線一直延伸到納瓦東側的城市邊緣，然後在一小段距離外，又跳到了河流西岸，然後主戰線從那裡一路延伸到波羅的海的河口。

✠

相對安靜的日子很快要結束了。俄國人用來對抗我們橋頭堡的兵力越來越強。他們很快就帶來了重型和最重型的砲兵在城市上空大放煙火秀。拜黨衛軍的勇猛防禦所賜，敵人沒能成功攻入橋頭堡以內的地區。唯一讓我擔心的只有那座橋本身而已，俄國人一直以火砲攻擊那裡。鐵路橋崩塌後，那座橋就是納瓦河唯一的渡河通道了。若這座橋也沒了，那我們就等於開著戰車坐在陷阱裡，無法支援前線其他受到威脅的地區。我向「老弗利茨」說明了這個狀況；他同意我把所屬戰車帶到納瓦河西岸，也就是橋的對面去。若是遇到緊急狀況，我們只需要幾分鐘就能就定位。

接著我駕車回到橋的另一頭，尋找一個適合戰車集結的地方，這時有一輛掛著軍團旗的水桶車從前線急駛而來，停下，當我看到莫德爾元帥（Model）下車時，簡直不敢相信自己的眼睛。最高統帥部命令他（就像每次遇到危急狀況時那樣）來到北方前線重整秩序。我向他做了必要的報告，然後我的頭上就有如烏雲罩頂，而且是罕見的狂風暴雨！莫德爾的眉毛正在顫抖，我在中部防禦區前線就看過這種狀況。他沒有給我解釋或任何回應的機會。我馬上帶著部下上車，並且立刻過河再次來到橋頭堡納瓦河的另一邊。元帥給了我一個我永遠不會忘記的命令：「如果有一輛俄國戰車突破防線，我唯您是問。您手下的虎式一輛都不能被敵火摧毀。我們需要保留每一門大砲！」莫德爾元帥對自己絕不妥協，並且又相當地狠心，但對前線士兵卻相當寬容，並且也得到屬下相當的愛戴。他所要求的一切，都不是為了自己。在一九四五年的魯爾包圍圈裡，我曾經聽過他的一句回應，非常有他的風格：「白天有二十四小時，再加上晚上，您們大概就可以完成自己的工作了！」

✠

遺憾的是，我們在黨衛軍「北地師」這邊的客串演出很快結束了。我們繼續掩護該作戰區好幾天，直到黨衛軍的兵力在新陣地站穩腳步為止。過程中，我們從四門俄國戰防砲的手裡救了他們。我永遠不會忘記北地師的那些彪形大漢，作戰就像是獅子一樣勇猛。他們對布爾什維克主義的認識來自親身的體驗，比起許多看著厚重書本認識共產黨的西方人而言，他們懂的要多上許多。我後來發現，許多庫爾蘭軍團（Kurland-Armee）的成員都在最嚴酷的狀況下跑到瑞典，他們認為這樣才能救自己一命。這些當中還包括了黨衛軍第三裝甲軍的官兵。他們在瑞典接受盤問，之後在來自盟軍的壓力下被送去蘇聯。想想，就算是當時，西方國家與蘇聯的關係就不是那麼融洽了，況且西方人都很清楚波羅的海國家出身的黨衛軍士兵到了蘇聯會有什麼下場，這更顯得瑞典政府的決定是何其惡劣。這可是一個普遍有著宛如「紅十字會」般博愛的國家耶。愛沙尼亞裔、立陶宛裔和拉脫維亞裔的黨衛軍官兵都必須面對唯一死刑，或至少被流放到西伯利亞，就像他們的父母和祖父母輩那樣。有消息指出，當要送往蘇聯的消息傳到瑞典拘留營時，情況相當嚇人。自殺和自殘就是他們對所謂「地主國」的可怕控訴。這些只是拿起武器對抗布爾什維克主義，保護故鄉、保護包含瑞典在內的整個西方文明的人，但就這樣被送往必然的毀滅結局。

✠

新的任務在納瓦與河口之間等著我們。俄國人進攻納瓦河橋頭堡失利後，正在將主力移往這邊。他們正試著突破冰凍的納瓦河，並在河西岸建立橋頭堡。攻擊的焦點在納瓦河西岸的里基村（Riigi），它落在納瓦往波羅的海的半路上，溫格勒那些吃盡苦頭的步兵就在那裡。他們得益於那些在一九四一年推進時所留下來的舊壕溝區。

二月十六日，我受命帶著兩輛戰車去找溫格勒上校，要支援他的部下抵禦俄國人對納瓦河發動的大規模攻擊。溫格勒的指揮所位於最前線後方約兩公里處，與前線之間有沼澤林地阻隔。上校張開雙臂歡迎我的到來。「啊，又見面了！真高興他們派來的是您，我們已經對上頻率了。這裡的狀況相當嚴重，但這點您也已經知道了。不幸的是，我在撤退戰中遭受了不少傷亡，現在我的團即使狀況最好的時候，大概也只有一個營的戰力。若是要守住我的防區，至少需要有一個完整的團。沿線都很薄弱，我試著建立起連貫的據點，自我強化戰力。我們最好盡快親自去看一下現在前線的狀況；這樣會比我把所有雜七雜八的東西都放在地圖上講給您聽更易於理解！」我們馬上動身前去勘察，這樣較能比在夜間容易找到路。這裡的戰事還滿激烈的，當來到營指揮所時，溫格勒接到了通知，俄國人又突破防線了。伊凡在攻擊過程中承受了相當嚴重的損失，主因是渡過結冰的納瓦河時沒有任何掩護。但就算只有一小批敵軍成功在納瓦河的這一側建立據點，他們仍能像水蛭一樣吸住我們的壕溝區，因此必須立刻發動反攻，在下一波攻擊到來之前消滅這批部隊。顯然，俄國人打算不計一切代價，無論要承受多少的損失，也要攻下他們的目標。

我們必須支援擲彈兵，讓他們奪回被敵軍佔領的壕溝區段。這樣的任務需要非常高精準度的射擊，這樣才不會讓自己人成為我方砲火下的犧牲品。我們必須靠近到離之字形的壕溝不到五十公尺左右，然後在這裡觀察友軍擲彈兵的推進。每當他們拿下一個區段，尖兵就會向我們揮手。然後我們用八十八公厘主砲射擊後續的十到二十公尺的區段，直到那裡已經可以讓步兵突擊為止。只要戰友們的頭盔一出現在壕溝邊緣，我們就停火，讓步兵佔領壕溝。我們的團隊合作非常有效，雖然死傷慘重，但俄國人連一次成功的滋味都未能嘗到。然而，他們也很快用砲兵回敬了我們的戰車。俄國人好幾次相當友善地和我們「打招呼」。納瓦河東岸的地勢相當陡峭，而且還有一大片森林地的邊緣沿著高地延伸。俄國佬可以從林線上清楚看見我們的位置。這樣一來，我們就成了對方砲兵的肉中刺，這造成了不少問題。只要我們離開那不大的樹林地帶，不到三分鐘就會看到遠方的河岸上出現開砲的火光。只能透過持續採取迴避動作來避免遭到砲彈致命一擊。我完全專注在遠方的河岸上，茲維提則以他的戰車支援步兵。雖然我每次都能壓制敵方火砲俄國大砲，但每當我們再度出現，都還是得挨轟。

在一次這樣的狀況中，我總算教會了戰駕盧斯提（Lustig），讓他天生的大膽莽撞個性收斂一點。正常來講，這個活力四射的年輕人只有在我的車子受損的時候才會開車載我，但他的車長常常告訴我，說他是個狂野的傢伙，總是會衝向前，很難要他後退。這樣的個性要不是很危險，還真是值得讚許呢！盧斯提當兵前原本是鐵匠，彷彿就像是鋼鐵做的。有一次，有一根點了火的雪茄煙屁股掉到了他的衣服裡，他沒有選擇脫下一層層的冬衣把它拿出來，而是直接從外面把煙屁股壓在他的皮膚上按熄。當他和我握手的時候，總覺得自己好像被馬踢到。這就是我們的戰駕盧斯提，擁有正向的心態。他總是驅車向前，在敵人面前無人能擋。

但就像前面說的，有一天他也學會了要控制自己的浮躁。我們當時就在小樹林前大約五百公尺處，俄國人這時開火。第一輪齊射射程不夠遠；第二輪又打太遠了。我不太想等第三輪的到來，因為接下來可能就會命中了。我向盧斯提說：「後退！」，但他沒有反應。我們待在原地看著俄國人發射第三輪齊射。砲彈開始在我們四周落地，有一枚二十八公分的巨大砲彈落在我們路徑的前方。砲彈沒有爆炸，這發未爆彈像是隻大老鼠朝我們竄過來。它沿著雪地滑到我們的車底下。後來車子後退時還看到它就在樹林前面。經過這件事之後，連我們的朋友盧斯提都承認了，只要我命令他後退，那他知道再也沒有時間可以浪費了。

我們一次又一次讚嘆著戰車的鋼鐵品質。它很硬，但又不會太脆。它兼顧了硬度和彈性。如果戰防砲砲彈沒有正面垂直[6]命中裝甲，它會從旁邊滑開，留下一道溝槽，如同把手指劃過一塊軟掉的奶油。

我們在晚上無法幫長時間受到煎熬的戰友們太多，因為只要開火射擊，就會置他們於危險當中。我們只會在新一波俄軍攻擊出現時，對著結冰的納瓦河開砲，以便多少挫挫伊凡的氣勢。他們常常會一個晚上企圖渡河最多十幾次，甚至還帶上了雪橇。雖然傷亡慘重，但他們還是想要強行渡河。當他們這麼做的時候，我們都說是「固執」；若是我們這樣做，那就叫作「勇敢」。戰後我們都被迫要徹底接受反過來的講法。那些為祖國盡忠職守到最後的士兵，突然都成了「軍國主義者」和「好戰份子」，或者用比較簡短的說法，就叫「邪惡納粹」。

在里基地區總算稍微平靜下來一點之後，我們又收到了新的命令。我向溫格勒上校道別，在我們祝福對方好運時，他帶點詼諧地向我坦白，說他接下來大概要面對一輩子最艱難、最漫長的戰役。這時的他已經想要結婚了，後來趁著獲頒橡葉騎士十字勳章回國的機會完成了婚事。他是第四百零四名得到這份殊榮的軍人。遺憾的是，他剛起步的婚姻太早就結束了。他以少將軍階在一九四五年的西線戰場陣亡。在這之前，他的騎士十字勳章已經加上了寶劍，是國防軍第一百二十三位得到此殊榮的軍人。

6 編註：指的是砲彈射角得垂直、沒有偏移的命中虎式戰車才能真的傷到裝甲，否則會彈開。

第十二章
再次堅守納瓦河前線

為了方便讀者理解接下來的行動，我必須先說明營部在一九四四年二月二十四日對納瓦河沿岸防禦陣地的布局。這條河本身就是天然的防禦陣地，若是沿著河往上游走，從位於芬蘭灣的河口開始，會先往東南方延伸大約十公里，經過里基和席佛奇（Siivertsi）後，河道通往納瓦市後往南轉，向南一兩公里後，又會轉向西。納瓦河這一段由西－東方向延伸將近十公里，並且是接下來的故事中的重點所在。在這段河道過後，納瓦河就會在河口南－南西方大約四十五公里處來到派普斯湖（Lake Peipus）東北角。

當我們撤離里基時，當時的前線從納瓦灣，或者更精確地說是從亨格堡（Hungerburg）[1]開始，沿著河的西岸延伸經過里基，從納瓦市前方通過，然後跳到東岸在納瓦市前方建立橋頭堡。這個橋頭堡是守住城市的重要據點。在納瓦河轉彎處，主戰線又回到河岸，我軍本來是想要讓防線持續沿著東岸延伸，甚至計畫要在後面的東西向河道建立另一個橋頭堡，但俄國人一如既往、讓這些計畫無以為繼。

納瓦－維瓦拉（Waiwara）－威森伯格（Wesenberg）[2]鐵路與納瓦河這段東西向河道平行，就在河北岸大約八公里處再往北八百公尺就是大道，然後再走五到六公里就會到波羅的海海岸。河道與大道之間全都是沼澤，連鐵路都得蓋在加固的堤岸上。有幾支步兵單位本應負責佔領東西向河道、並往南建立計畫中的橋頭堡，卻沒有按時抵達——某人覺得俄國人這時在當地還沒進逼到納瓦河。由於沼澤的關係，這個人也認為俄國人不太可能在河的北岸建立陣地。根據最高統帥部的看法，這些沼澤非常不適合建立防禦陣地。但當我們的戰友想進入預定陣地時，卻尷尬地發現伊凡帶著強大兵力，推進到河道北岸和大道之間，已經在那裡建立了橋頭堡，並且威脅著我們在納瓦橋頭堡的部隊。我們的單位兵力不夠，無法把他們推回納瓦河南岸。面對這些困境，主戰線變得相當獨特：它從鐵路堤岸的北方延伸，並且由許多據點組成。但在這一段的中間，卻又推進到敵方所在一條小徑兩側的橋頭堡，形成宛如靴子的形狀。因此，蘇軍佔領的北段就被分成兩半，我們稱為「東袋」和「西袋」。這些「袋子」後來都成了國防軍報告裡的標準用語。

那條沿著靴子往北延伸的小徑，會在跨過鐵路平交道後來到倫必圖村（Lembitu）。再往前大約八百公尺後，小徑就會來到一處像地鼠丘一樣突出於平坦地形的高地上。在高地後不遠，小徑就會匯入主要大道。這條小徑在倫必圖村內會與第二條小徑交叉。第二條小徑從西邊開始，與鐵路平行，並且經過村子邊緣後方的農莊旁。從農莊開始，它會斜向通往鐵路堤，然後在一百三十公尺後到達第二個鐵路平交道。從農莊到平交道的這段小徑上，還有間距大約相等的兩間房子。

我希望能在接下來的敘事之前，先詳細描述此地的地形，讓讀者心裡能想像我們在這個地區的作戰。本章中的地圖也能提供更多資訊，讓讀者了解我們與俄國人交戰的地區。

1 譯註：現名 Narva-Jõesuu。
2 編註：即愛沙尼亞的拉克韋雷（Rakvere）。

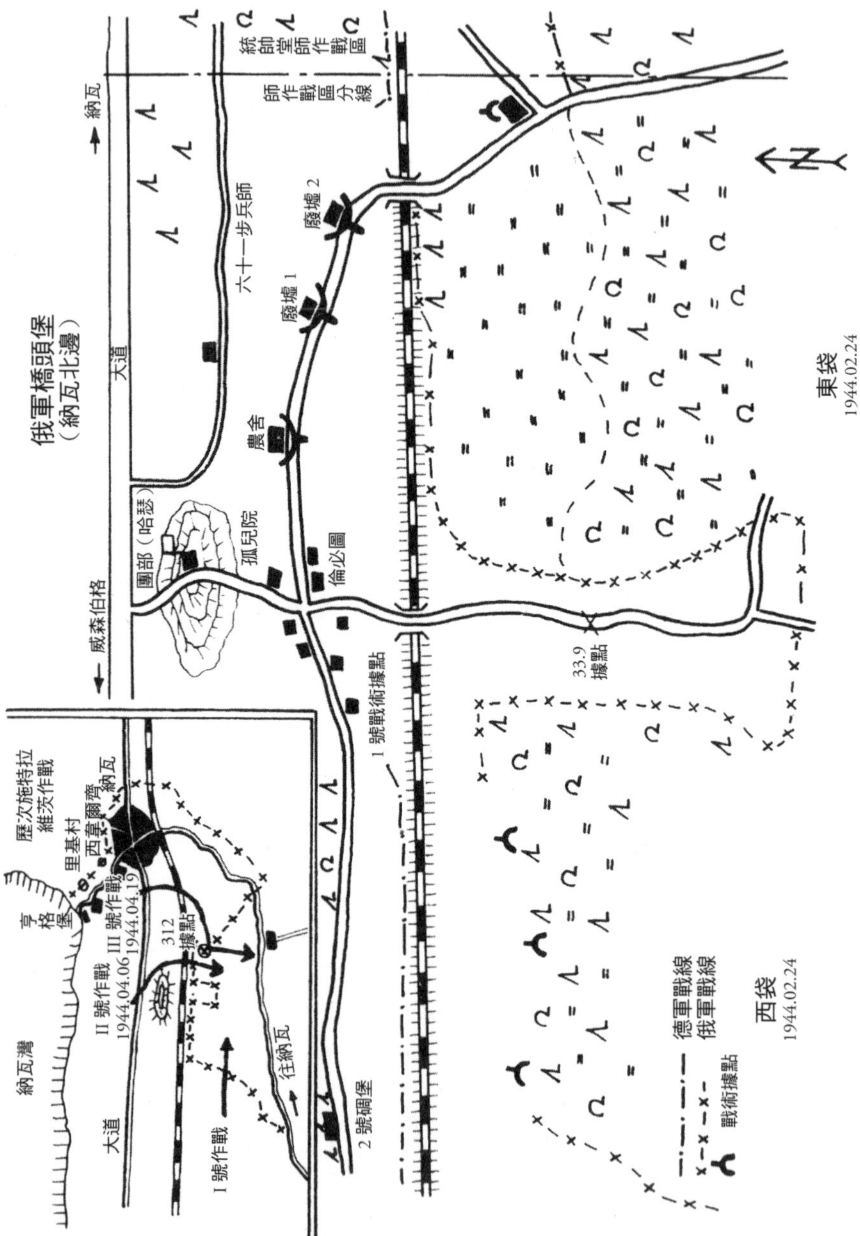

俄軍橋頭堡
（納瓦北邊）
納瓦
威森伯格
大道
六十一步兵師
師作戰區分線
統帥堂師作戰區
廢墟 2
廢墟 1
農舍
團部（哈瑟）
孤兒院
倫必圖
1 號戰術據點
33.9
據點
東袋
1944.02.24
西袋
1944.02.24
德軍戰線
俄軍戰線
戰術據點
歷次施特拉維茨作戰
納瓦
西皇爾齊
里基村
亨格堡
II 號作戰
1944.04.06
III 號作戰
1944.04.19
312
據點
納瓦灣
大道
I 號作戰
往納瓦
2 號碉堡

我們從里基回到了連輜重隊，位置在納瓦以西大約二十五公里處，介於海岸和大道之間的地方。我馬上開往營指揮所，向營長回報。他要我在同一天前去倫必圖接替健康狀況欠佳的連長。我們的戰車連打散後，加入了個別的步兵團。連長帶著兩輛虎式駐守在倫必圖；「西袋」那邊還有四輛。我開著水桶車，馬上去到倫必圖接替連長的工作。我從「孤兒院」（Kinderheim）——這是對倫必圖北方高地的稱呼——出發上路，那是戰線上交戰活動頻繁的地方。連長很高興我這麼快就到了，接著搭上我的水桶車消失得無影無蹤。

克舍上士（Kerscher）[3]坐在第二車內，擔任該車車長，我們一直都處得很好。只要我們兩個一起行動，我總覺得任務會容易許多。戰友們向我說明了狀況，依照他們的說法，俄國人就在鐵路堤的另一邊，並且短期內不打算離開。鐵路堤的高度很高，可以輕易地挖出地道，並且以此當成碉堡使用。我們的部隊就在農莊及從那裡到「俄國人的」鐵路平交道附近的兩間房子內。到了晚上，哨兵必須兩兩成對，保持各個據點之間的聯繫。團長認為目前的戰線只是暫時的，因此他反對挖掘戰壕，而是改採這種方式。他的指揮所在「孤兒院」的背面坡上。這個高地的東面相當陡峭，他們的地道必須挖到山裡面去。這樣一來，指揮所在面對任何火力下都會很安全。

3 編註：阿爾伯特．克舍士官（Albert Kerscher，一九一六年至二〇一一年）為五〇二重戰車營二連另一位重要的戰車王牌，擊毀超過一〇〇輛戰車，獲頒騎士十字勳章，並在戰後於西德聯邦國防軍繼續服役至一九六九年。

度過第一晚之後，我和步兵的指揮官達成協議，「我們」負責白天的警戒，他的部下則負責晚上。我的部下也需要盡可能多休息幾個小時。我們從農莊拉了一條電話線到村裡十字路口西邊的一間房子，這樣我就能在任何事情發生時，隨時就位。第一晚，我們還沒有開回「休息位置」。我想先了解各個陣地，而這只能在晚上進行。

那些步兵聽到我想要熟悉陣地時相當驚訝，顯然他們從沒遇過這種事。但我對這一點有自己的看法。如果我們不熟悉他們的陣地，那要怎麼提供支援呢？若是我們不了解對方，那要怎麼談團隊合作？對戰車兵而言，陣地戰和任何主戰線上的作戰都不是什麼令人高興的事。我們並不適合待在田野給敵人當成特大號的目標打。我們的任務是攻擊與反擊，也就是機動戰。可是這裡的可憐傢伙要是沒了我們，那要怎麼辦？他們現在可是處在一個沒有戰車就守不住的位置。

我和第一組雙哨一起前往最近的房子，大約在七十公尺外。俄國人在晚上看不到這個路線，我們和鐵路堤之間有著低矮樹木和沼澤植被遮蔽。那個據點和農莊同樣由一個連據守。但請不要被「連」這個單位騙了。一個連有二十五到三十個人，但這個「驚人」的數字之所以能夠達成，只是前不久有補充兵從國內送來。還沒學會前線是怎麼一回事的全新新兵就蹲在那裡。他們非常積極，很想趕快投入行動。我跟著這個據點的巡邏步哨一起前往第三間房子，距離鐵路堤只有三十到四十公尺遠。這裡的右側沒有掩護，但鐵路堤後方的俄國人似乎忙著自己的事情。偶爾才會有子彈劃破夜空，逼得我們趴在泥地裡躲避。伊凡大概只是想要向我們證明，他們仍然還在那裡、沒有離開吧。我們最前方的據點離敵人只有幾公尺遠。整體而言，前線相當安靜，只有偶爾會有我軍砲兵的砲彈從頭上飛過，然後在鐵路堤的另一邊爆炸。我們偶爾會聽見俄國人彼此在講話，或是製造出讓我們認為他們正在構築陣地的聲音。伊凡必須跟我們一樣，完善自己挖出來的工事，並且強化他們那邊的道路，好讓重裝備可以進來。

下一個連駐守在一百五十到兩百公尺外，在鐵路堤與大道間的林線邊，這裡必須照顧的前線最長。接著前去右側下一個營的防區接壤點，他們來自「統帥堂」師（Feldherrnhalle）[4]。一條像樣的主戰線就在林子裡，沿著鐵路堤往東延伸。俄國人則在南邊兩百公尺的另一處樹林裡建立了他們的防線。沒有士兵會喜歡背後是完全開闊的地形。這樣的地形缺乏掩護，當戰況陷入艱困，幾乎不可能躲過敵人的觀察及干擾而派出增援。而我們的步兵就是處於如此複雜的狀況，戰車的出現顯得更有必要。如果俄國人腦筋秀逗想要攻打更北邊的地方，而我們的戰友們卻又無戰車支援，那將無法避免防線會遭到突破。

步兵正忙著將據點強化成碉堡。地下室用木梁加固、加上了槍眼，還有「值班火伕」負責確保守衛保持溫暖。比起他們，在冬季一次要警戒好幾天、好幾週的時候，我們這些坐在戰車裡的人則是悽慘得多了，而這就是我們當時的處境。多希望能分一點夏天戰車內的炎熱到冬天來，冬天在戰車裡簡直跟冰箱沒有兩樣。為了讓自己偶爾能溫暖一點，我們想到了點大型噴燈的主意。訓練的時候是明令禁止在車內抽菸的，但現在我們卻在敵人面前把噴燈開到最大！感謝上帝，本連的戰車從來沒有因為這樣的疏失而發生過什麼意外。不過，這麼做倒是帶來了別的後果。舉例來說，每當我們全車都在打瞌睡、燈芯上的壓力放鬆時，油燈就會開始瘋狂地冒煙，於是我們每

---

4 編註：二戰時德軍有數個以「統帥堂」為名的單位，此處指的是陸軍第六〇摩托化步兵師（60th Infantry Division (motorized)）。在史達林格勒戰役遭殲滅後，以其包圍圈外的殘部為核心，於一九四三年改編「統帥堂裝甲擲彈兵師」（Panzer-Grenadier-Division Feldherrnhalle）。

個人宛如通煙囪工人那般黑。由於煤灰的關係，戰車內部都不再亮白了，空氣品質也不怎麼好。現在回想起來，實在驚訝當時居然沒有人因吸入煙霧而中毒。當時的狀況可以這樣形容：「沒有人是被臭死的，但有不少人是凍死的。」就連在戰車裡吃口糧，都會加上汽油或是機油的味道。在長時間、又是處於危急情況下，大家什麼事情都會習慣。這種汽油和舊機油的味道——所謂的「戰車味」，甚至在多年後變成我們習以為常的一部分。

天剛露白，一名年輕戰友跑到我的戰車旁，報告說他的部隊就在最近的據點，注意到俄國人在鐵路堤內布置了第一門戰防砲。我馬上承諾，會立刻採取行動。有一句老話說得很對：我們一定要向步兵戰友證明實力，贏得他們的信任。只要做到了這一點，我們就能和他們合理溝通，不必擔心會發生什麼蠢事。

我倆大膽地開往第二個據點，在鐵路堤旁就位。由於俄軍的戰防砲經過完善地偽裝，只有砲口制退器露在外面，很難辨識。伊凡一直到這時候都沒有開火，對他們來說已錯過了時機：射過幾發砲彈之後，該砲砲管指向天空，好像它原本是一門防空砲。雖然我們離那門砲不到五十公尺，卻沒辦法一彈把它解決掉。伊凡在鐵路堤內建立砲陣地的方法非常精巧，我們得把陣地外圍先轟掉才行。在這場小規模作戰的過程中，我終於有了在白天觀察附近地形的機會。無庸置疑，這裡的地形對俄國人有利。鐵路堤的後面有好幾排高聳的冷杉樹，俄國人之後會利用樹上的狙擊手，徹底控制這附近的所有地區。樹林後方，我可以透過冷杉樹看到一片開闊的平地，一直延伸到一片沼澤地裡有一定高度的樹林。這幾排樹一直延續到鐵路平交道為止。正因此，俄國人才會讓自己的戰線後退，因為鐵路堤往東側比較低矮，無法提供足夠的掩護。

完成小規模的「清晨行程」過後，開回了農莊。這時我們還不知道將會持續數週重覆這種單調的警戒任務。我們罕見地來到農舍後方，這時一輛福斯水桶車從「孤兒院」的道路飛馳而來。伊凡可以清楚看見這條路，馬上用迫擊砲砲火「塞住」它，幸好他們沒有擊中水桶車。「老畢爾曼」（Alte Biermann）從車上下來，他是一位職業士官，負責指揮前進補給據點（Stützpunkt），就算在最困難的狀況下，也不會讓我們沒有口糧吃。他直接開到我們的位置，讓我們拿到自己的食物。我用責備的口吻來問候他：「你們冒著生命危險跑來，就只為了送這些鳥食物！你們瘋了嗎？」畢爾曼的回應非常簡短：「別忘了，我也想要熱食和咖啡，如果你們在前方沒東西吃，那我們怎麼會有胃口呢！」

✠

這可不只是說說廢話或吹牛而已，他所說的話都是發自內心的。只要有人開槍、開砲，這些無聊時的吹牛就會立刻停止。正是如此無私的袍澤情誼與無私奉獻的精神，讓我們永遠不會忘記前線的艱難歲月，這樣的精神直到今天，依然能夠將我們聯繫在一起。只有在所有人都顯現出內心的真面目或根據個人本質——而不是什麼整齊劃一或什麼外在的形象——才能真正認識一個人。這樣一來，我們就能確定這些弟兄在承平時期也不會讓其他人失望。當然，要真正認識一個人，不見得需要經歷戰爭。可是體會過袍澤的情誼過後，這奮不顧身的情誼，讓我知道戰爭的那段歲月並沒有白過。這段時光讓我們都得到了一些可以在接下來的人生中受用無窮的事物。依我的經驗來看，那種會大肆咒罵自己在軍中服役的時間「被偷走」的人，通常都是很糟的戰友，而且是極度的自我主義者。

「老畢爾曼」只是對我們年輕人來講算老而已。他大概三十五歲上下，有家庭，曾是社會民主黨黨員，他到現在依然承認自己是個社民黨人[5]。他從不打算隱藏自己的看法，但他的想法也不會阻止他成為一名德軍的士官。他是個模範軍人，我們從來不會要求看別人的黨證！除了資深行政士官（Hauptfeldwebel）[6]會因為職務需要、得了解宗教信仰等個人資料之外，誰會知道呢。誰會在乎一個人是從薩克森來的、普法爾茲來的、柏林來的還是奧地利來的？真正重要的是這個人在團體裡能不能完成自己的職責，讓我們可以依賴他。在敵人面前每個人都一樣；俄國人也不會去區分我們是哪裡人。反過來說，一個被戰友認定在前線表現讓我們失望、不能上緊發條拿出表現的人，他就很難重新被群體所接納。

我很喜歡和畢爾曼討論在戰後的打算，有時候我們認為可能會輸掉戰爭。大家都有自己的夢想，如果每個人都尊重別人，就像我們在連上不管別人的黨派、宗教與職業，那和平下的生活一定會很美好。重點是每個人把自己的工作做到最好。我們當時相信，這樣的理想可以在民主體制下實現。可是也會懷疑，這麼理想的關係到底能不能出現在人世間。我們後來被迫體會到這些懷疑有多麼準確。「老畢爾曼」常常說：「坐在飼料槽旁邊的傢伙總是能吃到飯。而只有當他吃得到飯時，他才會滿足。」他真是一語中的。

✠

在小小離題之後，把話題轉回納瓦前線吧。伊凡仍然安靜得令人懷疑。只有在我們要發動引擎暖車十五分鐘時，他們才會開始招呼我們，大概以為我們要出發去哪裡製造麻煩吧。我們一聽到開砲的「轟……轟……轟……」聲響，馬上把戰車的頂門關上。過了幾秒後，迫擊砲彈就會開始落在我們附近。由於砲彈的引信非常敏感，因此不可能穿透冰凍的土地。砲彈在落地後，只會在雪地上留下黑色的印子而已。後來在十五公分迫擊砲登場後，我們的日子就難過多了。

日子在打瞌睡與寒冷中度過。過著舒適平民生活的人，大概很難想像我們怎麼有辦法適應如此持續的寒冷。即使如此，我們每天還是會脫掉髒衣服兩次，驅除身上的蝨子。那時有一罐DDT粉是多大的恩賜啊！我們幾乎都不換內衣褲，從經驗中學到，這些友善的「二房客」比較喜歡乾淨的衣服。因此我們的內衣褲必須髒到連蝨子都不想住的地步，這樣才能阻止他們增生。當時我有三樣私人用品，能提醒我那遙遠的平民生活。首先是一根指甲清潔器，那是我們所有人眼中的寶物，還有一把梳子，這個也非常好用。最後還有一根舊髮夾，通常被我拿來清理耳朵。這根髮夾也會給其他戰友們輪流使用，並且幫我撐過戰爭和戰後在戰俘營的歲月。

水是個討人厭的話題。不要說洗澡了，就連刮鬍子都不是什麼很重視的事情，當地少數的水井當然都結冰了。步兵的遭遇並不比較好，但他們知道要怎麼照顧自己，就算是在最瘋狂的狀況下也不例外。只要肉丸隨晚上的口糧送達，就會用手抓起來往嘴裡送，如此，我們埋在煤灰和塵土下的皮膚自然就會露出來了。反正這些東西也不是最緊要的事，只要能在晚上有幾個小時能睡

---

5 譯註：德國的社會民主黨（Sozialdemokratische Partei Deutschlands，SPD），在德國國會於一九三三年通過授權法後即成為納粹德國境內之非法政黨，直到一九四五年盟軍准許西德佔領區的社民黨重新組黨為止。在中間這段期間，社民黨的幹部大多遭到殺害、監禁或流放。因此這位士官要在二次大戰期間公開承認自己是社民黨人，其實是非常需要勇氣的。

6 編註：「Hauptfeldwebel」在德國國防軍中並非是正式軍階。通常由資深士官如上士（Feldwebel）、一等士官長（Oberfeldwebel）擔任，但由其他士官軍階擔任此職務者也所在多有，每個連級單位會有一位，負責行政管理工作，在德軍中的外號是「長矛」（Spieß），也被認為是「連隊之母」（Mutter der Kompanie），軍服袖子上有兩圈銀白色織條作為識別。此職位在戰後聯邦國防軍成為正式軍階。

在可以伸展身體的地方就很滿足了。

我們在隔天晚上開回村莊的西側外圍，在一間屋子裡找到了在地板下搭建的碉堡。就算裡頭沒有暖爐，至少還是可以穿著冬衣、伸直身體睡覺，也因為實在太累，其實沒有感覺到寒冷。載著燃料、彈藥和熱食的卡車在午夜抵達。這是我們第一次真正有胃口吃東西，白天在戰車裡，只能勉強嚥下去。很多時候，要不是我的車組員逼我，我根本什麼都不吃。他們在我吃完麵包之前，絕對不讓我點菸來抽。射手海因茲·克拉瑪下士在這方面非常堅持、絕不妥協。我要強調，就是這樣的情況，我們算是吃得很飽的人了。我們的膳勤士官塞朵下士（Pseidl）是一位來自維也納的理髮師，雖然工作非常認真，但其實他最想回到戰車上。他常常會給我們馬鈴薯丸子（Knödel）與酸菜吃，並且盡可能避免煮大鍋菜（Eintopf）。

運送食物、燃料和彈藥到前線的人，理應得到格外的讚許。他們的任務相當困難，責任也相當重大。這些勇敢、機靈的弟兄必須在距離前線不遠處的後面找到我們，並且活著把東西送到。他們總是在晚上行動、不能開燈，而且通常都走在不熟悉的路線，這些路線每天還會因為新的彈坑而改變。他們的任務往往比身在前線的我們還要艱難。至少我們還能掌握當地的狀況，而他們幾乎每天都要有碰到狀況的心理準備。遇到意料之外的狀況後，還必須主動做出正確的決定。即使如此，我們卻從來不曾沒有取得補給的經驗。

我們對新的「夜間宿營地」很滿意，前線的人也可以放心，我們和他們之間的電話線已經拉好了。我們在天亮前不久開回農莊，通常那裡會有一位戰友向我們跑過來，然後將伊凡前一天晚上在鐵路堤上做的新舉動報告給我們聽，偶爾會有一些有趣的插曲發生。有時候會因為「很可疑」，對鐵路堤另一邊的樹冠層開火射擊，因為伊凡會在樹上部署狙擊手。這些狙擊手會時時監視著，不讓我們有任何形式的自由行動。一次在射擊樹冠層的時候，有一個顯然才剛來前線沒多久的年輕步兵上氣不接下氣地跑到我的戰車旁、很興奮地向我說俄國人在樹上布置了身穿護甲的狙擊手。他親眼看到機槍彈從敵人身上彈開，還說一定得用主砲射擊樹木才行。這位好心的年輕人，實際上到底看到了什麼呢？他看到的是我們射擊的曳光彈擊中樹枝後，往各方向四散的景象；但同時，機槍彈的實際彈道當然不同。這位戰友聽了之後，就放心離開。附帶一提，他似乎是洞燭機先了。攻下「東袋」之後，我們還真的找到了胸甲與腰部護甲。護甲主要是蘇聯政委穿著，對彈片和手槍彈有著相當優異的保護效果。以我之見，這樣的防彈衣穿起來肯定很難行動。

我的部下已經習慣了很多事情，做事也都不會抱怨。但有一個要求，是他們只能不滿地接受、並且常常抱怨的：在警戒或作戰期間，沒有人可以「下車」。我們早晚各一次「命令」大家去上廁所。如果實在沒辦法，就只能在車內解決。隨著時間過去，大家都習慣了這條規矩，沒有再遇到任何問題了。如此殘忍的規定，背後是有原因的：大多數折損的弟兄，都是在離開戰車時遇害的。俄國人觀察到我們的人員下車，然後馬上拿起步槍或用迫擊砲攻擊。而除了人員的無意義負傷之外，要從國內調來同等素質的車組員補充也是另一個難題。在我嚴格的命令之下，我們只在戰車外折損了兩位弟兄，他們是和別的部隊一起行動而陣亡。身為車長，我們偶爾還是得爬出車外去步兵那裡，弟兄們也很不喜歡這樣。每次我想從砲塔上爬出去時，克拉瑪都會抓住我的腿，他深怕我會中彈。

二月二十七日晚上，蘇軍轟炸機部隊第一次出現。從此以後，這些煩人的傢伙每天晚上都會來，有時候甚至一晚來兩次。他們顯然打算在進攻發起前，先削弱我們的陣地。就在天快要黑的時候，敵軍的「探路機」會從南方飛過來，然後在我們的戰線後方丟下大家都很熟悉的「聖誕樹」[7]。然後雙引擎轟炸機接著出現，在我們身後道路的兩邊投下炸彈。攻擊期間，伊凡會對我們打紅色和粉紅色的照明彈，這樣可以讓飛行員弄清楚方位，以免炸到自己的戰線。另外，俄國人還在自己的主戰線後方疊起了木材，排成蘇聯星星的形狀，並在天剛黑時點燃。即使如此，他們有時還是會太早投彈。整體來說，我們待在前線正後方，其實不必太擔心這種轟炸。接下來幾週，俄國人把納瓦通往我們這邊的道路兩側統統炸成了月球表面。由於此地的沼澤地形，炸彈往往都要落入地下深處才會爆炸，爆炸的威力會激起一大片的泥土。有些彈坑的大小，相當於獨棟的家庭住宅。彈坑很快就會灌滿了水。我們都收到指示，要在早上時仔細查看地形，才不會在緊急狀況時把車開進彈坑內。若是不小心開進去會有什麼樣的後果，請容我在別的章節再詳述。

我軍的防空砲只能攻擊「探路機」，因為在那之後他們的彈藥就沒了。遺憾的是，他們不見得總是會擊中目標。就算我們覺得某種程度上算是安全的，但這還是稱不上是窩心的事情。當蘇軍在投彈時，總覺得炸彈正直直朝我們衝過來，這樣的感覺會一直持續到炸彈總算在安全距離外落地、讓鬆軟的土地為之震動為止。在戰車內的我們，感覺就像是站在彈簧床上。

當然，我們很快就找出了反制之道。只要一看到「探路機」晚上在橋頭堡上空出現（他們總是很準時，我們管他們叫「值勤士官」），我們馬上回到倫必圖的屋子裡，這樣一來，等到「聖誕樹」出現在天空中時，我們就不再移動了。像這樣短暫離開危險區的行為並不算「撤退」。我們是朝西、與前線平行地移動。接著我們會來到所謂的「靴筒」前面，伊凡就在我們的旁邊。在這狹窄的「靴子」裡，轟炸機不可能打得到我們。

同一天晚上，在我們的空中貴賓再次離開後，師部醫官（Divisionsarzt）搭著補給車來到我們的位置，他想查看部隊的健康狀況。沒有人生病，但官兵的腳和腿都嚴重腫脹，有幾個人甚至為了舒服一點，只能把靴子切開。我們不能把靴子脫掉，脫了就再也穿不回去了。這時這位偉大的師部醫官出現，幫我們檢查了各人的腿。當他非常認真地建議我們晚上要冷熱水交替「泡腳」時，激起了所有人的哄堂大笑。我們連洗臉的水或是生火的地方都沒有！這樣做只會讓俄國人發現我們而已。他說我有兩名部下絕對必須後送，兩人腿部的狀況尤其糟糕。可是不管他說什麼，都無法說服那兩人上車和他一起回去。這才是我們前線戰友的精神，只有三流寫手想出來的殘缺幻想，才會編出那種「我們有時必須用手槍逼部下參戰」的童話。

7 譯註：德軍及德國民眾將探路（標定目標以導引轟炸任務）的輕型轟炸機所投下、用來標定目標區的照明彈稱作「聖誕樹」。

第十三章
風暴前的寧靜

俄國人即將發動攻擊的跡象越來越明顯。二月二十八日早上，我們又針對俄國戰防砲陣地執行了一次轉移。伊凡又拿戰防砲出來碰運氣了。根據步兵弟兄的說法，他們還在平交道的鐵路堤內蓋了一座碉堡。我們的直接命中並沒有讓俄軍有所改變，他們每天晚上會像田鼠那樣蓋出新的東西。顯然俄軍在建造戰地工事這方面，比我們要強得多了。這點應該是天賦和努力操練的共同成果吧。他們總是能在我們發現之前就建好防禦工事。值得注意的還有一點，就是俄國的戰防砲不會和我們正面對決，砲組員總是在我們到達有利陣地之前就開溜了。

幾天後，軍部傳來一份報告，說他們截聽到一段蘇軍無線電通訊，禁止前線橋頭堡單位的戰車和戰防砲開火射擊。這表示他們不想曝露自己的位置，除非德軍攻擊橋頭堡，他們才可以開火。這道命令說明了兩件事。首先，他們顯然很忌憚我軍戰車。其次，伊凡在橋頭堡已經部署戰車了。而這點說明他們有意圖要攻擊。戰車只能用於攻擊，它們在沼澤樹林的防禦戰中毫無用處，這裡的地形並不適合陣地轉移。一個人也不需要什麼優秀的戰略天賦，就可以想到俄軍會不計一切代價，從南方席捲德軍在納瓦的惱人橋頭堡。

那天晚上，我們的運氣糟透了。口糧已經發放完畢，正在和連補給隊（Versorgungsstaffel）的弟兄聊天，這時俄軍的轟炸機群又出現了。一般而言，在前線正後方這裡不必太擔心，可是這次伊凡的炸彈明顯丟得很近，我們有好幾個人爬到戰車底下避難，其他人則快速跑開疏散。很多炸彈甚至投在俄軍哪裡，有一枚直接掉在我麾下的一輛戰車後方。爆風衝擊馬上炸死了在車底找掩蔽的兩位組員，把坐在車上的組員給炸得掉下車，從一生一次的驚魂記中倖存了下來。這次不幸的偶發事件再次提醒我們要保持警覺，就算是在相對平靜的時候也是如此。當在碉堡內躺平時，仍然覺得驚魂未定，而「禍不單行」這句老話很快又得到了驗證。

躺平不到一個小時，就被一名衛哨叫醒，並且聽到可疑的碎裂聲和沙沙聲。有幾個其他單位不會使用俄國佬暖爐的蠢貨，在我們上方的屋內燃起了火爐。星火開始四處紛飛，茅草屋頂很快陷入火海。我們費盡了千辛萬苦，好不容易才逃出火場。逃出來沒有多久，房子迅即在身後倒塌了。伊凡當然也沒有放過對這個大好目標開火的機會。再一次，才沒有什麼半吊子的平靜夜晚。

第二天有了新的驚喜。我們一早處理掉敵軍一門戰防砲，之後俄軍再沒有更多的戰防砲進入陣地了。觀察哨說他們還帶了砲兵和重型迫擊砲到前線附近，並且偶爾會利用這些火砲來認真招呼我們。到了晚上，空中的「值勤士官」又來向他的轟炸機編隊傳遞前進指令時，我們再往後方移動了。我們在一小片樹林裡找到了一座小型廢棄碉堡，就在小徑的北邊、燒毀的房子西邊大約一千公尺處。從此以後，這裡就成了我們夜間休息的地方。

戰車都作好偽裝停在樹林之間，多少算是令人滿意的狀況。然而同一天晚上，哨兵回報，步兵據點的方向可以看到大片火光，並且正在交火。我們馬上出動，從遠方看到農莊和另外兩個據點都燒得正旺。俄軍對這些據點發射了燃燒彈，以奪取我們最後的掩體。這是我一直以來都很害怕的事，也對三個據點之間連壕溝都沒有而感到憤怒。我們的戰友在大火燃燒時只能逃出碉堡，然後在開闊的地形上臥倒。若是在白天，他們承受的傷亡一定會更加慘重。但是，令人擔心的俄軍攻勢卻一直沒有發生，他們或許只是想取得更好的視野而已吧。很幸運的是，納瓦的房子都採用石頭地基，不僅不會著火，並且可以繼續提供保護。到了隔天晚上，我們以新的木樑蓋住這些地基。這時的我們完全裸露在建築外，並且得持續觀察鐵路堤方向，確保俄軍不會奇襲。他們短期內似乎不打算和我們認真交戰，而這也顯示他們打算發動大規模的攻勢。

到了清晨，已經將重傷者回送「孤兒院」了。從此以後，我們成了步兵的「萬用保姆」，確保他們不會再承受更多傷亡。無論如何，一個連的兵力也只剩十到十二人了。幾乎每天晚上，我都會去「孤兒院」後面的團指揮所，請團長趁黑以壕溝加強防區內的防線。遺憾的是，我的提議一直沒有被接受。以我所見，誰都能看得出我軍橋頭堡防線最弱的位置在什麼地方。可是哈瑟少校（Haase）卻只擔心他部署在靴子裡的兩個營。然而，他一定也很清楚，我們在更東邊的地方必須警戒兩個師防區之間相連的區域，敵人總是喜歡選這種地方發動攻擊。

在房子被夷為平地之後——從現在起，我們稱這三間房子為三座廢墟——若是俄軍從東袋向大道的方向攻擊，步兵可以說是一點希望也沒有。我最後總算想辦法組織了一個排，操作四門偽裝良好的突擊砲，並將他們部署在與「孤兒院」齊高的東邊，同時還在我們的農莊後方一百公尺處的陣地，安排了三門兩公分四聯裝防空砲[1]。

每當步兵有無線電故障，我們會開車前往「孤兒院」，然後把備料帶回來。我們甚至還會冒著很大的風險，在月亮出來的夜晚去取回食物。要是有一輛車過程中損失了，那一切都完了。但我能怎麼做呢？我還是必須盡量幫助步兵弟兄。他們也很感謝我，並在我們轉調到完全不一樣的作戰區之後，還寄信來噓寒問暖。我們還得擔心忠誠的畢爾曼，他每天早上都帶著熱咖啡準時抵達，絲毫不管每走一趟都是在拿自己的生命在開玩笑。實在不忍心對他說，其實我們比較想休息，而不是喝咖啡。因為伴隨著畢爾曼的咖啡外送，都會有俄軍送來的盛大煙火。有一天早上，他拼了老命才平安抵達，過程中還爆了兩顆輪胎。他終究還是聽了我的建議，豁免了我們的「危險」咖啡。步兵和防空砲組員也很開心，伊凡總是要等到畢爾曼的水桶車出現的半個多小時後，才會再次安靜、不再胡亂盲目射擊。

在那麼樣的其中一個夜晚，我們在碉堡內發生了一件有趣的事，而本人還是事件的焦點。首先得先說明，每天晚上都會有所謂的「跛鴨」或是「縫紉機」（Nähmaschine）不請自來，這是我們給俄國雙翼機所取的外號[2]。這些飛機會在前線後方來回飛行，飛得很低，低到我們幾乎可以伸手抓住它們的地步。除了丟手榴彈和地雷之外，這些飛機還會丟小型炸彈下來。這樣的轟炸機或許可以稱之為「呼嘯轟炸機」（Hauruck-Bomber）吧，因為飛行員總是會在丟東西之前，先降低引擎的輸出。過程中，飛行員要用雙腳夾住操縱桿。因此，我們可以在炸彈落下前先做好準備，前提是得保持清醒。

這一晚，我們在這些怪傢伙出現的時候正睡死了。它丟下的炸彈碰巧有一枚直接落到了碉堡的邊角，炸彈掀起了一大片塵土，有兩位戰友被彈片造成輕傷。所有人都跑出碉堡外，卻沒看到我的身影，又回到了碉堡內。他們看到我躺在原地，看起來跟死了沒有兩樣，便開始脫我的衣服，想看到底是哪裡中了彈。直到這個「脫衣儀式」，我才醒了過來。眼見自己滿身是土和雪，

1 編註：2cm-Vierlingsflak，即四聯裝 Flakvierling 38 防砲。
2 譯註：應為俄製波利卡波夫 Polikarpov Po-2 多用途雙翼機，其各種衍生型號可進行偵察、攻擊、運輸、訓練等多種任務。

卻完全沒有一絲傷痕。我只是睡得太深、太熟，到了只有最疲累的人才會發生的程度而已。這整件事若是在今天，聽起來或許不太可能，但若是有人心存懷疑，可以去找克舍上士問問，直到今天他還是很喜歡談論這件十分好笑的事件。前線士兵可以不用床或安眠藥，就可以睡得像個死人。

一連住在戰車內好幾個禮拜並非什麼令人愉快的事，讀者需要發揮一些想像力，才能想像真實的狀況。開始這樣的生活一陣子之後，狹窄空間和酷寒就會開始造成麻煩。我們的健康受到非常大的挑戰，只是不想承認而已，其後果隨之就會顯示出來。噴燈和人員呼吸所產生的濕氣都會滲入戰車的內壁，進而就會結凍，然後形成一層白白厚厚的霜。如果有組員打瞌睡，而頭髮靠到了內壁上，等他醒來時頭髮已經被凍結在牆上了。在某種程度上，我們只能彎著腰、打顫取暖。那些守在陣地裡的步兵並不羨慕我們，戰車裡很難移動，也沒有機會可以用火爐取暖。因此哪天得了胸膜炎，我一點都不意外，正如後來醫生診斷出來的那樣。我的左膝常常靠在戰車的內壁上，因此也受了凍傷之苦。

風暴來臨前的寧靜假象一直持續到三月十五日。那一天，我們被一枚迫擊砲彈擊中。直到那一天，我們都能透過精明的迴避駕駛閃過砲彈。我以無線電聯絡連部，說我的散熱器在漏水。幸好連上有兩輛戰車剛從修理廠回來，已經準備好出動，它們隔天早上就可以前來救援了。在這之前幾天，俄軍的橋頭堡深處，出現了越來越多的重型裝備，但他們並不常射擊，所以推測他們只是進行火砲校正射擊而已。前線步兵常常聽到戰車的聲音，有人推測那是用來拖大砲上前線的牽引車所發出的。不論如何，前幾天驚人的平靜，諭示著接下來肯定沒有好事。

接近晚上時分，克舍上士把我拖回了碉堡。隔天十六號早上，茲維提二等士官長帶著兩輛車過來接手。天亮前，我和他一起去了農莊，並將這裡的地形向他說明，然後由克舍拖回「家」去。我們非常開心至少可以休息、泡澡好幾天，還有終於可以睡覺睡到滿意為止。在沿著西袋與主戰線平行移動時，我們經過了戈林二等士官長（Göring）指揮的三輛戰車所在位置，就在小徑轉向北、朝大道前進的地方。他的陣地比我們在東袋的陣地舒服多了。他的戰車組員挑了一座墓園當過夜住處。戰車停在墓園牆邊，睡覺則在一座墓穴裡，四周以磚塊圍住，上面還用木樑強化。若是從和平時期的觀點來看，這樣的舉動肯定非常不敬，然而戰時法則往往凌駕在平時的法則之上。我們的士兵不論用任何方法，只要能躲到冰凍的土壤底下就心滿意足了。反正不幸成了俄軍戰俘，日後還有的是機會看到對墓園更褻瀆的舉動。

我們的前進補給據點、連長和資深行政士官當時都駐紮在錫拉邁（Sillamä），這是一座在納瓦西邊約二十五公里、大道以北並濱臨波羅地海的小鎮。先和連上所有戰友打了個招呼——已經很久沒有見面了，長了鬍子以後他們幾乎認不出來。

補給據點在海灘旁邊幫忙把三溫暖預熱好了，非常期待想念很久的熱水澡。接著我去連長室找連長報到。他的戰車停在屋子旁邊——就在窗前——以便阻擋砲彈破片。他的問候語實在不怎麼樣。

「你又沒打領帶。怪不得我每次都要罵人，你實在是個壞榜樣。要是我們都這個樣子，又怎麼能贏得屬下的尊敬！」

先提一下，我通常都只圍上黑色圍巾，也知道席勒不喜歡這樣。他的語氣並沒有敵意，但顯然很認真。我只說：

「如果我部下的敬意完全取決於我的領帶，那我一定是在什麼地方做錯了。」

我從剛入伍就認識席勒了。在和五〇二營一起來到蘇聯時，他馬上提出要跟我以「你」（Du）[3]相稱。他是我在營裡唯一的上級，卻從來不曾對我下達過任何真正的命令。他知道反正只要放我單獨行動——也就是我在前線時的所有時間——那我就只會依自己的判斷行事，他也從沒因為這種事而吃過苦頭。我們的「你」式關係，也是我必須一直待在腹背受敵境地的原因。只要連上其他人在場，我就會遵守軍隊裡的形式，不再以「你」稱呼他。我一直都是連上弟兄與連長之間的中間人，我必須居中協調，有時候傾向於這一邊、有時要傾向於另一邊。

如果有人宣稱自己從未感覺到恐懼的壓迫，肯定他沒有上過前線。勇氣所「不可欠缺之條件」（conditio sine qua non）[4]就是恐懼，就像對死亡與在俗世人生之後的不確定性所抱持的恐懼，正是所有宗教起源與存在的先決條件。「真正的」勇氣就是透過更強大的決心，要成為其他士兵的榜樣與後盾，來克服對死亡的恐懼。我們當中恐怕沒有一個人是不會感到恐懼的。在某幾次作戰之前，感覺都不太對勁，但只要戰車一開動，我就會因為忙於手頭上的事情而分心，以致於幾乎沒有機會想著有關危險的事情。在第一發砲彈射出之後，內在的不安就會自我鎮定下來，煩擾之下是沒有辦法把事情給做好的。戰鬥過程中，我常常能將自己外在的鎮定，透過幽默、短促的無線電通訊傳達給他人。

席勒不至於因為官兵不怎麼喜歡他的這件事而感到意外，畢竟在戰場上的他並不太讓人感到敬佩。也因為這樣，沒有人能忍受他的自大，這或許也是某種自我保護的一種方法吧。我們太了解彼此，實在無法矇騙對方。我會原諒那些他身邊其他的朋友不可能原諒的事，而這樣的容忍不能從自己的部下那裡要求得來，畢竟對他們要在前線打到最後一人是理所當然的要求。

偶爾他也會作出一些完全有理的評斷。有個相當惱人的故事，是跟在無線電上使用的代號有關。席勒在橋頭堡向我發難，以指責的態度看著我說：「那些明目張膽的無線電遊戲必須到此為止！你威脅到的可不只是你自己手下的命而已。」我很明智地保持沉默，畢竟他所表達的也不算是錯。我沒辦法，或者只是不想習慣那些愚蠢的呼號。就算戰友們聽見自己的真名，感覺會比聽見一個呼號要好得多，難道得在行動中一直講什麼「睡帽呼叫松雞」之類的話嗎？當我用無線電聯絡營部和補給據點的時候，自然會使用呼號；但如果通話的對象是前線的弟兄，我仍然用他們的本名呼叫。至於非正式的無線電通訊，遭到的白眼就更多了。我們常常會在無線電上聽到這樣一句話：「癮君子圈子戰況如何？」這句話的意思是香菸又不夠了，而身為救助者的奧托・卡留斯又必須在急難中證明自己了。老家提供了我豐厚的補給，每次野戰郵政（Feldpost）送來家書時，裡頭總附上十到十五包的香菸，母親總是替我安排了規模非常大的陣仗。我會馬上把這些香菸分送給各車。每包菸上有一小段的問候紙條，戰友們都會小心翼翼地保存起來。

當然，俄軍都會監聽。他們從那些不使用呼號的通訊中，馬上知道每次有虎式出現，就都是哪些人登場。呼號至少每幾天會換一次，但我們的名字不會改。比方說如果我們從內韋爾消失、然後出現在納瓦，伊凡會多少注意到。不管如何，虎式組員都是他們的眼中釘。

3 譯註：儘管德語區各地的稱謂使用習慣有別，整體來說德文的「Du」（你）在二十世紀時主要用於家人、親戚及密友等較為親近的關係上。從二十世紀晚期至今，其運用逐漸廣泛拓展，而一般比較正式的情況，尤其考慮到席勒是卡留斯的長官，理論上應該使用「Sie」（您）才對。此外在國家社會主義（即納粹）時期前後，「Sie」是德國社會及政府機關裡人與人之間主要使用的稱呼方式。

4 編註：拉丁文短語。

有一次蘇軍在倫必圖東袋用擴音喇叭宣佈，要德軍步兵把我交給對方。作為交換，步兵可以選擇三十名被俘的德軍被釋放。他們要求弟兄，把一直逼迫他們處於防守的那頭「尋血獵犬」的牙齒給拔掉！步兵弟兄只讓這個傢伙講了一小段話，直到太過頭受不了，才直接把擴音喇叭打成碎片。他們似乎對這頭「尋血獵犬」有著可悲的偏愛。伊凡堅定地繼續擴音宣傳，這說明他們多麼敬重我們的營。在我於杜納堡負傷後，俄軍在無線電上宣佈我陣亡了。有一塊寫著我名字的地圖板遺失了，撿到它的蘇軍軍官將它呈交出去證明戰績，並因此獲得了勳章。我的資深行政士官在我於野戰病院住院期間，寫信通知我這些消息幫我打氣，畢竟大家都知道，被認為已經死亡的人往往才是活得最久的那個。

✠

一般上，我們非常享受自己在休息區域的強制性即時休假。那裡的三溫暖讓我們又變回了人樣，甚至感覺像是剛出生的嬰兒。趁著這樣的機會，我的胸膜炎也康復了。但我們當時無法預知自己的休息會有多短暫。在前線，一個人會盡量善用美好的時光，不要去想「以後」或會「持續多久」的問題。我們才剛習慣舒適溫暖的房間，茲維提二等士官長回報他的虎式戰車散熱器也在漏水，也說二號車的承載系統受損了。伊凡擊傷了我們的三輛車，對此應該會很滿意才是。他們對虎式有著明顯的厭惡。

至少目前還有茲維提士官長留在村子裡，若是有緊急狀況，他至少可以為步兵提供火力支援。我去找保修隊人員，去看看我的散熱器修得如何。顯然我心裡覺得我們已經放空太久了。

營保修隊官兵所做的工作不能以一句話帶過。若是在今天，我們大概會說他們的作為是超出一般人的表現。前線後方如此犧牲奉獻的舉動不是用命令就能換得的，而是來自內心的投入，以及想用盡全力幫助戰鬥部隊、讓受損的車輛盡快回到前線的意志力。

戴爾采二等士官長是保修隊指揮官，他絕對稱不上是個好相處的人。他把好的那一面深深埋藏在強硬的外表之下。他常常把人罵到臭頭，把他的部下講到幾乎配不上那制服。相對地，他對長官的尊敬也是差到根本不需要仔細畫圖說明，就能想像要是他的部下這樣對他，會有怎麼樣的下場。既然每個人都認識他，不管是他的上級還是下屬，都不認為他是個壞人。

戴爾采是最優秀的專業人員，他會盡其所能把故障車輛修復。他同時也是一位好戰友，絕對不會丟下他的人不管。排上弟兄的福祉就是他的第一優先。

作戰期間，他們常常日夜不停地工作。保修隊人員的強韌性，絲毫不會輸給前線的弟兄。如果戴爾采承諾某輛車在哪個時間點可以修復完畢，那我們就可以相信他。保修隊官兵都具備了相似的特質，也是前線所需要的人才。他們看起來很難搞又怎麼樣？在每個人都必須證明自己的時候，油嘴滑舌和友善親切的人是沒有用處的。保修隊官兵的發揮時刻，總是在災難發生「之後」登場。

一九四四年三月十六日，我們的朋友戴爾采又一次非常精確、可靠地完成工作。在我去到保修隊碉堡的時候，發現我的車到了午夜就會修復完畢，這樣一來，就沒理由不去接替別人了。我們的「小度假」持續了整整二十四小時，但我們有好好地運用。我還通知了克舍的車組員，說他們不用把所有行囊都拆開，而是要把東西準備好，然後躺下來睡上好幾個小時。

同時另外兩個連和營部的人都來到了普雷斯考（Pleskau）[5]周邊地區，我們仍然單獨待在納瓦的陣地。也因為這樣，我從此以後再也沒有見過葉德少校。他在三月十五日獲頒騎士十字勳章，並被調到愛森納赫（Eisenach）的士官學校（Unteroffiziersschule）去那裡當其中一個部門的指揮官。這表示他拿了個勳章，又往上爬了幾個位子，但要離開這件事對他來說肯定不好受。

我們也不希望他離開，因為我們和他相處的這段時間真的很棒。當時在普雷斯考一起慶祝獲頒騎士十字勳章並為他送行的人，後來才告訴我他有多難接受離開五〇二營，當其他弟兄和他握手時，他無法忍住自己的淚水。戰後，我輾轉發現俄國人在愛森納赫安排了一場所謂的「戰爭罪審判」。我一直找不出後來的判決，可惜我也找不到他的下落。也許有一天我們會聽到好消息（或許就靠這本書），說葉德其實還活著、我們可以和他再次見面[6]。

那天晚上，我和席勒坐在一起很久，喝著一瓶相當優質的三星白蘭地。他不明白為什麼我會想在動身之前先躺一下。他說雖然在前線陣地不太舒服，但我有很多休息的機會，這也沒完全說錯。伊凡對這點當然也有些貢獻，我們都知道現在這種寧靜的假象很快就會結束。因此我向連長報離，好好躺著休息了一會兒。我們早上四點出發，這樣戰友們在天亮前就可以交班，讓他們故障的車子遠離敵人視線。我吩咐衛哨準時叫我起床。可惜我沒考慮到哨兵的「體貼」。當克舍準備好出動、親自在五點鐘左右過來找我時，我還睡得很熟。衛哨堅稱說他有依命令叫我起床，甚至我還回應了他。但我完全不曉得，並且還有點宿醉，這讓我不是很想上工。我火上澆油地對著無辜的哨兵大吼，然後跑向我的戰車，大家都已經在那裡等我了，時間早就到了。

我們在七點過後不久到達了茲維提的陣地。他最後還是能在天亮前從前線離開了。與步兵的聯絡完全順暢，營長也告知前線相當安靜。於是我馬上去睡回籠覺。要是需要我們上場，反正也可以馬上就位。前線的人也注意到，只要我們沒待在他們陣地的周圍，他們也會平靜得多。但這只會給伊凡機會進行常見的瘋狂性射擊，而且還可能害我們又損失一輛戰車。

5 譯註：英文拼法為 Plescow，現稱 Pskov（普斯科夫）。

6 譯註：葉德少校在一九四五年被美軍俘獲後，於一九四六年因戰爭罪指控被交給蘇聯，但並未獲起訴（因此卡留斯才查不到判決）。他後來返回故鄉並逃避當局監視，並於一九六一年柏林圍牆開始興建前（即本書原著出版後一年）舉家搬往西德。葉德於二〇〇二年逝於慕尼黑，享耆壽九十四歲。

第十四章

伊凡的進攻

天亮後不久，我被比想像中還要突然的方式吵醒。這次的鬧鐘是俄軍。但用的方法實在讓人非常難以苟同。他們出乎意料地發動一場完美無瑕的箱狀彈幕砲擊，範圍涵蓋我們橋頭堡的整個前線。只有伊凡才會發動如此密集的彈幕。連我後來在西線遇到的美國人都不能和他們相比。俄軍會把所有能用的武器都拿起來打，從小口徑迫擊砲到重型火砲無一不用。目的是要向我們展示，他們過去幾週什麼都做了，就是沒有睡覺。

整個第六十一步兵師的防區都被這樣的彈幕給淹沒，讓人想說地獄是不是如此。我們陷入當中，完全不可能從碉堡跑去戰車的停放處。每當我們在一波齊射結束後準備要衝出去時，第二波齊射呼嘯而來的聲音又把我們逼回碉堡入口。如此高密度的砲擊，使得我們無從分辨敵方攻擊的重點到底在哪裡。畢竟，俄軍要發動攻擊的這件事本身已經不是秘密了。砲擊開始後，與步兵聯絡的電話線無疑也斷了，幾乎什麼東西都被炸飛。我們假定俄軍要攻擊我軍在倫必圖的防區，但同時也得考量我們在上車前就被敵方步兵包圍的可能。

半個多小時之後（對我們來說像是永遠），俄軍砲火就轉往更北邊的地區了，是時候來跳上戰車去了。俄國人的攻勢顯然已經完全展開，頭上的天空也恢復了生機。過去幾週一直沒出現的攻擊機爭相以極近的距離從我們頭上呼嘯而過，近得讓人以為他們意圖把我們的帽子摘走。俄軍在整個地區大肆亂飛，並在我方陣地北邊丟下煙霧彈，要讓砲兵觀測手看不清。一切的跡象都顯示伊凡在謀劃些什麼。他們或許想在今天直接殺到海岸線、從後方切斷我們在納瓦前方的橋頭堡，這樣一來黨衛軍的裝甲軍、統帥堂師和溫格勒擲彈兵團就會遭到包圍。對我們來講，現在最重要的問題，我們究竟是在包圍圈內還是在包圍圈外。

同時，情勢已變得十分危及。就在十點前不久，有一些部隊從我身邊往西跑去，然後又來了一門三十七公厘防空砲和它的十二噸牽引車，最後又來了二三十個沒帶武器的士兵，這一切都是在彈幕射擊的過程中發生，而砲擊還在持續中。雖然我們只有深入樹林內三十公尺左右，但這些戰友卻完全沒有注意到我們，我得下車跑去找他們，才得知有三個據點的官兵都已經撤守了，「孤兒院」東邊的其中一輛突擊砲已經著火，其他則被敵軍逼退。俄國人已經派出戰車與步兵向大道方向進發。不能再浪費時間了，顯然他們正以強大兵力向北推進，要鏟除我們在納瓦的橋頭堡。

我馬上去到農莊附近，克舍緊跟在後，我讓（下令）他往左散開。他應該要專心觀察平原上的動態，俄軍在那正以團級兵力、在我方據點以北移動。有五輛T－34全速衝向大道，第六輛俄軍戰車在被發現之前，已經快到達「孤兒院」了。但是，我先把注意力放在鐵路堤上、威脅我方側翼的五門戰防砲那裡，此刻它們才是最危險的對手。我快速地解決了它們，承載系統因此中了幾發砲彈，幸好沒造成什麼嚴重的損傷。

正當射手克拉瑪下士正與俄軍戰防砲對戰時，我在正確的時機剛好往左看過去，發現一輛T－34戰車在我們出現的時候正轉了過來，幾乎直直朝著克舍的戰車衝過去。情況很危急，就只發生在幾秒之間。我們很幸運，俄軍一如往常總是關著頂門，無法及時理解車外的地形。由於對方幾乎是從後面出現，克舍自然沒有注意到，敵軍戰車從他的車旁衝過，距離不到三十公尺。我剛好趕上通知克舍：「嘿，克舍，你後面有一輛T－34，注意點！」然後一切都在瞬間結束。克舍一發正中俄國人要害，讓他們翻入一處彈坑，從此再也沒有出來了。我們真該慶幸，要是伊凡有膽量開砲，我們兩車大概都已經完蛋了。剩下的五輛T－34根本沒有機會開火，甚至也不會知道是誰、從哪裡朝他們開了砲。

所有蘇軍戰車都必須排成一路縱隊跨越鐵路，然後才能好好整隊。當然，這樣的機動會嚴重拖慢他們攻擊的節奏。我們早了好幾分鐘到，因此還無法逮到其餘在鐵路堤另一側行駛的敵方戰車。當正要開始掃蕩他們時，伊凡馬上退入沼澤林地的庇護中。大多數時候，他們的步兵都能在我們忙著處理戰防砲和戰車時成功撤退。

我們的據點完全遭到放棄了。從倫必圖到鐵路堤消失在森林中的整個防區內，都看不到德軍士兵的影子。只有統帥堂師右翼的機槍在上午較晚的時候恢復了射擊。我們很快回到了位於廢墟旁的舊主戰線位置，卻發現自己孤立於平原當中。我回報說步兵已經棄守據點，但不知為何師部卻否認了。到下午時，我決定親自跑一趟「孤兒院」，希望至少能集結幾個人來佔領我們一直阻止敵軍進入的據點。但等到這些人終於前來時，俄軍卻已經趁著夜色把兩處前方廢墟都佔領了。總之，我們那天對於後方的指揮所產生了各式各樣的不滿。

中午過後不久，俄軍又在大約半小時的箱狀彈幕砲擊後，伴隨戰車支援重新攻打我軍的防區。我們再次阻止了這波攻勢，並擊毀了另外五輛T－34和一輛KV－1。有時候那些被擊毀的戰車，給人感覺是可憎且惡意的傢伙。當戰車爆炸，並將各種金屬零件炸得滿天飛的時候，我們一度必須把頭縮回車內。而真正讓我感到生氣的，就是砲兵不管怎麼好說歹說，就是不肯為我們提供掩護彈幕。這時砲兵觀測手都已經陣亡，師部還誤以為廢墟已由我軍步兵佔領，部分我方人員還待在砲擊區內。一個半小時後，俄軍又拿出優勢兵力，在鐵路堤處再次發動攻擊。以當時我剩下的彈藥，無法保證能擊退第三波的攻勢。

這時候，我得到了第三輛戰車，並請求連長也開著他的戰車前來支援。他好幾次透過無線電和我說，他人就在我背後的林線裡。但我從來沒看到他，後來才知道他的戰車從來沒有往我們開過來。我又一次持有各種理由可以對連長發火，但我什麼都沒有說，因為我很高興席勒至少聯絡上砲兵，總算開始為我們提供掩護的彈幕砲擊。這次砲擊效果超棒，直接消滅了整個俄國預備陣地。剛好一個小時後，伊凡又集結了另一個營的兵力，聯合裝甲支援發動下一波進攻。他們想不計代價攻下我們的據點，但是沒有成功，只是又折損了三輛T－34而已。

俄軍最後一波攻擊失敗後，我留了兩輛虎式在廢墟駐守，自己驅車回到「孤兒院」的團指揮所回報實際的狀況。一直到這個時候，他們都還假設廢墟是在我軍步兵的控制之下。在我說明之後，團長才第一次知道實際的狀況，然後從參謀部湊出一些人來。由於過程需要一點時間，我必須趁著暗夜在距離廢墟大約兩百公尺的位置就位，以便佔有更好的射界，並躲避對方的近戰部隊。只有一輛虎式留在農莊，那邊一直到團部挑的十個人過來據守為止都還沒有落入敵人手中。另外還有二十五個人在我們身後的小徑組成了一條防線。

俄軍沒有企圖在晚間發動新的攻勢，但卻不費吹灰之力佔領了廢墟。

午夜前兩小時，我們開車回去拿補給。抵達碉堡還不到十分鐘，後勤部隊的兩輛卡車就出現了。他們自午後不久，就一直在錫拉邁的補給據點備便等候命令；我在大道上安排了一個地點，若是我們需要在白天接受彈藥補給，他們就在那邊和我們碰面。但由於格魯伯上士（Gruber）成功開著第三輛戰車與我們會合，我們的補給便已充足，可以一直撐到天黑。

資深行政士官塞普・里格（Sepp Rieger）也隨著補給隊來到了前方，幫我們慶祝今天的勝利。他沒有多想就親自前來恭喜我們防守的成功。里格是個很棒的人，是那種很少有機會碰得到的好人。我相信整個國防軍大概找不到十二個像他這麼優秀的資深行政士官，而這可不代表「長矛」們大多都很爛。只是像里格這樣的人真的是特例。不論是以軍人的標準、還是以一般人的標準，他都是所有人的榜樣。他的人格特質相當全面：知識豐富又不落於學院派、節儉而不流於吝嗇。他以戰車車長和排長的身份，得到了一枚一級鐵十字勳章。

他也知道，不論多麼有正義感，不可能讓每個人都做對事情。偶爾會有弟兄抱怨，說里格在對待裝備上相當嚴格。但這是他的責任，他也知道所有東西都得來不易。我也從未聽說過他會拿超出自己份量以外的香菸或烈酒。對他來說，戰鬥部隊第一、然後是保修人員、再來是補給人員，最後才是物資本身。不論階級上下，他和連上每個人都很親近。里格是真正的模範戰友，身為長官，他知道怎麼不靠大吼大叫來贏得尊敬。大家都很尊重他，也認同他的正義感。這就是我們的塞普・里格，有幸能在他底下做事的人，絕對沒有一個人會忘記他。接著，我們將汽油和彈藥搬上車，準備運走。每輛虎式都需要一百發彈藥和兩百公升的汽油。讀者應該不難想像我們先完成了工作，然後才會想要吃份熱食。但我們很快就切換到吃飯聊天模式了。里格告訴我們，他們是怎麼在錫拉邁體驗了「我們的偉大日子」。連長下令要從他的虎式聽筒拉一條電線穿過舷窗，接到戰地無線電的喇叭上，這樣大夥可以直接聽到我們的無線電通訊了。每當聽到擊毀一個敵人，里格就請他的部下喝酒。

但有一件事是弟兄們無法理解的，連長為何不顧我多次緊急請求，卻一直沒有過來。他們也很不諒解連長一開始為什麼沒幫我們安排砲兵支援。原因是他沒有親自去找相關單位，而只透過電話聯絡。直到快要入夜時，我報告說陣地快守不住了，他才開著水桶車去軍部，堅持要他們發動掩護彈幕砲擊。砲擊的時間也晚了半個小時。連長的行為讓弟兄們非常不滿；我盡了一切努力，好不容易才讓弟兄們冷靜下來。我當然也對席勒的行為很失望，但我告訴大家，並不需要為已經發生的事實感到激動。畢竟還是靠著自己撐了過來，最後的砲擊也還是在關鍵時刻趕上了。

接近午夜時，我們再次驅車回到廢墟，多少幫助步兵撐住一點士氣。我去了一趟「孤兒院」，並和團長討論隔天的計畫。我們都同意要在拂曉時分奪回廢墟。無論如何都得試著這麼做才行，如此俄軍才不能利用兩處廢墟威脅鐵路堤靠近我們的這一側，使得整個戰況變得更不穩定。為了依計畫發動逆襲，我們再次從原本就很薄弱的兵力中又拉了十六個人投入。大約五點左右，我們在提爾祖（Tirtsu）附近集合，準備發動攻擊。這是地圖上位於「孤兒院」和倫必圖之間的一個小小的點。我和克舍上士手下各有八個人聽候指揮。

攻擊準時於清晨五點整開始，這時的天色當然還是全黑的。格魯伯上士的任務，是要在我們突擊的同時壓制俄軍。我們先投入全部三輛戰車，在極近距離射擊西側的廢墟，然後再直接開到廢墟上，讓我手下的八個士兵去佔領。這次的行動完全成功，唯一可以挑剔的就是有一個人受了傷。相較之下，靠近鐵路平交道的東側廢墟就比較棘手了，看來伊凡似乎比較重視這個地點。事實上，他們在晚間總共架設了五門戰防砲、兩門步兵砲和一門四十七公厘防空砲。我們得和這些傢伙耗上好一陣子。

這樣的情況對俄軍來說實屬正常。如果他們待在某個地方幾個小時，尤其是在晚上，他們就會像螞蟻那樣搬來一堆器材，然後像地鼠般挖掘防禦工事。即使我們一直以來都能體會到這一點，卻一直無法明白他們是怎麼辦到的。不論我們多麼努力，都沒辦法奪回第二個廢墟。這次的交火，伊凡還派出兩輛T－34和一小支步兵單位發動反攻，但被我們成功擊退，那兩輛戰車都被擊毀了。過不久，重型迫擊砲和最大口徑的砲兵火力開始攻擊我們的所在位置。我軍有兩員陣亡、兩員負傷。只憑剩下的四人，無法攻下廢墟，更別說要守住。不幸的是，步兵指揮官還在喊著「衝啊！」這位來自參謀部的少尉在領軍突擊廢墟時陣亡了。俄軍有一挺機槍連續不斷地向我軍射擊，我們就是沒辦法逼它停火。不論在什麼狀況下，他們都不能放棄在鐵路堤我們這一側所建立的陣地，逃回去比死守更沒希望，回去之後他們就等於完全曝露在我們的射界下。現在必須先讓傷兵休養，兩輛虎式盡可能靠在最近的位置，以車輛作掩護避開敵機槍火力將傷兵裝上車。俄軍大概折損了三十到四十人，然而在接下來幾天，我們要爭奪的廢墟仍然掌握在敵軍手裡。

中午過後不久，在十五分鐘的箱狀彈幕砲擊結束之後，俄軍又企圖奪回廢墟和農莊。他們以連級兵力搭配戰車支援進攻，但在承受慘重傷亡、損失兩輛T－34和一輛T－60之後，還是被擊退了。他們似乎覺得今天已經打夠了。我們一直到第二天早上，都沒有再受到敵軍的攻擊。當晚間回到的碉堡時，補給車輛已經到了。

連長又出狀況了，連上弟兄已經對他非常不滿。我用無線電請求派一輛水桶車過來，讓我可以在晚上開車前往第六十一步兵師的指揮所。我這麼做也是為了不必一直用走的去團指揮所。每去一次，我就必須越野行走兩公里來回。為了避免引起俄國人的注意，我不想開戰車過去，何況我的組員也應該盡量把握機會休息。但我請求的水桶車並沒有出現。畢爾曼說連上沒有閒置的水桶車。我一直到戰後的一次團聚活動，才從一位任職於連部的士兵口中得知，他和席勒曾經多次在晚上前去見一位認識的女性，她後來和他們一起從納瓦回到德國。原來這就是他需要用車的原因！要是我當時知道這件事，大概會氣炸。但他們在戰爭期間都沒有對我說，以免我太過激動。

當五〇二戰車營第二連「在席勒中尉的領導下」登上《國防軍公報》（*Wehrmachtsbericht*）時，也激起我部下們的憤慨，畢竟連長對我們的成功是一點貢獻也沒有。這次要讓弟兄們冷靜下來就不太容易了。我向他們說明，這是在表揚本連整體，否則就只會提到一個排了。在最後的分析過後，確實本連整體都是我們成功的一分子。

還好這時我還不知道水桶車那個令人感到難以置信的「兜風」用途，要不然我肯定不想花力氣去安撫弟兄們。我們後來以另一種形式得到補償：當天的軍部命令特別提到了我們，而這份命令會發送到全軍的所有單位，並且必須大聲朗讀。這份命令裡只有提到「我們」的戰車。它還強調說是我們自主性的行動，阻止了俄國人突破到海岸線，進而防止「孤兒院」東邊的所有單位遭到切斷。另外，我們還在沒有步兵支援的狀況下守住奪回了的主戰線一整天。

✠

伊凡並沒有給我們任何休息的機會。他們想不計代價淹沒或包圍納瓦的橋頭堡。大概在三月十九日中午左右，敵軍在砲兵與迫擊砲預先射擊後，便從東袋向西發動攻擊，他們想要切斷「靴子」的南端——也就是直到當時為止都還由德軍佔領的地區——然後把東袋和西袋連接起來，打造更好的進攻跳板。我們擊毀了六輛T－34、一輛T－60，還破壞了一門七十六點二公厘戰防砲，即使如此，俄軍還是突破了我們的主戰線。

在我方步兵開始反攻之前，我們必須前往另一個地方處理緊急狀況。鐵路堤北方的據點傳來報告，說四輛俄國突擊砲已在鐵路平交道另一邊的一小片「牙刷般的小樹林」裡就位。另外，還有兩輛俄軍戰車來到了鐵路平交道右側。我和克舍上士剛好及時趕到，步兵已經陷入恐慌之中，這裡除了我們的虎式之外，沒有任何可以對抗戰車的武器。我們成功在敵軍發動攻擊之前就將他們的戰車擊毀，還能及時趕回來南邊，有效支援步兵從三十九．九號據點（位處「孤兒院」通往「靴底」的路上）往南的反攻。這裡的沼澤地形給了我們不少麻煩，想要在道路以外的地方行駛根本不可能。我們只能透過火力幫助步兵戰友們抵擋敵軍。在沼澤地執行任務對任何裝甲兵而言，都是令人討厭、也很難令人滿意的情形。

三個小時後，我們趕走了敵軍，我軍步兵又回到了舊有的陣地。這裡一定要特別提一位軍官。哈瑟少校帶領著自己的營，以無與倫比的衝勁與勇氣猛攻俄軍陣地。他的行動讓我想起父親對我說過的故事：他曾提過第一次世界大戰的軍官會拔出軍刀，然後站在最前面第一個往前衝。這次的攻擊，我們又摧毀了兩輛T－34，可是俄國人還不想放棄。第二天早上天剛亮，他們又開始以連級兵力攻打倫必圖。在大約一個小時的交戰後，他們又被趕了回去。中午左右的另一波攻勢也遭到同樣命運，他們又失去了兩輛戰車和一門四十五公厘戰防砲，但依然不肯放棄。第二天晚上，他們挑了個不尋常的時間發動攻擊——在凌晨三點衝向我們的防線。我們在黑暗中只能碰運氣盲目射擊，伊凡總算成功拿下了居中的廢墟。我們從先前在鐵路堤據點遭遇到的失敗學到了教訓，因此這次沒有等太久，我帶了十名步兵反攻。兩個小時後，中間的廢墟又穩穩回到我軍手中了。雖然我們沒給俄軍太多時間，但他們還是在短短的時間內運了兩門七十六點二公厘戰防砲過來，它們一開始還給了我們不少麻煩。

奪回的中間廢墟對我們非常重要，足以決定戰局。如果這裡失守，農莊隨即也會失守，整體防區的防線也就跟著崩潰。這裡對敵人當然也有著同樣的重要性。他們在兩個小時後再發動了新一波攻勢，並迫使我軍撤離，包括該據點指揮官在內共有四名步兵陣亡。剩下的六人不足以抵擋俄軍步兵，因此回到農莊尋求掩蔽。接著我們將全部的三輛戰車部署在農莊旁，這裡無論如何都得守住。由於步兵的無線電中彈故障，我便派格魯伯上士的戰車前往團指揮所去取備用無線電——步兵沒辦法用走的回去。俄軍是和我們在玩貓抓老鼠——他們總是攻擊戰車不在的位置，使得我們疲於奔命。到了下午，克舍上士又在三十三．七號據點擊毀了兩輛敵軍戰車。夜色降臨前，我們對中間的廢墟發動了另一波反攻，並在半個小時後穩穩控制住那裡。這是在我們後來作為「施特拉維茨作戰」（Operation Strachwitz）的一部分攻打東袋、在更南邊建立更好的主戰線之前的最後一波攻勢。

俄軍承受了慘重的人員和裝備損失，不得不停下來喘口氣。這點大多要歸功於我們偉大的步兵，他們在這段期間拿出了超人般的表現。從數量上來看，德軍步兵兵力太弱，沒辦法對抗龐大的優勢兵力、守住陣地，但他們仍然持續攻擊敵人、讓敵人疲於奔命。只有遇過類似狀況的人，才能看出這樣的成就。如此的積極進取是無法用文字來形容的。

狀況穩定之後，我將所屬的虎式部署在平原上警戒鐵路平交道方面。這不是什麼令人感到愉快的事情，俄軍火砲和迫擊砲逼得我們必須一直轉移陣地。在這邊是完全曝露，敵人可以看見我們的一舉一動，尤其他們佔據了鐵路堤靠我們這邊東側的廢墟。他們完全不給我們喘息的機會。

✠

一如每次發生這種狀況時一樣，我下令各車除非有鄰車透過無線電幫忙指引方向，否則不准倒退。在行進中的虎式戰車裡，車長是看不到正後方的。如果要後退，就必須時時冒著受困的風險，駕駛兵是完全盲目在開車的狀況。鄰車也需要時時注意履帶。後退時，就算只是稍微轉彎，也可能會讓履帶位移到履帶驅動輪的輪齒上，尤其是在泥濘地和雪地行駛的時候。一旦發生這種狀況，履帶會受到龐大的張力，造成戰車動彈不得。到時候只能將履帶拆開並重新連接上。

即使經驗豐富，我還是再三耳提面命，但依然發生了嚴重的事故。格魯伯上士在遭到攻擊時突然打入倒檔，並且在很激動的情況下開進了彈坑內。他顯然沒有正確設定無線電，也沒有看到我的手勢，我無從阻止他消失在彈坑中，他的戰車只剩下主砲砲口制退器還露在彈坑邊緣外。他突然又恢復了無線電通訊，並且像隻雀鳥般大聲連珠砲似地咒罵自己運氣不佳。沒有任何車組員有辦法探出身來，伊凡什麼都看得到，並開始像個瘋子般朝著格魯伯的戰車開砲。狀況相當棘手。我是立即想到隔天晚上去回收戰車的「好處」。但除了種種困難之外，我的虎式的離合器也已經受損，無法用來牽引別的戰車了。

當天晚上，茲維提開著他剛修好的戰車出現，實在太好了。他和克舍一起將「小馬克斯」和他的組員救了出來。但不幸的是，不是一切都那麼順利。伊凡一看到有兩輛戰車出現，馬上又開始瘋狂地開火。毫無疑問，他們當然知道我們想回收受困的虎式。俄軍已經在白天瞄準、校正好射擊那個蠢彈坑了。有一發延時引信式、專為攻擊戰車設計的十五公分迫擊砲彈打穿了我們一輛戰車的無線電通信手頂門。那發砲彈幾乎是垂直射入，而那一整顆砲彈跟頂門的零件就這樣直接砸進了那位可憐的無線電手的腿內。我們過去幾天都沒有遭遇什麼傷亡，但就在要回收戰車時，它（不一定特指敵人）就計算好要在我們拖吊回收戰車的時候逮到這個戰友不可。他才快要十八歲，第一次投入作戰。在碉堡裡，我們替這個可憐的傢伙包紮傷口，這一定非常疼痛。他抱怨自己的左腳很痛，卻還不知道已經失去它。這樣的景象非常可怕，比起前幾天的所有作戰都還要讓我感到震撼。

我在他的眼神裡同時看到了希望和恐懼。畢竟他還是個未成熟的孩子，卻發現自己躺在戰車裡，雙腳破碎且承受著可怕的痛苦。他語無倫次地講著不連貫的句子：「少尉先生，她大概永遠見不到我了！左腳好痛！要截肢嗎？我不知道她受得了嗎？她已經失去兩個兒子了，現在又輪到我。少尉先生，您會寫信給她嗎？」

一個重傷的年輕人，結結巴巴地一直提到自己的母親，這讓我非常揪心。我盡力安撫他的情緒，並確保他能馬上搭救護用水桶車前往主急救站，後來發現他活下來的時候，我很高興。他們最後不得不把他的左小腿截肢，但他得以再次見到母親，這才是重點。我後來在補充營見到他，我們都很高興能見到彼此。或許失去這條腿反而救了他一命，誰知道？

✠

三月二十二日，俄軍最後一次攻打「靴子」裡的三十三．九號據點，而且再次失去兩輛戰車之後遭到擊退。此後，東袋終於安靜了。從三月十七日到二十二日為止，在激烈的防禦戰中擊毀了三十八輛俄軍戰車、四輛突擊砲和十七門火砲，這樣的成功讓我們可以打從心底感到滿意。唯一的傷亡，就是那位重傷的十八歲裝甲兵，要不是必須回收格魯伯的戰車，他根本不會受傷。

伊凡再一次作最後的嘗試以達到目的。由於發現攻打東袋沒有達成任何成果，他們便想到從海上攻擊的主意。我們早就透過戰俘的供詞知道了這個計畫。連錫拉邁附近的後勤部隊都準備好應對「海獅行動」[1]（Operation Sea Lion）了，防禦作戰是以這個行動代號之下在執行。

俄軍企圖在「孤兒院」以北的梅黑曲拉（Mereküla）登陸，我們派了幾輛戰車前往海岸區。

大多數的登陸艇都被統帥堂師的戰防砲摧毀了。當我們抵達時，只看到著火的小艇在水面上四處漂流。少數登陸的俄軍，很快在我軍前線不遠被俘。我們後來判斷，這些部隊都是裝備十分精良的精銳部隊。根據他們的說法，這場行動事先有經過精準的演練，並且應該在俄軍突破東袋之後才發動。但伊凡一直沒能拿下東袋，但登陸行動還是嘗試發動了，造成犧牲優秀士兵的生命而已。雖然俄軍慘敗，但「海獅行動」的陰影卻纏繞著我們很長一段時間，尤其到了晚上。我們待在納瓦防區的剩餘時間裡，類似的行動卻沒有再發動。

三月底，我們的戰車被調離第六十一步兵師防區，為新一輪的作戰作準備。這場作戰被稱為「東西袋殲滅戰」，由史特赫維茲伯爵上校（Graf Strachwitz）負責執行。

當在錫拉邁集合時，我們都需要徹底的檢修——不管是虎式或是我們都是如此。

1 譯註：本為德國登陸英國的進攻作戰代號，在這裡改用為反登陸防禦作戰的代號。

第十五章

碉堡內的叛變

我們終於在波羅的海海濱的補給據點有了幾天休息的時間。這樣的時間特別對我們三輛戰車的組員來說真是恩賜，他們在先前的幾次行動中，無論白天、黑夜，都不曾有過任何的休息。不管他們有多麼堅強、多麼樂於參與作戰，但一個人的能力還是有其極限。從許多方面，休假對我來說既有趣又放鬆。其中最讓我開心的，是終於又能在收音機中聽到好聽的音樂了。這點我與連長總是有點意見不合：我喜歡比較嚴肅的音樂，而他卻偏愛較當代、比較能輕鬆欣賞的音樂。

在休息區內，我贏得了一隻四腿朋友的喜愛，牠叫哈索（Hasso），是隻德國牧羊犬。牠是席勒用一瓶烈酒和憲兵隊換來的。牠之前咬磚頭把犬齒咬壞了，對憲兵隊沒有價值了。哈索受過非常良好的訓練，也帶給了我許多歡樂。可以與牠一起玩很多小遊戲，牠可以輕易地爬上梯子、跳得非常高，甚至可以在波羅的海的碎浪中把東西撿回來。牠還會聽從命令看好一塊木頭，直到有人下令解除牠的看管任務為止。

哈索是我所遇過的狗兒裡頭，唯一會聽命令放下口中香腸的。牠到哪裡都陪著我，晚上還會在沙發上、把頭放在我的腳上。到了早上該上廁所的時間，牠會來舔我的手，直到我醒過來、帶牠出去為止。雖然牠是連上的「隊狗」，擁有很多的主人，但牠尤其喜歡我，也從沒忘記自己受過的良好訓練。因此在休息期間，我可以經歷很多開心的事，讓我暫時忘記前線的一切。但我的快樂沒辦法完美保持。

連長向來都有點嫉妒我，因為我和部屬處得相當好，他倒是不怎麼嫉妒達成這種成功所必須經歷的種種困難。他一直都對我們的「狩獵運」感到驚訝，自己卻從來沒有擊毀過一輛戰車。他顯然沒有注意到我們持續都在作戰——正好與他相反——當連上的兩輛虎式能妥善投入作戰的時候，我全程都坐在其中的一輛裡。在總算證明了自己的存在價值之前，已經被迫在倫必圖忍受多久無法有所成就的日子了？席勒讓我想起那種只會在好天氣出發的獵人。他相信可以直接走進森林，然後對著一頭已經在等他的鹿開槍即可。

只要是兩人獨處，我能和他處得很好，那是因為我會體諒他的缺點。如果我在戰場，而他在補給據點管理本連，那也沒有問題。但在錫拉邁，氣氛就有點緊張了。我的習慣是要常常和弟兄們待在一起，但這不太適合連長。他認為，長官應該和部下保持適當的距離。感謝老天爺，我從不覺得自己必須這麼做，從來沒有遇到有人對我作出「逾矩的行為」。也因為這樣，我都夾在兩股水火不容的勢力之間。每當有士官抱怨連長的事，我必須安撫他們，同時也必須一直說服連長，說弟兄們都很棒，可以信任他們。我的部屬或許也是因為經歷過激烈的交戰，所以才特別易怒吧。不論如何，有一天狀況爆發了，而且爆發得比我擔憂的還來得嚴重。

促成這件事的人還是伊凡，即使是在「預備位置」，他們也不見得會讓我們享受得來不易的休息。俄軍利用部署在納瓦南邊的長程火砲對我們開火，砲彈飛過頭上、落入北邊的海中。其實他們是想砲擊大道，可是砲彈卻飛得太遠了。每當砲彈從頭上呼嘯而過時，都覺得屋頂好像會被掀掉。每隔幾個小時，都得忍受一次這種討厭的砲擊。我們會先聽到從遠方傳來悶悶的開砲聲，然後可以秒為單位，精確地算出砲彈何時會從頭上飛過。衛哨必須在發現砲擊開始時立刻回報，我們的規定是所有人一聽到砲擊警報，就要馬上跑進屋子的地窖內。在一次俄軍的砲彈打得不夠遠的時候，就足以證明這樣的命令是絕對有正當的理由。一名保修隊下士和連上的一名文書兵當時在前往碉堡的路上，沒有及時趕到，結果在砲擊中被破片打死。像這樣的小心謹慎是完全必要的，至少這點大家都很確定。

然而，睡在我們兩人隔壁房間的上士們，對連長即使不用這麼急，卻總是第一個從地面上的坑洞跳入地窖的這一點感到相當的不滿。何況根據軍方的傳統，指揮官應該要最後才考慮個人的安危才對。本連的蕭綽夫通訊上士（Schotroff）平常是個安靜、可靠的人，也是個模範士兵，這時連他都情緒失控，對席勒口出惡言，甚至差點拳腳相向。由於此事，我們不得不以犯上的罪名把他拘禁起來。

席勒堅持要我立刻帶著他去找軍事法庭的人員。反正我們本來就要去參加大德意志戰車團（Panzerregiment 'Großdeutschland'）團長史特拉赫維茲伯爵上校（Oberst Graf Strachwitz）主持的作戰會議。路上，我不停請席勒面對像蕭綽夫這種有實力的軍人，不要毀了他的一生，最後總算改變了他的決心。搞不好他也考慮到在軍事法庭上，可能會出現一些讓他不太舒服的證詞吧。不論如何，他最終沒有上軍事法庭，這點讓我鬆了一大口氣。連長轉過身來對我說：「好吧，奧托，我重新想了一遍。看在你的份上，我親自懲處蕭綽夫難以置信的行為。我來逮捕他，並且讓他當無線電手跟我上戰場。」我沒有說話，只覺得放下了心中的大石。於是，蕭綽夫通訊上士就受到連長所能給予的最重懲處：關禁閉。關完之後，他必須在接下來的幾次作戰，於連長的戰車當無線電通信手。後面這個「懲罰」在心理上有兩大錯誤：首先，派到作戰單位根本不是懲罰，這是我們所有人理所當然要做的事。蕭綽夫早就多次請求許可，想至少參加其中幾次行動。他每一次都沒被獲准，他的職務實在太難找到人選替補了。最後，席勒根本不能帶他上自己的戰車，這點很快就會驗證。

第十六章
「史特拉赫維茲行動」

備役上校雅欽多・史特拉赫維茲伯爵（Hyazinth Graf Strachwitz von Groß-Zauche und Camminetz）[1]讓我認識到一種別人見過一面就無法忘懷的特質。他是組織大師，但在另一方面，如何讓下級指揮官學會臨機應變，也被他視為是理所當然的事。我們運氣很好，有機會在他的指揮之下投入幾次的作戰，這些行動都是「好的計畫是成功的一半」的完美例證。史特拉赫維茲伯爵在一九四一年八月二十五日以備役少校軍階和第二裝甲團第一營營長身份，獲頒騎士十字勳章；一九四二年十一月十七日再榮獲騎士十字勳章上的橡葉，並在一九四三年三月二十八日，作為大德意志師戰車團上校團長，為勳章加上寶劍吊飾。我們會在接下來的行動中，為他的成功作出些許貢獻。史特拉赫維茲伯爵因為作戰的成功執行，而在一九四四年三月十五日再獲頒寶劍橡葉騎士十字勳章上的鑽石。

有部分傳言毀謗，堅稱大德意志戰車團之所以不再由史特拉赫維茲指揮，是因為他折損了太多部下，對於這點我有相當的理由提出質疑。史特拉赫維茲伯爵和他的參謀一直都在前線的交戰

1 編註：史特拉赫維茲伯爵為西里西亞（Schlesien）地方的老貴族家族。

熱點，必須要進行非常激烈的戰鬥才得到各種支援。而在這樣的行動中，並不是每次都能避免慘痛損失。正因如此，其他單位的許多戰友才得以倖存。

史特拉赫維茲伯爵帶了他在大德意志師的參謀過來，還有幾輛戰車和半履帶運兵車。本連在他的第一場行動中只扮演輔助角色，該行動的目的是要切斷俄軍西袋的後援並殲滅之。這場攻擊從西邊往東邊的「靴底」附近發動，接著與「靴子」裡的步兵單位重新建立聯繫。防線建立之後、最後掃蕩包圍圈裡的敵軍。這波攻勢使用的小徑太窄、路質太鬆軟，不適合虎式出動，只好湊合著使用伯爵帶來的、輕了約三十噸的四號戰車。他親自坐鎮前鋒的第一輛戰車，從一開始就贏得了我們的信任。這次行動，我們的任務只要扛住敵軍——因為這次攻擊而在西袋其他地方自然產生的——壓力。

行動期間都有斯圖卡俯衝轟炸機來提供支援，或者比較正確的說法，「本來就應該要」有斯圖卡的支援。但它們在這種森林茂密的地形其實沒什麼用處，甚至對我方部隊會造成威脅——飛行員根本無從辨識敵我的目標。Ju 87斯圖卡轟炸機準時抵達，朝著指定的目標俯衝，但有一枚炸彈直接落在進攻戰車可唯一前進的一條小徑上。史特拉赫維茲伯爵本人差一點成了這枚炸彈的亡魂。他罵了一大串粗話，這波攻擊只能在缺乏裝甲支援的情況下由步兵獨自進行。本次行動的指令，是要不計一切代價在天黑前建立戰線，否則俄軍可能會往南逃出包圍區，或是再次衝上我方脆弱前線。史特拉赫維茲在沒有戰車與斯圖卡的狀況下，達到了他的目標。到了第二天的這個時候，包圍圈被消滅了。大多數俄軍和所有的物資都落到我們手裡。只有少數俄兵趁夜、當伊凡發動解圍攻擊時往南逃走了。敵軍受到了沉重的打擊之後，他們在東袋部署了比以往更多的部隊和裝備。他們可沒算到，我們用了截然不同的方法作戰。

史特拉赫維茲伯爵有著獨特的怪癖，卻沒有人因此討厭他，畢竟他已經贏得了我們的尊敬和認同。舉例來說，他不讓別人叫他「上校先生」，那些從他還是少校時就認識的人解釋說，他連在上級面前，都不會怯於表達他是「伯爵閣下」（Herr Graf）[2]，認為伯爵稱號比軍階意義重大得多了。

第一次的作戰會議，伯爵讓我們完全明白他對本次行動的看法。他的大膽計畫使人相當驚訝，但很快就讓我們發現其中的道理。

「好，各位先生，我是這樣看的，」用他那種有點高傲的方式說，「戰鬥群會從『孤兒院』開始，通過平原往鐵路平交道、從正面對所謂的『東袋』發動攻擊。前鋒是四輛虎式，在跨越鐵路堤後這四輛虎式向右轉，席捲他們。」

「後續的四輛虎式，每輛載一個班的步兵，全速駛向道路交叉口，就在鐵路平交道東南方一百公尺處。這處路口必須在最短時間內抵達，並保持其暢通，這樣一來，四輛四號戰車和運兵車就能推進、佔領平地，而這塊平地從這裡，」他指了一下地圖，「一直延伸到東袋底部。好，這方面大概就這樣。」

「到了晚上，建立刺蝟陣地，並堅守到隔天早上，等到後續的步兵團跟上、建立主戰線為止。然後再與東西兩邊的我軍建立聯繫。」

---

2 譯註：雅欽多．史特拉赫維茲伯爵上校出生於西里西亞（Schlesien，當時屬於普魯士王國、現屬波蘭）的古老伯爵家族。普魯士王國隨德意志帝國在一戰解體後，自一九一九年始，舊貴族雖可保留相關稱號（如親王 Prinz、伯爵 Graf，或姓氏的「von」及「zu」等），然僅成為姓氏的一部分，但這位上校十分重視其家族傳統爵位。

「我要強調的重點就是，這整個行動必須嚴格依時間表執行。也就是說，不準有任何一輛戰車停在路上，擋住我的去路，這次行動很可能會被這樣的耽擱而毀掉。我絕不允許這種狀況。

「因此我要明令，每一輛失去行動力的戰車，都要以任何可能的方法推入沼澤，以免擋住其他車輛。本次行動成功的責任完全落在各車車長身上，不論其階級，明白嗎？」

「報告是，伯爵閣下！」

上校的嘴唇扭曲了一下，露出帶點諷刺的微笑。他是知道我們對他期待的稱呼惹來不少評論，而這些評論都稱不上是有多禮貌。

「很好，到目前為止都很簡單。但接下來我要問虎式的各位先生另一個問題。您們要和哪個營一起作戰？」

我們面面相覷，對這個提議的慷慨大方感到驚訝。馬上一致同意配合一個和我們已有合作經驗的燧發槍兵營。

「很好，那您們將與他們一起。」上校轉向副官，「務必確實把這些人從他們目前所在的納瓦前線防區抽走，然後帶來這裡。火焰發射兵、工兵、砲兵觀測手和其他的事情都之後再說。」

「本區的制空權會由戰鬥機確保。這點我已經和航空艦隊（Luftflotte）安排好了。您們和斯圖卡之間的必要通訊將由一輛分配給您們的通訊運兵車提供。」

「還有別的事嗎？喔，對，當然！您們會收到各自的地圖和空照圖，供本次行動使用，這些都是專門為本次行動準備的。所有對您們重要的區域都用數字標出來了。這樣就不會產生誤解和不必要的問題了。更重要的是，您們可以快速、準確地將自己的位置報告出來。」

「今天就先到這裡，還有別的問題嗎？沒有嗎？很好。謝謝各位！」

在攻擊開始的四月六日前幾天，運輸機運來了戰車用的新型排雷裝置。這是一種裝在戰車前面的沉重滾輪，由戰車推動。滾輪會導致地雷在戰車壓上去之前先行爆炸。但這種新裝置並未大放異彩，它會造成戰車的前進速度大幅減慢。就算面對地雷的危險，我們還是拒絕使用它。

接著，「史特拉赫維茲行動」在一處遠離前線、類似於東袋的地方演練了兩次。這兩次演練砲兵和空軍沒有參加，但卻使用實彈。當時的北方集團軍高級司令官親臨現場，還在演習結束後和我們簡短的談了一下。他說明了本次行動的重要：納瓦的橋頭堡之所以必須不計一切代價守住，是因為愛沙尼亞有頁岩油。我軍的潛艦補給站非常需要這些燃油。

當時我們沒有深思愛沙尼亞的石油何以對德國的戰略如此重要，我們只想著眼前要執行的任務。

✠

攻擊發起前不久，按計畫緩緩駛入「孤兒院」高地後方的集結區。我們必須極度小心，不要發出任何不必要的噪音，避免引起俄軍的注意。砲兵一如往常地發動那種偶爾會出現的砲擊，充當干擾。伯爵什麼事情都考慮到了。步兵已經到了，我們在之前的操演已經彼此熟悉，每個班很快找到了各自要搭的戰車。一切像時鐘發條般準確實施。四輛虎式依以下順序前進：克舍、我、茲維提、格魯伯。史特拉赫維茲伯爵明令禁止單位指揮官打頭陣，若是第一輛車觸雷，也不會造成攻擊停頓。因此這次我必須一反常態，走在第二車，即使面對如此複雜緊迫、視野不佳的地形，使得領頭車以外的車都無法好好觀察的狀況也是如此。

虎式擔任矛頭是很自然的事，先前已在那裡作戰了好幾週，對倫必圖四周的地形瞭若指掌。

我們認得每一個彈坑，甚至還曾短暫窺見過鐵路堤的另一側。

身邊的三位車長都是最理想的那種；如此完美實在難得一見。在先前艱苦的幾個月中，我每一次作戰都至少和這三人的其中一位一起出動。因此，請容我在這裡個別評論、而非貶抑其他諸如林克（Link）、維斯里（Wesely）、卡帕涅托（Carpaneto）、戈林、里爾（Riehl）、梅耶和赫曼（Hermann）等車長。這些車長只是在戰車裡比較不走運而已，他們偶爾會需要「換車」，因此不像以上三人那麼突出。基本上他們都同樣優秀，我也希望未來的戰車連連長手下都有像他們這樣的部下。

✠

先鋒部隊車沒有搭載任何步兵。格魯伯和茲維提各載了三名「來插花」的戰鬥工兵。他們的任務是當遇到地雷時，負責協助我們。附帶一提，本次作戰期間，這六位工兵弟兄都相當安好。每當我們停車，他們馬上在附近難以被發現的地形隱蔽，因此比在戰車裡的我們還安全。

史特拉赫維茲伯爵在「孤兒院」蓋了兩座碉堡，他和他的副官一人一個。這位不可思議的伯爵真的什麼都考慮到了：在攻擊時，步兵若能不穿冬衣，行動就會更靈活。因此他下令把冬衣收齊，每個班都綁成一束。每一束用吊牌標示，並在到達目標後由半履帶裝甲車送達。這樣在攻擊結束後，弟兄們就不必受凍了。

上校的副官在攻擊前幾天以分鐘為單位，找出早上哪個時間的陽光會強到足以看見目標與射擊。而確切的攻擊發起時間就是依照這個結果來訂定。砲兵的準備射擊在攻擊發起前五分鐘開始，又經過了五分鐘之後，預定將會轉移至其他位置。在最初的五分鐘，我們須與前鋒部隊一起跨越鐵路堤。

✠

就在攻擊開始前不久，伯爵帶著他的傳統細手杖前來我們的陣地觀察突破的狀況。接著就體驗了在接下來整場戰爭中，都沒有第二次機會再碰到的盛大煙火。三十七公厘防空機砲、二十公厘四聯裝機砲和八十八公厘防空砲，全都環繞著東袋圍成半圓形，所射出的曳光彈，描繪出一組真格的火力罩，讓我們可以在其底下推進，抵達圓頂的南端。煙霧發射器（Nebelwerfer）多管火箭砲團從更遠的後方開火，先射汽油火箭彈，然後再換成高爆彈。砲擊的效果正如後來確認的，相當具毀滅性。沼澤的矮樹林不太能讓氣壓往上散逸，砲擊所造成的火焰竄升到有數公尺高，將樹木都燒焦了，爆震波馬上殺死所有不在碉堡內的俄軍士兵。同時我軍步兵砲和砲兵，包括二八〇公厘榴彈砲在內，也開始傾倒全部的火力攻擊。

彈幕砲擊期間，我們高速朝鐵路平交道前進，從俄軍曾經佔領過的左側廢墟可以看到他們正從自己往鐵路堤挖出來的壕溝回跑，我們的機關槍在高速行進中完全派不上用場。一轉眼就跨過了鐵路，敵軍一如預期沒在這裡佈雷，伊凡也需要那條往南的道路才能補給。

德軍的攻勢顯然完全出乎俄軍的意料之外。在戰車開過鐵路平交道右轉後，一個俄國人穿著襯衫和褲子，呆若木雞地站在我們面前。他不敢相信我們已經衝到這裡來了。克舍解決了一門戰防砲，這原本是要用來阻斷這條路的。該砲砲口罩還蓋著，組員也不在位子上。接著我們沿鐵路堤平行的方向，從鐵路堤不遠處往西前進。鐵路和林線之間的平原有佈雷，因此我們後車沿著前車的軌跡走，並且必須互相引導。

幸好地雷都是直接放在地面上。由於土壤結凍，俄軍也沒辦法挖洞埋地雷，此外沼澤地對於埋放木箱式地雷來說也過於潮濕。我們得以在沒有任何損失的狀況下，拿下了暫時性的目標，接著右轉，這次俄軍陣地變成出現在後面了。伊凡沿著鐵路堤每隔幾公尺就蓋一座碉堡，這些碉堡在俄軍這一側當然沒有什麼保護效果。敵軍面對奇襲的震撼，無法轉過來的七門戰防砲很快就被擊破了。我們成功突破，心情非常愉快，目前一切都比預期還要成功。縝密的計畫已經帶來了第一步的成果。但我們的好心情很快就被一個討厭的插曲終止。

這時我們突然遭受我軍的一五〇公厘步兵砲猛烈攻擊。這些砲擊是從「孤兒院」那邊觀測到的。基於我們的輪廓只有稍微露出鐵路堤，觀測手以為這是敵軍戰車，而且正朝我軍防線的方向開砲。我們在此時體會到這些砲擊是有多令人感到不悅。我們可以清楚聽見每一發砲彈射出，還可以看到彈道十分低伸的大傢伙朝我們飛過來。這樣的景象可不適合給膽小的人觀看。各車不得不在遍佈地雷的地帶來回行駛，迴避這些不怎麼友善的「信差」。有些人或許會把這樣的行動稱為「持續轉移陣地」吧。可是，又有誰希望一發一五〇公厘砲彈砸到自己的腦袋呢？更糟的是，砲兵弟兄打得非常準。我馬上透過無線電和「孤兒院」的觀測手聯絡，解釋說他們打錯人了。但我軍官兵仍然持續射擊著那四門砲，這讓我們越來越不高興。最後別無選擇，只好對著觀測手面前開了幾砲，逼迫對方轉移陣地，我們則趁著他回來再次找麻煩之前趕快離開。後來我去找這傢伙興師問罪，他還真的沒認出我們，也不願意相信我們這麼快就到得了鐵路堤後面。直到我們突然對其開砲，他才嚇了一跳，並很快修正了錯誤。

友軍誤擊意外還有更多糟糕的後果。我們是全身而退了，但密集的砲火和持續的來回閃避卻讓人分了心，以致於沒有注意到我們身後的林線旁有一門戰防砲進入了陣地，然後我們以一種最令人不爽的方式被嚇了一跳。我首先從後頭被擊中，茲維提找到了那個傢伙，並警戒著林線，防止更多的奇襲出現。幾乎就在同時，他們又從右側擊中了我們的好格魯伯。伊凡很快把一門在鐵路平交道附近的一小片樹林裡、我們沒看到的戰防砲轉向，擊中了格魯伯的戰車，第一發砲彈就重創了承載系統。第二發擊穿了裝甲，格魯伯和他的裝填手都受了傷。我們先把那門戰防砲擊潰，然後茲維提引領那輛舉步維艱的戰車用自身動力前進，往平交道的方向離開雷區，給予火力掩護並帶他們回到「孤兒院」。不幸中的大幸，格魯伯的戰車不需要別人拖著走，當時現場正爆發非常激烈的戰鬥，連納瓦南邊的俄軍重砲兵都加入了戰鬥。伊凡想要不計一切代價逆轉數日來的頹勢。

我們必須跟著前鋒部隊，無法處理其餘的俄國步兵，前鋒早就遠遠超過鐵路堤以南的交叉口了。席勒利用所屬的四輛戰車和隨車步兵，確保沼澤樹林的入口開放。遺憾的是，該燧發槍兵營因俄國砲兵的攻擊而傷亡慘重。步兵在到達路口後跳入路旁的邊溝內尋找掩護。在俄軍發現我們向南突破之後，很快以砲兵和迫擊砲相當準確地對此處砲擊。有一發剛好落在這些步兵的中間。弟兄們靠得很近，傷亡也就十分慘重，他們理應要趕快散開的。

當穿過森林往南前進時，到處都有伊凡在警戒。我們必須極為小心，避免又遇到什麼討人厭的意外。在森林裡，我們看到兩邊都有就定位的迫擊砲，一旁還有步兵砲和戰防砲。我們只有一個目標：「不計一切代價前進」，因此只能處理經過時直接瞄準我們的俄國大砲。我們在樹林前看到了一處俄國人為其陣亡士兵建立的墓園，他們總把陣亡士兵直接埋在前線後方。後來掃蕩完這個包圍圈後，發現那些木頭十字架上面連名字都沒有。

有一件事讓我們明白這場行動有多仰賴巧合。除了謹慎和勇氣之外，軍人比過著平民生活的人更需要多一分的運氣。一輛T－34突然從樹林側邊的一個小徑缺口冒了出來，沿著我們的路線往南行駛。它並不打算攻擊，只想往南逃竄而已。我們也不想擊毀它，不然會擋住我們極為重要且別無替代的前進路線。所以僅此一次，我們的意圖是相同的。不然等工兵把戰車炸掉、清出一條路之後，我們會喪失太多的時間，我不相信行動在這樣的狀況下還能成功。顯然那輛戰車裡的俄國人只想安全逃往南邊，不想破壞我們的攻擊。左邊的「袋內部分區域」裡，還是有幾輛俄國戰車對我們自由射擊。這些戰車後來都被擄獲，連伊凡也都只能在小徑和林道上行駛，無法往南突破了。

當我們到達前鋒部隊向東轉向的地方時，我留了兩輛車在那裡警戒，自己則開回平地強化刺蝟陣地。

前鋒在沒有遭遇重大損失的狀況下成功抵達目標。這時讓我們明白，能掌握到好的圖資，是多麼幸運的一件事。拜它們所賜，我們可以輕易地找出本地區的每一條小徑與每一個林間空地，這是普通的地圖絕對做不到的事情。

第十七章
夜間地獄

直到此時，一切還算相當不錯。但若是能安然度過了夜晚，我們會更開心。每個人都很清楚俄軍一定想要在夜間反攻。

天開始黑時，我們的兩支突擊隊（Stoßtrupp）離開了，準備與東、西兩邊的友軍接觸。一九四四年四月六日到七日之間的夜晚，大概是我們所有人在這場戰爭中最糟糕的一夜——我們人在俄軍的中間，不知道他們會不會切斷我們的退路。

半履帶裝甲車已經在白天折返，安排把冬衣載過來。他們在晚上還必須將彈藥與口糧載到前線來，這樣的任務不只是困難而已，還需要勇氣、堅毅和超群的責任感。這些人必須先往北、再往南、一次次來回奮戰殺出一條血路，俄軍也盡全力阻擋他們。許多半履帶裝甲車都成了地面上的地雷的犧牲品。這條路之所以可以保持暢通，完全要歸功於一個人的勇氣——史特拉赫維茲伯爵的副官君特・法穆拉少尉（Günther Famula），他正是負責這項艱巨任務的人。四月二十二日，法穆拉在我方下一個於克利瓦蘇（Kriwasoo）的行動中，被俄軍飛機丟下的炸彈炸死。他沒能掛上在五月十五日獲頒的騎士十字勳章。

俄軍以強大兵力從所有方向進攻我們的刺蝟陣地，被我們截斷在北邊的部隊也企圖往南突破。伊凡還從南邊發動了強力的援救攻擊，意圖摧毀我軍並保留其前方陣地。對我們的步兵營來說，這是艱苦的一夜。他們整晚承受著敵軍的強力攻擊與相當慘重的傷亡。重傷者由裝甲車後送，輕傷者則情願和我們待在一起。

我軍斯圖卡幾乎沒有幫上什麼忙，他們不能把炸彈直接丟在我們周圍。何況，沉重的炸彈會在沼澤地中陷得很深，形成巨大的彈坑、卻只造成微小的傷害。何況俄軍還集中部署了許多防空砲——多數是機砲——使斯圖卡無法俯衝到夠低的高度。斯圖卡俯衝轟炸機能摧毀敵軍士氣的時代早已過去了。前線的砲兵觀測手是幫我們最多的人。他們指引的砲火打得相當精準，偶爾能替我們爭取到一些喘息的空間。

當早晨來臨時，我們幾乎不敢相信自己還活著。伊凡仍然沒有放棄把我們趕走的想法。天一亮，所有的感覺都變得不一樣了。緊迫逼人的黑暗、讓人無法分辨敵友的黑暗不見了。我們又再次可以看到自己眼前的人是誰。清晨時，四月的陽光開始將地面解凍。戰車沒多久就沉入沼澤地，幾乎是靠著車身接地的。我們剛剛到達小徑，並在那裡安排警戒。

第一批步兵團官兵來到了前方，開始據守新的主戰線。其他人則從北向南掃蕩包圍圈。我們有一輛戰車在前一天晚上的道路交叉處中彈，是維斯里的戰車。他被大口徑砲彈炸得失去行動力，只能無助地待在開闊地，曝露在俄軍突擊隊可能發動攻擊的危險之中。連長在晚上驅車返回「孤兒院」，我聯絡了蕭綽夫好幾次，說他一定要去把維斯里拖走。席勒又不在車裡，還花了很久才回來，最後我只好自己跑一趟，去把維斯里從悲慘狀況中解救出來。

經過幾天的地獄之後，仍存活下來的燧發槍兵營營長和弟兄幾乎快讓人認不出來了，似乎每個都老了好幾歲。

我們在行動結束後撤離當地，然後沿著大道往錫拉邁開回去。在遠離前線的地方，有一顆俄國觀測氣球正在觀察大道跨越的稜線，我們都知道俄國長程火砲會立刻對道路上任何動靜開火。因此我明令在這個路段，各車必須保持頂門緊閉，或至少頭要留在車內。

林克上士無視我的規定，從腰帶以上都露在車長塔外。當第一輪齊射落在大道左右兩邊時，我有三輛車已經開上高地了。我看到林克跌入砲塔，宛如是被閃電擊中。由於該車沒有停下來，我用無線電叫他們停車。組員並不知道車長受重傷了，過程中他沒有發出任何聲音。我們試著把他拉出砲塔，他卻痛得大叫，好像是我們打算把他扯成碎片般。一大塊破片貫穿了他的臀部，把其中一邊完全扯了開來，看起來很慘，我們擔心可能沒辦法把他活著帶到主急救站。後來醫生判定，沒有擊中任何重要器官，讓全員都全鬆了一口氣。幾週後收到消息，林克放復健假去了。我們又一次僥倖逃過一劫，但這種因為不小心造成的不必要傷亡，總比任何激戰更讓我不爽。

第十八章

是事實還是虛構？

我們終於有了幾天休息的時間，同時也可以將受損的戰車修好。那天早上，一輛宣傳連（Propaganda-Kompanie）的無線電通訊車突然來拜訪我們。他們的任務，是要「忠於事實」地記錄我們在三月十七日打的防禦戰。一開始我們講了各式各樣的故事，直到後來電工從連長的戰車拉了一條線接到我們的房間，將車內的無線電直接接上了我們身邊的錄音機。等訊號接收終於就緒之後，我上車去，並讓宣傳連的人坐上無線電手席，好戲準備要上場了。

我是要模仿戰鬥當天的無線電通訊以及下達命令的模樣，這包括目標下達以及其他類似的命令。席勒身為連長則坐在房間內，扮演我的夥伴。畢竟他在《國防軍每日公報》上登場過，因此這種「前線報導」就得跟他扯上關係。當我受夠這種令人厭惡的遊戲之後要求喊停，錄下來的唱盤馬上播放了一遍，卻無法通過專家們的挑剔眼光，必須重來一遍。過程中，宣傳連人員會在狀況的敘述上，添加自己妄想的情境。他會以相當逼真的方式描述被擊毀的戰車是怎麼燃燒、怎麼開火、我們怎麼被擊中，以及四周狀況有多混亂等等。第二段錄音終於得到認可了。接著幾位家裡有唱片機的戰友還獲准錄下一段聲音當作家書，寄回去給在老家的家人。播唱片的時候，沒人認得自己的聲音，只能透過內容分辨講話的人是誰。

整體而言，這些宣傳人員不太合我們的胃口，這並不代表他們不是好人、不認真對待工作，或不是好軍人，但凡事都有例外。他們大多數人都是怪咖，是穿著假軍官制服的士兵。像這樣不太是真正的士兵，也不太算是真正平民的混合角色實在不恰當。何況大多數宣傳連的人都是宣傳部的寵兒，對他們而言，戰爭只是令人心曠神怡的生活改變而已，而且還可以享受比前線軍人更多的優待。如同前面所說，令人喜愛的是那些例外，遺憾的是，某些人最後還是為國捐軀了。幾天後的例行廣播節目裡，我們聽見了關於自己的宣傳報導。驚訝的是，柏林加上去的戰場音效居然如此逼真。吵雜的槍砲聲此起彼落，讓人幾乎聽不懂自己在說什麼。報導只引起大夥的啼笑皆非。在這之後，我們再也不認真看待來自前線的報導了。

在與客人道別時，我必須簽署一份文件，證明這些報導的宣傳人員坐過我的戰車。我把簽名這件事交給連長，他才是可以問心無愧地簽下名的那個人，畢竟這個故事是在他的車子發生的。

✠

直到開始審訊戰俘過後，才了解自己是有何等的好運，得以成就了這次作戰的成功。除了其他軍官之外，我軍矛頭還俘獲了駐守東袋的俄軍師團作戰官。大德意志師快速推進的戰車，很快到達了位於東袋底部高地上的師指揮所，快到連俄軍師長甚至還沒來得及接獲我軍突破防線的報告——所有的電話線路都在砲兵的準備射擊之下斷了。驚訝的師作戰官在我軍抵達時，身上只穿著襯衫，甚至必須盡快著裝，好被我軍俘虜帶走，俄軍將軍倒是早就撤到南邊去了。我們從戰俘口中得知，東袋裡集結了一整個裝備大量重型武器的俄軍師，俄軍根本沒有料到會發生這麼慘重的失敗。他們早先在防禦戰中遭我軍猛烈打擊的裝甲旅殘部，這時還待在沼澤林地裡動彈不得，最後都完整地落入我們的手中。

偵訊這位俄國上尉給了我們很多重要的情報。此外他給人無可挑剔的完美形象，還包括了他的服裝。我發現伊凡又開始使用禁用了一陣子的寬肩章，也開始頒發與准許配戴勳章。顯然對方也有了這樣的認知——軍人重視透過配戴勳章來對外展示自己的作戰熱誠。

根據這位俄軍上尉的說法，我們的進攻完全在伊凡的意料之外；他們沒預料到會有來自北方的正面攻擊。俄軍在倫必圖北方前線建立了固若金湯的防禦，以凡人所能做出的評估來看，這裡根本不會發生什麼問題。我可不敢想像，若是我們卡在鐵道堤、而那十門俄軍戰防砲有人駐守的狀況下會發生怎樣的後果。俄軍是有預期到德軍會沿著「袋子」底部朝東西兩面發動攻擊。那是最短的路線，而且西袋也是循這個路線攻下來的。為了避免悲劇重演，袋底兩側的俄軍主戰線以各種最麻煩的方式部署了地雷。連樹和樹之間，都被俄軍裝上了引線。不管是直走、用蹲低的姿勢前進，還是趴在地上匍匐前進，都沒有任何步兵可以安然通過那裡。但這樣的佈雷方式，最後卻成了俄軍自己的災難。在我們突破防線之後，他們反而無法從側面突圍、撤退了。

俄國人咒罵他們的政委，就像我們咒罵納粹黨政治官，後者對身在前線的我們來說，也是一種日漸煩人的干擾。他們大多都只待在師部，而我們只有在偶爾會送到前線單位的通告上，才會注意到他們的存在。政治對前線來講，根本無足輕重。要是我在朝會時對部下說「希特勒萬歲」，那就太蠢了。畢竟，各種不同背景的人忍受著同樣嚴苛的規範，被一起丟在在這裡共同奮戰。這裡有國社主義者，也有反對這政權的人，以及完全漠不關心的人。他們因為袍澤情誼而並肩作戰；至於他是為了元首、為了國家還是出於責任感而戰，那一點都不重要。沒有人會對別人的政治或非政治意見感興趣。重點是對方必須是一個好戰友，同時是一位還算過得去的好軍人，如此一切都好辦了。

經歷過這麼多磨難之後，我們好好享受一番在錫拉邁的喘息時光。但卻有某種東西吸引著我回到殺戮現場，我想在更為「和平」的情況下再看一次那裡。所以我一時興起，開著水桶車去了一趟「前東袋」。由於我不再需要專注於敵軍，才發現這塊前幾週都在持續遭到激烈戰火洗禮的地方，它的地形是有多麼詭異。當暗夜開回去那裡的時候，我無法抑制心中的戰慄。空氣中仍然充斥著燒毀的戰車總會留下的那種臭味。俄軍的物品散落到處都是，我在平原上找到一座孤零零的俄軍戰車砲塔，它歷經了猛烈的砲擊之後倖存了下來。它是在交戰開始時被我們擊毀的，由於內部爆炸，砲塔被炸離了車體飛到空中。我們全都把頭縮回了車內，事實上那具砲塔掉落的位置離我們也不遠。它的主砲插入沼擇，幾乎一路插到了球形防盾處的位置，砲塔像是被插在一根棍子上直直立著。鐵路堤南邊的樹林裡，幾乎每一棵樹都被燒得焦黑、打得粉碎。它們形塑出的陰森氣氛，彷彿所有的生命都被滅絕了。在這片死滅的樹林裡看不到任何生物，在環境遭到摧殘之後鳥兒全都逃走了。

俄國人總是能夠在最艱困的環境底下，盡可能建立合適的陣地的這一點，一直都讓我們很感興趣去了解是怎麼一回事。他們的火砲和迫擊砲都架在東柴道上，並在四周以木條阻擋破片。沒有任何人可以在這樣的沼澤地裡挖出有多深的洞來，但低矮的俄國式「碉堡」（如果有人想稱那種小小的藏身處為碉堡的話）確實能夠抵擋重武器的攻擊，除非遭到直接命中。可以確定，所有待在這種臨時坑洞裡的俄國人，帶著驚恐而存活。就連那些連接鐵路平交道與我們先前東側據點的交通壕溝，都是以堪稱模範的工法建成的，這證明了在沼澤與冰凍的環境裡，在短時間內要挖壕據守是可能的。我們的團長則認為這完全不可能做到。

缺乏重型武器以及與彼此聯繫的據點，只要遇到大規模攻勢就會失守。守在土堆裡的士兵在士氣上本來就受挫，無法拿出最好的表現。他們在心理上會持續地恐懼，深怕敵人突破防線時無法逃出散兵坑。一旦人爬出開闊地，就只有死路一條。因此戰友們面對俄軍突破防線時的反應還算合理——在砲擊時嘗試逃到安全的地方去。

第十九章

偉哉，虎式！

本書一直到目前為止，經常提及擊毀戰車與摧毀俄軍戰防砲的情節。這樣的描寫可能讓沒有親身經歷過的讀者形成一種印象——這樣的成果好像毫不費力就能達成。若真如此，那肯定誤解了本書的意思。

裝甲部隊的第一要務，是與敵人戰車及各種反裝甲武器交戰並解決它們，在掩護任務中為步兵單位提供的士氣支持還是次要的。

戰車裡沒有所謂的「活命保險」，也不可能會有。但我們的虎式卻是我看過最理想的戰車；就算是以現在裝備的標準來看，可能還是沒有辦法超越它。至少西方世界是如此，俄國人或許還是有辦法拿出新的設計讓我們為之驚豔。

戰車的力量來自其裝甲，再來是機動性，最後則是其武裝，這三個因素必須互相平衡才能得到最優異的性能。而虎式似乎實現了這樣的理想境地——八十八公厘主砲足以對抗任何戰車，前提是命中正確的位置。虎式的正面夠堅固，能承受好幾發砲彈。但側面、背面，尤其是頂部則盡可能不要中彈。光是要做到這點，就需要相當的謹慎與經驗。

我們的座右銘是：「搶先開火，否則至少要搶先命中目標。」要做到這一點，首先當然需要完善的各車之間和車內的通訊。再來必須要有快而精準的射控。在大多數情況下，以上兩項前提俄國人都沒有。正因如此，他們往往屈居劣勢，即使他們的裝甲、武器和機動性往往毫不遜色，史達林重戰車甚至更優於虎式。

滿足了所有硬體條件之後，再來才是重點——車長個人在面對數量明顯佔優勢的敵軍觀察戰場時，所展現的積極勇敢是非常重要的。俄國人缺乏完善的觀測方法，常常導致部隊規模較大卻反遭擊敗的後果。一個在攻擊開始時就關上頂門，直到作戰目標達成才再次打開的車長是不入流的，或至少只是二流車長。每個車長塔的四面八方有六到八個觀測窗，能用於觀測，但因視角受到各個觀測窗的大小限制，只能看到四周田野的特定部分。如果車長正從左邊的觀測窗看出去，但右邊同時有戰防砲開火，他會需要很長一段時間才能從頂門關閉的車內找到這門戰防砲的位置。

不幸的是，由於砲彈的速度比音速快，砲彈的撞擊會在開砲聲之前先到。這使得雙眼對一位戰車車長來說比耳朵更重要。因為砲彈在附近爆炸，使得人在戰車裡面幾乎聽不見開砲的聲音。但要是車長打開頂門，偶爾探頭出去觀察四周，那就完全不一樣了。如果他在敵軍戰防砲於戰車右方四十五度開火時，碰巧正在看左方四十五度的位置，他的眼睛就會下意識地注意到黃色砲口閃焰。他的注意力會馬上被吸引到新的方向，通常也還可以及時辨識目標。一切都仰賴於即時辨識危險的目標，通常勝負都是在幾秒內決定的。我所說的這些也適用於裝有潛望鏡的戰車。

一般人或是其他兵科的士兵，往往會覺得以戰車殲滅戰防砲是理所當然的事，只有擊毀戰車才算是成就。但看在有經驗的裝甲兵眼裡，戰防砲的價值其實比戰車要高出一倍，它們對戰車的威脅要高出許多。戰防砲能在伏擊點等待，擁有良好的偽裝，並且完美地配合地形架設，因此非常不容易辨識，更由於其高度低而不容易擊中。多半要等到對方開火，我們才會發現那裡有戰防砲。要是敵方砲組員表現得很好，通常馬上就會命中目標，因為戰車面對的會是一列的砲陣地。接下來該做的，就是盡量保持冷靜，並搶在第二發經過瞄準的砲彈開火之前，先把敵人解決。

無疑，將頭露出車外是造成了許多軍官和其他戰車車長的陣亡，可是這些人的死並沒有白費。如果他們關著頂門前進，那麼戰車裡就會有更多弟兄死亡或負傷。俄軍戰車部隊的巨大傷亡，足以證明這樣的看法是正確的，這反而是我方的運氣，因為敵軍越野行駛時幾乎總是關著頂門。但若是在遂行陣地戰，車長在探頭時就一定要非常小心。主要是在主戰線上，戰車的砲塔頂門總是會被敵軍的狙擊手盯上。就算只是短暫探頭出去一陣子，可能都會賠上車長的命。我弄來了一組剪式望遠鏡（Scherenfernrohr），就是為了預防這種狀況，其實每輛戰車都應該要配一組才對。

長久以來，俄軍戰車都是四人一組。車長必須同時觀察、瞄準和射擊。因此他們總是比不過把這些重要職務分給兩個人做的敵人。在戰爭開始後不久，俄國人發現了五人編組的好處，最後重新設計了手上的戰車。他們在砲塔裝了車長塔，並增設了車長席位。舉例來說，我就不太明白英國人戰後為什麼研發了只有四個人的新式重戰車[1]。

我們都對虎式非常滿意，步兵弟兄也是如此。虎式在東、西兩線所有的艱困防禦戰中與步兵官兵並肩作戰。許多裝甲兵都很感謝這輛一流的戰車，他們才得以存活下來，享受今日的和平生活。

---

1 譯註：應是指 A41 百夫長（Centurion）主力戰車，或是只有英國駐德萊茵軍團（British Army of the Rhine）採用的 FV214 征服者（Conqueror）重戰車。但作者可能誤會了，征服者戰車和百夫長戰車等英國戰後設計只有四個人，是少掉了無線電通信手，車長和射手仍是兩個不同的人擔負。

第二十章
在納瓦的失敗與道別

先前擬定的新作戰計畫，是要掃蕩殘餘的俄國橋頭堡，其南北向縱深長度，幾乎是我們之前已經殲滅的兩段橋頭堡的兩倍。

一九四四年四月十五日，我們又接獲命令，要再次出席伯爵的作戰會議。這次的主題是要準備第三次「史特拉赫維茲行動」。雖然我們已經多少熟悉了他的領導方式，但他那種謹慎的策劃工作還是讓我們再次瞠目結舌。

當他進入指揮所時，人員已經集合完畢，他又用那種特有的不屑目光打量著眾人。放下了帽子和手杖之後，他走向地圖桌。「很好，各位，這次我們要掃蕩俄軍剩下的橋頭堡，這裡對我們而言是個眼中釘。其縱深如各位所知，為先前殲滅的橋頭堡各段兩倍之多。但這對我們不成問題。」

「本次行動的戰鬥群，其兵力和編組都和先前攻打東袋時相同。你各位都已經互相認識了，這樣有些事情應該會容易一些。掃蕩戰，」上校在說話的同時指著地圖，「會在這片林地集結後開始。為了到達此地，您們必須從『孤兒院』東邊的大道往南轉。」

「我軍主戰線離集結區大約兩公里，您們會在砲兵進行準備射擊的期間，從主戰線沿橋頭堡側面呈南北向的地方跨越。俄軍主戰線會在一次不間斷的進攻中被快速強力的突破。」

「現在請各位看作戰會議開始時發給各位的地圖，上面有我的補充資料。這些地圖都是作戰地區空照圖的複本。它們內容堪稱一流，其他的圖資完全比不上。」

「第一個作戰目標是三一二號地點。各位看看，道路在這裡再次右轉九十度，轉向南方，接下來這條路幾乎是直線延伸到一座大型村莊，並且到達納瓦河。從北邊過來的小徑會在這處彎道加入我們的進軍大道，而這條小徑將由先遣部隊盡可能控制確保，直到戰鬥群其餘部分都通過三一二號地點往南前進為止。整個戰鬥群會直接往納瓦河進軍，然後佔領並守住前面說的那座村莊，直到其他單位將敵方橋頭堡分割成獨立的區塊、並且加以殲滅為止。」

「此外，第二個戰鬥群會與您們同時開始突進，沿著『孤兒院—靴底』軸線往南，沿著這條小徑往東，並從那裡抵達進軍道路。第三個戰鬥群的任務是要突破您的路線南方一千五百公尺處、並與之平行的敵軍防線。如同各位所看到，這個戰鬥群和各位之間有一道低矮而有樹林的東西向山脊。以上是目前的進攻計畫。」

伯爵停頓了一下，並依序看了我們每個人一眼。沒有人提問，他繼續說下去。

「僅從表面上看，本次行動和我們前兩次非常相似。但這一次應該會比先前困難許多。」

「提醒各位：根本要素沒有改變——如同先前必須持續往前突進，在俄軍能做出反應以前到達納瓦河。各位一定都很清楚，如果部隊的矛頭基於某種原因而停頓，那各位就會無法達成目標。這個問題交由虎式戰車部隊全權處理。在您們進軍道路的左右兩側都會有沼澤。因此，各位不能偏離小徑。此外，小徑的寬度只夠一輛虎式通行。比起先前的行動，各位手上唯一的優勢，就是道路或多或少有架高過，路基也相當穩固。過了三一二號地點之後，這條路會穿過一片有一定高度的沼澤樹林，一直延伸到納瓦河，這對我們的裝甲兵來說是完全且格外不希望的狀況，但我們無法改變這一點。」

「本次我們能夠保密多久，則是另一個問題。我們已經奇襲俄軍的橋頭堡兩次了，他們也知道這個橋頭堡對我們而言很頭痛，還想要達成第三次奇襲，恐怕不太可能。尤其還要考慮他們知道新的攻擊只能從這條路發動。這點自然會讓本次行動成功的機率比先前的兩次要來得低，畢竟前兩次有成功奇襲。」

「幸好我們還掌握了一些情報。根據戰俘的說法，從俄軍主戰線到三一二號地點的小徑已經埋了地雷。伊凡在路堤的涵洞裡大概每隔三十公尺就埋了炸藥。他們可以從一處碉堡一口氣引爆所有炸藥。而這處碉堡，如各位所見，就在三一二號地點稍微東邊的樹林裡。我們想試圖解除這個威脅，以免所有東西都給他們炸了。事前的砲擊中，我們會請一整個營的二八〇公厘砲兵在進行準備射擊期間全部集中攻擊這處碉堡，這樣引線不管怎樣都一定會被炸斷，小徑就可以保持暢通了。」

「為了掩護先遣部隊，我會派一個排的戰鬥工兵跟著虎式戰車部隊。突破之後，該排會在小徑左右兩側的邊溝中前進，切斷炸藥的引線。保險一點才真保險！此外，必須假定俄軍會等到戰車出現在佈雷路段時，才引爆炸藥，否則這些準備就沒有意義了。倘若引線在砲擊後不如預期，仍然完整的話，那我軍工兵仍然可以及時阻止引爆。」

「怎麼回事？」伯爵很不情願地轉向他的副官，後者才剛剛帶著滿臉的興奮激動進來。

副官正色說道：「伯爵閣下，尊敬地向您報告，新聞報導宣佈，元首要為您的騎士十字勳章加頒鑽石了！請容許我擅作主張，冒昧成為第一個向您道賀的人。」

我們也對伯爵獲勳一事極為開心，想親自道賀，並以適當的方式慶祝如此殊榮[1]，畢竟我們對於這件事也都有貢獻，但還來不及說任何話之前，伯爵簡短地揮手拒絕。

「首先，新聞廣播並不是官方消息。其次，我現在沒空、也不想再被打斷一次！」這句話是講給副官聽的，他的臉現在紅得像甜菜根，把手伸到帽子邊敬了個禮，馬上消失了。接著上校轉回來面對我們，好像什麼事都沒發生過似的。

「進軍路上還有一輛被擊毀的T－34留在俄軍主戰線後頭，可以在空照圖上清楚看到。以我之見，它擋住了道路，因此務必清除。為了做到這一點，我會派一輛載有工兵的半履帶裝甲車跟在第二輛虎式後面，用事先準備好的炸藥將殘骸炸開。卡留斯，您有什麼話要說嗎？」

「伯爵閣下，報告是。在俄軍主戰線後方還有一道溝渠位於該T－34之前，這在空照圖上也可以看得很清楚。先前有一座木橋可以跨過這個溝渠，但現在沒有了。在原本木橋的位置，現在只有一座狹小的人行便橋，虎式無法通過。原本的木橋跨距很小，可以承受虎式的重量，可是這座便橋……」

伯爵打斷了我的話。「這種可笑的溝渠您沒有橋也過得去！」

「伯爵閣下，請恕我直言，不行。我先前在俄軍還沒推進到這裡、正在準備滲透納瓦河時，就已經了解過這個路段了。當時我已經深入研究過這裡的地形。就算這個溝渠對步兵而言不成問題，對戰車來說……」

---

1 譯註：鑽石橡葉寶劍騎士十字勳章總共只頒發二十七組，在騎士十字勳章中，地位僅次於只頒發一組的鑽石金橡葉寶劍騎士十字勳章（受勳者為德國空軍攻擊機王牌漢斯．魯德爾）。

伯爵把手插進了褲子口袋，饒有趣味地看著我。他的目光讓我停頓了一下，沒有繼續說下去。他揚起了嘴角，以其嘲諷語氣複誦道：「……對戰車來說？」

我可千萬不能忽略那個問號。

我振作了起來，說道。「伯爵閣下，我的意思是這樣的：溝渠旁全都是沼澤地。沒有橋是完全不可能通過的。此外從空照圖上可以看到，溝渠側面都已經進行了精確的陡峭加工。這表示俄國人是故意把這裡建成障礙物。他們把沼澤地的這處溝渠改建成了反戰車壕。簡單來說，這是一個障礙，而且也應該是有意而為。」

我表達意見時沒有任何保留，我把對此處的疑慮說明白，視為是對戰友該負的責任。畢竟，要是有人會被困在這處該死的溝渠裡，那也是我們，不是伯爵。我直直看著他的眼睛，精確得如同規章那樣，「輕鬆卻不放肆」。

上校把右手伸出口袋，然後沿著地圖的溝渠一路指了一遍。「卡留斯，聽好了，」他用友善的語氣說道，「如果我說這處溝渠對我來說不是反戰車障礙，那它就不是。這樣我們明白彼此的意思了嗎？」

在整個軍旅生涯當中，我從沒遇過如此優雅而又肯定的拒絕。雅欽多．史特拉赫維茲伯爵不想看到反戰車壕，所以那裡就沒有反戰車壕。句點，討論結束。我對這樣的回應即驚訝又困惑，只能簡短地回答：「報告是！」

仍然帶著有點諷刺意味的微笑，上校點了點頭，繼續他的說明。其他軍官也都提出了自己的疑問，沒有任何一個問題沒被回答。作戰會議結束時，一如往常的說：「還有其他問題嗎？」沒有任何回應之後，伯爵又轉過來找我。

「卡留斯，我又想了一次。您還是認為那座溝渠是麻煩嗎？」

「伯爵閣下，報告是！」

「嗯，我不是喜歡掃興的人，尤其是當某件事確實可能有問題的狀況下。您有什麼建議嗎？」

「我尊敬地請您準備木樑，並在適當的時機由半履帶裝甲車送達前線。然後將這些木樑架在溝渠上，這樣只會造成少許延誤。」

史特拉赫維茲伯爵點了點頭，「准了！」他說，「我會去做必要的安排。」然後伸手拿著手杖和帽子轉身離開。不知道為什麼，我在內心深處有一種感覺，就是連上校也不太相信剛剛作戰會議中的計畫能成功，甚至寧可取消攻勢。

其餘事項的準備規模都依照與先前伯爵主導的行動大致相對應。我軍位於列巴爾（Reval）[2]的戰鬥機會確保絕對的制空權。我們的斯圖卡戰友則接下了困難的任務，要摧毀俄軍在納瓦河上建造的主要橋梁及兩座工兵浮橋，切斷橋頭堡的補給線，同時阻止敵軍撤回河對岸。

作戰計畫整體的規模毫無疑問相當龐大，準備也相當完美，同時組織也相當卓越。即使如此，我們仍然覺得沒有什麼機會。這聽起來或許不合邏輯，但別忘了，我們已經在前兩次史特拉赫維茲行動中，享有了驚人的好運和奇襲的優勢，沒有人敢期望在新一輪行動中還會有如此的好運氣。要是真的成功依計畫攻到了納瓦河邊，那接下來肯定會落入陷阱裡，我們就會面對俄國大

2 譯註：此為舊稱，該地在蘇聯時代改名塔林（Tallinn），即現代愛沙尼亞的首都。

軍與他們可以想像得到的意志，運用一切手段守住橋頭堡。伊凡只需要把後門關上，就沒人能把我們再帶出去了。只要在背後的道路部署一輛突擊砲或戰車，我們就會進退兩難。

因此，大夥帶著複雜的心情驅車回到錫拉邁，並向各車車長說明了新的計畫。席勒堅持要帶領先遣部隊，我只能徒勞無功地試著說服他。他大概想要向我們證明那些對他的惡評都是錯誤的吧。但他卻選了一次幾乎沒有獲勝希望，換成別人也無法取得成功的行動來證明。這將會是他最後一次和本連一起並肩作戰。

✠

根據計畫，在四月十九日清晨抵達了集結區。俄國人安靜得讓人覺得既奇妙又可疑。我們預期砲擊隨時降臨我們所在的林地裡，伊凡可以非常輕易地看到此處樹林的狀況。該地區相當平坦，他們一定聽見我們的聲音了。但詭異的是：什麼事都沒有發生，真的什麼都沒有！這些人應該已經全副武裝，想要近距離觀察我們才是，我對這點深信不疑。

史特拉赫維茲伯爵下令要把指揮所設在這處樹林。那些要開半履帶裝甲車載木樑給我們用的駕駛兵也都待在碉堡。他們會在這裡等待，直到我們有需要時，叫他們到前方來為我們補給物資為止。其他參與突破，並負責載運步兵的裝甲車都在路上，和他們那個團的四號戰車混編成隊，排在我們八輛虎式的後面。先遣隊的第二輛虎式後面還有一輛半履帶裝甲車，上頭載有工兵，還有砲兵的前進觀測手。我的四輛虎式每一輛都搭載一個班的步兵，他們已經站在車上了，正嘗試怎麼讓自己在砲塔後面躲好、抓牢。

距離攻擊發起大概還有十分鐘，我沿著縱隊，查看一切是否安好。就在這最後的節骨眼，如同惡兆般發生了不幸的意外。我才往後走不到五十公尺，然後就聽到背後傳來可怕的機槍掃射聲。

我立即知道，有人過度焦急，已經把槍上膛了，有幾發子彈意外走火，打中了幾個不幸的士兵。當我發現那是「我的」裝填手時，差點中風。更糟的是，他還把機槍槍口放低，造成前方虎式車尾的兩名步兵重傷。燧發槍兵營的戰友們當然非常激動，對我們的信任受到極大的動搖。由於攻擊馬上就要發起，傷兵很快搭著裝甲車後送了。如果伊凡到這時都還沒注意到有什麼不對勁，發生這件事之後也應該要清楚了。行動期間，這整件事都持續困擾著我，但現在也無法再改變什麼。我實在不懂，像他這樣的「老野兔」，怎麼會發生這種事。在攻擊發動、射界淨空之前，不論是上膛或是僅讓槍口向下，都是規定上嚴格禁止的。攻擊發起前，只有無線電通信手可以在集結區裡調整自己的裝備，其他人只能暫且等候。而就在這天早上，我們有好多個小時可以裝填武器，後面就會提到。所以，那一整天，我的裝填手都無所事事，我也是氣到頭上。後來我們好不容易，才躲過了上軍事法庭的命運。把這個倒楣鬼定罪，又對誰有好處呢？雖然本次意外是機槍的槍機供彈通道磨損所造成，但裝填手的罪責仍然無可辯駁，至少他無論如何應該讓槍口朝上。射手大概會因未盡監督責任也得上法庭，我後來幫他們兩個躲過了一劫而感到欣慰。

即使發生了這麼多事，攻擊還是準時發動了。我們的矛頭才剛跨越主戰線，整個縱隊就出乎意料地突然停了下來。過了一段時間之後無線電傳來消息，說矛頭戰車觸雷、失去行動力。攻擊就這樣停擺了，我也很清楚我們絕不可能抵達納瓦河了。接著就在完全開闊的地形上等待，變成絕佳的目標，伊凡已經開始動起來了。他們拿出了各種口徑的火砲和迫擊砲，還另外叫來空中密接支援。幸好我軍的戰鬥機至少還有辦法保持制空權。他們擊落了兩架俄軍攻擊機，剩下的在那之後就沒有再靠近了。

橋頭堡上空有三顆俄國觀測氣球，它們負責引導重砲火力。雖然我們在原地待了好幾個鐘頭，而不能離開道路，使我們僅有非常有限的前後移動空間，但他們的砲彈沒有一發命中。這證明了要在遠距離外讓戰車失去戰力是有多困難，就算是間接砲擊也是如此。

從某些角度來看，俄國人簡直是魔術師。舉例來說，那些氣球只要有一架德國戰鬥機靠近，就會以快得驚人的速度消失在地面。而那些傢伙回到空中的速度也一樣快。我們的戰鬥機無法在低空接近，因為俄軍部署了無數的防空武器，尤其是輕型的雙聯裝和四聯裝機砲，只要戰鬥機出現，它們就會打出一片可怕的彈幕。在當天上午攻擊納瓦橋頭堡的斯圖卡俯衝轟炸機，其遭遇也和戰鬥機差不多。要以陡峭的大角度俯衝到這麼低的高度去擊中一座橋已經很難了，而在這裡更是幾乎不可能，因為各轟炸機不得不在高高度投彈，甚至還有兩架我軍俯衝轟炸機被俄國的防空砲擊落。值得一提的是，我們後來才發現工兵浮橋在空中幾乎看不到。那些橋的橋面就在水面下一點點。像這樣的「水下橋梁」只能透過細微的水流擾動來辨識，從空中是無法飛近的，更別說擊中。不論如何，伊凡也不是一直都在沉睡，他們拿出的許多防禦措施，造成我們無法解決的難題。另外兩個突擊群也和我們一樣停了下來。從先前的「靴子」發動攻擊的那一群，沒能走在加固的道路，他們的四號戰車很快就卡在泥濘裡動彈不得了。

在先前的作戰會議，我們曾開玩笑地說伯爵想要在四月二十日把完成掃蕩清除納瓦橋頭堡一事，當成獻給元首的生日禮物。才過了幾個小時，這整件事就很不像生日禮物了。斯圖卡在南方的稜線三一二號地點附近區域多次投彈。也許這樣的攻擊有著士氣上的效果，但沒有對敵人造成什麼實質的損傷。當俄軍又再度動起來時，濃厚的硝煙甚至都還沒散去。

連長席勒在他的戰車內仍然保持安靜，沒打算有任何動作。史特拉赫維茲伯爵會定時詢問他當前狀況。而他每次的答案都一樣：「所在位置不變。無法取得進展！」我們像這樣一直待在原地，直到中午十二點左右，然後伯爵失去耐性了，我和席勒被下令返回指揮所。我無法想像此行會有什麼好事發生，並與連長徒步走了回去。我們最後總算回到了指揮所，相較於走路，一路上多半是用爬的。

史特拉赫維茲伯爵已經在碉堡前面等我們了，並且緊張地前後揮動著他慣用的手杖，然後開口：「席勒，我太意外了！過了這麼多個鐘頭，您連一道命令都沒有下！我看您就算到了明天，大概也還會留在同一個地方，什麼事都沒有做吧！我必須要求虎式連的連長個人得多些主動性才行！這太扯了！居然就這樣把頂門關上然後等待，直到狀況自行解除！我會調查這件事，進一步採取適當處置。」

伯爵用類似這樣的話把席勒好好數落了一頓。他非常生氣，幾乎不可能讓他停下來。然後伯爵向我下令，接手這個樂於接受的任務，把徹底失控的行動導回正軌，還宣佈說他很快就會親自去一趟部隊矛頭處。「您可以學到些經驗，」他說，「一旦我得親自出馬讓整個行動恢復正常的話，到時候您就麻煩了。」

我帶著複雜的心情回到了前線，用無線電告知弟兄，我接管了指揮權。卡帕涅托下士是擔任矛頭的第一輛車，也是不幸的觸雷了。他馬上試著用僅存的一條履帶，將戰車向右移動，開入沼澤。我從後面推了他一把，然後順利從他車旁通過。這些動作早在上午就可以進行了，但當時卡帕涅托沒有移動，因為席勒沒有試著要通過他身旁。

卡帕涅托一直都很受不了連長，他大概已經等很久，想找機會把他弄掉了。這次倒楣的觸雷正好幫了一個大忙。卡帕涅托堅持要等待命令的態度，或許會被某些人認為不合乎軍人本色，或是欠缺袍澤情誼。但長遠來看，他的堅持和對席勒的厭惡卻救了我們所有人。就算我們快速推進，伊凡這次肯定也會把我們都解決掉的。阿佛雷多・卡帕涅托下士是來自奧地利的學院派畫家。他是一位大膽、優秀的車長與戰友，只要一個人能贏得他的信任，任何事情也都能放心與其共事。不難想像，他並不擅於參加營區集合場的各種儀式與操演，他在訓練場上並不是那麼有存在感的人，不會讓人覺得他很「普魯士」，但他的軍人態度和無條件的袍澤情誼，其實也距真正的舊時代普魯士精神不遠。當然，像這樣的人會一直想與席勒這種人發生爭執。因此我實在無法理解，席勒手下有那麼多士官，為什麼偏偏要選擇他當部隊的矛頭。這又一次說明了席勒對人性缺乏認識以及欠缺換位思考的能力，而這最後也成了他的敗筆。

接著，我們快速突破俄軍防線，來到了那條不祥的反戰車壕，逼得再次停下腳步。我馬上回報新的所在位置給長官，史特拉赫維茲伯爵此時下令，攻擊應於隔天早上再繼續。工兵預定會在夜間處理反戰車壕並炸掉在道路右邊的那輛T-34。

天啊，我們當時的位置可一點也不會讓人羨慕！四周全都是俄軍，而且我們幾乎完全動彈不得。當我在本書中不帶情感地描述這裡時，讀者也許很難想像，即使對一切已經習慣了的我們而言，這到底是有多麼令人不快。每輛在隊列中戰車都或右或左交互警戒。只有矛頭那輛戰車負責掩護前方，因為其他各車都沒有那個方向的射界。每個人都必須毫不鬆懈地保持警覺，觀察四周，以防俄軍做出什麼糟糕的驚喜。在這樣的狀況下等待，自然都會繃緊神經，我們都希望夜晚趕緊過去。

伊凡用一門戰防砲掩護反戰車壕，就架設在右前方的一片小樹林裡。畢竟反戰車障礙若是沒有火力掩護，其實也沒什麼價值。我們和這些人不斷交火，直到總算享有一點平靜為止。如果這些俄軍是按照我們所了解的那種作風的話，那麼到天亮的時候，應該已經準備好新的火砲，並部署到原本的位置去了。那次的交戰並沒有太過激烈，我懷疑俄軍打算讓我們再深入一些，他們對自己非常有信心。他們可以在開放道路上觀察到整個戰鬥群，並分配砲擊的目標。

對於繼續往三一二號地點的推進來說，有一個特別麻煩的問題。我們的左翼有條稜線沿著它平行延伸，上頭有覆著植被的陡峭的連續山脊，感覺就像是專門為設置防禦武器所打造的地形。由於有這樣的地形，後面的戰車必須不斷地與從南邊爬上高地威脅我們的突擊砲來回交火。如果伊凡的表現再魯莽一點的話，就要請砲兵觀測手出馬幫忙干預。我們不久後看見俄國步兵開始登上高地；他們毫不在乎地在野地四處走動，彷彿我們的戰車只是來幫他們助興的。這也顯示出伊凡已經掌握情況有一陣子了，完全不考慮要撤退。他們清楚知道，我們在這裡無法對他們構成真正的威脅。

俄國的砲兵也打得非常好。但看起來到目前為止似乎都只打算嚇嚇人而已。直到這時為止，還沒有任何大規模的砲擊發生。我們在東袋抓到的戰俘被偵訊時表示，俄軍的重型火砲是由女性操作的。或許這就是為什麼它們打得更準確吧。經驗證明，穿軍服的俄國女人往往比男性的戰友更為狂熱。對伊凡來說，在短距離範圍內的艱困地形，是不會有任何的補給問題。比方說，如果車輛無法一路開到前線，附近的所有居民，不分男女老幼，都會毫不顧忌地投入運輸，每個人都會使出自己的全力，「盡自己的義務」。

天黑之後，我們開心極了。俄國轟炸機編隊一如往常從我們頭上飛過，前去轟炸納瓦市和我們的橋頭堡。那座城市大概已經被夷為平地了吧。每當我們身後的夜空被火光照亮，人們總是難以相信，那裡居然還有可燃物可供燃燒。

那天晚上的天色非常昏暗，簡直伸手不見五指。我叫部分組員帶著衝鋒槍下車，警戒一小段距離外的道路兩側。由於無從看見伊凡靠近，他們可以輕易奇襲身在戰車內的我們。

我帶著克舍和茲維提回到了集結區，補給人員已經把彈藥、燃料和食物帶到那邊去了。從這裡開始，部隊都由半履帶裝甲車提供補給。大德意志師的官兵和他們的長官法穆拉少尉，全都顯現非常出色的作戰熱情。不論我多麼頻繁地在夜間前去他們的碉堡拜託——儘管在睡夢中被吵醒、不得不再次開車到前線來——但我從沒聽過有誰為此咒罵過！

克舍根據各車需求回報，把彈藥和燃料帶到了前線，而我則與工兵班一起——他們載著對付反戰車壕用的木樑。俄軍到這時候很少射擊他們的重型武器了，只是偶爾可以聽到道路兩旁傳來機槍射擊聲。在俄軍戰線後，一直到反戰車壕所在的位置，一整個都是一團混亂。伊凡派出了許多偵察巡邏隊探索狀況。我們經常對著某個擋在路上的人大吼，結果在對方逃走的時候，才注意到那是俄國人。我方當然沒人讓自己陷入交火的麻煩裡；即使如此，或許應該說正因如此，那天晚上格外不平靜。俄軍一定很想抓到我們其中之一人，而這樣的確信，足以讓我們把神經繃到最緊。

下午的時候，我們渴望夜幕的降臨；到了晚上，我們又焦急地等待早上的到來。至少等天亮之後，我們可以看到身邊到底發生了什麼事。但在暗夜之中，弟兄們來回奔跑，裝甲車前後奔波，而俄國人又穿插在這之間。基於這個原因，我們不能冒險交火，必須顧慮到會誤傷自己人。

我們在這方面已經有夠衰了。

四月二十日早上，也就是元首生日當天，那座反戰車壕已經被「填平」，那輛T－34也準備好要爆破了。工兵把所有想得到的火藥都裝了上去，務必讓那輛戰車引爆之後，真的從街道上消失。工兵經過，順便通知說引線已經點火了之後，我們選擇暫時回到戰車內。那輛T－34在猛烈的爆炸下四分五裂，我們都以為伊凡會在爆炸後開始作出反應，但看起來似乎這一切都無法惹火他們。他們有的是時間，也知道自己的兵力有多強。我再次前往指揮所，與燧發槍兵營營長討論本次行動。史特拉赫維茲伯爵只允許旁人在特殊例外狀況下，在晚上去打擾他。法穆拉少尉告訴我，伯爵睡得很熟，而且還一如往常穿著睡衣。法穆拉還說，伯爵很少願意被人打擾，他說，如果伯爵顯得是這麼冷靜，那狀況就不見得是有多糟。

由於伯爵不便，我們只好和營長討論這件事。在攻擊發起時，我們計畫要讓一個團的煙霧

此圖最前面是一輛燃燒中的 T-34 戰車，遠方則有兩輛虎式。我們可以明顯觀察到位於虎式車身後部的兩具垂直裝設之消音器。

發射器火箭砲，對三一二號地點進行五分鐘的彈幕射擊。砲兵可以根據我們的需求部署觀測手。同時，步兵營已經來到我們的陣地，並待在戰車兩旁道路的邊溝裡，等待進攻命令。我有點緊張地看著手錶，這時約莫是砲兵準備射擊開始前五分鐘。我們已經把引擎預熱完畢，但所有人都覺得不太對勁。每個人心裡都設想著伯爵會在今晚取消行動，這樣我們可以減少損失很多的弟兄和裝備。但我們還得一個鐘頭、一個鐘頭地等，等上整整兩天才總算收到撤退命令。

攻擊發起時刻到來時，聽見了後方那些煙霧發射器火箭營準時開火而發出的呼嘯聲。正當我準備觀察砲彈落地的地點時，周遭地面全都因為可怕的引爆而震動了起來，似乎一切都失控了。各車頂門都因為氣壓的關係而打開來，還以為自己的肺部會因此而被撕裂。我頭一個想法：伊凡大概一直在監聽無線電通訊，並選在我們開始攻擊的同時發起反擊。但這是一個令人感到難過的錯誤結論——我怎麼會料想到，是我們家的「天才」打得太近所導致的。這些不請自來的大口徑火箭，是從後方帶著震耳欲聾的噪音飛過來的！我遇到史達林風琴的經驗已經夠多了，相較之下，俄國人那些都只能算是小兒科。我馬上用無線電通知指揮所，但無法接通。只要射擊命令下來，計畫中的整波齊射就會全打出去，很少能成功阻止。我們不得不忍受那可怕的五分鐘——所有經歷過的人都永生難忘。面對己方煙霧發射器的彈幕射擊，我們顯得非常無助。就算是伊凡想要消滅我們的進攻陣地，也沒辦法打得比這更好了。

即使到了後來，我還是沒辦法了解如此悲慘的錯誤到底是怎麼發生的，而又是誰要為此負責。煙霧發射器火箭砲部隊使用的地圖和我們一樣，因此這件事發生的原因一直都是個謎。之前我們在東袋地區作戰時，我曾經請求火箭砲擊，遭到拒絕的原因，是因為請求砲擊的目標區就在我們前面八十公尺處。他們認為這樣的距離太近了。而同樣一組砲兵，現在竟然自個兒往我們這裡打了過來！遺憾的是，我們無從興師問罪。煙霧發射器部隊會在每次射擊後馬上轉移陣地、從前線消失。這樣一來，伊凡就沒有機會找他們算帳。發生這次事件之後，我在這方面就很能理解伊凡（的想法）了。

這個失誤，導致步兵營被打得慘不忍睹。幾乎所有人非死即傷，這是一齣悲劇，仔細在反戰車壕上鋪設好的木樑也毀了。即使如此，我還是順利到達了邊溝的另一邊，還至少帶上了三輛戰車，讓俄軍無法過度干預後送傷亡步兵弟兄的工作。法穆拉少尉馬上派幾輛裝甲車到前線裝載傷兵。我們認為，放棄進攻的時機已經成熟了。但我們的命令是：「判斷如何繼續推進，將分派新的營給您。」如此調度，有些人認為是瘋了，在不同的時空背景，甚至會認為這是罪行。可是我們不能用平民或和平時期的觀點，來評斷一場如此重要的防禦戰所需要採取的行動。

以最起碼的要求而言，我希望可以到達三一二號地點，以取得在隔天早上能往南發動攻擊的更好的發起點。同時，我也非常清楚，我們是到不了納瓦河的了，伊凡早就已經在樹林裡的路上佈好了雷。我們往前推進，才只前進了一小段距離就已經有一輛戰車失去行動力了，還必須要再次清除道路。我想點根菸來抽，克拉瑪借了火給我。頓時，一發砲彈紮紮實實的擊中，把我們的戰車猛烈地搖晃了一下。那肯定是突擊砲射出來的重型大口徑砲彈，但這次砲彈是從俄國人那邊打過來的。那砲就在我們左邊的高地上。後面的弟兄已經辨識出目標、開火還擊。本車的車長塔整個都被炸飛，我的太陽穴和臉上都被碎片所傷。傷口流血很嚴重，但除此以外沒有什麼大礙。這件事本來可能會更嚴重。克拉瑪一直都在抱怨我抽菸，但他學了一個教訓：要不是我是彎著腰點菸，我的頭就會在危急時刻落在車長塔內了。這應該不需要多做說明了吧，這表示我已經「身首異處」了。

就算真的發生這種事情，我也不會是第一個，這是一個設計上的失誤所造成的。早期的虎式，車長塔是焊上去的——垂直高聳，並且擁有直接觀察用的縫隙。車長塔頂蓋在打開時會垂直地立起來，任何人都能從遠方清楚辨識這輛戰車頂部正門戶大開。只要有一發高爆彈擊中頂蓋，整發砲彈的裝藥就會炸到車長頭上。如果想把頂蓋關上，就必須把臀部以上的身體全部探出車外、把上半身伸到頂蓋後方，再把固定頂蓋的門鎖解開。這個設計瑕疵不久後就修正了。在那之後，車長塔的外型變得比較圓滑。車長可以用鏡子間接地透過觀測窗觀察，並且頂蓋可以從內部水平向右轉動後關上。命中彈剛好完美地從焊接點把整個車長塔扯掉。我很幸運，如果那顆榴彈擊中頂蓋再高一點點的位置，就算有了這支救命菸，我也不會輕易逃過一劫！

為了最後要離開俄國人的視線，我們急忙往三一二號地點前進，換句話說我們會待在樹林裡。我向右轉，守住那條從北方接到我們這條路的小徑。緊跟在我後頭的戰車，則應該要接手警戒南邊的方向。我立即發現北邊有一輛俄軍突擊砲，並命令射手瞄準。當伊凡發現已經被盯住時，他們棄車了。在克拉瑪開砲的同時，另一輛俄國突擊砲擊中了我們砲塔和車體之間的位置，後車卻還沒抵達三一二號地點。我到現在還是不清楚我們是怎麼逃出車外的。總之，一切都發生在電光石火之間，然後我們就在水溝裡集合了。我還戴著耳機，那是唯一從車上搶救下來的東西。

很自然的，我們緊急躲進下一輛虎式車內，縱隊這時開始向四面八方警戒，後退移回反戰車壕那裡。過程中，再次被擊中而失去另一輛戰車，不得不把它推到道路左邊的沼澤裡，我們打算之後再來回收受損的戰車。你可以想像，我們已經受夠了。如果俄軍完全了解整體態勢，並再多等一下下再開火，那我們肯定只能用走的回去了。我們「獻給元首的生日禮物」終於到此結束。回到原地之後，沒有再承受更多的損失了。同時，伯爵從我們原本的主戰線撥了一個營來掩護我們。從北邊推進的戰鬥群，也再次停了下來。而向我們南方推進的戰鬥群，則根據該單位指揮官報告，已經到達了三一二號地點和納瓦河畔的村莊之間的那條路，這大概也是我們必須繼續等待的原因。他們說不定可以從那個位置維持對道路暢通。隔天，我們在俄軍反攻時擊毀了兩輛敵軍戰車。

因為無法回收，受損的虎式得由工兵炸毀。為了拖救第二輛受損的戰車，戰線在四月二十二日再次稍微往前推進了一點，那輛虎式後來在晚上拖了回來。當俄軍知道我們的行動失敗之後，就不再省著用彈藥了。我們被戰防砲擊中了幾次——車後的兩根排氣管都熱得發紅，成了絕佳的目標。我們把那輛虎式丟棄在反戰車壕前面，並且在更後頭的地方回收了卡帕涅托失去動力的戰車。俄軍的「跛鴨」雙翼機嚴重干擾著我們往後撤離的行動。傑出的法穆拉少尉也在一次這樣的轟炸中犧牲了。當時他站在路上，遭到一架這種雙翼機奇襲，被破片擊中而喪命。最後總算安然無恙地回到集結區，我們在那裡準備部署等待俄軍的反攻，同時步兵也回到了他們的原有陣地。席勒和戴爾采二等士官長一起向前去拖救另一輛失去動力的戰車。正當他們要把戰車拖走時，一發戰防砲砲彈的破片擊中了戴爾采的臀部。他用持續不斷的大聲咒罵來發洩自己的怒氣。

我們留在反戰車壕另一端的虎式，最後也得炸毀，步兵面對俄軍的壓力守不住了，必須在同一晚撤離。第三次史特拉赫維茲行動就這樣結束了。我們沒有奪得一寸土地，但卻在過程中犧牲了許多戰友和戰車。

✠

我們在東線戰場北區的行動，尤其是納瓦河邊的最後幾次，雖然裝甲兵小有成就，卻也令人不甚滿意。但大家都知道，我們在這裡出現是迫切必要的。步兵自身對這麼強大的敵人來說，戰力實在太過薄弱。我們必須成為前線「馬甲上的束帶」。光是經常只有我們能提供的士氣支持，有時就足以讓「徒步的戰友」不會感到絕望、繼續撐下去了。只可惜由於有太多時候是呆立在固定位置，來自敵人的間接砲火因而造成龐大損失。沼澤地也比平常更容易發生機械問題。在北方沒有道路的地區很少出現那種至少能讓整個連一起出動的真正的「戰車地帶」。我們多半的任務是去填補防禦戰力的不足。

我以前有一位連長常說，「裝甲兵精神就是騎兵精神」（The spirit of armor is the spirit of cavalry）[3]，如同許多裝甲兵軍官，他也是騎兵出身的。這樣的比喻相當貼切，也足以說明戰車的作戰何以需要機動的空間，而這正是本地區所缺乏的。只有在攻擊和反攻時，我們才能完全發揮機動性和八十八公厘主砲的長射程威力。在北方，伊凡總是躲著我們，很少能對他們造成較大的傷害。

但要是我們不在，納瓦地區恐怕就守不住了。我們盡了一切的努力來克服地形上的困難，並在這個過程中挑戰人力可及的極限。雖然我們經常咒罵著要停滯在沼澤地帶，但仍然對於步兵相信我們、大多數時候也都對我們很滿意這一點感到相當自豪。

最後一次的史特拉赫維茲行動就是我們在納瓦地區的告別演出了。我們在錫拉邁的補給據點集結，大多數戰車都在維修，還必須徹底大檢修一番。幸好伊凡似乎也需要休息，接下來的幾週都沒有什麼重大的交戰。

---

3 編註：原德文是 Panzergeist ist Reitergeist。

第二十一章
病床邊的騎士十字勳章

我們在納瓦地區的時光就這樣結束了。四月底收到命令，全連要跟著本營前往普雷斯考地區。那是從列寧格勒通往杜納堡的路上，一個交通樞紐的結點，位於普雷斯考湖南邊。該湖往北延伸，一直接到佩普斯湖[1]去。我們從錫拉邁往西出發前往裝貨車站。就算沒有來自敵人的直接影響，開戰車還是有不少事會讓人火大。惡名昭彰的泥濘雨季來了，連大道都幾乎無法行駛。輪式車輛一路陷到車軸，我們則擔心自己的戰車會一路到底盤觸地。每輛虎式都要拖一到兩輛卡車，後者都無法自力前進。泥巴會在散熱器前堆積起來，如果拖車纜繩夠堅固，它就會把卡車的前車軸和車輪一起扯下來。當總算抵達火車站時，大多數車輛基本上都可以直接進廠大修了，其中有一大部分甚至必須用拖的才能裝上板車。我們很期待這趟火車之行，因為可以在士官兵車廂內鋪設的稻草上伸展身體，享受好久不曾體驗的寧靜睡眠。這趟行程不該有任何警報傳來，我們可以好好利用這段時間，反正也沒人知道我們在普雷斯考附近會遇到些什麼事！我也帶上了本連

1　編註：又稱楚德湖（Chudskoye，俄語），一二四二年，俄羅斯民族英雄亞歷山大・涅夫斯基（Alexander Nevsky）曾在此於冰上擊敗條頓騎士團（Teutonic Order）。

的隊狗哈索，但當我在一次停車時醒來之後，牠卻不見了。根據戰友們的說法，牠在火車行進間跳了出去，可能是為了撿回某人丟出窗外的東西。我失去了一個好戰友，即使是四隻腳的，也讓我非常思念。

營部保留了一個村子充當我們的營房，看來我們會在這裡享受幾週的安樂時光。這個事實要等到此時我還不認識的新任營長史瓦納少校（Schwaner），在我們抵達後不久前來訪察時，才真正明白這一點。他請我計畫接下來四週的訓練時程。這不太合我的口味，我認為，弟兄們應該在漫長艱苦的行動之後，先好好休養一下才對。當然，就算是在後方休息，白天還是必須執行必要的勤務。我實在沒有耐心去聽那些什麼射擊規範或其他類似的東西，尤其我們當中又沒有菜鳥。

奇妙的是，休息卻沒有給我帶來任何好處。它讓我發現，即使有最強的意志力，體力還是有其極限。我的心因性氣喘發作，很快惡化到每走一步路都得站著休息一下的地步，我必須拿著一根「伏爾霍夫」手杖[2]才能走路。營部醫官宣貝克先生（Schönbeck）負責照料我，他命令我要待在床上，並且不准抽菸、喝酒。事實上我也不期望這些，畢竟感覺自己快要完蛋了。過了一個禮拜，身體恢復得差不多，可以繼續執行到前線的偵察任務了。我們得親自去檢視新作戰區裡，一直到主戰線範圍內的道路與橋梁，並且跟陣地裡的部隊建立聯繫，才能讓我們前往當地作戰的時候知道該怎麼走。

五月四日，我因在納瓦地區的表現，獲頒了騎士十字勳章。全連上下都說我生病只是為了躲過營部為我舉行的集合儀式。為此，勳章只能送到住在營房的我身旁，戰友們在旁邊乾杯、祝我健康，同時指揮官還注意盯著，不讓我喝任何酒類。大家都為我感到開心，並且知曉，一旦要上前去執行新的行動時，我絕不會缺席。

兩位新來的軍官幾天後過來接手我的工作，分別是寧史泰特（Nienstedt）和艾希洪恩（Eichhorn）兩位少尉。我的健康狀況已經明顯改善，因此前線周遭相對平靜的情況下，我獲得為期四週的休養假。但大家都知道，凡事還沒到手就不要高興得太早。回家不到五天，就被一通電報叫回。前線士兵必須時時準備面對這種意外。在戰時，通常只有佔領區的士兵可以不被打擾地享受完整假期，雖然他們在「執勤」的時候狀況已經夠優渥了也依然如此。在一般印象中，這些福利最好的人，往往就是最愛抱怨「軍隊很糟糕」和「戰爭很可怕」的人。當中這些人，在今天還會歧視當年那些像個樣子的德國士兵，以及沒骨氣地支持外國刻意引導的仇恨。

回到前線的路上、經過里加（Riga）時，我遇到了第三連的胥爾少尉（Leutnant Schürer），他也收到了同樣的電報。他像隻雀鳥般連番咒罵，卻沒有注意到我是有多開心——旅程中裡能有個伴，這樣會讓突然得離家這件事情變得容易許多。當我們來到目的地火車站詢問各自單位的去向時，卻發覺他們早就被轉移到別的地方去了。接著我們首先去拜訪施密特上尉（Schmidt），他是我們兩人很熟絡的突擊砲營營長。他承諾撥一輛水桶車跟駕駛兵載我們到部隊去。

但現在施密特上尉只想和我們好好慶祝一番。於是，我們藉此埋藏假期得提早結束的哀傷。「狂歡」是如此開懷，甚至都沒注意到已經出發了。直到車子在營指揮所前停下，我們才恢復了理智。但在那裡等待著我們的不是料想中的敵軍攻擊，而是又一場宴會；胥爾升上了中尉。我們無論如何都得放下怒意，戰友們把我們從休假中叫回來，卻沒有任何需要我們回來的投入的戰

2 編註：伏爾霍夫手杖（Wolchow-Knüppel）為參與艱苦的伏爾霍夫包圍戰的參與者手作彫刻的木杖紀念品。

事。

第二天，我開車回連上，他們駐在相當距離外的一座村莊裡。一開始，資深行政士官完全沒認出我來，還打算照規矩敬禮，他以為我是新報到的軍官，但很快就修正了錯誤，彼此高興地握了握手。我在休假期間換了一頂全新、非常「普通」的船形帽，而這明顯改變了我為人所知的外觀。直到當時為止，我戴的帽子都跟規範上看到的長得不一樣。那是我升上少尉時，母親寄來給我的。這段時期，那頂帽子完全被洗到褪色，變得更像是灰色，而不是黑的。這頂帽子變成很合我的頭型，並且上面已經沒有老鷹和三色帽章了，它們都隨著時間過去全掉光了。這頂帽子一直都是我的營長和連長的眼中釘，儘管他們多次要求，我始終無法與我的舊船型帽分離，因為它一直都好好地看顧著我，而且戴在頭上也很舒服，不會讓耳機干擾到我。就算是在狂風暴雨中，也不必擔心會弄丟。現在這頂新的野戰帽，只會在沒有敵情顧慮的後方戴上。只要我一戴上舊的「突擊帽」，部下就知道發生什麼事了。第一個看到我的哨兵馬上就會把車組員叫醒，因他也很肯定、沒多久就會有狀況發生了。

我回到前線後的第一天晚上，便有機會將我的「正式的帽子」收進行李箱。俄軍突破了普雷斯考南邊的奧斯特羅夫（Ostrow）。也許該感謝他們等到我回來之後才開始突破。我們在清晨出發，來到羅西騰（Rossitten）[3]——普雷斯考大道，靠近我們的作戰區。伊凡從東向大道方向突破，並且已經佔領了它。我們的任務是要立刻逆襲，把他們逼回去。

我們剛好在攻擊發起前十五分鐘到達步兵的指揮所。移動期間，我一如往常和射手一起坐在砲塔、主砲的左邊，這樣就能在黑暗中看得更清楚，並且支援駕駛。過程中，我打了個瞌睡，突然就從駕駛的頂門前跌了下去，摔到路上。幸運女神再次眷顧了我一次，駕駛巴瑞許反應很快，在履帶把我捲進去之前馬上煞了車。如果不是他的沉著果斷，我就會用一種相當不光榮的方式死掉了。有個傳令兵的運氣就沒有我好，他對著一輛戰車超車，然後切進車前想往右轉，卻因路面坑洞失控，最後慘遭輾斃。

新任營長史瓦納少校帶著本營參與他的第一次作戰，對於能讓所屬各連都聚在一起，他非常自豪，並前往團指揮所討論接下來的行動。和史瓦納講話不同於令人難忘的葉德那般容易。我已經清楚說明，要在早上八點開始攻擊是不可能的，並且緊急請求將時間延後到至少九點以後，但史瓦納有不同想法。他不久後從指揮所回來，說儘管我諸多反對，但還是必須立刻整隊出擊。這次作戰從一開始注定要失敗。幹部之間的彼此協調其實只是次要，真正重要的是裝甲兵能有機會與步兵的長官們取得聯繫，針對與我們合作的方式與方法去協調才行。現在已經沒有時間這樣做了，而我們做事方法的結果也很快會顯現出來。前進一小段距離之後，步兵趴下尋找掩護就再也看不到人了。這些人因為經驗不足，全部像一整串葡萄集中在戰車的側面與後方，這引來了俄軍重型武器的攻擊，造成步兵的慘重傷亡。沒有受傷的人馬上往左右兩邊的野地散開。當然，在強大火力壓制下，他們也沒法再起身，場面完全陷入混亂。我們沒有人認識任何一位其他單位的軍官，也沒有人知道誰歸誰節制。因此，即使戰車抵達了目標，其實也沒有什麼價值。當夜晚將臨

3 譯註：位於東普魯士，現屬俄羅斯，改稱 Rybachy。

時，必須撤離那個陣地，我們無力清理俄軍的壕溝然後自力加以佔領。伊凡很清楚這一點，因此也沒有打算要撤退。他們留在我們面前的掩體裡，知道自己很安全。

我們將弟兄們被趕下來的高地簡單直接地稱作「猶太人之鼻」（Judennase）。有疑慮的讀者請不必擔心，這個名字和反閃族主義沒有任何關聯。當時只是用大家都懂的詞彙來形容高地的形狀而已。

「猶太人之鼻」的防禦工事十分嚴密，對我來說，時至今日依然還是不明白，它究竟是怎麼失守的。俄軍在一次夜間奇襲中奪下了此地，如此的挫敗只能以我方官兵太疏忽來解釋——他們認為很安全，並且不夠警醒。

這裡的稜線很陡峭，要爬上去最直接的路線，是要走一條長約五十公尺的狹窄隘路，剛好只夠一輛虎式通過。隘路的兩邊都有塹壕一整個深掘進山裡，沿著坡道呈階梯狀延伸到山頂，並把許多地下坑道、碉堡彼此接連起來，因此完全不怕任何的直接命中。俄軍有一條反方向的防線位處在這套防禦工事中。我們手上有一份精確的「要塞地圖」，因此知道每一處壕溝與坑道的位置。我理應帶著本連弟兄發動正面攻擊。營裡的其他單位在休養、補充過後已幾乎回到滿編的戰力，他們要往我們的右邊、沿著一道通往「猶太人之鼻」的稜線前進。這表示全營會在當地集結，並且各車一輛跟著一輛頭尾相連，進而成為俄軍砲兵的絕佳目標。

這當然又提供了另一次和營長爭執的機會，他早在我對攻擊發起時間有異議時，就看我不順眼。我解釋道，用一整個營的兵力攻打這麼小的目標實在不合理。這樣的行動一個連就完全足夠了。若是我的話，會帶上四輛戰車，讓另外四輛沿著高地走，這樣最多也只會損失八輛戰車。如果這八輛戰車拿不下這裡，整個營都搬來也沒用，各車只會互相干擾射界而已。我的論點沒有得到相對應的關愛，還被「相當親切」地吼了一頓。根據「沙盤推演」的結論，一定得投入一個營才行。不幸的是，我無力改變。但多少令人感到有點慶幸的是，至少還有幾輛車是拿來作預備隊，屆時可以拖走其他受損的戰車⋯⋯

我趕忙出發，並搶在別人之前抵達那處隘路。這一路上心情不算太好，伊凡可以毫不費力從壕溝與隘路上緣丟下綑包炸藥過來。每個人都必須仔細注意其他人，避免陷入徹底的大混亂。我們沒遇到什麼問題就登上高地了。兩輛戰車在「猶太人之鼻」的底部往半面左轉，順著一條對角線沿著斜坡的小徑前進，通往「牙刷般的一小片樹林」邊緣，而另一邊就是我們所在的位置。但我才剛從山頂探出頭來，馬上聽到一枚大口徑砲彈從我身旁飛過，留在山頂後坡顯然才是明智之舉。我後來才發現伊凡在斜坡另一邊不遠處部署了突擊砲和野戰砲，已然完全控制高地了，任何推前都只是自殺行為而已。更何況，我們已經到達先前的陣地了，只需再佔領這裡就可以了。但步兵還在後方好幾公里遠的地方，感覺還在沉睡。不論如何，當天我是一個步兵都沒看過就是了。

同時，營裡其他人正從右邊接近我們。雖然我和營長持續保持著無線電聯繫，但我自己的長官，最後還是從右邊那裡對著我發射了一發穿甲彈，並且擊中主砲防盾和砲塔之間，讓人倒吸了一口氣。要是再往左一點，我們大概連開口咒罵的時間都沒有。幸好他終於認出了我們，誤擊也限於這一發。他壓根兒搞不懂我是怎麼抵達那裡的。

在右方戰鬥群矛頭高速疾駛的，是本營的新人瑙曼少尉（Naumann），他也是第一次參加戰鬥。他從腰帶以上都曝露在砲塔之外，這樣的行為和勇敢沒有任何關係，只是自殺式的瘋狂行徑而已。這也是將車組員的性命草率地置於危險當中。我馬上切換到該連的頻道，並持續透過無線電叫他開慢一點、小心一點。當這些提醒都沒有用時，我便告訴他再走多少的距離，就會被伊凡看見，進而被他擊毀。我的位置可以清楚觀察，也清楚我們可以冒險前進到多遠。

但瑙曼沒有聽進去，亦或者只是不想聽見。他到達了我先前告訴他的位置，馬上挨了一發結實的直接命中彈。他的戰車從我們眼前消失了一下，他的車組員成了本營唯一被列為失蹤的人員。那整車都沒有人回來，我們也沒有人敢靠近那輛虎式，它就在非常強大的敵火覆蓋範圍內。一個戰車車長怎麼可以用這麼沒有意義的方式葬送自己的組員！我當時感到困惑，到現在依然無法理解這位年輕戰友的舉動。

第三連最近有一位新連長上任，他就是列昂哈德上尉（Leonhard）。很幸運得了這位我們口中所謂的大獎。列昂哈德是那種每個人都想要的主官。光我就欠了他很多人情。每當我——也就是他口中的「小少尉」，想從營長那裡幫本連弟兄爭取些什麼東西時，他總是會幫我一把。

這時我們來到了高地上，等待我方步兵跟上。說實在，只剩下樂觀主義者還真的在等，步兵多半很少跟得上，我們理應在推進時就載著他們。此外，步兵也承受了重大損傷，大量傷兵使得戰力不足以強到可以守住這個陣地一個晚上。俄軍砲火的頻率和精準度都越來越高，大概是他們的觀測手躲在我們左後方的壕溝裡的原因吧。他們就這樣待在自己的陣地裡，因為沒有理由從我們面前逃開。我們又要如何能威脅到他們呢？

戰車一輛接著一輛損失，尤其是在右戰鬥群裡，他們守在比我們更為不利的位置。馮・維斯里（von Wesely）人在那一小片牙刷般樹林另一端的最左邊，他很快回報，砲塔被一輛突擊砲擊中，讓他的老虎失去戰力。

維斯里向前對俄軍發動的攻擊，讓我們有一點點喘息的機會。但俄軍仍然相當敏銳，讓他連一發砲彈都來不及射擊。他才剛從山頂探出頭，砲聲就出現了。右戰鬥群的四輛戰車（其中還包括一輛我的）和維斯里的戰車失去動力之後，營長便帶著剩下的虎式後退去接走步兵。我則受命繼續守住山頂，越久越好。

這在白天還算做得到，儘管可以觀測到伊凡不斷派出增援，尤其是在我們後方的動作越來越多。但到了晚上，我們連一點機會都不會有了。因此，當天色開始暗下來時，不等命令下來，我就決定沿著隘道折返。沒有任何心智正常的人，會要求我帶著剩下三輛還能戰鬥的戰車獨自留下來過夜、或在一片漆黑之中試圖從隘道開回來。我們安然通過了危險區，還在路上接走了艾希洪恩少尉的車組員。他的戰車無法發動，而且沒人注意到他們。這表示我們又留了一輛虎式在開闊地，這實在是個令人難過的結果。

當總算回到攻擊發起點，我發現沒有一個步兵想過要在那天晚上出擊。我對自己決定不要留在交戰區的這一點感到非常滿意。史瓦納少校也沒有責備我，他大概也理解到我早上的抱怨是對的吧。每個人都必須繳出一筆昂貴的學費。

✠

第二天清晨，我們帶著步兵來到前往「猶太人之鼻」的半路上，這樣離目標較近一點。步兵在那裡形成一條臨時的散兵線，並以殘存的部隊順利地進佔了舊的陣地。這裡的地形相當平坦，但有些地方有樹林，仍可以作為理想的偽裝。通往「猶太人之鼻」的小徑左邊，可以看到大約八百公尺遠處有一條平行的稜線，俄軍正在那裡發動新一波攻勢。我用望遠鏡觀測到在那裡發生的肉搏戰，並馬上對伊凡的側翼開火，多少幫助戰友減輕一點壓力。

俄軍的主戰線一路延伸到我們面前左半邊的一處低地裡，距離大約一公里遠，從上方可以看得很清楚。俄軍毫不在乎地移動，逼得我們不得不開個幾砲，要他們給我們注意一點，這些傢伙展現出異於常人的狂妄。大概到了中午，他們開始把拖車、大砲和彈藥車開到了前坡開闊地的陣地去，彷彿我們是空氣般。我們讓他們往下開一段距離，避免他們快速越過高地、隱沒到另一邊去，然後才對著車頭前射出幾發彈。距離太遠，無法準確地命中，那些駕駛還是搶在我們逮到運輸車輛、讓拖車燒毀之前逃走。

俄軍知曉我們已經再次進駐到這邊，那天因此不再有更多的攻擊。很明顯，他們打算增援強化在「猶太人之鼻」的陣地，他們肯定預料到我們會有第二波攻擊。對我們來說，到最後重新奪回這些「工事」是絕對必要的，否則我軍左右兩邊的防線沒法守住。失去的這塊高地完全控制著附近的地區，勢必要奪回。

第二十二章

德國戰鬥機沒有現身

步兵的增援在後續的夜晚抵達。我利用手上精確的「堡壘平面圖」，在營長的碉堡裡和他討論早上發動的攻擊。這樣一來，每個班都能精確地分配到任務。接下來的行動，也確定會有砲兵的支援。由於我的四輛戰車都在白天時失去了行動力，第三連便調了四輛戰車過來。這表示我必須和我不熟悉的人共事。即使如此，一切還是很順利，因為他們都認識我。

我們配合砲兵準備射擊時迅速動身，並在砲兵將砲火轉移到高地之前，抵達隘道前山腳。俄軍甚至還沒從壕溝裡探出頭來，我們就已經用火力壓制住他們了。步兵根據協調安排，這時也快要推進到我們所在的高地。

我們以強大的火力壓制壕溝，同時步兵弟兄則向前突擊，佔領了懸崖下緣的第一段壕溝。後面的兩輛戰車與兩門架設在高地上、「牙刷般的」小片樹林中的俄軍戰防砲交火，如此一來也讓我們的側翼得以淨空。這兩輛戰車還有另一個任務，就是要沿著那條向左半邊方向沿著山坡延伸的路前進。我則必須同時帶著兩輛戰車沿隘道前進。我一直等到我軍砲火轉移之後，才快速前進通過隘道。

幸好及時發現，那條小路有裸露在外的我軍地雷擋路了，該怎麼辦才好。時間緊迫，當時的狀況相當危急，畢竟作戰不能因為兩枚德國地雷而受阻。我別無選擇，只好爬出車外，把那兩枚鬼東西丟到旁邊去。我帶著複雜的心情下了車，戰友們為我提供火力掩護，逼伊凡退回壕溝去。我居然能完好如初地回到車上，簡直是奇蹟，最後還通過了那條「窄巷」。現在可以笑談這件事，但當我們毫髮無傷地到達高地上頭，還真的可以聽見心中的大石頭掉下來的聲音。若是沒有一點好運，就算是最好的軍人也不能拿出什麼好表現……

步兵弟兄在我們遭遇難以置信的砲擊時，清除了塹壕內的敵軍。我們運氣好，俄國人連一發直接命中彈都沒有。但在這次齊射之後，我們的好傢伙虎式會變成什麼樣子？車上積了厚厚一層土，甚至可以在上面開闢小小的菜園。能在這次砲擊中全身而退，實屬奇蹟。把事情弄得更糟，並且讓我們非常很驚訝的是，還有幾波攻擊機對我們襲來。他們從高地上極低的高度掠過，還以為自己會被撞到，就連他們的許多炸彈和火箭都沒有擊中我們。但不幸的是，一如往常，我們始終沒有看到空中的戰友們。

每當俄軍攻擊機或是「老鼠」[1]飛來，無拘無束又不受干擾地在弟兄們頭上橫行霸道，步兵就會開始唱起輕歌劇《沙皇太子》（*Der Zarewitsch*）的「伏爾加之歌」（Wolgalied），但換上另一套更符合現況的歌詞，歌曲的結尾是這樣的：

「你在故鄉有很多戰鬥機在身邊！
那就派一架來，一架給我就好！」

我們在山頂附近待了很久，期間一直遭到俄國砲兵的攻擊。我們不太可能毫髮無傷地離開這種混亂的狀況。在一次陣地轉移時，另一輛戰車因為後退轉向不當而導致一條履帶脫落，那輛虎式就這樣失去行動力待在原地。另外兩輛戰車沿著更左邊的後坡往上爬，因此沒有被維斯里那輛失去動力的戰車擋住，並且也跟著碰碰運氣，他們當然也很快就中彈了。我不得不馬上前去救援——在猛烈的敵火壓制下，那些車組員根本沒辦法逃生。俄軍清楚看到我們的一舉一動，如此這般沒有人能活著逃出來。我把自己的戰車停在那兩輛戰車旁，不曝露在敵火的狀況下，讓組員們從頂門爬進我的車內。他們身上多少有點輕傷，接著再救出第二輛的車組員。這車車長頭部受了重傷，必須馬上載他回營部，否則會有生命危險。

少校閣下肯定睜大了雙眼看著我的虎式獨自回來。在我能開口作任何報告之前，他已經開始對我大吼大叫了。他質問怎麼可以獨自回來，卻把其他戰友丟在前頭？我的回應非常簡短：「少校閣下，每一輛戰車都失去動力了！其他人很快就會徒步回來。」我說完馬上離開，這樣他才不會看到我眼中打轉的淚水，我又失去了三輛可靠的虎式。我的精神在承受這一切嚴苛的要求之後，已經不是處於最佳狀態了……。然而我們還是有理由感到滿意，步兵不管怎麼樣，還是再次回到了原有的陣地——指定目標已經達成了。

我們利用夜晚回收中彈的戰車。天剛黑的時分，我帶著兩輛戰車出發，去把距離前線不遠的那些戰車拖回來。接著再帶上了保修班的人，去把一輛位於「猶太人之鼻」的虎式的履帶焊回去。那輛車在戰線前方，位於兩軍之間的無人地帶內。焊接時無可避免地一定會發出強光，得用帳篷布遮起來。為了保護正在作業的弟兄，我將自己的戰車擋在前面。

然而，又再次碰到步兵製造的麻煩。總得一再與他們強調，不要在我們忙著回收戰車時打照明彈。總是會有一些習慣唱反調的人有自己的想法，然後自顧自地把照明彈射得半天高，如此

1 編註：指蘇聯的波利卡波夫（Polikarpov）I－16戰鬥機，「老鼠」（Rata）是此型戰機在西班牙內戰時的外號。

一來，伊凡一定會發現我們在做什麼。在照明彈的照耀之下，在野地中會特別突顯。幸好這次一切都很順利，期間沒有再發生任何損失。對一般人而言，要想像這樣的作業是很困難的。得真的親身體驗過，才知道要怎麼拖著一輛只剩一邊履帶的虎式越野行進。以我們的狀況來說，首先得下坡、沿著一條隘道前進。通過隘道之後，從維斯里被擊毀的戰車的位置開始有機槍招呼我們。伊凡已經在高地上那輛虎式底下「定居」了下來。更雪上加霜的是，那輛被拖行的戰車往側面滑動，掉進了一處小彈坑裡。當終於離開危險區時，大家都樂歪了。

艾希洪恩少尉的駕駛兵盧斯提代理下士（Lustig），他的姓氏在德文裡是「有趣」的意思，當天他沒負盧斯提家族的傳統。他什麼都沒有對輜重隊的人說，就離開去看他那輛失去動力的戰車。他在我軍主戰線不遠的無人地帶找到了它，然而戰車的狀況一目了然，伊凡已經把車內洗劫一空了。但我們的朋友盧斯提卻很高興地發現了一瓶利口酒，或許俄國人沒注意到它。他喝了點酒壯膽，居然就這樣讓他的戰車發動了。當我們準備拖走下一輛虎式、正沿著隘道往上爬時，「盧斯提弟兄」卻往我們開了過來；我們馬上接好拖曳纜繩，這樣就可以同時回收兩輛還在高地上的戰車了。盧斯提喝得爛醉，就連要直直往前開都不行。我們時不時都因為多加了這一輛戰車，而陷入舉步維艱的局面。直到都搞定為止，都已經耗掉了大量的精神和耐心。

到了早上，每一輛虎式都回收完畢，只有維斯里那輛底下被俄國人定居的例外。隨後的夜裡，我們試著由步兵突擊隊的幫忙，去把這輛戰車也收回。意圖敗露，為了避免步兵的傷亡加重，只好放棄回收行動。

我們在早上把「維斯里戰車」射成一團火球，雖然承受了慘重的損失，然而僅有一輛戰車全毀。這又再一次證明一件事——交戰後的戰車回收作業，往往比作戰本身需要耗費更多精神。因

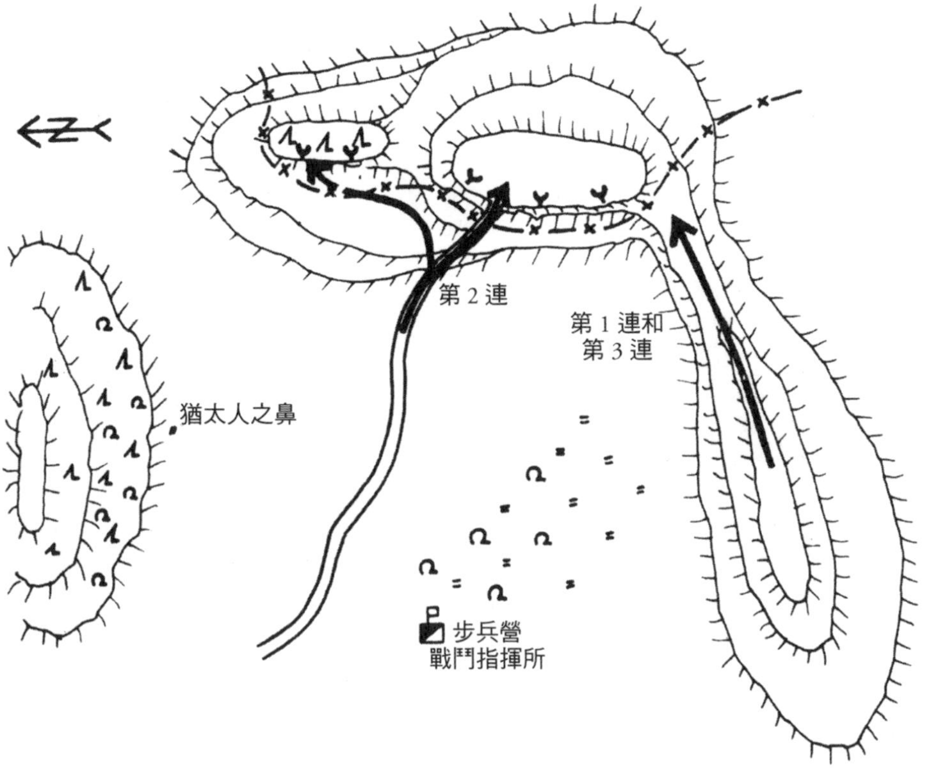

此，每當我們要採取守勢時，我都是盡量只帶最少的虎式上戰場。

我們的成功證明了我是對的。我們「獨力」奪回了「猶太人之鼻」上頭的舊主戰線，也就是先前投入一整個營卻沒能拿下的同一個目標。我們第二次的嘗試事實上更為艱辛，因為俄國人在這段期間又帶了增援部隊過來，並且強化了這些陣地。此外，他們這一次已經準備好應付新一波的攻擊了，反之若是第一次嘗試就得手，那麼奇襲肯定是其成功的要素之一。當我們在種種不利因素之下仍在第二次嘗試時成功，那說不上是什麼奇蹟，而是作戰會議中與步兵、砲兵徹底的討論攻擊每個階段之後的成果。如果指揮官能將第一次行動延後發動，詳細準備攻擊的話，那整件事就會像開車出外兜風一樣簡單，尤其我們是投入整個營的兵力去攻擊，且俄軍毫無準備的情況下。決定性的關鍵在於每次行動中，各個單位並不只是彼此相鄰、而是相互合作！

我總能一再發現，一個曾經上過前線、規規矩矩的步兵，就算用暴力威脅，也無法逼他們上戰車。他們當然了解戰車所提供的優勢，但同時也知道這個「鐵皮盒子」的缺點。我們餵給敵人一個偌大的目標，還必須忍受總會往我們身上集中的砲擊。步兵在這種時候卻可以保持距離，可以聰明地利用地形，將自己埋身在安全的土裡。

戰車指揮官在任何情況下，都要為攻擊的成功與否負責。因此他最應該做的，就是確保步兵能跟上裝甲部隊。但若就這樣把自己的頂門關上、頑固地朝目標直直開去的話，那是無法達成的。一旦和他們脫離，「白色兵科色的戰友們」（步兵）就跟不上。攻擊第一天的戰鬥有如此不成功的收場，正又一次地證明了這一點。到當代都已經談論著要在頭盔設置內建的接收器了，就算是在現代戰場，戰車能以無線電與每個步兵、戰車保持聯繫的需求還是不會消失的，尤其是當協同的步兵對戰車指揮官還很陌生的時候更明顯。我們可能要發話好一段時間，步兵戰友們才會受話！每個好的戰車指揮官都必須離開舒服的車內——即使這經常很困難也是一樣。他一定要讓步兵知道這些「鐵皮盒子」還活著，並且裝甲兵願意放下平常的保護，在開闊地上盡自己的職責。

我一直都有辦法讓被拖慢的攻勢再度啟動。我從來不會步兵留在原地，戰車兵先走的事情發生，要建立榜樣。此外還有一點在推波助瀾，裝甲兵全都沒戴鋼盔。這無意間塑造出一種特別勇敢的士兵形象。頭盔當然是我們個人裝備的一環，但它們都掛在每輛戰車的砲塔外面——放在車內太佔空間了，也因此它們很快就會不見。沒有人能在戰車內戴頭盔，這樣無法戴上耳機，何況那東西戴起來還真不舒服。我有時候與步兵一起出去偵察時，會從一些善解人意的步兵戰友那裡收到一頂。但總找不到合適的尺寸，跟同樣頭很大、戴六十號的人狀況一樣。

在這方面，新來前線報到的裝甲兵也有些事情要學。舉例來說，他們認為看到步兵戰友們把頭盔戴上，或是掛在後頸上，表示前線已近。這是個誤解，他們只是沒有更舒服的方法可以把頭盔帶著走而已。若是掛在腰帶，或其他任何不是原該出現的地方的話，反而更礙事。當離開戰車，我們會用里格少尉（Rieger）的話來安慰自己：「要是我肚子中彈，頭盔又有什麼用！」好個帶著血腥諷刺的一句話！里格在撤回納瓦陣地時，還真的因為腹部受傷而陣亡。

第二十三章

「立刻回部隊」

「猶太人之鼻」的行動成功之後，全營再次回到後方的駐紮地區。我和第三連的卡爾·魯珮少尉（Karl Ruppel）被送往列巴爾的前線療養中心，讓我們能稍作休養，這大概是對突然慘遭打斷的回國休假的一個小小補償吧。何況我們就在列巴爾，如果有需要，隨時可以待命出動。關於這點，卻比所預期的還要早發生，但稍後再說。

轉到列巴爾療養中心一事，是基於醫官在我提早結束休假歸隊後，進行健康檢查時所寫的一份評估報告。報告中提到，一九四三年秋天發現的心臟功能不良，已不再有跡象可見，我恢復得真是驚人的快！但診斷還沒結束：「由於循環系統的不穩定，以及休過假後整體仍不算十分良好的狀況，應予轉往療養中心休息四週。要達到完全恢復執勤能力的另一項必要條件，就是嚴格禁止攝取尼古丁和酒精。若是隨後長時間承受身體壓力，可能會有新的心因性氣喘問題。」

我和卡爾·魯珮搭著前往列巴爾的「特快車」離開。今天或許很難相信，我們居然整整搭了八天才能到達目的地，這對「度假的人」來說一點都不好玩。火車幾乎前進不了多遠，機車頭就會再次開始進行調車作業。唯一改變步調的，是另一種停車原因：游擊隊。這樣的煩人步調就這樣一路持續下去，直到我們到達列巴爾為止。

中心的主官自從一九四三年時就認識我，驚人的是，他居然派了一輛車到車站來接我們。我們分配到很大的一間房，有自來水、沖水馬桶和浴缸可以用。這裡的所有人都是這樣住的，休養的人可以靠著優質的食物和與世隔絕而恢復到最佳狀態。

第一天早上，我們和中心主官一起吃早餐。正當各自講著自己這段時間遇到什麼事時，一個副官出現，並給了我們每個人一份電報。

各人立刻露出厭惡的表情。在來這裡的路上，我和魯珮打賭，我們絕不會平靜地在列巴爾待上三週。抵達當晚，就已經在《國防軍每日公報》上聽到俄軍突破了維捷布斯克的消息，這時我就確認自己打賭贏了。

我自然立即預料到電報上說什麼：「立刻回部隊！」我們開始咒罵，但基於個人的修養所不允許，所以無法在這裡複述。對於前線再次需要自己這一點沒什麼好說的，然而之前惱人的旅途就這樣白過了，現在還要再來一次，更讓我們憤怒。對於要回去，我們更是恨之不得。

我們在普雷斯考的前線管制點得知，所屬部隊已經轉移到杜納堡以南，也就是俄軍朝維爾納快速推進後，所留下來的開放側翼。敵軍從我們身上學了很多，現在正沿著我們在一九四一年進攻的同一條路推進，只是很不幸，方向是反過來的。我們當時稱它：維爾納—明斯克—維捷布斯克—斯摩倫斯克。而現在伊凡則是斯摩倫斯克—維捷布斯克—明斯克—維爾納！戰爭之神決定對抗我們，祂無疑正協助擁有可怕優勢兵力的眾多敵國。

第二十四章
合理抗命

由於受到游擊隊威脅，「休假列車」被迫沿著羅西騰－杜納堡這段路線拆成好幾個即應戰鬥群，但還是安全抵達了杜納堡，在那裡馬上被維修連送回部隊去。我的老天，簡直像是承平時期！戰車四散各處，如同休息般無所事事待著，各車組員還搭起了帳篷，在旁邊曬太陽和寫家書。無疑，每個人都很明白，這樣的美好時光不會持續很久。

輜重隊仍然和戰鬥部隊待在一起，因此有比平常好上許多的伙食。所有在作戰時的單調無聊，都在這裡過分補償到奢侈的地步。沒人喝湯，因為煮得太油了。要是大家都能弄到自己中意的食物來填飽肚子，又有誰會想收到公發口糧呢？要知道，我們的單位其實養了很多牲畜，包括牛、豬、鵝、鴨子和雞。為了「維護」這些牲畜，我們還設置了「特殊指揮部」。而正因為這樣的「罪行」，使得戰友們後來在俄國戰俘營裡被判了二十五年徒刑。但不管怎麼樣，當時我們每天過得相當奢華，甚至使國內的弟兄羨慕到想調單位。我們把手邊所有美食全吃光了；沒有人比士兵更懂這些自然的美味是有多麼得來不易。

伊凡常常牽著我們的鼻子走，他們的目的是要讓我們打得綁手綁腳。他們未曾從其側面對北方發動大規模攻擊。我們偶爾會因為一個團的出現而警報大作，俄軍總是沒能收得任何戰果又空著手後撤了。

七月十一日，我們才在卡拉西諾（Karasino）附近第一次真正接敵。部隊正在該地開始緩慢的重建陣地，而俄軍不太喜歡這樣的發展，我們必須協助步兵戰友們去佔領可以控制本地區的高地。這對我們來說沒什麼問題，這裡的俄軍本身就不強，手上也幾乎沒有任何戰車部隊。他們的注意力全都放在西邊的推進上了。期間，我們只有擊毀一輛T－34的機會，它是在一處林線旁出現的，這比起我們習以為常的狀況實在是微不足道。

雖然無足輕重，但對勇猛的茲維提士官長、那個惡棍般的奧地利史泰爾人（Steyr）[1]來說卻不是如此。當一切結束、我們退到遠離俄軍視線的高地後方整補時，有一發流彈突然如閃電般從天而降擊中了他——他正站在戰車上，幫忙裝載彈藥的時候。而且厲害的是中彈的部位，偏偏正是文學裡常常提到的那裡。在中世紀時，至少還可以在上流社會中說這顆子彈是「ärschlings」（意思也就是「屁股朝前」）地打中他。雪上加霜的是，我們全都因為這件事而發笑，讓他氣急敗壞。茲維提在作戰時從來沒有遇到過什麼意外，但卻必須因為這樣的不幸事件離開戰車連，而這皮肉傷不住院沒辦法復元。我後來在帕德伯恩的第五〇〇補充營又見到了他，還是老樣子。

兩天後，俄軍又在卡拉西諾活了過來。我們被派往第三八〇擲彈兵團的防區，我在那裡見到了貝恩德．薛茲勒後備少尉（Bernd Schäzle），他在前一年的冬天以排長身分獲頒騎士十字勳章，這時擔任我們的聯絡官。身為正牌施瓦本人，他也有一個施瓦本式的名字（意思大概是「小小的寶藏」）。身負重傷後，我在那艘要載我們回國的船上又見到了他。薛茲勒當時只有手臂受傷，還

1 編註：位於上奧地利邦，當地以兵工車輛產業著名。

可以走路，借助他，我還不至於太過無助或有被人拋下的感覺。他確保我可以在甲板上休息，並在漫長的旅途中全程照顧我。

當在第三八〇擲彈兵團的指揮所前進行作戰會議時，又再次遇到一位意料之外的訪客。一位《每週新聞》記者的出現，讓我們吃了一驚，他拍的影片是要用在《每週新聞》節目上的。為了讓影片更有真實感，他請求在下一次作戰時和我同行。我不太支持這樣做，車內已經夠擁擠了。但這次作戰應該不會那麼激烈，也就被他說服了。僅此一次，下不為例！

記者坐進裝填手席，這樣就可以從砲塔頂門探頭出去拍攝。我們的作戰目標主要是稍微改善前線的狀況。克舍上士往東前進，路途有點遙遠，最後他還差點和他的三輛戰車一起受困在沼澤裡。我則前往高地陣地，從那裡清楚可以觀測到俄軍的防線。敵軍似乎不太能理解拍攝人員的意圖，膽大狂妄地對我們開了幾砲。也就是說，這個好傢伙從沒找到機會把攝影機伸出頂蓋，並總在每次我們開火的時候大喊「命中！」他這麼做讓我十分火大，所以一直待在高地直到克舍上士回來為止。換作我親自出馬，早就退到後坡消失了。但因為基本的待客之道，總要讓他稍微體驗體驗到才行。

回去前不久，俄軍開著兩輛戰車沿著我們前方大約一千兩百公尺的林線靠近。但他們不想和我們交戰，而是從面前經過而已。我故意等了一段時間才開砲，直到客人完成攝影機的「射擊準備」，如此他就有機會能實際拍到俄國戰車被擊毀的瞬間，但最後沒有成真。第一發沒有命中，然後俄國人急忙消失在樹林的掩護下了。而對我們的攝影師來說，這發砲彈的效果實在巨大。就在打出去的時候，他像是自己中了彈一樣，突然掉入戰車裡，卻干擾到裝填手沒法裝填下一發砲彈，這兩輛俄國戰車都應該感恩這個記者讓他們走了大運。我不認為我們的攝影師朋友會在往後的戰爭期間，再次提出共乘戰車的要求了。野心與作戰準備是兩回事，尤其在面對敵人的時候。

✠

我在七月十五日奉命到師部報到，並被分配到一個於馬魯加（Maruga）更西邊的位置，以薄弱的兵力建立了防線的戰鬥群那裡去。戰鬥群指揮官在上前線之前，是東部佔領區某座大城市的城防司令，他並沒有真正掌握住的狀況。師長在我面前透過電話安撫他，並保證我會在早上帶著虎式與他會合。

我在早上六點準時和艾希洪恩少尉一起搭著水桶車，來到了戰鬥群指揮所，它為了保持機動而設在一輛巴士上。我去向將軍報到，而他顯然非常驚訝，因為沒有聽到虎式接近的聲音。而當我簡短且非常軍人地向他報告，說我的戰車已經上路了，但最早也要八點才能抵達時，他就更驚訝了。這位高階紳士和藹地說：「吶，年輕朋友，那您運氣很好！告訴你，我們的攻擊就是在八點開始！」和將軍講話並不總是件容易的事，尤其在這麼關鍵的時刻。我試著向他解釋，說我不可能在八點鐘完成作戰準備，因為我還得先行偵察往主戰線的道路，更何況也絕對有必要先去與步兵營營長會面討論。這位高階紳士有著不一樣的意見，並且已經失去了耐性。

「前往主戰線的道路和橋梁都已經由突擊砲部隊的人檢查過了，他們能行駛的地方，你們的車子當然也過得去！」

很多人這種時候，鞋根一碰就走了，但這樣風險太大。我只能向他解釋，突擊砲的重量不到虎式戰車的一半，而我原則上從來都不信賴別人的偵察結果，我已經吃過很多偵察結果有落差的苦頭了。但此時，我的將軍已經失去耐心。他怒吼道：「先生！我無法忍受年輕軍官妄尊自大的行為。您於八點準時發動攻擊！」

我不能再多說什麼，只能把「玩具兵裝起來」[2]。「請容我最尊敬地請求將軍閣下的原諒，」然後轉身就走。艾希洪恩少尉不見了，他預料事情不太妙。對我來說則極為肯定——不會在八點攻擊。但我不想再讓老先生的神經更緊繃，所以開車離開了。步兵營營長看到我的黑色裝甲兵制服時相當高興並馬上說明，他不可能在八點準備好攻擊。我們馬上達成共識，將攻擊發起時間設定在十點。保修隊承諾克舍的戰車會在十點修好，而我也一如往常，堅信車子會在那個時刻準備好，連一分鐘的誤差都沒有。於此同時，步兵的電話線也還未鋪設，那位營長還無法與麾下各連通聯。我們一起去了趟主戰線，少校營長向我說明地形。攻擊目標是個高地，可以從我們所在的位置清晰看見，大約就在右半面三到四公里遠的地方，該處可控制周邊四面八方的區域。只要拿下這塊高地，據點就可以用較少的兵力守住。相較之下，防線非常薄弱。伊凡就在我們前面沿著一條林線部署。我們的防線幾乎都位於開闊地，俄國人在這裡是有完全的優勢。

同時，我的虎式也來到了指揮所。九點半左右，將軍也親自到場，從此處查看攻擊的狀況。看得出來他已經接受了新的攻擊發起時間了。這一天對他來講，比起我們更顯得興奮。我們當然擁有比他更豐富的經驗，況且要讓我們亂了手腳也不是件容易的事。正當慢慢開始推進，準備準時到達最前線時，前方突然爆發了激烈的交戰，並且有報告回來，說俄軍突破防線了。將軍慌了手腳，我很快讓他冷靜下來。畢竟對方只有步兵，這樣的狀況對我們來說並不算是什麼大問題。

我們出發了。正當我準備越過地面上第一個起伏地形時，克舍已經用無線電向我回報，我看到他從我後方駛來——這就是戴爾采跟他帶出來的人所具備的可靠性！我們沒有遇到什麼困難就到達了舊有的前線，區域內還有少數無法及時脫逃的俄軍。弟兄們成功奪回了舊有的陣地，我則準時在十點整發動了攻擊。將軍也透過營部負責和戰鬥群保持聯絡的通訊部隊表達讚美之意，他顯然很高興，雖然這時還沒什麼值得高興的理由。

此地的地形由許多小小的高低起伏交錯而成，其中低地還有點像沼澤地，我們只能沿著起伏的邊緣進行先期作業。幸好目標是個明顯可見的高地，在我們面前往上繼續不斷延伸，要不然部隊一定會因為持續地變換方向而迷路。

當總算可以直接看到目標，並且側面朝著高地往右移動，繞過一處擋在我們與它之間的沼澤時，克舍上士注意到俄國人正在高地上頭的陣地架設兩門戰防砲。從這裡，我們兩個不斷掩護其他兩輛戰車的前進。作為一個裝甲兵，天曉得有什麼比非必要時把側面曝露在敵人面前更麻煩的。可是在這樣的狀況下，又能怎麼辦呢？無論如何都得靠近高地。克舍很快把戰防砲處理掉了。

這樣一來，我身後的戰車沒有跟上就更令人費解了，該車車長是一位剛從補充營調來的上士。一直到這時為止，跟著我前進對每個車長來說都是很自然的事。我還多半得要這些人煞車，以免他們冒險往前跑得太快。期間，克舍上士已經把戰防砲轟掉，卻受到另一輛車的阻擋而無法跟上。我受夠了，於是下令該車射手接替車長。無線電通信手則必須接替射手，然後讓這個「新到部」上士在無線電通信手席上呆坐著。連上有多少弟兄日夜期盼著可以成為車長，而這個新人看起來一點熱情都沒有！晚上回去之後，我把他調到輜重隊，他在那裡或許有辦法派上用場。不

2 編註：組裝玩具兵（Männchen bauen）是德軍的士兵俚語，指向上級行軍禮。

管怎麼樣，他跟我們在前線是沒有用處的。

接著，我們到了高地，並一直在那裡待到天色轉暗為止。我們通過的地區完全沒有任何敵人，只有這處高地例外，伊凡當然也覺得這塊高地很重要。德軍只有少許兵力防守從主戰線延伸過來的防線。不知原因為何，我們的步兵完全沒有移動，這對我而言是決定性的因素。我趁多少還認得自己走出來的履帶痕時，向戰鬥群報告說我們要回去了。我不打算單獨留在一群俄國人中間，然後害自己在半晚被炸飛。那支帶著突擊砲的部隊本應從敵人後方右半面向我們的方位突進，卻也不見人影。我們曾在下午聽到那個方向傳來短暫的交火，但也就只有這樣。我們的任務已經完成，然後平安回到了戰鬥群指揮所。至於到底該不該留在那裡，這個問題還是沒有答案。喪失了那兩門戰防砲並沒辦法削弱俄軍戰力，而我們用掉的燃料和彈藥，比這整件事都要有價值得多了。

不管怎樣，將軍還是對這些成就感到很自豪。他相當和藹可親地對我說，「倘若展現出來的能力可以配得上舞台，那麼首席女歌手般的妄尊自大行為當然會被原諒。」基本上這位高階紳士非常欣喜自己作戰區內的狀況，並沒有演變成他所擔心的那麼嚴重。在他看來，這主要是我們的功勞。

✠

我們接到了再往西過去的另一個小型任務，我又一次幸運地得以在它開始執行之前就加以阻止。伊凡在這段期間，部署了砲兵掩護自己的側翼。在主戰線後面不遠處，不管東西兩側哪一邊，只要我們一有任何動靜，就會清楚地聽到俄國人大喊：「虎式！虎式！」然後就立刻開火，

「全線投射彈幕」！因此對我們來說，在真有發生什麼事情之前，保持安靜才是上策。

值得一提的是，俄軍完全不打算讓我們看見他們的戰車，總是開著戰車出現在某個高地後方，嚇得步兵驚慌失措。但在我們到達之前，那些鬼影全消失了，最多只能聽到柴油引擎的聲音漸漸遠去而已。伊凡純粹不想讓我們有任何喘息的機會，大規模攻擊一直沒有發生，而對手也缺乏這樣的實力。他們的主力部隊堅定地往西前進，可惜我們的兵力實在太弱，沒辦法切斷他們的推進。因此，我們所在的側翼一直都相對平靜。

按照將軍的說法，戰鬥群所在區域的新防線往北彎得「很難看」。他希望我們去把防線的那一段弄平。為了做到這一點，我們必須拿下一座村莊，藉此讓主戰線的線條可以拉得平直。我首先搭乘水桶車過去，親眼看看那裡有些什麼。當地團長向我簡報了狀況。當我傳達將軍的意圖何在時，他把雙手伸起來捂著頭。這整座村子都在山谷裡，位於兩軍之間的無人地帶，而我們的前線則是沿著村子北邊高地上的林線延伸，俄軍是在村子南邊的山坡上，想佔領村子是完全瘋狂的想法。若是在白天，根本到不了村子，也許我們開戰車的可以，但步兵是不可能的。相較之下，目前的防線可以由微弱的兵力守住，完全不成問題，因為它可以控制前方地域所有的要道。即使這條防線在地圖上看起來不怎麼「美觀」，但那是在這裡的地形下，唯一可行的布局。

不久後將軍聯絡了團長，並命令他攻打村莊，上校為此怒不可遏。為了讓他放鬆心情，我告訴他準備開車去找柏林將軍（General Berlin）——戰鬥群隸屬於將軍麾下——阻止命令的執行。柏林將軍認同我的想法，並對這次小小的「造反」一笑置之。將軍聯絡了他的戰鬥群指揮官，於是我們的主戰線可以留在原地了。把步兵跟虎式用在這種荒唐事上實在太浪費了。

如同本書舉出的許多例子，這個案例說明就算是在第三帝國時代，也是可以通過正確的方式拒絕遵守命令，或至少不要頑固地照辦就好。當然，所謂的處理方式，責任也必須由涉及的相關軍官或士官兵承擔。即使今日的新一代德國軍人，也必須承擔同樣的責任。不論如何，我很想知道有多少軍官，尤其是年輕軍官，在遇到一些沒有正常人希望遇到的嚴正狀況時能挺身而出、拒絕接受命令。大多數時候他們對狀況的了解都不夠，無法使他們踏出這一步。我們當時是直屬於軍團，因此很幸運能綜觀整個區域的全局。因此，我們可以提出了客觀的意見。但每個人也總是必須為任何自發性的行為負完全的責任，尤其是在變更命令或拒絕執行時要自己一肩扛起。對軍官最重要的要求，就是要樂於承擔責任。這不是什麼新鮮事，每個參加過戰爭的人都一定舉得出這樣的例子。如果有個小卒自作主張發動了一場「小小的突擊」，而行動成功了，他就會得到稱讚，視狀況甚至能得到獎賞。但如果行動失敗，他就會站上軍事法庭。

因此，我們當時在可以自己扛責的情況下做決定，隨後也證明了其必要性。顯然，這樣的機會對步兵排長或連長而言，並不如直屬營的指揮官來得常見——就像我們當時那樣。這點對現在新的武裝部隊也不會有所不同；要求只執行「合理」的命令，是基於錯誤的前提。「不用受到任何懲處的抗命者」在未來也會很少見，並且也得是這樣，如果每個人都只執行從自己的角度來看覺得必要或合理的命令，就不可能取得軍事上的成功。

我們這次只需負責在營指揮所附近警戒而已，這正是我們對馬魯加發動第一次攻擊時的指揮所。有天早上當我一起床，發現克舍上士不見了。詢問下發現結果卻很驚悚，我居然在睡覺時把他找來，並且下令他前往主戰線警戒。我對此事完全沒有印象，也從來不會派一輛戰車單獨進行警戒任務，尤其是在晚上。但克舍上士是個好人，因此聽令出去執行任務了。我後來用無線電把他叫了回來。另一件類似的事件，發生在我與一位輪車駕駛身上，他因為我對補給據點要求需執行偵察而向我報到。我在半夢半醒之間又派了這個好人出去，等我總算睡醒之後，卻發現手邊沒有了任何交通工具。

為了避免發生更多這類誤會，我下令除非我站得直挺挺的，否則不要假定我的精神狀況正常！我們當時都很累，不管身處哪裡，只要一睡著了，總是很難恢復清醒。戴爾采二等士官長找到了最棒的方式。如果我在某個地方抓到幾分鐘的空檔小睡一下，而他需要找我時，就會抓住領子、讓我坐直。在這之後就不再有問題了，我真的會醒過來！當然，若是用今天的角度來看，這樣的方法就顯得很奇怪了。

✠

我接替的前連長席勒在這段期間被調回國內，去一所軍校當戰術教官，算他走運。史特拉赫維茲伯爵當時回到德國去接受騎士十字勳章上的鑽石了，我們也被調離納瓦地區。我一直沒有查出任何對他提出控訴的後續處理，沒有人想提這個討厭的話題，只知道茲維提二等士官長被問過話而已。除此以外，整件事似乎就這樣過去了。對我來說，這樣才是最好的。直到一九四四年七月調走之前，席勒仍以「特種用途軍官」（zur besonderen Verwendung/z.b.v.）的名義留在營裡，我則被委以指揮本連的職務。或許我們兩人運氣都夠好，是命運把我們聚在一起。如果我的連長換成是別人，我大概永遠不會被分派到這麼好的工作，也不會取得如此的成功。另一方面，席勒若是沒有能夠體諒與充滿理解的軍官在連上，大概也當不了這麼久的連長。換作是別人，大概早就去向上級檢舉了，哪還等事情順其自然發展，他甚至還比其他人提早升上尉，雖然非毫髮無傷，但也算是全身而退。我認為，如果今天我們兩個都坦承以對，雙方都很清楚這就是事實。

第二十五章

杜納堡防禦戰

一九四四年七月二十日前一晚，也就是史陶芬伯格伯爵上校（Graf Stauffenberg）企圖刺殺希特勒前的幾個小時，營裡發了一份報告過來，並表示，俄國人在杜納堡東北部、第二九〇步兵師的防區突破了，正朝著杜納堡—羅西騰大道前進。報告中還提到有九十到一百輛俄軍戰車，我對這點有點懷疑。根據經驗，除了酒鬼會把東西看成兩倍以外，步兵在夜間遭到戰車奇襲的時候也會如此。我估計最多五十輛敵戰車，這已經算是很客氣了。在眾多不利因素之外，最糟糕的是我們距離杜納堡還有五十公里遠。

全連立刻往杜納堡前進的命令，也和營部發來的報告一起送達。

我們的簡報預計在鐵路橋引道進行，那是杜納河上唯一一座虎式戰車可以通過的橋梁。本連在七月二十日凌晨完成行軍準備，並在十一點左右到達那座跨越杜納河的橋梁。河的對岸還有另外兩輛本連的車子，它們是剛修好直接從修理廠過來的。於是，我手下擁有了數量可觀、整整八輛虎式——除了這次之外，幾乎從來不曾達到過的戰力——我們通常都會因為敵火或機械損傷，而有五到六輛無法投入作戰[1]。

營部選了杜納堡—羅西騰大道西邊的墓園當作補給點，約莫是在市區東北方五公里的位置。

本連是三個連當中最後到達的部隊，我們的行軍距離也是最遠的一個。鮑爾特中尉（Johannes

Bölter）[2]和他的第一連已經完成加油和補給，還有時間在開車通過時大聲叫住我，說我可以慢慢來沒關係。「等你們到的時候，我們早就什麼都搞定啦！」說完就離開了。我祝他好運，然後前往營指揮所，去了解當下的狀況。但我在那裡發現的事情，肯定稱不上有多樂觀。俄軍用大規模裝甲兵力對第二九〇步兵師的所在區域發動攻擊，顯然其目標是要抵達杜納堡—羅西騰大道將其切斷，然後再從北邊朝市區突進。他們已經成功達成一次深入的突穿，上級對於這是否算是防線突破，仍然沒有一個全盤的結論。幾乎所有步兵部隊都在移動，而師部也已經往後移動相當的距離了。

伊凡很清楚，德軍指揮部已將所有可用的防禦武器都投入杜納堡以南的地區，以掩護其開放、且不久後將延伸到維爾納的側翼。他們相當精明，知道如何牽制這些兵力，派出少數裝甲和步兵單位時而攻擊這裡，有時打打那裡，但永遠不施加太多壓力。德軍防線的所有重型防禦武器基本上已經不復存在，所以俄軍攻擊的可能性越來越高，成功的機會也垂手可得。俄軍的目標是要跨過大道、然後朝西突進、向南轉彎，最後拿下杜納堡。過程中，他們會包圍二九〇步兵師，然後加以殲滅。

德軍指揮部在杜納堡以南集結所有防禦武器，但是之後又一口氣轉向另一個極端去——

1 編註：德軍獨立重戰車營一個連滿編是十四輛虎式戰車。

2 譯註：約翰內斯・鮑爾特（一九一五年至一九八七年）是第五〇二重戰車營在卡留斯及克舍以外，另一位紀錄上擊毀超過百輛的虎式戰車王牌。根據不同的資料，其擊毀紀錄有一百三十九輛或一百四十四輛兩種說法。曾獲頒橡葉騎士十字勳章、III級戰車突擊章（參與五十次任務）等高階勳獎，戰爭結束時以上尉軍階退役。

把所有戰防砲、突擊砲、防空砲和虎式戰車全部集中在杜納堡，接著又把這些部隊往波洛茨克（Polozk）的方向移動，要他們擺平突穿進來的俄軍，並再次建立原有的主戰線。

本連是最後一個抵達補給點的單位，從表面上來看，這應該會是美好的一天——往東推進的火力這麼強大，幾乎看不出到時還會有多少戰車可以留給我們打。

這時是中午，才剛完成加油與補給。戰車引擎已經開始運轉，這時師部的一輛車突然從前線急駛而來。一位褲子上有參謀本部紅色線條的少校在水桶車還沒停好的當下，就從車上跳了下來，激動地對第一個被他抓到的士兵開始說話。他要找這個部隊的指揮官，我馬上站了出來。原來伊凡一大早發動了新一波攻擊。師部已經不在原本的位置了，現在局勢完全不明，而且相當危急。更糟糕的是，整個師參謀部都在幾天前遷到西邊去了，只有眼前這位作戰官留在後面，他現在也沒辦法影響到新任的上校師長。

我們沿著大道，朝羅西騰出發，在路上前進大約三公里後，朝著波洛茨克的方向往東前進，並且強行向東方推進，我們一定會在某個地方遭遇敵軍的抵抗。仲夏的陽光無情地灼燒著每一個人，每隔四十五分鐘，就必須讓戰車停下作「技術性」的停止，好讓車子能一路抵達目標。而在這樣的停車時候，車組員會坐在戰車上，而駕駛則忙著處理引擎、管控機油與冷卻水的狀況。所有人的心裡都只有一個問題：「前線現在是什麼狀況？」

突然聽到遠方傳來一些噪音。我聯絡克舍，指向北方，那裡有明顯的武器射擊聲傳來，是那種絕對不會認錯、非常猛烈的戰車砲怒吼聲。俄軍已經從更北邊的地方往西前進，與我們平行、錯身而過了嗎？我很快下了決心，馬上和克舍一起搭上福斯水桶車，抄小徑往西北、朝著杜納堡—羅西騰大道過去。

我們眼前的景象，幾乎無法用言語形容。這已經不再是撤退，而是恐慌、驚慌失措的逃竄了！所有的一切都正在朝杜納堡退去，包括卡車、輪車和機車，車輛上載滿了物資。沒有人願意停下腳步，就像大雨過後的河流，因為支流的水量匯集而暴漲氾濫，大道已經無法承受這些陷入混亂的交通狀況。這個畫面已經說明了一切，俄軍實際上已經進一步突破到更後方的地區，進而把所有後勤單位都嚇跑了。

這場慌亂的朝南賽跑漸漸緩和了下來，現在我們只有偶爾會和別的車輛交會，總算可以向著北邊過去，弄清楚那裡的大道是否仍然沒有敵軍的蹤影。開沒幾公里，看到一個下士在邊溝裡沒命地跑。他激動地攔下我們，然後大喊：「下一座村子已經出現俄軍戰車了。」

很高興終於能聽到一些確切的情報，就讓他上了水桶車，好讓他喘口氣。他顯然不太懂為什麼我們繼續往北前進，「我確實看到了兩輛T－34，」他上氣不接下氣地說，他大概認為我們不相信他吧。

大道沒多久開始微微上坡，而我們的客人講得很清楚，在高地後方谷地裡的某處，就是他提到的那座出現俄軍戰車的長條聚落（Reihendorf），名叫瑪利納瓦（Malinava）的村莊。

我們把水桶車留在後坡，徒步走到野地、找一個可以用望遠鏡清楚看見那裡的位置。村子在我們前方大約一公里外，長度也超過一公里，是座典型的長條聚落。可以清楚看見位在村子東側入口的兩輛俄軍戰車。那些傢伙不可能抵達這裡多久，我們還能夠清楚看到村子裡還有動靜。更多戰車正從大道那一頭開過來，可以明顯地看到，伊凡正在部署車輛，將此地「刺蝟化」、等待主力部隊到來。

我們很快又有新的訪客。一輛機車從南邊追上了我們，車上下來一位中尉，從他口中得知了我們想知道、有關促成這趟偵察行動的相關交戰的情報。中尉報告說當時有一個突擊砲營位於瑪利納瓦北邊，並嘗試往南突破。指揮官下令對村莊攻擊，但唯一的成果卻是七輛突擊砲遭到全滅。

這位中尉副官搭著機車，試圖以任何方法前往杜納堡，並請求上級指派一個單位從南方解救他的營。他正滿心絕望地從杜納堡返回——那裡已經沒有可以擊敗戰車的重武器了。我提議要他跟我們待在一起，看看接下來可以怎麼做時，這個灰心喪志的軍官聽到之後為之一振。若是要他繞過村莊往更西邊的地方去尋找他的部隊，那就太說不過去。

我向他保證，他最多只需要等兩個小時，就可以開車走大道去找他的指揮官了。

我們以最快的速度趕回連上，然後讓「偵察士官」在大道下車。我們沒有時間可以浪費了。

第二十六章
奇襲

我帶著自己的連，順著已經偵察過的路來到了村子，然後停下來和各排排長、車長討論這次的行動。我所說的話至今都還記得很清楚。

「我們完全沒有任何支援，只能靠自己。除此以外，狀況也完全不明。廣正面攻打村莊對我們來說太危險，必須盡可能在沒有損失的狀況下完成這次行動。村子的背面有一個受到重創的突擊砲營，但我們不會落得如此下場！我們將用以下方式依序展開行動。」

「兩輛戰車以全速開入村子奇襲伊凡，絕不能允許他們有機會開火。寧史泰特少尉負責帶領其餘六輛戰車。寧史泰特先生！在我下達進一步命令之前，您要與六輛車一直待在後坡上。關鍵是，要『無線電守護聖徒』站在我們這一邊！寧史泰特先生，這是您和我們的第一次共同行動，您要記住一件最重要的事，只要願意等待，一切就會成功！兩輛打頭陣的戰車分別是我和克舍！其他事情應該都很清楚了！接下來的行動會隨狀況發展而定。」

這就是我們簡短的狀況會議，而這樣也已經完全足夠了。然後我把「同伴」帶到一旁，和他把所有重要事項都討論過一遍，取得完全成功的關鍵，是強行突破到村子裡，或著說得更貼切一點，是有賴於奇襲。

「我帶頭，我們兩個一起盡快突進到村子中央，然後儘快在那搞清楚方向。您待在後面，我在前方，把擋在路上的東西全部解決掉。我推測村裡至少有一個連，除非俄軍的那個營的後續部隊都在這段期間跟了上來。」

我拍了拍克舍的肩膀，講了一句簡短的「出發！」之後，大夥上了戰車，快速檢查無線電通訊、發動引擎。我們沒多久就越過了小小的上坡，進入俄軍的視線範圍。我的戰駕是出色的巴瑞許，他盡全力發揮了我們這輛「雪橇」的實力。我和他都知道，這個時候只有速度才能決定勝負。警戒這個方向的兩輛俄國戰車，一開始根本反應不過來——他們連一發砲彈都沒能射擊。我立刻衝到村子最中心的地方去。由於接下來的一連串事件發生得非常突然，發展如閃電般快速，已經很難詳細複述過程。跟在我後面約一百五十公尺、往村莊靠近的克舍，注意到兩輛俄國戰車的砲塔正在轉動。他立即停下，然後擊毀了兩輛敵戰車。就在這瞬間，我也開始「清理」村子的另一端。克舍往我靠攏之後，用無線電呼叫我並指向右邊。穀倉旁有一輛史達林戰車，正用側面對著我們，這種型號在北方前線還未曾出現過。我們愣了一下，那輛戰車裝的是一門很長的一二二公厘主砲，並且是第一款裝有砲口制退器的俄軍戰車砲。此外，史達林戰車的外型有點像我們的虎王戰車。當我和克舍同樣遲疑了片刻之後，我立刻注意到，懸吊系統仍然是俄國式的典型設計。我下令開火，史達林戰車立即化為一團火球。在這次的小插曲之後，我們解決了伊凡在村子裡的所有車輛，如同先前「規劃」那樣。

後來我和克舍都因為自己曾有一瞬間，以為眼前出現的是一輛被俄國人擄獲的虎王戰車時，而忍不住大笑了一番。但作戰時的亢奮，確實會讓這種事情偶爾發生。

我在村子裡開始射擊的同時，向寧史泰特少尉下令，要他慢慢越過高地，並且注意、確保沒有俄軍能逃出村莊，逃脫的士兵很可能會去警告後續跟上的敵軍主力。這個做法後來證明，對我們行動接下來的發展極為重要。

村子的戰鬥不到十五分鐘就結束了。只有兩輛俄國戰車企圖向東逃竄，其他的都沒有任何的機會。當本連完全進入村莊、下令其中三輛戰車到村莊邊緣前朝東方警戒之後，所有人下車，簡短討論當前的新戰局。

我們有充分的理由感到滿意。這次奇襲順著計畫進行，十分成功，我們出現的時機剛剛好。事實證明，俄軍在當時已向主力部隊回報：大道一切正常、主力部隊可以安心繼續推進。根據這個情報，我們應該要擬定新的計畫了。

俄軍把傷兵拖到了路上，我把他們和還能行走的俄兵交給突擊砲營一起帶去杜納堡，我們手邊沒有資源處理這些人。過不了多久，有輛附邊車的機車從北方急駛而來，進入了村子，突擊砲營營長從車上下來。他開心到幾乎要抱我，他原本對已被包圍的官兵不抱希望了。更棒的是，我們還把他的副官帶來了。

村子裡沒有俄國步兵的蹤影，那些在村裡活蹦亂跳的都是戰車兵。他們自認為很安全，這都是基於我方戰車沒什麼動靜的判斷，駕駛和無線電通訊手幾乎都下車打家劫舍去了，我們正好在此時意外地出現。村子裡已經沒有敵人了。眼前最重要的，就是要繼續往東突進，把主戰線盡可能遠地推進，如此就可以使大道恢復通行了。

我趕快評估了一下狀況，然後送了一份現地報告回營部。營部搭乘在裝甲運兵車上的通訊班被一起交由我指揮。我透過中頻無線電，向營長報告我的所在位置，及作戰成功的消息（擊毀十七輛史達林戰車和五輛T－34）。再來報告決定好的新攻擊目標，那是在我方目前位置往東大約十公里的一座村莊。我還請求他集結步兵師分布在各處的部隊，要他們等我帶著卡車回到營部。

在以上發生的短短時間，負責警戒的戰車注意到，有兩個俄軍正試著從一輛史達林戰車上逃脫，那是兩輛往東逃了幾百公尺的戰車之一。他們非常善於利用這裡的地形在移動，其中一位的手上還帶著一個看起來像是地圖板的東西。手下其中一輛虎式朝兩人追了上去，後來只帶回了地圖板。那位俄國軍官是一名少校，他在最後關頭舉槍自盡。後來得知，他是第一「約瑟夫・史達林」裝甲旅（1st Tank Brigade "Josef Stalin"）旅長，他的戰友則傷重不治。這位少校旅長是「蘇聯英雄」，胸前還掛著列寧勳章，我先前從來沒有近距離看過這種勳章。兩位蘇聯軍官都在下午由他們被俘的戰友集中埋葬在村子裡，這是我隔天在墳墓附近警戒後返回時發現的。少校的地圖對我相當有價值，上面用紙卷油蠟筆標註了俄軍計畫好的進軍路線。根據這些標記，接下來俄軍的這個營應與其餘各連會合後，沿著大道向杜納堡推進。與此同時，另一個戰鬥群則應從北方推進到杜納堡後方，由西北方抵達這座城市。後來的發展顯示，這份重要的地圖根本沒有得到我軍上級的重視。

✠

在回傳了必要的報告之後，我們沿著一條從村子南邊通往大道的小徑向東前進。車隊會在每個必須穿過的村子前短暫停下警戒，以免遭到奇襲。但到處都找不到伊凡的身影。因此，在沒有受到任何阻撓的情況下，於下午五點準時抵達目的地。我在地圖上選中的村莊，位在先前的那座「戰車墳場」以東約十公里的大道旁。北邊有條不是很大、沼澤般的小溪從村子的邊緣流過一座已經腐朽、不可能承受得了虎式車重的木橋。

我把戰車停在村莊邊緣，要弟兄們把它偽裝好，再跟克舍上士和寧史泰特少尉跳上我每次行動都盡可能帶上的福斯水桶車。這輛福斯總是必須跟在戰車後面，交戰時除外。不管怎麼樣，這輛車總是隨時備便可用，而駕駛胸前的一級鐵十字勳章更是他應得的。由於我在自己熱愛的偵察任務中損傷了幾輛福斯汽車，營部給我取了個「福斯死神」的外號，但這真的太誇大了，我怎麼也想不起自己曾造成一次福斯車真正全損的經過。不論如何，營部下令要我們這趟搭乘裝甲運兵車（我們都叫它「棺材」）。但對我來說，這種車太慢又太不安全了，半履帶車的履帶經常會脫落，讓人在野地上失去行動能力、浪費許多時間。而它的裝甲其實也沒有比福斯的鐵皮好到哪裡去。

正當營部通信兵將新的位置回報給營部時，我們已經出發了——打算前往俄軍或許曾使用過的寬闊道路。根據那張地圖，應該會在「我們的」瑪利納瓦村北邊大約十公里處進入大道。大概前進了四公里後抵達了這條路，同時也證實了我們的懷疑。現場有不久前留下的戰車痕跡！如果我們運氣依然那麼好，應該可以在這裡等待並奇襲那個俄軍旅的其餘部隊，但前提是他們還沒收到最新狀況的報告。

還有一個困難必須排除，從本連目前所在位置無法看到這條路。我們在回程的路上尋找，終於在下游找到了一處可以使用的渡口。我們讓戰車小心翼翼地跨越溪流，以免受困。前六輛虎式都很順利，但第七輛卻沉到車體觸地，只能艱難地倒退脫困。這樣看來，似乎最明智的做法，就是不要讓最後兩輛戰車渡過溪流，六門主砲已經足以解決我們碰上的任何麻煩了。隨後我很慶幸自己把那兩輛虎式留在河岸靠近我們的這一側，當需要他們協助的時候，才能讓參與交戰的六輛車再次渡河回來。時間緊迫，我要六輛虎式盡快在一小塊斜坡後面進入陣地，安排射界朝著伊凡預期會出現的道路，部下也替陣地施加了無可挑剔的偽裝。我帶車長們來到高地上，向大家描述這條路的走向，我們得控制往那大約兩三公里長的路段，然後道路就會在我們左手邊的一座高地後方消失。

如果俄軍真的如我們所料地來了，那就必須在下令開火前使得對方的第一輛戰車移動到這座高地前面不遠處，如此才能逮到最多敵軍的車輛。唯一的問題只剩下膽量和紀律，要能確保沒有人太早開砲。感謝上帝，我們經常演練這種狀況，所以一定會成功的。各車射界已經詳細分配完成，重要的是要讓左邊的戰車對著敵方第一輛、而右邊的虎式則對最後一輛俄軍戰車開火，所有的虎式都必須同時根據我的命令開砲。我坐上克舍的無線電通信手的座位，因為我的車就是那兩輛沒有渡溪的戰車之一。克舍位置在最左側，如果運氣夠好，一切都會像在演訓場一樣順利進行。我也替寧史泰特少尉感到高興，他終於得到了渴求已久、有幾輛敵戰車「進到瞄具前」的機會。

接下來約莫半個小時，我們一直處於非常緊張的狀態，幾分鐘的時間感覺好像是永恆。我們終於確認到東邊有塵土漫天飛舞。如果這不是其他連的戰友，那肯定是俄軍。不久後我用剪式望遠鏡辨認出有戰車正在慢慢接近，我們的期盼成真了。伊凡很不走運地對前鋒的遭遇一無所知，戰車上還載著步兵、主砲固定在行軍位置，表現得好像是在後方行軍。我們稍後還確認到車隊間還有卡車，肯定載有燃料和彈藥。這些傢伙就這樣直接從我們眼前、從我們的身邊通過，彷彿是在閱兵，距離最多也只有一公里左右。每輛戰車上都有十到十五人或站或坐，渾然不知我們正在這裡等著他們。

在第一輛俄國戰車即將消失在足以作為掩護的高地後方時，我下達射擊口令。接下來發生的事，會讓每個裝甲兵都心跳加速。我實在太亢奮了，甚至還跳下車，好將整個「演出」看得更清楚一點。敵人的恐慌程度超出我們的想像，沒有任何一輛俄國戰車開過一砲，我們沒有時間可以浪費在逃跑的步兵上。

解決掉所有車輛之後，視線所及看不到任何俄國人了。若是沒有在戰車上被嚇到，他們現在也溜到田野裡去了。整個車隊都在燃燒，有些卡車翻覆了，它們彼此相撞，沒有一輛能倖免。等俄軍找到砲火打過來的方向時，已經被全滅了，這真是可怕又美麗的景象！我們眼前有二十八輛戰車，全都在燃燒或悶燒。不時可以聽到油箱爆炸、彈藥誘爆，還有砲塔從車身轟了下來，我們的表現非常好。我有自信認為，這一定給伊凡好好上了一課，這肯定保證能度過一個寧靜的夜晚。

接著我們把戰車撤回了村子。當我帶著所有戰車越過小溪時，我心裡心滿意足。對於即將到來的夜晚，這個宛如沼澤般的溝渠正是我樂於接受的屏障。

通訊運兵車將最新、作戰成功報告傳了回去。現在弟兄們奉命休息，確保晚上能保持警覺。我帶著一個無線電通訊兵一起搭上水桶車，他的工作是導引補給車輛過來，我們趕緊往大道的方向飛奔回來，趕回連部的前進補給站，那是資深行政士官在這段時間裡，設置在前往主要大道的岔路口高地上的，這裡也就是我們在中午往東出發離開的地方。他或許還不知道得去一個完全不一樣的地方找我們，而不是他原先以為的位置——我還沒辦法用無線電和他聯絡上。

當來到補給據點時，我們受到了盛大熱烈的歡迎，突擊砲營的官兵已經傳開有關我們發動的奇襲。而當我們報告有更多擊毀的時候，狂喜氣氛自然變得無限高。資深行政士官立即拿一瓶干邑白蘭地給每個組員分著喝。口糧、燃料和彈藥很快就準備好上路了，我自己的「無線電守護聖徒」呂內克（Lünneker）接手引導車隊，好讓組員們快點取得補給。我立刻前往營部，其指揮所就設在師部的旁邊。我想要了解目前的狀況，並且確保天黑之前能有至少一個連的步兵和我們一起行動。我們不喜歡在沒有「白色兵科戰友」的配合下過夜，這會讓人渾身不對勁，資深行政士官已經奉命備便運送步兵用的卡車。

在前往指揮所的路上，碰到營長前來迎接。他好像變了一個人似的，為奇襲成功而向我道賀。他說，我們用了如此優雅的方式挽救了危急時刻的局勢，讓師部上下洋溢著一片歡欣鼓舞。同時，這也是自史瓦納少校接任營長之後，本營的第一次重大勝利。他非常滿意，也就忘記、並且抹去了先前在我們之間發生的衝突——處在前線的人們是不會記恨的。

在前往作戰地點的路上，我們討論了接下來必須採取的手段，我詳細跟他說明我們執行任務的過程。我提到要是伊凡在村外留了六到八輛戰車作預備隊，就不會遭遇如此慘痛的潰敗了，史瓦納對此露出滿意的微笑。

「可是卡留斯先生，那你就會在村子裡踢到鐵板了！」

我說，我的六輛虎式當時正在村外就位，一旦發生了狀況就可以介入救我出來，這是我們計畫的一環。我也坦承，若是出現相關狀況，這次作戰肯定不會這麼順利。

往前線的路上，我們遇到了那位必須和新師長合作的倒楣步兵師作戰官。他視察過大道上被擊毀的俄國戰車，並和我們討論師部計畫重建主戰線的事宜。新的主戰線預計要在隔天早上建立完成，到時候還要與南北兩邊的部隊連接上。史瓦納少校把我們的卡車全交給了步兵，好讓他們用來運送人員。我們都期盼著隔天天亮時前線就能恢復穩定。

我們繼續開往第一個攻擊目標——瑪利納瓦，那裡有部分戰車還在悶燒、冒出濃煙，並檢查了一輛大致上還算完整的史達林戰車。光是那門一二二公厘長砲管，就足以讓我們肅然起敬了。缺點只有一個，史達林戰車沒有採用定裝砲彈，彈頭和裝藥必須分開裝填。裝甲和外型則好過虎式，但我們還是比較喜歡自己的武器。本來打算把一輛沒有燒毀的史達林戰車送到杜納堡，然後再運回柏林，但俄國人並沒有給我們這樣做的時間。

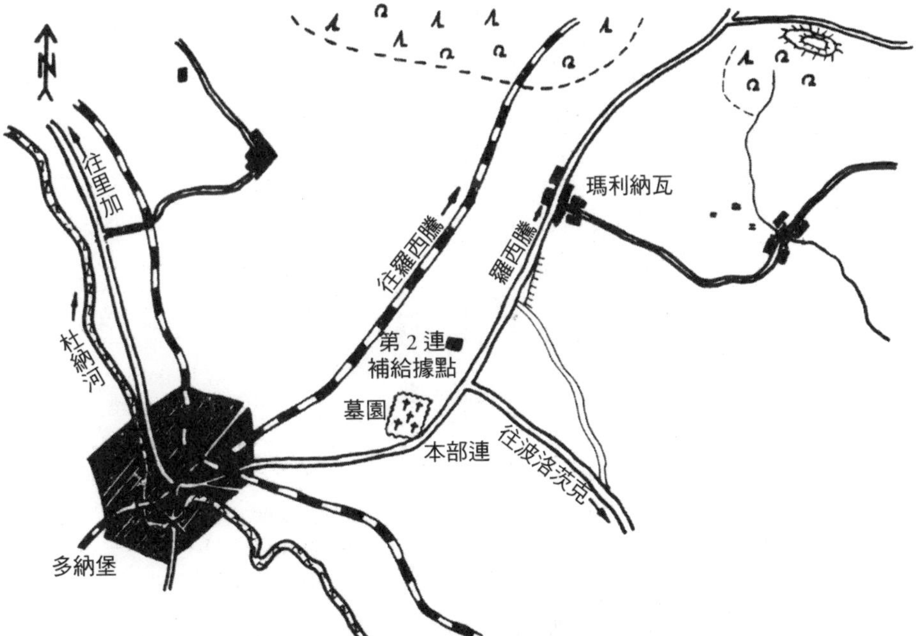

第二十七章
宿命的分歧

回到師部，我被介紹給新的師長認識。師長是名上校，一直到當時為止都擔任著東普魯士或立陶宛某座城市的指揮官。他認為自己擁有「戰略家」般的才華。他絕不允許屬下的作戰官和自己唱反調，但這位作戰官卻是一直都待在東線戰場的戰鬥師。我一直很遺憾，偏偏在被迫回國的最後幾週和幾天內，與兩個這樣的師長合作。一直到這時為止，我在這個職務上得以只和英勇的人們、出色的專家以及好人合作，到現在回想起當時的那些人，我都還是只有無窮的感謝與最高的敬意。上校師長一開始也很親切，還請我呈交一份功勳表揚報告，還帶了香菸給我的弟兄。但當談到有關對擄獲到的地圖的評估，以及對戰俘所提出的說明時，雙方就開始意見不合了。過沒多久，史瓦納和我都「裝起玩具兵」，簡短地回了聲「是！」然後就離開了。

更確切的說，上校的意見認為，俄國人之所以在地圖上這樣寫，是為了誤導我們！照師長的意見，俄軍的主攻無論如何一定會從杜納堡—羅西騰大道以東發動，然後往南朝杜納堡方向攻擊。包圍杜納堡根本是不可能的！不幸的是在幾天後，我將會親自驗證，發現我們的意見是有多麼地正確。

我從道路鋪設部隊那裡徵用了好幾個人用作夜間警戒，我讓他們搭上卡車，帶著跟我們一起走。這樣的保護當然只是士氣層面上的意義。但如果這些人細心、耳清目明也就夠了，對我們也已經是充分的協助。我希望組員能盡量抓緊機會多休息。

我在前進補給據點遇到了艾希洪恩少尉，他的戰車才剛從修理廠回來。我們兩人和那輛卡車一起推前回到連上，並在午夜前不久到達。寧史泰特少尉在這裡報到。直到這時，一切都很安靜，沒看到或聽到敵人的動靜。寧史泰特派了本連的戰車去村子邊緣往溪流的方向警戒，並依照我的建議，將車尾朝向溪流、主砲轉向後方，車頭朝後的方式駐守。如此安排，是在必要時可以將車子朝前「退」出前線。這種安排在我們獨自待在遼闊草原的無人地帶時一直很有用。夜晚時分的裝甲兵是相當無助的，由於無法精準瞄準後再開火，因此步兵只要有膽識，加上一定程度的智慧的話，就會比我們明顯地更佔優勢。我們進入一間廢棄的俄國房屋，住在裡頭的農民察覺大事不妙，已經在晚間離開了。我在那裡利用那張俘獲的地圖，和兩個排長討論晚間步兵該做些什麼事情。步兵的任務是要在西邊大約三公里的位置掘壕固守，直到早晨來臨，和北邊的鄰近部隊接觸，然後再將我們納入、形成新的主戰線。因此，我們無可避免得在無人地帶守上幾個小時，直到這個任務完成為止。

我們在廢棄屋子裡坐了差不多一個小時，聊得正開心時，一名衛哨突然激動地跑了進來，並報告說他清楚聽見在村莊位於小溪另一邊，有俄國人在講話。我們覺得這聽起來不太可能，但還是去了戰車停放的地方，發現這個年輕士兵果然沒聽錯。現在我們必須保持絕對的安靜，以免引起俄國人的注意。所有的車長很快收到了消息，這可不容易，畢竟我們的組員們在度過這麼多的艱困夜晚之後都睡得很熟，往往只能用力搖晃才可能把他們搖醒。大聲喊叫當然不可能，而前線士兵根本不吃輕柔細語這一套。我不打算在這裡轉述弟兄們被人從夢鄉拉回來，在半睡半醒間脫口而出的話，當我總算讓大家有些清醒之後鬆了一口氣。如果伊凡知道我們還在這裡，並且又保持安靜的話，那要逮到我們可就容易多了！

對面那邊的傢伙越來越熱絡，很快就聽到對面有輛戰車在行駛，還伴隨著許多呼喊聲和手電筒在指引方向。現在正是退到村子後面的時候，以取得開闊射界和俯瞰整體狀況的優勢。第一批俄軍應該不用很久就會跨過那座「小橋」朝我們過來了。

我們所有戰車同時發射了一波恰到好處的齊射。我真想看看這時的俄國佬，臉上是怎麼樣的驚呆表情。我們駛出了村莊，走了大概六百到八百公尺後，建立了新的陣地，並據守到早上，讓身後的步兵可以在不被打擾的狀況下建立防線。我們用幾枚曳光彈點燃村子裡的幾間房屋，這樣就不怕奇襲，還可以照明。除了幾波迫擊砲齊射之外，我們大致都還享有不少寧靜。只有一輛俄國戰車大膽地朝我們的方向開砲，但既不精準、又打得太遠，顯然是他們較早前在導引的那輛戰車。艾希洪恩少尉瞄準砲口火光的位置射擊，第三砲後，俄國人就被轟到飛上天了，運氣真好！天色漸亮，聽到巨大的戰車噪音從東邊和東北邊傳來，但沒有俄國人身影。

天亮時，我們沿著原路回去，發現我軍已經開始據守新完成的主戰線。我和步兵營營長聯繫，並留下了兩輛戰車給他。另外還有兩輛車部署在隔壁的營那裡，剩下的戰車則和我一起前往大道。我們在那裡駐守，以便守衛瑪利納瓦，這也是二十個小時前俄軍在守衛的地方。這一天安靜極了，但我們都知道伊凡正在進行新一輪的準備，這只是暴風雨前的寧靜而已。

一直聽到巨大的戰車噪音從東北方一到兩公里的林地中傳來，並且等待俄軍動手。但我們搞錯了，現在這個位置不會再次遭遇攻擊，只能偶爾看到幾個影子在林線邊緣用望遠鏡看著我們。只要他們太過頭了，我們就送幾發招呼過去，這些傢伙也就消失在森林裡。

那天晚上，誇張的謠言開始四處散播。俄國的騎兵突破了、敵軍戰車正在進攻，還有許多別的傳聞，但俄國人完全沒有考慮攻打我們的防線。可惜我們後來也讓他們的工作變簡單了許多——往杜納堡的前線已經轉移，大道的守軍也撤離。

現在看起來，當時的狀況是這樣的。師部將所有足以擊毀戰車的武器，如突擊砲、虎式戰車、戰防砲和防空砲，從我的補給據點開始通往波洛茨克的路上部署，以擊退俄軍預期將往南邊發動的突擊。那裡每五十到八十公尺安排了一組反裝甲武器，等著俄國戰車的到來，但伊凡沒有現身。

第二天依然安靜，只是俄軍不斷帶新的戰車進入集結區。有一輛史達林戰車來陰的，把我右邊的主動輪打掉，直到我因為突如其來的衝擊和爆炸而想後退時才察覺。克舍上士當下發現了那個傢伙，並且擊中了對方的正面。但我們的八十八公厘主砲無法在那個距離貫穿史達林戰車正面的強固裝甲。即使如此，俄國人還是選擇撤退。

我們料想在七月二十三日的攻擊沒有發生，兩軍仍然瀰漫著不尋常的安靜。我們唯一一次遭到的攻擊，是兩名搭乘師部水桶車的宣傳部隊人員。他們朝我們急駛而來，一路從我的戰車開始訪問，包括我的個人資料，並且想深入了解現在的狀況。但在第一波短暫的迫砲齊射來到以後，他們顯然已經聽夠了，並且很快地離開，和來的時候一樣。我們的作戰到了媒體那端以後，報導內容變得連我都認不出來——到處都有在開火射擊，我們戰車兵是如何勇猛云云。若不是報導裡出現了我的名字，真不知道那是在講述我們的行動。

不幸的是，就算到了今天，這樣的報導仍然是常見的方式；顯然世上少有明白如何清楚、忠實且合乎事實地報導一件事的記者。

隨即在當天晚上，我收到一份報告，「最高統帥部」決定，要在天亮前把我們的主戰線撤回杜納堡—波洛茨克大道北邊的一處陣地。我們先前艱苦死守的南北向防線就這樣轉移了，並且改成東西向。我第二天發現，這條防線在杜納堡東北邊尾端的最後幾間屋子那裡打住。該處部署了一門八十八公厘戰防砲，但與東西兩邊都沒辦法聯繫。後者對這些人可不是什麼好事，他們的左側什麼都沒有。收到報告後，我馬上駕車前往師部。它位在杜納堡北邊的路口分叉處，分別通往波洛茨克與通往羅西騰兩條大道，這個位置也是我們幾天前向東出發的地方。

我在指揮所見到了長官，經過簡短討論了師長的新決定，並決定過去找師長商討。我們希望至少跨越大道涵洞上的橋能不被炸毀。這些橋梁此時都已經準備好要爆破了，在夜間行車的路上，看到每座橋旁邊都有一位工兵正在等待命令，直到他可以把整座橋炸上天為止。但這樣就意味著，我的虎式沒辦法回來了。在這次對話之後，我能做的事情只有一個——馬上開著水桶車回到前進補給據點。我挑了幾個弟兄，在每個爆破地點都安排一個人守著，他們必須避免來自其他兵科的戰友太早把橋炸毀。

如果我們必須將主戰線後退，我是徹底地反對炸毀橋梁；因為這樣一來，我們就無法控制大道了。伊凡可以在側翼沒有威脅的情況下，越過道路往西邊進軍，而這是我們直到這時都還一直盡力阻止的事情。

雖然有作戰官的支持，但我們向師長提出的意見具申還是沒有成功。這位高階「先生」希望我們和其他多如牛毛的武器裝備，共同等待他認為俄軍會從北邊、杜納堡—羅西騰大道以東發動的攻擊。即便不是神仙，也看得出這樣的攻擊永遠不會發生。對於我以及任何有點理性思考的士兵來說，事實清楚得很，只要我們一把戰車往後撤，伊凡會立刻跨越大道——既不被我們發現，更不可能有來自我們的阻攔——然後從北邊繞過杜納堡，並由西北方拿下它。那裡一個德軍士兵都沒有，更別提能擊毀戰車的武器了。俄軍可以完全不用接敵就向市區突進並佔領橋梁。如此這般，又可以再次包圍我們了。

我剛好趕在天色漸亮的時刻、橋梁爆破之前，將我的戰車帶回新的防線[1]，倘若俄國人還沒注意到的話，這些爆炸也足以告訴對方，我們已經不在那裡了，他們可以輕鬆推進了。同時，我還是不想跟這種「自殺行為」妥協，而在七月二十四日一大早又跑去和師部對話，拜託他們允許我將本連後撤去封鎖杜納堡—里加大道。即使是這樣的要求都不被允許。這時我已經失去耐心，請求史瓦納少校至少讓我所屬的四輛戰車離隊，然後派去上述位置。他很講道理地同意了，並且讓我跟著弟兄們一起過去，畢竟留在那裡也不會有什麼好處。但我也清楚，別的地方會需要我的虎式。我把克舍下士、戈林二等士官長和艾希洪恩少尉調離戰線，並且命令他們在大道旁的墓園等著——就是我們幾天前補充油料的地方。本部連還在那個位置，隨時可以幫我們提供補給。

我打算往里加的大道上擋住俄國戰車至少二十四小時，這裡完全沒有防備，當壓力變得太大時，我會撤往城裡，然後建立橋頭堡；這樣一來，就能掩護部隊撤退，避免增加不必要的傷亡。最後一步，則是要通過鐵路橋，進入杜納河西邊新建立的主戰線。不幸的是，我後來沒辦法全程執行這個計畫，命運早有了別的安排。

很多人會驚訝地問，為什麼我們要在一切看似無望之際，仍然這麼堅持地奮戰？要找到這麼

1 譯註：本章附圖描述的史達林戰車並非卡留斯於戰爭中遇到的同型車。附圖中的史達林戰車採用楔形首上車身設計，是後來的ＩＳ－３、ＩＳ－５、ＩＳ－８（即Ｔ－10）等型號的設計，從插圖中的特徵可推斷應是大戰後期研發、但沒趕上大戰的ＩＳ－３。卡利烏斯遇到的應是較早先的ＩＳ－２。

做的理由其實也不困難。東線戰場的每一個人，從最高統帥部到小小的排長，都堅信一定要把敵人擋在德國邊境之外越久越好，如此才能盡量從俄國人手中救出最多的婦孺。除此以外，我們也絕不能讓撤退演變成全面性的潰逃，才能避免有更多戰友遭到包圍、成為俘虜。如果當時事情的發展，如同戰後那些咒罵支持邪惡「戰爭延長」[2]的人所想的那樣，那許多婦孺和部分忠誠的戰友早就死了。我相信每個德國人，甚至是整個自由世界，現在都有同樣的結論——如果俄國人沒有佔領半個德國的話，現在的情勢一定會好很多。

我們並不是為了一個人或一個體系而戰。相對地，我們拿出自己最好的表現和一切的能力，都是為

史達林重戰車，裝備 12.2cm 戰車砲，乃俄國最危險的一款戰車。由於其理想的構型、傑出的裝甲配置，即便我們的 8.8cm 戰車砲也很難擊潰，僅只有在最有利的距離下射擊才能獲致戰果。

（滕註）畫中的是 IS-3，這款重戰車設計於大戰末期，但卻未來得及參戰。

了德國，在這個過程中也是為了我們自己！從這樣的觀點出發，也必須考量我們當時的決定，並且自動自發地達成這些任務——我們並不想持續蹲在陷阱裡等死。部隊終究要回到杜納河的另一邊，因此渡口必定要保持暢通才行。

2 編註：Kriegsverlängerer，英文是 prolonger of war，這個詞是納粹用來污衊猶太人的名詞。

第二十八章

死神找上門！

七月二十四日是我一生都不會忘記的日子。這天早上，我正與四輛戰車一起來到本部連接受補給。史瓦納少校也出現了，我們又一次簡短地討論了我對本次行動的看法。根據原訂計畫，艾希洪恩少尉手下的虎式應該要慢慢通過杜納堡，然後在城鎮邊緣、往里加的路上等我。我想先去偵察一下地形，然後再前往約定的地點和弟兄們碰面。

我到現在還記得很清楚，營部的廚子當時幫忙準備了我很喜歡又很久沒吃的黃瓜沙拉，史瓦納少校還對我開玩笑說：「卡留斯，不要吃太多。這對你肚子的傷不好！」營長就跟之前一樣，恐嚇說要是又把福斯車或軍用機車弄壞就要懲處我，幸好這時我們都不知道他說的話正確與否。這一天後來發生的事，正如字面意義——與敵人「建立接觸」！可惜連上最後一輛能動的福斯車也壞了，我只好搭醫護兵的附邊車機車出去，騎士就是醫護兵本人。這車並不會讓我覺得不舒服，我從來都不吃迷信那一套，而我也不會因為改搭別的車就能倖免於難。

這時還發生了一件相當逗趣的插曲。我的福斯水桶車駕駛一大清早，上氣不接下氣地跑來激動地說，他被一門俄國戰防砲擊中了，引擎損毀，他只好把車留在路上。如果事情真的如他所說的那樣，對我來說可是一大壞消息。我小心翼翼開了兩公里回去，一路上時時保持警戒，等著那門戰防砲開第一砲。但什麼事都沒發生，總算到了那輛福斯車旁。我謹慎地下了車，看看車子到底是哪裡中彈，卻找不到任何彈孔。最後是地上的一灘機油解開了謎題——有一支活塞桿把油盤撞穿了一個洞。在黑夜裡突如其來的巨響，將可憐的傢伙嚇了一大跳，只想得出中彈的這個可能，馬上就溜了。這種事就算是前線老兵也可能會遇到；如果有人遇到這種事，其實也不需責怪任何人。這整件事最糟的一點，就是我的最後一輛水桶車掛了。

我搭著機車穿過杜納堡，然後沿著去里加的公路往西北方向前進。走了大約八公里後，朝東北轉離公路，然後穿過幾座小村子。我們跨越了鐵路，前面出現了森林，從杜納堡北邊由西向東延伸，一直延伸到杜納堡—羅西騰公路，到處都沒看到俄國人。我在路上遇到了沃爾夫中尉（Wolff），是本營偵察排的排長，才剛從森林回來。他走的路線和我們打算要走的一樣，只是方向相反。我請他在我的戰車部隊那邊等，後者這時應該已經快要到達杜納堡西北方的外圍了。傍晚，我邀請排長晚上一起來吃他最愛的德國酸菜和馬鈴薯糰子（Knödel），是我的膳勤人員答應要做的菜色。這次邀請很可能救了我一命，但要到後來才知道——如果他的水桶車不在場，我大概沒辦法及時趕到野戰醫院。

我們乘著機車進入樹林，往東直到看見杜納堡市區外圍的高地為止，然後轉南，到達那門位於前線左翼最遠處、卻和右翼沒有任何聯繫的戰防砲的位置。一開始，在北邊警戒的士兵以為我們是俄軍，感謝上帝他們及時認出我們來。我簡短地向該砲砲長解釋我們的意圖，並說明很快就會在他們的左邊建立陣地。如果我們打算撤回杜納堡，也會通知他一聲。

這時已經是下午了，我回去我的戰車部隊位於公路旁的地方。我帶著兩輛在道路北邊兩公里處警戒的戰車，車長分別是艾希洪恩和戈林，另外兩輛跟在後面，沿著先前乘機車偵察過的路線前進。往東北轉離公路後，還得通過幾座小橋，這種木板橋很短，戰車都可以通過，只有一座太長。但很幸運，找到了一處淺灘，總算安全抵達了鐵路旁。許多火車在那裡停著，有些還載著傷兵，大家都想前往里加。然而，鐵路已經完全堵住，鐵道人員準備要丟下火車——他們認為俄國人正在迫近，人們還以為自己聽到了幾聲槍響。當看到我們的虎式戰車之後，大家多少冷靜了下來，尤其是在我向他們保證，可以放心等到晚上我們回來，或許到時就可以繼續上路了。他們後來也確實成功搭著火車離開了。

在通過的每一座橋旁，我都留了一個偵察排的士兵，這些橋都已經準備好要爆破了。工兵已經離開，但任何人都可以輕易地在我們回去之前點燃引信。不論要付出什麼代價，我都希望能避免這種狀況發生。工兵一直在四處忙來忙去，包括把路標的方向轉歪，希望伊凡會開錯路！後來在西線戰場，美國人會在某些狀況下中計，但俄國人不會上當。

跨過了鐵路，來到我想要部署戰車的村莊前。從村莊北邊開始，前面大概一公里遠的地方就有森林。直到夜幕降臨之前，都能從這裡好好掩護這個地方。到了晚上，我打算實施一輪集火射擊之後再退回公路，這樣俄軍就會以為德軍還在那裡！我在靠近村子入口時停了下來，這座村莊很小，中間的大街會一個直角轉向西北，然後繼續延伸到田野。我總覺得有些不太對勁，人偶爾在生命中會遇到特殊狀況時，發展出某種第六感！我用望遠鏡看著房子，發現街上很奇怪，一個人也沒有，倒是有個女人站在窗後張大眼睛在看我們。一個男孩從村子裡朝我跑來，我叫他停下，然後用我「完美無瑕」的俄文問他：「Ruski soldat suda?」（俄國、士兵、這邊？）驚人地是他立刻回答：「Tri kilometro!」（在三公里外！）他怎麼知道得這麼清楚？幾個小時前我才經過那裡，連一個俄軍都沒見到。

艾希洪恩少尉堅持要求我的機車在兩輛戰車的後面行駛，他也覺得這整件事情怪怪的。但我還是在兩輛戰車之前進入村莊，並引導他們在村莊北端就定位。我把克舍上士和克拉瑪下士留了下來——克拉瑪在我的戰車裡——他們都在通往里加公路的岔路口守著，受命在那邊等待，直到戰車隊在天黑時分返回為止。

結果什麼事都沒發生。我乘著機車，沿田間小徑往西北方前進，打算找一塊高地，更進一步觀察地形、調查樹林裡的狀況。我看到一間農莊的屋頂從高地後方突出，就在道路的左邊。幾個小時前偵察時，曾經過這裡。

在剛好到達高地時我下令停車，然後埋首在地圖板中，想要弄清楚方位。駕駛突然大喊：「農莊裡有俄軍！」他們已經開火了。我往左瞥了一眼，然後大聲下令：「調頭！」這時駕駛洛基（Lokey）既然把七百西西的春達普機車[1]（Zündapp）給弄到熄火了，其他事情如同閃電般迅速展開。我們跳下機車、洛基安全進入水溝，我卻被一發子彈打中了左大腿。我們努力爬回村子裡，但我很快就沒力了。我下令洛基趕快離開、去警告艾希洪恩少尉，但這個勇敢的弟兄卻不願意把我丟在這種絕境裡。他說伊凡越來越近了，把我搞得更抓狂。我們每次從道路邊緣探出頭來，俄軍都像瘋了似地開槍。我一直喊著艾希洪恩的名字，彷彿他就在左右！在這樣的時刻，人確實會做出很多不合理的事來。

我雖然身受重傷，仍然盡全力慢慢爬。俄軍越來越近，顯然沒有注意到我們的戰車，他們從

1 譯註：Zündapp KS 750 型，德軍自一九四一年至戰爭結束時所使用的附邊車機車之一。戰後亦生產供芬蘭陸軍及民用市場使用。

農莊朝村內的視線被中間的高地擋住了。

過程中，我還失去了地圖板。那頂一直陪伴著我的野戰帽也在我跳入水溝時掉了，這可不是好兆頭。戰友馬維茲（Marwitz）後來找到了帽子，並在被俄軍俘虜的漫長歲月，一直留著它當著護身符。

這時，俄軍已經跨過道路，進入我們所在的水溝內。每次只要我們有動靜，他們就開槍。沒有擊中我的子彈也不會擊中洛基——他都被我護著。後來洛基只受了一點皮肉傷而脫身，我則擋下了其他子彈。我的左上臂中了一槍，子彈直接貫穿過去，背後還中了四槍。這些槍傷，尤其是在背部那四槍造成嚴重失血，沒多久我筋疲力盡，無法繼續前進，只剩下右臂可用了。當我們都不動之後，射擊也停了下來。頓時，我那快速消退的生存意志突然又甦醒了——清楚聽到我軍戰車的引擎聲。對我來說，那就是救兵的聲音！艾希洪恩和戈林聽到槍聲，趕過來看發生了什麼事。我除了喜悅以外也重拾了希望，相信自己能活著離開那裡。

但這時死神卻找上門來！三個俄國人從我們後方接近，並突然在我身後三公尺外現身，那個畫面讓我終生難忘。我身中多槍、不斷失血，身體已經沒有力氣，雖然聽見了虎式的引擎聲，但他們大概還是晚了一步。

我就像一隻腹部中彈、看著獵人靠近，卻又無法逃走的動物，環視著我的四周。一個蘇聯軍官站在另外兩人中間，說：「Ruki werch!」（把手舉起來！）他左右兩邊的士兵都拿衝鋒槍瞄準著我們。

很幸運的是，俄國人還是相當忌憚、怕我突然萌生開槍的蠢動作。換作是我，大概也會這樣擔心吧。他完全不知道這時我的心理狀態如何，我完全沒想過要開槍。當時的我無法思考，更因為身體壓在沒中彈的右臂上，根本不可能掏槍。接著我的戰車衝了過來，在行進間瘋狂地以機槍掃射，卻什麼都沒打中。虎式戰車突然出現當然嚇壞了俄國人，兩個士兵拔腿就跑，但軍官還是舉起了手槍想把我解決掉。以我當時的狀況，不想正面看著死神，因此轉身看向正在接近的戰車。那是我的命運之神、我的救贖！

蘇聯軍官開了三槍，但他太過激動，其中兩槍沒中，只有一槍打中了我。那發子彈擊中頸部非常靠近頸椎的地方，卻奇蹟似地沒有擊中任何肌腱或動脈，後腦沒有中彈，我非常驚訝自己居然還活著。不論如何，要是沒轉頭看向我的虎式，那發子彈就會打穿喉嚨，現在就沒辦法在這裡寫下這些文字了。我的戰友們在最後一刻驚險趕上了！

艾希洪恩少尉從我身旁開過去，戈林二等士官長立即在我身旁停車。我根本沒辦法描述當時全身所感受到的那股棒極了的安全感。我甚至不曾想過，在連續交火的時候會有什麼事發生在我身上。戈林的裝填手馬維茲准下士從他砲塔上的頂門縱身跳到我身邊的水溝內。他差點不知道應該先從哪裡開始包紮起或止血，畢竟我全身都在流血。身上穿的連身服已經變成破布了，馬維茲解開了他的褲吊帶，緊緊把它綁在我大腿傷口上。算我走運，這些吊帶品質優異、彈性也很棒，要不然止血帶大概會害我的腿必須截肢！

事後常常有人問我，當時會不會很痛。沒有人能想像我為什麼會因為激動與大量失血所導致的疲憊，進而什麼都沒有感受到。我只覺得高興、疲累，同時又怕失去意識。那些子彈對我來說只是揮打了我幾下，痛感並不如預期。

腿部綁好之後，馬維茲把我從後面撐起來，放上戰車車尾。我一直到今天都不明白自己是怎麼上去的——我一條腿懸空站在砲塔後面，緊緊抓著砲塔的邊緣。突然之間，從原本就混亂的交戰中，後面又有更多人開火了。這時我明白了，為什麼先前在村子裡找不到俄國人。有幾個伊凡早就來到屋內，被我們嚇了一跳。他們看到戰車，因此選擇躲藏，但接著他們又醒了過來。我叫戈林把砲塔轉向後方。他動作之快，甚至把我沒受傷的腿卡進了砲塔和車身之間，只差一點，那條沒受傷的腿就要受到永久性傷害了。我到今天還是不懂，為什麼我站在砲塔後面時，連一發子彈都沒擊中我。而稍早之前，我一跳下機車就中彈！

我們一路打回村子裡，並在外圍遇到了沃爾夫中尉。他很有先見之明，選擇開著水桶車在村外等著。因為做了這個選擇，他反而可以安然無恙。

他們盡力把我在水桶車的後座安頓好，我再次下令艾希洪恩少尉馬上回到路上，就像先前討論過那樣，去把弟兄們守著、等我們回程時要摧毀的那幾座橋給炸斷。很遺憾，艾希洪恩沒有遵從我的命令。

當水桶車總算上路，我也知道自己終於得救時，就完全癱倒了。我已經流了太多血，只能氣若游絲地說話。沃爾夫來自皮爾馬森斯（Pirmasens），離我的家鄉只有二十四公里遠。他把我的頭靠在他膝上幫我打氣。我只能輕聲細語說：「請告訴我的父母這一切，說我無能為力，覺得我快完蛋了！」沃爾夫也不相信我能活過這趟車程，這是他後來寫信跟我說的。但我健康地回到家，這位戰友卻在戰爭結束前夕，在東普魯士光榮為國捐軀。

直到他們想把我轉移到救護車上，我才又醒了過來，這時我們早就跨過杜納河了。我非常懊悔未能向克舍和克拉瑪道別，我本想在後送之前先去一趟營部，但醫護兵沒有照辦。當時我並不明白他們為什麼要這麼急於把我後送，儘管我在大量失血之後口很渴，卻一直沒有東西可以喝。其實這位認真的醫護兵是擔心我的胃部受了傷，現在的我一定會同意他們的做法，但當時我可是狠狠地臭罵了他們一頓。我大概在晚上八點中彈，在主急救站醒來時大概是凌晨一點。就算到了今天，我都還會看見赫曼・沃爾夫中尉像個瘋子般到處找軍醫的畫面。在他終於找到了之後，醫生判斷我的腿大概沒救了，止血帶綁得太久了。但我很幸運，半個小時後血液又開始流通，並且動脈沒有受損，我的腿就這樣保了下來。醫生給了我一劑環己巴比妥（Evipan）[2]；等我再次醒來時，我成了骨盆石膏的「囚犯」。除了右手、右腳和頭部之外，其餘都包紮了起來，非常不舒服。後來又接受了一次輸血，輸完血後感覺到明顯恢復。順帶一提，捐血給我的也是來自皮爾馬森斯的同鄉，他後來還寫信到野戰醫院給我。

我像個包裹般安置在兵營裡，身邊的床位全都躺滿了重傷的弟兄。當看到這些弟兄不斷痛苦呻吟時，除了同情之外，也深深感激我相較之下好得多的境遇。我完全不會痛，運氣好得令人不敢置信，那麼多發子彈，都沒有擊中任何神經束。我甚至可以有條理地與早上前來巡床的牧師談話。

第二天第一個來探病的，是營長史瓦納少校。這次再會時，我們兩個都熱淚盈眶。我向他報告：「已與敵軍接觸。」他看到我時，甚至忘了罵我把機車弄壞的事——那是本連僅有的一輛了。

史瓦納少校之後，第二個出現的是戴爾采二等士官長。我感覺到他無法隱藏的感受，但我確信，必須要和他道別，這是我到當時為止最困難的一次道別。我說了不少很快就會回部隊之類的

---

2 編註：一九四〇至一九五〇年代常用的外科麻醉藥物。

鬼話，但戴爾采可能比我還更不相信真能信守這些諾言。

為了表達慰問，營部副官帶了新消息來看我。在取得巨大成功之後，軍司令部推薦，希望我能獲頒橡葉騎士十字勳章。我要到回國之後，才知道這句話不只是在表達慰問而已。

我的狀況在白天明顯改善，之所以會注意到這一點，是因為我開始想抽菸了。醫生不放行，還說我的肺部中彈，嚴禁抽菸。我不斷地拜託，就是要抽菸才能證明我的肺部運作正常。如果肺部有穿透的話，那煙應該會從背後的傷口排出去才對，醫官閣下無法否定我的邏輯。我持續哀求的韌性或許說服了他，最後認為我的狀況已經好轉了吧。

但我仍哀怨著自己的命運。我就是不懂，為什麼非要在戰友們如此需要我的時候中彈。負傷的那一天，偏偏剛好收到營部命令正式昇任連長。我與整個連對此的喜悅不幸地只持續了那麼一下下而已。

一開始，本來是要搭鸛式聯絡機[3]飛回德國，但在我之前有太多更急、更需要早日回國的戰友了，我在主急救站又待了兩天。這段期間，每天來探病的弟兄們把單位所發生的每件事情都告訴了我。他們說，艾希洪恩少尉那天晚上沒有後退，第二天還被人誤導去對一座有強大的俄國戰車守著的村莊發動廣正面的攻擊，他當然踢到了鐵板。艾希洪恩是個優秀的軍人，但他還是缺乏必要的經驗。他原本是出納官，自願去裝甲兵學校受訓，來到我們連上的時間還不夠長。

戰友們還提及，他要到達那條伊凡已經以戰車控制、通往里加的公路是有多困難。德軍在史達林戰車和T－85戰車[4]之間遭受左右夾攻。只有一輛虎式到達杜納河的橋上，該橋也已經開始遭受敵火攻擊。本連在這不幸的一天所承受的傷亡與失蹤人數，比先前所有的行動都還要多。成功逃出著火戰車的戰友還得游過杜納河才到得了安全的地方。本連之後再也沒有從這次失血中再站起來。寧史泰特和艾希洪恩沒多久也受了傷，新來的軍官又不是那麼親近底下的官兵，史瓦納後來也被一個徹底不行的人所取代。剩下的戰車都散開作戰，繼而被敵人逐輛擊破。

我懷著沉重的心情在列巴爾被裝上一條船回國，俄軍已經把所有鐵路都炸毀。十四天後，我回到了德國。我們在斯維內明德（Swinemünde）[5]被送上一列極為乾淨的醫療列車。好久以來第一次，我躺在嶄新、潔白的床單上，這對我這種「前線豬」（Frontschwein）[6]而言，實在是太奢侈了。

當列車來到埃姆斯河旁的林根（Lingen，Ems）時，我的體重只剩七十九磅[7]（三十九．五公斤）。當時，我不敢相信自己之後在九月底，會第一次試著要走路。

在野戰醫院裡，我從其他士兵帶來的舊報紙讀到，自己在一九四四年七月二十七日，已經成為德國國防軍第五百三十五位橡葉騎士十字勳章的得主。

---

3 譯註：費斯勒 Fi 156「鸛式」（Storch）輕型聯絡機。

4 編註：作者習慣寫成T－85，很可能是T-34/85或SU－85，不過考量當時作戰區域的對手，T-34/85可能性較大。

5 編註：現波蘭什切青省港口什維諾伊什切（winoujście）。

6 編註：德國士兵俚語，意指長時間在前線打滾、作戰的士兵，略帶諷刺意味，與其相對的詞是「後方的豬」（Etappenschwein）。

7 譯註：此處的磅（Pfund）為非正式之「公制磅」，指五百公克重，並非英制的磅。

第二十九章

在醫院快速康復

前線和家鄉都捎來許多祝福，而最讓我開心的，主要還是連上寄到野戰醫院的信，尤其是如師如父的朋友所寄來的信——我一定要這樣形容我們的一等士官長（Stabsfeldwebel）才行。透過他的信，我得以一直追蹤著連上的狀況。里格要是沒辦法得知我的確切消息，就會在寫給我母親的信中寫得比較保留，他想知道我到底有沒有活著回國。過不久我們聯絡上了，直到今天，都還很慶幸母親把當年的信全都留了下來。

我從野戰醫院寄往連上的第一封信，詢問我在主急救站時就幫克舍、克拉瑪、戈林和呂納科申請的敘獎到底下來了沒有。九月五日我收到里格寄來的回信，「戈林、克舍和克拉瑪的還沒送出去，連部已經沒有能執行這件事的軍官了！」

我寫信給營部，並在十一月十七日收到好消息：「克舍上士和克拉瑪下士已獲頒騎士十字勳章；戈林二等士官長則獲頒金質德意志十字勳章（Deutsche Kreuz in Gold）。困擾貴官的問題已經解決。我尤其自豪的是，他們是本營第一批得到如此高階勳章的士官。」

其實我可以說是恢復得太快了。醫生認定我的上大腿骨在後送的十四天內已經癒合太快，以至於無法再調整長度，但還是幫我上了牽引夾板，這是多棒的體驗啊！但不管他們多努力，我的腿還是短了一截，不過它癒合得這麼快還是讓我很開心。

有天早上，我收到了一封信，回郵地址寫著陸軍總司令部人事局第五處，也叫作勳章處。信中問我能不能走路，好前往元首總部（Führerhauptquartier）參加正式受勳儀式，為騎士十字勳章加上橡葉。

我回信問他們能不能把勳章寄給我，得到回覆是：「由於元首才有贈與橡葉的權力，因此無法透過第六軍司令部（Generalkommando VI A.K.）代理寄送頒發。如您恢復到能親自向元首報到，便應及時通知陸軍總司令部人事局第五處第一組，俾利處理後續事宜。」

這封簡潔的信裡只有一點讓我感到高興，就是最底下那段簡短的手寫問候：「致上最誠摯的祝福，願早日康復！約翰梅耶少校。」我這才發現這個勇者還活著。我們早在內韋爾就放棄找到他的希望了。

到了九月中旬，腿上的重物拆除後，我第一次試著落地，但我需要一段時間才能適應杵著拐杖走路。我在第一次上洗手間時，得到的是苦澀的經驗；這第一次上路當然還被禁止，但臥床這麼久之後，任何人都特別高興能去那裡。我當然想在沒有拐杖的情況下直接用腳踏出第一步，當下就跌倒了，而且是跌在受傷的那隻腳上。骨頭痛得要命，我的第一個念頭——肯定又斷掉了，醫生一定會因為我把事情弄得更糟而宰了我。有夠幸運，醫護兵把我弄回了床上，隔天走路順多了。努力練習十四天後，我進步到可以用兩支手杖走路；再過十四天，就只剩一根了，於是向上回報我「可以行軍了」。好想知道什麼時候會奉令去元首總部，想好好體驗那裡的氣氛，我懷疑這場戰爭是否能夠獲勝已經好一段時間了。

到了十月底，我準備好了，並受命前往薩爾茲堡（Salzburg）去找當地的一位地區指揮官報到，聽候進一步指示。

當時搭火車已經不再是一件輕鬆事，而且林根─薩爾茲堡線也不算短[1]，火車甚至沒有開進薩爾茲堡。終點站是位在郊區的一個小車站，我在那裡把鬍子刮乾淨，「準備好接受檢閱」。突然，空襲警報響起，大家都跑進防空洞，只有我和另外兩個士兵還在外面，站在開闊地看著轟炸機編隊飛過。

它們以整齊漂亮的隊形直線往慕尼黑飛去，完全沒有受到我軍奮力射擊的防空砲干擾，這些砲火現在連打擊對方士氣的效果都沒有了。

這些傢伙過沒多久又沿著同樣的路線回來，只有一架落單的轟炸機飛得有點低，似乎是中彈了。我們當然都想看著它墜毀，但這傢伙卻突然在我們前方不到一百公尺處投下炸彈，這些炸彈推測是留下來轟炸薩爾茲堡的。所有人馬上趴倒在地，但只是虛驚一場。

轟炸機卻是最倒楣的那個，它被防空火砲擊中，狠狠撞上山壁。但這樣一來，我整齊筆挺的「檢閱用制服」就變得像是剛從前線回來那樣了！

我的懷疑在城防司令官（Stadtkommandanten）的辦公室那裡得到了證實──元首總部根本不在這個地區。要來頒發勳章的是希姆萊，他的指揮部就在薩爾茲堡郊區。希姆萊不只是黨衛隊元帥而已，還是警察總長、內政部長，以及後備軍司令──這可是國防軍的後備單位。

所有的辦公室都設在一列特製列車上，停放在隧道前方，若是空襲警報響起，就會馬上開進隧道內。火車兩側各有兩名衛兵巡邏，原以為這裡的衛哨會較為精實，但當我們爬上火車時，他們卻沒有要查驗證件。

一位少校陸軍聯絡官前來接待我，並分配客房車廂的一個小房間給我。他叫我不用急，最快也要再等兩天才能與希姆萊會面。還說五〇二營第一連連長鮑爾特中尉前一天剛走，他比我晚三個月得到橡葉騎士十字勳章，並且同樣來這裡受勳。我與他擦身而過真的很可惜，我到今天都沒能再見到他[2]。

於是我就成了這裡的賓客，這些軍官在有人來訪時都很開心，因為這樣就可以打開只有貴賓來訪時才能喝的美酒。希姆萊這個人非常嚴格，他是滴酒不沾的，他會要求上至將軍、下至少尉的所有人在用餐時，自行削水煮馬鈴薯（Pellkartoffel）的皮。

少校帶我參觀列車的各個部門，我很驚訝車廂裡居然有這麼多辦公室。我最有興趣的問題當然是這個：「戰爭接下來的發展如何，他們在這裡又是怎麼想的？」軍隊裡的影片可以看到許多新式武器：噴射機[3]、載人防空火箭（bemannte Flakraketen）[4]等等。這時已有很多志願者想駕駛這種火箭的報告，但最後只錄用了少數人。我是親眼看到這些志願者的報告！這種火箭可以一次擊落好幾架轟炸機。我在這裡還看到遙控防空榴彈[5]、新型毒氣（太奔），還有雷達偵測不到的

---

1 譯註：兩地直線距離約六百六十公里，搭現代的火車需要約九個小時。

2 編註：根據照片紀錄，卡留斯在後來的五〇二營戰友聚會上仍有與鮑爾特合照，但本書於一九六〇年成書時還未能與許多戰友重逢。

3 譯註：梅塞施密特 Me 262 戰鬥機。

4 編註：作者並未明述其所指武器為何，不過德國文獻中「載人防空火箭」常指 Bachem Ba-349「游蛇」（Natter）。此型火箭攔截機使用木造機身、一次性使用，採垂直發射，機首裝備火箭彈，並可用降落傘回收駕駛員及火箭引擎，受到希姆萊的極大重視並全力支持。此外，梅塞施密特Me163「彗星」（Komet）火箭攔截機，則是較早服役並有實戰紀錄的火箭攔截機。

5 編註：應指萊茵金屬（Rheinmetall）公司的「萊茵女兒」（Rheintocher）防空飛彈。

新型潛艦等等。這裡也有戰車用的夜視裝置[6]，以及能飛到美國的長程轟炸機[7]。

這裡還有用模型展示的「原子分裂」[8]，這個過程以我當時的知識根本無法看懂，直到戰後念書才了解這件事。我學到這個過程需要一種叫「重水」的東西，而我們位於挪威的重水工廠在一次攻擊中報銷了，甚至連本來可以救回的兩輛鐵路車廂，都在要運回德國的渡輪上被炸得半天高。據說這次損失至少讓我們的進度落後了兩年，因此東、西線戰場必須保持在遠離德國邊境的地方，並堅守至少一年。當然，我們也討論到了一九四四年七月二十日刺殺未遂事件的過程。對我來說，只有史陶芬伯格伯爵才算是真正的「反抗鬥士」。他原本是一位充滿熱情的前線軍官，但後來因為負傷的關係派到元首總部任職，才了解到戰爭的實況，他決定跟隨自己的意念來行動。重要的是，偏偏是一位在戰場證明過自己的前線軍官、最有能力的陸軍參謀本部軍官之一，並且因為負傷而失去了整隻右手、部分左手以及一隻眼睛的人採取行動，並為了自己的信念而犧牲。事實上，史陶芬伯格伯爵一直到戰爭後期才加入反抗團體，說明其他人都猶豫不決才會早在一九三八年就已經計畫行刺，卻一直找不到人來執行。這麼多年來，都沒有人願意掏出手槍、射出那一顆決定性的子彈。

我們前線士兵幾乎全都相信自己是為了某種正向的事情而賭上性命，並且認為我們會贏得戰爭，但沒有人真的確定這一點。反抗團體的領袖不但確信他們的犧牲會幫助祖國，甚至從生還者的敘述，以及傳記作者的判斷中，反抗團體的領袖們確知，唯有及時除掉希特勒才能挽救德國。

世上的所有軍人都會被要求在戰爭期間，為了國家付出生命，絕不能問自己是不是為了良善與正義、甚或是為了保證能成功的事情而犧牲。那我們又為什麼要免除這些反抗團體成員本來就應該即時且毫不猶豫去行動的義務呢？畢竟他們知道，行動與犧牲只有在即時行動下才能真正地拯救國家。如此不作為所導致的最後結果，讓我們這些前線的士兵至今仍然無法理解。

如果希特勒真的在一九四四年七月二十日被刺身亡，結果會怎麼樣？這麼多年來都不知道要怎麼策畫「必定要」成功刺殺希特勒行動的人身上，德國能夠期望什麼？這些密謀者不可能掌控局勢！不管怎麼樣，最後漁翁得利的只有盟軍，後來證明後者從來沒準備要給反抗團體什麼保證。西方世界的仇恨，還有俄國人更為正當的仇恨不只是針對希特勒而已，也包括全體德國人，只要看看雅爾達密約與這之前的談判內容就知道了。

想要發動革命的人，必須孤注一擲。不然他就必須放棄叛變，隱身在過去、現在與未來的任何國家及政權都會有的抱怨者與破壞分子的大軍裡。私下抱怨、使詐破壞的人居然得到比在前線賣命的人更高的評價，每一個盡忠職守的前線戰士都會反對這種事。尤其是這些密謀集團的倖存者和知道內情的人，他們在戰後把理想家的那種與眾不同的謙遜個人特質都給抹滅了。

那些因一九四四年七月二十日的事件而被處決的人們，很遺憾並沒有替國民爭取到什麼，他們很多人都是為了自己的信念而行動。但不論如何，他們贏得的認同與榮譽，不會比忠實、沉默地在前線為祖國而戰死的士兵多。反抗團體的死者失去的東西與承受的風險不比上戰場的人少，但也不比他們多──兩者都付出了自己的生命。

6 譯註：一九四四年，德軍曾測試 FG 1250 夜視系統，主要裝設於豹式G型戰車上。
7 譯註：即「美國轟炸機」（Amerikabomber）計畫，德國各大軍用機製造商都有提出設計，包括梅塞施密特 Me 264、容克斯 Ju 390、亨克爾 He 277、霍頓 H. XVIII、福克－沃爾夫 Ta 400 等。
8 譯註：德國於二戰時企圖開發的核武。最後美國搶先開發成功，但可以投入戰場時德國已投降。

第三十章

與希姆萊見面

我要去找「全國領袖」（Reichsführer）的時間終於到了。少校再次向我強調，要我不用特別修正自己的發言。希姆萊喜歡聽別人坦白地說出個人的意見，這就是我在與他談話的時候該做的事。

指揮部設在一處別墅裡，那是希姆萊在火車沒有要出發去別的地方時住的地方。我必須在門房小屋將公事包交給他們檢查，但居然沒有人質疑我帶著的手槍！在見到對方之前，有一位親衛隊軍官又再替我簡報了一次，如我先前就已經知道的那樣，希姆萊的頭銜是「親衛隊元帥」，不是「親衛隊元帥先生」。另外，在進屋之前，必須將帽子脫掉夾在腋下，這跟國防軍的做法不同，我們見到上級時是要戴帽的。等一切說明都結束之後，就可以正式開始了。在聽過許多希姆萊的傳聞，以及我們跟親衛隊的交情並不怎樣的情況下，我並沒有多想些什麼。

我簡潔地報告：「卡留斯中尉，第五〇二重戰車營第二連連長，依令於休養後報到。」這確實費了我一番力氣，才把報告時習慣的「敬語」給拋開。我還得努力不要用第三人稱稱呼他，而是直接稱「您」（Sie）。「習慣的力量」偶爾會取得勝利，尤其是在餐後的對話期間，但我並沒有因為現況，或是自己的百無禁忌、想到什麼就問而亂了陣腳。

希姆萊站了起來，「以元首的名義，我授予您於一九四四年七月二十七日頒發的橡葉騎士十字勳章。元首要我代為道歉，因為直到最近為止，他都是親自頒發勳章的。元首太忙了。他授權我以後備軍總監的名義頒發您的橡葉[1]，並轉達他的祝福，希望您早日完全康復。我則要親自且真誠地恭喜您。身為陸軍裡這等勳章最年輕的得主，您應該感到驕傲！」希姆萊靠前來，和我握手，並把橡葉放在盒子裡交給我。他接著用友善的口吻說：

「接下來我們要去用晚餐了。客人應該已經在等，我們餐後可以私下談談。」

在簡短、軍事式的道謝之後，我將小盒子放入胸前的口袋，然後走進接待室。但希姆萊走到我的身旁，並說：「我親愛的卡留斯，我可不能讓您這樣做。我等一下要以『剛剛受勳』之姿介紹您給客人認識，不管您喜不喜歡，都得把那個東西戴到脖子上才行！」

他拿下把騎士十字勳章固定在絲帶上的「迴紋針」，然後把橡葉加了上去，接著拍拍我的肩膀，說：「這大概是您自己發明的吧？我會建議部下效法。他們有些人也戴著像您這種『領環』。」他指的是我從防風眼鏡上拆下來的橡膠帶。這種帶子不論脖子粗細，戴起來都很舒服。這種穿戴方式在配上襯衫時尤其實用。

這位被對手稱作「尋血獵犬」的人，給我的第一印象著實相當令人驚訝。我再也不擔心接下來的「輕鬆」對話了。

希姆萊和我一起進入餐廳，裡面有十五到二十人從自己的座位站了起來。介紹過一輪後，我

1 編註：海因里希・希姆萊在一九四四年七月二十日的政變後隔天，取代遭逮捕的弗洛姆一級上將（Generaloberst Friedrich Fromm）擔任「陸軍裝備局長暨後備軍指揮官」（Chef der Heeresrüstung und Befehlshaber des Ersatzheeres）。

坐在希姆萊的右邊。我很快注意到在場的人大多都是將軍，還有幾位男士穿著便服。現場的對話十分有趣，有兩位黨衛軍將官奉命從南斯拉夫回來，以便討論要在當地採取的進一步措施。當地游擊隊彼此之間存在著矛盾，塞爾維亞人和克羅埃西亞人之間的新仇舊怨依然存在，並被我方高層利用了相當長的時間。德國提供武器給克羅埃西亞人，並想試著招募這些人為己所用。

有幾個民間人士來自國防產業。根據他們的說法，現在最大、最需要盡速不計代價解決的問題就是防空。任何一個外行人，只要看過我國城市遭受的轟炸、被破壞的景象嚇壞了之後，都能明白這一點。我真希望能和這些人再多聊一些，畢竟這裡是我唯一能找出戰爭是否還有機會，是否能有成功前景的談話。

考慮到當時的狀況，餐點算是簡僕得恰如其分，有湯、肉丸、蔬菜和馬鈴薯。附帶一提，為了以客為尊，這裡的馬鈴薯不是帶皮水煮的，而是削好的鹽水馬鈴薯（Salzkartoffeln）！最後一道菜是醃漬梨子。不論如何，這都稱不上豪華。等吃完第一份，我就想打住了。

希姆萊向勤務兵打了個手勢——每個都是親衛隊中士——親自往我的盤子裡加菜。希姆萊心情很好，並說：「卡留斯，多吃點。您看起來不像需要節食，反而需要增胖一點，不然別想早日出院了。」在眾人的笑聲中，他指著一位微胖的將軍說：「卡留斯，您至少要增胖到他的一半吧！」

希姆萊穿著簡單的野戰灰色制服，上頭沒有任何金屬滾邊飾線或是勳獎，讓我一再感到驚訝，一個本應讓人感到可怕的人居然是這副模樣。原以為一個待在後方保持參戰國秩序的人，一定很不受人歡迎，因為這樣的人不得不採取十分強硬的姿態。

接下來就是咖啡時間了，希姆萊已把咖啡帶到了他的辦公室，準備再度開始正式討論。值得一提的是，他這個人不抽煙也不喝酒。身為他的「貴賓」，我有的是時間可以慢慢喝完咖啡，然後再點根菸來抽。接下來就是重要時刻，我要和海因里希．希姆萊促膝長談了。我盡量根據記憶，詳實地描述我們都談了些什麼。

希姆萊的辦公空間非常簡樸。房間很大，我記得只有一張落在右後方牆角的大書桌而已，另一邊的角落則有好幾張舒服的扶手椅。日後每當有人說一般人不可能接近第三帝國的「大人物」時，我常常會想起這次的對話。我和希姆萊單獨坐在桌邊談了半個小時，不僅心情非常放鬆、也佩帶著手槍。

我倆的非正式談話開始了，直到今日還是印象深刻。在幾句友善的開場之後，希姆萊問我：「卡留斯中尉，您認為在手持反戰車武器的發展下，裝甲還能生存嗎？」

我回答得非常坦白：「親衛隊元帥，我不贊同這樣的看法。您也知道俄國人已經運用近戰部隊獵殺戰車很久了。但只要我們的戰車一起行動、互相掩護，他們幾乎沒成功過。如果再加上我軍的步兵，他們很難動到我們。「暖爐煙囪」（Ofenrohr）[2]與類似的近戰反戰車武器在遠距離的命中率非常低。如果戰車組員保持警覺，那使用這種武器的士兵絕對只有開火一次的機會。這種獵殺隊在對抗英國人和俄國人時表現得不錯，因為他們的戰車都關上頂門行駛。但我們的營面對這種威脅時，只曾在涅瓦河（Newa）愚蠢地僅派一輛虎式出動，因本身的問題而損失一輛戰車。

2 編註：「暖爐煙囪」，為德軍士兵給予其倣效美軍火箭筒（Bazooka）所研發之「戰車殺手」（Panzerschreck，正式名稱為「火箭反戰車步槍」Raketenpanzerbüchse，前後有 RPzB 43 與 RPzB 54 等型號）的暱稱，也因此被用於指稱火箭筒等類似武器。

更何況，需要近距離對抗步兵時，我們的砲塔上還有六枚反人員雷，需要的話，也可以從車內引爆。但我從來不曾用上它們。」

希姆萊很仔細地聽我回答，然後話鋒突然一轉：「您對國內民眾的態度有什麼看法？您顯然被迫到對這邊好好觀察的機會。」

我對這個直接的問題不感到畏懼，並且明白地提出看法。

「親衛隊元帥，顯然人民因為恐怖轟炸的關係，士氣變得相當低落。大家都在等著一種能對抗這種可怕敵人的武器。」我遲疑了一下，然後毫不猶豫地繼續說下去：

「包括我在內，許多人都對某些黨政人士吹牛的言論十分不滿，他們總是表現得像是戰爭已經贏了，或是最終勝利已經是囊中物了。」希姆萊開始非常專心聽我說話。

「以我之見，」我毫不猶豫地繼續說，「百姓已經證明自己夠堅強，可以看見真相了。他們也知道我們必須持續努力才能改變戰爭的命運。我們能不能安排有經驗、戰功彪炳的前線將領回國，和民眾們聊一聊呢？他們比對前線狀況一無所知，只會說也許是上層授意的空話的黨政人士贏得更多的敬意。」

我這時候想著，希姆萊會不會因為我把特定黨政人士說得這麼難聽而震怒呢？完全沒有。親衛隊元帥非常冷靜地回應：

「我知道人民正在受苦，也知道要堅守下去，防空必定是首要的因素。短期內，我們就能阻止美國人在我們頭上宛如『閱兵』般飛過了。我們新的噴射戰鬥機很快開始運作。新型的防空火箭，包括有人與遙控的型號也都已經測試完畢，您剛剛就跟相關的權威人士們同桌用餐。我親愛的卡留斯，您說得對，要是無法全面阻止轟炸，我們就撐不了多久，但這一切很快就會改變。」

這時希姆萊遲疑了一下。「若要確保一切順利，我們需要達成一個條件，就是不計代價守住防線一年。我們需要這一年不受打擾才能完成用來奇襲敵人的武器！」這些話讓我想起一句名言：「消息我都聽得清清楚楚，但內心仍然缺乏信心！」[3]但同時，我也看到了一線希望。希姆萊繼續說：

「卡留斯，至於您對黨政高層的批評，我必須承認您說得對。您也知道最好的人都到前線去了，我沒辦法再擋著他們想自願上前線的決心了。等我們贏得這場非贏不可的戰爭，馬上就會來處理這裡的弊病。我們會用有實績的人，來取代這些無能的人！」

他突然又換了話題：

「您是否有意調來親衛隊？我們在找年輕又有實績的人。幾週內您就能升到親衛隊上尉了！」我最不想做的就是丟下我的裝甲兵們，我很快回答：

「不行，親衛隊元帥。我的保守教育嚴禁我『丟下軍旗』。我只想回到原本的連上，並沒有意圖要高調。我認為一直以來國防軍和親衛隊之間的對抗意識，只會讓雙方兩敗俱傷而已。陸軍毫不保留地認同親衛隊在前線的貢獻。但您也不要忘記，親衛隊本來就聚集了最好的人員和裝備，也就是說他們的待遇一直都比我們好，這點早就常讓其他部隊心生不滿。」

連這樣的評論都沒有惹惱希姆萊。

---

3 編註：原文為「Die Botschaft hör ich wohl, allein mir fehlt der Glaube」，典出歌德（Johann Wolfgang von Goethe）在一八〇八年出版的經典劇作《浮士德．悲劇第一部》（*Faust. Der Tragödie erster Teil*）。

「針對您對於國防軍和親衛隊之間敵對意識的擔憂，我現在就可以告訴您，我們已經開始整合兩支部隊有一段時間了。要注意的是，這些努力卻一直因為國防軍將領的頑固而失敗。」

希姆萊的這個評語讓我相當高興，這證明我們的將領其實比想像中有骨氣得多。七月二十日之後引進的「德意志敬禮」，也就是納粹式舉手禮，已經讓我非常不滿了[4]。

希望這些將領能保持這樣的初心！親衛隊當然可以加入我們，畢竟我們才是先來的，但很多跡象都顯示親衛隊其實是想要併吞國防軍。希姆萊已經是後備軍總監了，而這個後備軍涵蓋了國防軍的所有單位，他剛剛才以這個身分頒了橡葉給我。接著希姆萊開始聊起私事。

「有沒有什麼我能幫忙的私人願望？比方說特休之類的？」

我馬上請他幫我寫一份證明，讓我回去之後立刻將服勤狀態改為「返回勤務」，並且要補充營立刻把我送回原單位。

希姆萊笑著拒絕了。

「親愛的卡留斯，這真的不行。我不能讓您又回前線兩個月。您不能在戰爭還沒打完以前就把自己給賠上了。您得在補充營裡再休養幾週或幾個月才行。到了春天，有的是時間讓您回到原單位。您們前線的人總是想要訓練精良的補充兵，可是總不願意自己訓練幾個新人。」

在一番討價還價之後，總算拿到了一份文書，只要願意，我可以從一月一日起被視為能夠返回前線勤務。同時，如果不想去別的單位，也可以馬上被調回原本的連上。我後來有好好地運用了這份文書。

我們的對話就此進入尾聲。希姆萊問我對薩爾茲堡附近熟不熟。當我給出否定的答案時，他便好心幫我安排包括司機的車子。離開時，他伸出手，並說：「日後不管何時何地，遇到什麼問題，請不要猶豫，馬上寫信給我。您隨時都可以來找我！」於是，我就這樣「帶著恩惠」離開了。

我之所以如此詳細地描述和希姆萊見面的始末，是因為他真的出乎我意料之外。透過在指揮部的談話過後，我開始對戰爭能有正面結局的這點重拾了一點希望，而這是在我已經認定戰敗幾乎不可能避免之後的事情了。不論一個人對第三帝國有什麼看法，想要知道真相，就一定要如實描述這些人。

希姆勒配了一輛車給我，可以在短時間內四處遊覽。駕駛兵向我介紹這個美麗的地方，並且載我到柏特斯加登（Berchtesgaden）的「茶館」（Teehaus）去，也就是常常被人們稱為「鷹巢」（Adlerhorst）的地方，此外還帶我去看上薩爾茲堡山區。我原本也想去找在南斯拉夫邊界執勤的父親，但很遺憾，我沒能找到他所在的地點，直到戰後才知道當時只要花三天繞個路，就能找到他了。能辦到的話，將會是我當時最大的喜悅。

在授勳後住在特製列車上期間，我常常聽到他們在討論前線傳來的報告。尤其黨衛軍第四裝甲軍軍長吉勒將軍（Herbert Gille）經常打電話過來。他的部隊已經恢復了戰力，並且正在東線

---

4 編註：自納粹黨上台以來，德國國防軍一直十分反對改用納粹式舉手禮（也稱希特勒式敬禮），然而這並非絕對。一九三三年九月，威瑪共和國國防部（Reichswehrsministerium，直譯為國家防衛軍部）發佈的規定中，要求軍人與文職人員在演奏國歌及納粹黨黨歌，以及與國防軍內外人員在非軍事場合碰到時應使用納粹式舉手禮。然而由於傳統的敬禮方式原本就禁止在未配戴帽子或頭盔的場合使用，因此國防軍在許多狀況下仍須使用納粹式舉手禮。一九四四年七月，史陶芬伯格上校刺殺希特勒未果後，納粹式舉手禮正式成為國防軍唯一的敬禮方式。

北側主戰線後方不遠處擔任預備隊，這個消息對我來說無疑特別有意思。我軍發現俄軍在這個地區集結了大量兵力，準備發動大規模攻勢，最後以佔領柏林為目標——西方國家禮貌性的停在原地，讓俄軍能先拿下柏林。

然而希特勒實在配不上他那「最偉大的最高統帥」的名號。不論如何，他在當時下的指示，都實在是太不幸了。舉例來說，他在俄軍發動攻擊前不久，把北側戰線的裝甲師都撤走了，移去我方即將發起攻勢的南邊。根據希特勒的計畫，這波攻擊應該能使俄軍分一部分兵力到南邊，使他們分散兵力。但俄國人不肯幫這個忙，伊凡會上當誤入這種戰術騙局計謀的時代已經過去很久了。而且很遺憾的，俄國人知道我們處於怎麼樣的境地。但不管怎麼樣，那幾個師都被運往南邊，並受命立刻發動攻擊。

這麼做的結果，就是有時候步兵在沒有戰車支援的情況下先行攻擊，有時候則是相反，都讓俄軍能夠輕易打勝。俄國人完全沒有想要從北方把部隊撤走，我們在南方的攻勢則被擊退，而這幾個師也大部分遭到殲滅。

雖然此舉違背所有戰略與行動準則，但吉勒將軍還是得待在主戰線後方。這使得他的第四裝甲軍在俄軍突破防線後無法向前展開。第四軍在俄軍第一波進攻中遭到突穿，並且陷入撤退時的混亂局面，這使得他們再也無法影響戰局。若是吉勒與其他指揮官的請求獲准，把整個第四軍移動到更後面作為預備隊，那這些裝備精良的弟兄一定可以阻止俄軍。之後無法再攔住敵人的推進，俄國戰車的前鋒也在一月時出現在庫斯特林（Küstrin）的大門外了。

這時候，我已經對薩爾茲堡附近地區知之甚詳，正在等待回到野戰醫院去。三天後，兩位想開車前往柏林的親衛隊軍官載了我一程，我很高興不用再搭長途火車了。

還有一件好事，我有機會到柏林的陸軍人事處去，但之後行程就只能搭火車了。從薩爾茲堡經慕尼黑前往柏林的路上，我學會了享受平常不怎麼喜歡的汽車收音機。從收音機可以收聽哪裡有低空飛機出現的消息，有些人是靠著這個才躲過攻擊。只要有說低飛的飛機出現，我們就會開到高速公路的橋下，等著他們的離去。

第三十一章
工廠有叛徒

我們在哈勒（Halle）的高速公路出口，離開了從慕尼黑前往柏林的直達路線，並繞了一小段路前往洛伊納（Leuna-Werke）的合成油廠區[1]。親衛隊的軍官在那裡和工廠高階工程師開了個會。記得沒錯，這次會議的主題，是要將部分製程移到地底下，而這個措施仍然遇到了不少技術上的困難。

參觀洛伊納廠區對我來說十分有趣。一如大家所知，燃料工廠道理上會成為敵軍轟炸的目標。然而這並不能合理化敵軍在恐怖轟炸的過程中，將炸彈毫無道理地丟在城市的住宅區。在和洛伊納的幹部談話之間，我發現只有部分的生產作業恢復時才可能遇襲。如果工廠已經癱瘓了，那敵人就會等待，直到日夜孜孜不倦工作的男女工人將工廠部分修復、恢復生產為止。等到這個時候，基本上可以期待工廠會在第一個工作日的晚上再次被炸成碎片。由於敵人不可能憑空編出重建的精確時程，大家都很清楚這代表工廠裡有叛徒。即使採取了各種預防與監視措施，都還未能找出這些人。

工廠上空四周一望無際飄放著防空氣球，但美國人的飛行高度通常都使得這些氣球一點用處都沒有，防空砲的效果也差強人意。敵軍機隊來襲時飛得這麼高也有好處，這樣一來擊中工廠的機率就會低得多了。然而，美國人也知道自己的攻擊「效果」如何，他們因此會持續飛來，直到炸彈成功擊中目標為止。

在我們來訪當天，生產才剛重新開始，為此廠方建議我們盡量在天黑前離開。但訪視還是比原訂的久了點，當敵機出現時，我們才剛上高速公路，因此想認證人們所說的是否屬實。我們停在下一處地下道旁，看看美國人是不是又再一次料對了。那個景像極之可怕，遺憾的是，工人說的完全正確。轟炸機把炸彈全丟到廠區，敵軍這次大概不用多飛一次任務了。毫無疑問，他們表現得很好，工人則忙得像蜜蜂，不顧一切繼續重建工廠的一部分。光有這樣的正向意念與努力是不夠的。諸如其他地方那樣，他們當中有叛徒，敵人只要幾分鐘時間就能徹底毀掉努力的成果。

1 編註：洛伊納工業（Leuna-Werke）以其工業區邊緣的洛伊納市命名，過去曾是戰前的德國與東德最大的煤碳液化產業龍頭，而其主力生產的合成石油，在戰時為推動德國戰爭機器的重要核心關鍵之一，也是盟軍在戰略轟炸中亟欲破壞的目標。

第三十二章
浩劫逼近

前往柏林的路上安全無恙。我住在那名提供自用車載我一程的親衛隊軍官的公寓一晚。隔天早上，我馬上前往陸軍人事處，打算從他們手裡弄到返回原單位的調令。如同拜訪希姆萊時，把我那根「老弗利茨拐杖」留在門外，但還是無法拿到立刻回到前線原單位的命令。我想避開補充營，但人事官不肯通融，他們很有禮貌且堅定地拒絕了。

我搭火車前往威斯法倫（Westfalen）回到野戰醫院，已經不是林根那裡了。我安排轉到叔叔當主治醫師的那間，希望這樣可以更加順利。同時，這就跟「和家人在一起」沒有兩樣。我在醫院受到熱烈歡迎，他們交代我抵達以前發電報過去。如果以為我真會這樣做，那就太不了解我的個性了。管廚房的修女幫我烤了一個三層奶油蛋糕，我們在氣氛融洽之下開了慶祝會。待在這兩家醫院期間，我對天主教修女所提供的食物知之甚詳，可以說，每位傷兵都對這些食物表現雀躍。舉例來說，即使是在一九四四年的耶誕節，每個野戰醫院的傷患都還是能吃到半隻雞。注意，是「每一個」傷兵，不像某些滿心怨恨的傢伙所宣稱，只有「軍官先生」有！這些厲害的修女做到了超乎常人的事，醫院一如想像，早已超過了正常的負荷，叔叔幾乎一整天都在開刀。

本地區黨工們無論如何都堅持要在電影院幫我辦正式的慶祝會，並邀請一般民眾參加。我當即告訴他們，我對這樣的活動完全沒有興趣，尤其戰爭發展到這個階段，民眾們都有別的事得擔心，他們最好不要期望我會出現。「英雄歡迎會」便改成在一家旅館的連通房裡小規模舉行。來的人只有野戰醫院的戰友和叔叔的朋友。黨的分區領袖（Kreisleiter）也帶著部下來了，在我講完致謝詞之後，便相當高調地離開了。一定要強調，就是當我在演講中簡述我眼中觀察到的戰況的那個時候。

於此期間，敵軍正在步步逼近我們國家的西部邊境。到了十二月，看見塞滿行囊，應該是從前線拉回來的車子，出現在威斯法倫附近。當收到報告說美國人在他們身後只有幾公里距離的時候，弟兄們多半都很興奮。無疑，所有人對這種事有各自的想法。這會變成什麼樣的結果？如果西線所有掉隊的散兵游勇都已經撤到這麼後方了，盟軍很快就會攻到萊茵河了。

同時，西邊地區已經下令撤離，我利用這個機會在耶誕節後再次短暫的去探視母親，並幫忙她從家裡多帶走一些東西。

回程時，我又一次繞路前往柏林，看看有沒有任何機會可以前往東普魯士，在這期間我的舊部已經到那裡了。我寫信給弟兄們，說我能好好走路了，並且覺得已經夠強健，可以再次回到前線，但又受到了補充營的阻撓。我在十二月二日收到回覆：「少尉先生，以您的傷勢，光是還活著、不必在下一次人口普查時缺席就已經夠幸運了。我們什麼時候可以再次看到你出現在這裡呢？這肯定會是本連最棒的耶誕節禮物。」當然，我的想法跟那些了不起的同袍是一樣的。

當陸軍人事處通知我，已經沒有任何機會可以去東普魯士時，我深覺難過。那裡的部隊都已經要撤回來了，因此派我過去沒有任何意義。相對地，我要去帕德伯恩報到。那裡剛編成的部隊缺少擁有前線經驗的軍官，而我可以在那找到一個令人滿意的職務。

我當然對此很失望，然後轉去拜訪我的弟弟，他在克蘭普尼茨（Krampnitz）接受候補軍官訓。當我抵達時，大家都很興奮——學員正準備要前去佔領柏林四周的陣地。我很幸運，因為再過一天就見不著弟弟了。幾天前，俄軍已經出現在庫斯特林。佛羅莫上尉（Fromme）趕緊用所有可用的訓練戰車組成一個營。要是我早一天出現，就能馬上接手一個連，因為那時還沒有合適的軍官。佛羅莫上尉是一位堅毅的老軍人，我先前就已經認識他了。據說他在承平時期有一次在酒後，因為意見不合攻擊了指揮官，結果就被降級了。這位拼命三郎在戰時再次成為軍官，並從最低階做起，於一九四一年得到了騎士十字勳章。佛羅莫在庫斯特林向俄國人表達了一件事——通往柏林的路還沒有一路暢通。他擊潰了俄軍的裝甲矛頭，阻止了俄國佬以奇襲攻下奧得河（Oder）的意圖。

回到醫院，我趕快打包行李離開，依令前往帕德伯恩。

當地補充營指揮官想要我馬上接手一個訓練連，我說自己不太有信心能訓練一個三百人的連，並想調到一個剛編成的戰鬥單位去。他聽了不高興，我想起希姆萊給我的文書。當我把文書拿給他看時，他放棄了。之後我只能乾等，直到找著合適的職務為止。

五〇二營三連在列昂哈德上尉的指揮下撤出了蘇聯，這時已經到了瑟內拉格（Sennelager）[1]。連上收到了新式的「虎王」戰車，正準備投入作戰。我在那裡遇到了保修隊官兵與戴爾采二等士官長，他仍然以充沛的精力領導著大家。我還在戰鬥單位中看到了熟悉的老面孔，茲維提二等士官長當了車長，魯威戴少尉則是排長。如果能調回舊部，我會有多開心，本連還有希望被調回東線的營裡去。但補充營營長壞了我的盤算，我們快要鬧翻了。

這時所有事都完全是瘋狂的狀態了。補充營的所有人都依照這句非常可疑的銘言過活：「享受戰爭吧！和平很可怕！」

這種完全依照「我們死後只有洪水！」（Après nous, le déluge）[2]原則的頹廢與各種無意義的狂歡，令我十分厭惡。我不是唯一對他們的做法有意見的人，但這樣的人也不多。這裡的浩劫已經若隱若現了。不論如何，顯然我不會在帕德伯恩待多久了。

1 編註：瑟內拉格位於帕德伯恩市郊，當地在自十九世紀末開始，即作為軍事用地，設有軍事基地與演訓場。

2 譯註：原文「Après moi, le déluge」（朕死之後，洪水滔天），出處尚有爭議，據傳是法王路易十五或其情婦龐巴度夫人所言，這句話有不同的解釋，作者在此採用的，是對死亡後發生的事情漠不關心、揮霍無度的意思。

第三十三章

魯爾包圍區

謝爾上尉（Scherr）是五一二「獵虎」營營長。很感謝他接受我在他之下當連長。傷兵弟兄們肯定對我很失望，雖然這些人無所事事，但補充營營長嚴令禁止他們轉往前線。我後悔沒能留下這些對我十分信賴，又受過戰火考驗的弟兄。經過大量的努力之後，我至少讓「老盧斯提」過來當我的私人駕駛。

我們的裝備狀況相當複雜。獵虎式是從林茲附近聖瓦倫丁（St. Valentin，Linz）的興登堡工廠（Hindenburg-Werke）運來的，可是車上的主砲卻來自布雷斯勞（Breslau）[1]。俄軍已經推進到當地的西邊了，我們只可以為三十輛突擊砲[2]裝上主砲。每連只有十輛車，這樣也夠了，也沒人力去操作更多的車輛。彈藥是從馬德堡（Magdeburg）過來的，負責運送彈藥的部隊，在每次停下來時都會以無線電回報。這些人的投入，對最高統帥部來說就是這麼重要！戰車以鐵路運送到帕德伯恩，各連就在附近的瑟內拉格集結。我們是否被當成拯救德國的秘密武器？

由於戰車的零件存放在維也納附近的多勒斯海姆（Döllersheim），我必須在帕德伯恩和多勒斯海姆之間的一千公里來回奔波。面對敵軍在晚間的持續空襲可一點都不好玩，雖然我開著燈火管制車燈，但和平民之間還是發生了很多問題——他們覺得自己受到威脅。但我要是每次空襲停下車來等待一切安全之後，我怎麼可能到得了那麼遠的地方呢？

期間我行經卡塞爾（Kassel）時，又走了一次好運。我們人在城裡，突然警報響起，大家躲進防空洞。很不幸，跟資深行政士官的處事方式完全不同，連隊資深士官里格不顧一切，請求下車要躲到碉堡裡去。我不管他的阻攔，踩下油門開往市區邊緣。才剛通過平交道，那些自稱「要來解放我們的人」已經把炸彈丟下來了，還好地毯式轟炸是從我們右邊開始。資深行政士官想要下車的那個地區變成了一片廢墟。我又一次受惠於我的第六感，慶幸自己沒有採納資深士官的請求。

我們在瑟內拉格校正突擊砲時，遭受到第一次挫敗。重達八十二噸的獵虎戰車，不太想照著我們希望的方式行動。它只有裝甲稍微令人安心，但機動性有許多改善空間。更何況它還是突擊砲，沒有旋轉砲塔，只有一個封閉式的裝甲戰鬥室。每當想用比較大的角度指向目標時，就一定要移動整輛車才行。也因此，變速箱與轉向差速器很快就會壞。在戰爭的最後階段偏偏造出一台這樣的怪物。獵虎式長達八公尺主砲的行軍鎖勢必要有更優良的設計——接敵的時候居然得從「車外」解鎖。

行軍時把砲管固定住當然是必要的措施，否則砲架很快會磨損，因而無法精確瞄準。除了這

---

1 譯註：戰後隨下史雷吉恩（Niederschlesien，英文為下西里西亞 lower Silesia）一同割予波蘭，現為波蘭城市弗羅茨瓦夫（Wroclaw）。

2 譯註：卡留斯在原書中稱之為突擊砲（Sturmgeschütz）或戰車（Panzer），實際上德軍將「獵虎」歸類為驅逐戰車（Jagdpanzer）。德軍的驅逐戰車發展與早先的突擊砲息息相關，分類與功能上亦有曖昧之處，如「腓迪南／象式」（Ferdinand/Elefant）重驅逐戰車最早即稱為突擊砲，而前線士兵亦經常不在意其分別，使用舊名去稱呼這種武器。因此作者在此仍以突擊砲，甚或戰車來稱呼手邊的獵虎式重驅逐戰車並不令人意外。

些問題，戰車兵乘坐在突擊砲時，總是不自在。我們希望自己的武器能夠三百六十度迴轉，否則會沒有安全感或戰術優勢，覺得被人緊緊盯著。

校正過程中，塞普・莫瑟准下士（Sepp Moser）幫忙在鄉間擺好了目標。他來自帕紹（Passau），是個身體強健、忠誠之人，在保修隊，和本營第三連一起從俄國撤回來，並在帕德伯恩被重新編組進來。只要事情交到塞普手上，就一定會完成。

莫瑟在軍隊開的是牽引車，但過去在民間則是在帕紹開啤酒卡車。他的太太幫他簡短應付所有的來往書信，不然鋼筆大概會寫到斷掉。我聽一位戰後在帕紹見過塞普的戰友說，他對現在的生活很滿意。他很自豪地說，每週都能免費收到三十公升的啤酒。這位戰友很驚訝地問他，打算拿這麼多啤酒做什麼，然後得到了一個十分經典的答案：「不管我還需要什麼，我都得自己去買！」賽普用令人感動的方式協助我校正好戰車。

我們什麼都打不中，沒多久就受夠了。最後請軍械士來檢查，之後就好轉了。我們發現，獵虎式過長的主砲，只要在越野行駛一小段路，震動就會造成主砲的瞄準線與光學瞄準鏡不再一致而失準。這實在是好極了——都還沒見到敵人，東西就開始零零落落！

我的連是第一個上鐵皮的。在最後一天晚上，我再次給予戰友們夜間休假，隔天早上又驚又喜地發現居然一個人都沒少。目的地是錫格堡（Siegburg）火車站，其實像這樣幾近於恐慌的匆忙行動，是可以理解的，我們知道美軍安然佔領雷馬根橋（Remagen）以後跨越了萊茵河。雖然當時一切已經徹底陷入混亂，但我們還是把所有東西都完整集中在一起了，這可是了不起的成就！

我們有三列運輸火車可用，上鐵皮的過程一切都依計畫進行。所有的戰車都在瑟內拉格集結，但敵方的空軍卻不知為何沒有攻擊火車站。我比較喜歡乘坐自己駕駛的車子在部隊抵達以前先行偵察新的作戰區。因為有低飛的敵機出現，運輸火車只好在晚上啟程。我開著水桶車沿鐵道不斷上上下下，確保火車不會被困住太久——鐵軌常常被煩人的敵軍戰轟機破壞，防空體系已經不復存在了。此外這裡還瀰漫著一種很奇怪的觀點，用一句話來形容，就是：「不管做什麼都不要開槍！敵軍飛行員可能會發現我們的陣地！」敵軍戰鬥機可以在光天化日之下，於我們頭上肆無忌憚地繞圈子，這點讓我十分憤怒，卻沒有任何方法可以保護自己。敵軍的空中優勢實在太可怕了。

火車白天會待在隧道或保護用的陡峭邊坡內，但這些地方也不全然是安全的。野戰廚房還沒跟上，所以我得一人分飾多角——駕駛、軍需官、運輸官、連長——像個萬能女雜工，依當下的情況而定。我偶爾可以替部下張羅到熱食。倉庫裡有充足的燃料和口糧可以取用，但這些東西不是落入美國人手裡，就是遭到毫無意義的無差別破壞。

當總算確定第一波運輸隊會在早上來到錫格堡時，我先驅車出發。我發現洋基佬的火力已經可以打到卸貨坡道的位置了，這表示接下來將會很精彩！

在錫格堡來回找了好久，總算開心讓我找到前五〇二營的指揮官施密特少校。他現在指揮著「西線裝甲聯絡參謀部」（Panzer-Verbindungsstab West），見到我時非常驚訝。當施密特少校告訴我，他不知道接下來會發生什麼事，我們又應該要去哪裡部署時，我不得不坐下來喘口氣。接著下來發生的事情又更絕了。舉例來說，我的機車傳令出現，並且相當自豪地回報，第一列火車正在杜伊斯堡（Duisburg）卸貨。它本來應該要開到錫格堡的，現在卻停靠在杜伊斯堡！一定有什麼陰謀在發生！我命令那個傳令兵，叫他擠出那輛機車的全部馬力，務必趕在火車空車離開之前趕到杜伊斯堡。我要上哪裡才能再找到用來裝戰車的鐵皮車？傳令趕上了，火車確實在隔天晚上抵達錫格堡附近。

同時，施密特少校盡力聯繫上所有附近的單位和參謀。連B集團軍司令莫德爾元帥都不知道我們準備要部署在他戰區內。我接到命令，要在戰車到達後向元帥報到。

等待的同時，我總算想要好好睡個覺，誰知道我什麼時候才能再次處於平靜呢。才剛躺在木床上就有一個衛兵出現，說黑爾德中尉（Held）找我。我的睡眠就這樣沒了！黑爾德是我還是新兵時的排長，自一九四一年之後就沒有見過面了。很高興能和舊識閒話家常，兩個人就這樣天南地北聊了一整個晚上。

由於受到非常猛烈的攻擊，戰車無法在錫格堡卸貨。我們將第一列運輸火車停在隧道內，直到天黑後才把車輛卸到道路上。沒有任何一輛輪式車輛可以行動，它們的輪胎都被射破了，花上好幾天才把這些對補給作業至關重要的卡車勉強恢復運作。

由於美軍已經跨過高速公路推進，我們再也不可能涉入在雷馬根的戰事了。美軍一定很感謝希特勒打造了這麼棒的高速公路，如果我們在朝蘇聯進軍的時候也有這樣的路就好了，這樣就能開進莫斯科，不必陷在泥巴裡。

這個時候，我在拜爾林將軍（Fritz Bayerlein）節制之下。我的第一排在主戰線正後方的一小片樹林進入作戰位置。我很少坐進戰車了，現在各輛突擊砲都分別派在整個軍的防區內。我必須不停地從一個排開車前往另一個排、從一輛戰車開往另一輛，以及從一個團到另一個團才能指揮作戰。這個距離沒多久就不會那麼遠了——魯爾包圍圈一直在縮小。

這段期間發生了一件事，讓我見證到我軍官兵的士氣到底是有多低落。副連長當時正坐在我的獵虎式裡，於上述提到的那片樹林裡巡邏，並且帶上了我的車組員。突然，駕駛盧斯提在原本往主戰線的半路上折返回來——心想事情不太妙。好傢伙上氣不接下氣，要先停下來喘口氣才能向我報告發生了什麼事。他的第一句話就把故事說完了：「我差點動手打了車長！如果我們人在俄國，他早就死了！」他接著解釋事情的經過。他的戰車和另一輛獵虎在良好偽裝下，埋伏在林線旁。大約一點五公里外，一列長長的敵軍戰車縱隊從他們前面開過，盧斯提當下認為車長一定會下令開火了。不然我軍戰車為什麼要出現在這裡？但長官卻拒絕開任何一砲，車組員開始激烈爭論起來。這個奇怪的軍官是這樣說明不開火的原因——如果開砲，就會曝露自己的位置，然後就會引來戰轟機！

簡單來說，雖然這個距離對我們的主砲非常理想，卻一砲都沒有開，反觀此時的敵軍根本沒有機會能對我們的獵虎造成任何威脅。

這個奇怪的傢伙不開砲還不夠，過沒多久還下令戰車往後退出樹林。他這麼做才真的曝露了自己的陣地，不過很幸運，當時天空中沒有敵機。他往後溜走完全沒有通知第二輛獵虎的車長，後者立即跟上，然後兩輛車彷彿後頭有惡魔追著跑般逃走了。當然，這附近一個敵人也沒有！由於經驗不足的駕駛大意，第二輛車也很快跟著故障。這位「無畏無懼」的中尉一點也不擔心座下的戰車，固執地繼續前進，直到自己的戰車也故障為止。至少第二車的二等士官長炸毀自己了的戰車。

盧斯提徒步離開，還堅持要我把他的報告轉達營部。但戰爭發展到這個階段，已經沒有理由這麼做了。大家都必須決定，究竟是要舉止得體，還是要像個害群之馬迎接戰爭的結束。好幾百個分別來自不同單位的士兵躲在森林各地，等待結束的到來。部隊完全沒有士氣可言了。

✠

我到錫根（Siegen）去找營部，好向長官報告近況。在我進入營部當下，全場充滿著恭賀之聲。看來有傳聞說是我的部下擊毀了大約四十輛敵軍戰車。我讓他們全都醒過來，告知我們連一個美國人都沒有解決，然而卻有兩車全損。只要這裡能有兩三個我在蘇聯的舊部車長和車組員，說不定這樣的傳聞就會成真。我的每個老戰友肯定都很想對著這些「逛大街」的洋基佬開砲。畢竟五個俄國人就比三十個美國人還要危險，我們才部署到西線沒有幾天，就已經發現到這一點了。

同時也很清楚，我們已經被包圍了，「魯爾包圍圈」儼然成形。

莫德爾元帥想及時投入所屬所有兵力在馬堡（Marburg）突圍，趁還來得及逃出包圍網。這件事一點也不困難，但最高統帥卻有不同的看法，並命令我們在包圍區裡盡量守得越久越好！我們的撤退路線沿著錫格河走，一路經過艾托夫（Eitorf）、貝茲道夫（Betzdorf）和基興（Kirchen）。錫根是第一個目的地，應該要守住這裡久一點。行軍過程中，已經有幾輛戰車故障了。縱然有想把事情做好的心，但山區地形讓缺乏經驗的年輕駕駛無從駕馭。他們確實態度不錯，但既沒有重型車輛的經歷，也沒有受過足夠的訓練。

第三十四章
混亂擴大

不論去到哪裡都是一團混亂。道路完全塞住，車輛在掌控了天空的低飛敵機面前都是待宰的肥羊。上級長官通過空投傳單，呼籲平民放下財產與家園，跟著部隊往後撤退。但只有一小部分人聽從。

我們推測，新型的太奔毒氣將被投入實戰。但軍方大概會避免去使用它，我方平民會被這種武器殲滅——它已無法對戰爭做出任何改變。大多數平民還是待在家裡，期待美國人的到來。他們當中只有少數人相信「解放者」那一套愚蠢的童話，那些轟炸過後的廢墟就是最好的證明。但所有人都渴望接受無可避免的結局，而不是繼續冒著危險、承受恐懼。畢竟這裡沒有令人害怕的俄國人，不必像東邊的可憐人們，在恐慌害怕之中，於冰天雪地逃跑。

我們日以繼夜地前進，不斷受到戰轟機與轟炸機追殺下終於到達錫根。雖然白天都把戰車藏在穀倉裡或是枯草底下，但還是有兩輛被敵軍戰機重創，失去作戰能力，必須棄車自毀。我真羡慕這些戰友，他們不需在西線的最後幾週繼續共同體驗沒有希望的戰鬥！

不久後，我在錫根找到一個理想的陣地，就在營區旁的高地上，那裡有很棒的射界，可以穿過樹林裡的稀疏通道，打到錫格河另一邊沿著河谷延伸過去的街道上。我們在這裡等著美國人，卻沒能取得任何戰果——就算是待在戰車上想避開更多的失敗。洋基佬在這裡找到了盟友——平民。後者躲在另一邊山坡的坑道裡，在美軍車輛進入我們的視線之前，把對方擋了下來。我到今天依然困惑，這種事情在別的國家到底有沒有可能發生。

之後，本連往魏德瑙（Weidenau）方向後撤，去警戒當地的反戰車壕，指揮所設在一處工廠的防空碉堡內。我從一個平民口中得知，有部分民眾正與敵人合作，但有部分是站在我們這邊。我完全可以理解民眾已經厭倦了戰爭，但我一開始還是不太能接受自己的同胞會背叛國家而投敵。剛開始，我們還會對民眾放行跑去洋基佬佔領的地方去拿點東西，並且不會對回來的人做任何檢查。但很快發現，美國人總是對著我軍戰車的所在位置開火，不論他們能否看得見目標。從那時起，我們就把主戰線給封死了。

水桶車幾乎都壞了，有一晚我們決定要從美國人手裡搶過替代品，沒有人會認為這是什麼值得一書的英雄事蹟！洋基佬晚上都睡在室內，這正是「戰鬥士兵」該做的事。反正又不會有人去煩他們呢！外面最多只有一個衛哨，但只限天氣好的時候。只有在我們的部隊後退、他們向前追擊的時候，雙方才會在夜間開打。如果真有一挺德軍機槍開火了，他們會叫空軍來支援，但飛機要隔天才會出現。

我們四個人在午夜左右出發，沒花太久時間就牽回兩輛吉普車，這種車不需要鑰匙真太方便了。只要打開一個手桿，車子就可以發動。回到防線之後一陣子，洋基佬才開始瘋狂地對空鳴槍，大概是為了安定自己的情緒吧。如果夜晚夠長的話，或許還可以把車輕鬆開到巴黎去。

隔天，我們計畫在魏德瑙東邊附近發動一波小規模攻擊，目的是要搶下一座高地，敵軍可以從那裡把我們的陣地看得一清二楚。我手邊沒有步兵，儘管周圍有很多「步行的死老百姓」（Fußvolk）[1]。這些人的作戰意志已經消耗殆盡，還拿他們什麼辦法呢！敵軍的宣傳實在太成功了。

此外還有別的因素，這些部隊駐在法國太久，他們對敵人及被俘的恐懼，相較於東線實在天差地遠。每個人都覺得「有到終點」就好，抵抗意志蕩然無存。當我們在包圍圈裡被圍得越來越緊時，在伊瑟隆（Iserlohn）遇到了成群結隊的前德軍士兵。根據他們手上的文件，這些人都已經正式從國防軍除役了。有位聰明的城防司令，顯然以為美軍會上當。但目前來看，敵軍已經抓補從中學生到足以當爺爺的人，他們認為每一個德國人都可能是罪犯。事實上，他們對德國的仇恨，比我們的任何宣傳所講的都還要誇張，就連現在的那些庸俗不堪的罪行故事都無法改變這個事實。

我們派四輛戰車執行上面提到的「小規模」作戰。雖然我不認為會成功，但無論如何該讓洋基佬了解，戰爭還沒有結束。關於這點的唯一證據，就是外頭那些廢墟，敵軍大概還因此而引以為榮呢！我們已經習慣了像俄國人那樣的對手，比較過兩者之後很是驚訝。整個戰爭期間，就算真的風平浪靜，我也從沒見過軍人可以這麼散漫。然而，光靠我們又能做到什麼程度呢？往南前進幾百公尺，來到了我們的攻擊目標。我終於認出了一輛敵軍戰車，它疾駛到一間屋子後面，然後就消失了。我想試試我們的一二八公厘主砲，對準那間屋子射出一發延時引信砲彈，試試運氣。砲擊的結果顯示出這門砲的驚人貫穿能力，第二砲就把美國戰車打成火球了。可是戰爭都這個階段了，最棒的武器又如何！現在美國人都醒了過來，當真有人對他們開火了！很快就遭到猛

1 編註：對步兵的一種古老俗稱。

烈砲擊，轟炸機也現身來「懲罰」我們，幸好沒有人員傷亡。由於沒有步兵可以佔領新的防線，天黑之後，我們退回到舊有的防線去。我的其中一輛戰車開進了彈坑，就此卡在那裡，無法動彈。

第二天，命令要我將突擊砲往北稍微後撤，進入更好的陣地，並對道路實施警戒。接近午夜，我要弟兄們出發，自己也開著水桶車跟上。就在我要超越車隊時，一股可怕的爆炸使空氣為之震動，一切都停頓了。我看到一輛戰車起火燃燒，車組員們跑進田野，認為可能有美國人滲透過來了。我當下馬上懷疑這種可能。美國人在晚上出發來攻擊戰車！而且是走路過來！不，這種事絕對不可能！

全部人都就位掩蔽，並且將武器準備好。接著有一些人影出現，我認出那是德國頭盔，有些甚至還是第一次世界大戰的樣式。勇敢的弟兄們小心前進，直到我用德文打破沉默呼喚他們。原來眼前的是號稱「最後的預備隊」的國民突擊隊（Volkssturm）！他們以前從沒看過德國的重戰車，因此深信自己面對的一定是「可惡的敵人」。最後他們其中一人鼓起勇氣發射了鐵拳（Panzerfaust）反裝甲火箭。最後雙方人馬都得以全身而退。

最後，莫德爾元帥終於下達了讓我歡欣鼓舞的命令，要我把獵虎式戰車運到烏納（Unna）去。我不停地向他抱怨這裡的射界不理想，希望能在烏納與韋爾（Werl）之間的開闊平原找到我要的射界。

當美國人在魏德瑙突破防線時，我們還在古美爾斯巴赫（Gummersbach）上鐵皮，這樣要怎麼離開。每個小時都有敵軍的戰鬥轟炸機攻擊鐵路線，火車司機也不願意去開這趟車，弟兄們只好親自駕駛火車頭。先遣部隊駕著一輛小型柴油機車頭前進，檢查鐵軌是否仍然完整，鐵路路基的狀況每小時都可能出現變化。

如果是俄國人的話，根本不會給我們時間做這種事！看看美國人花了多久才肅清這個幾乎沒有抵抗可言的包圍圈。換作是裝備精良的德國部隊，最多八天就能輕鬆解決整個魯爾包圍圈了。

我趕忙和偵察排一起前往烏納，去看看當地的地形和作戰的機會。很遺憾，我想找的有利射界在當地所剩無幾了。敵軍從東邊襲來，已經佔領了韋爾。

第三十五章
奇怪的城防司令

我在烏納市由當地的城防司令所指揮，各部隊指揮官都應該要聽從他的指示，但大家幾乎沒有在管這個自以為是偉大將帥的先生。不論如何，我還是得向他報到。城防司令的指揮所在國道二三三號以西、魯爾快速道路（現在的聯邦四十號高速公路，Bundesautobahn 40）的南邊一個營區用地裡面。最後總算找到了坑道的入口，往下走三十階階梯，就會走入位於深處的地下室，這裡之前大概是拿來當防空地堡吧。地面上有一個非常年輕的哨兵，他非常認真看待自己的工作，一開始不願意透露任何訊息。但最後還是確認，總部就在裡面。我在地下室再次通過一條黑暗的走廊，讓一名哨兵帶我去見「老大」。門打開時，我簡直不敢相信自己的眼睛。

房間裡有一張大桌子，上面鋪滿地圖，好幾位親衛隊軍官圍坐在桌邊、身上穿著整齊漂亮的制服，外觀十分優雅、乾淨，每位先生面前都有一個利口酒杯。簡單來說，這可真是獨特的指揮所！

我向他們報到，並且報告了我的兵力狀況。指揮官以守舊正統派[1]特有的口吻，向我說明狀況，在地圖上指出他在烏納周邊據守陣地的位置、麾下有多少兵馬、烏納的防禦建得多麼堅強、多麼難攻不破。我的七輛獵虎當然也馬上被放上了地圖，真不知道該哭還是該笑。他們給我的陣地是在一處鐵路堤後面，不僅無法射擊，視野也不超過五十公尺。最後我還是駕車離開到郊外去選擇自己的據點。對於我的反對，這個「在地大人物」很樂觀地說：「年輕人！我想你很快就會找到解決的辦法。目前的攻擊威脅，主要來自東邊和東北邊，我們很快就會讓美國人看看誰比較厲害了！」

我保持敬意地說了聲「報告是！」後，便出外呼吸新鮮空氣了。在打開大門的那一刻，那個年輕衛哨激動地跑了進來報告道：「XY區砲彈觸地。」

我在外面問了衛兵有關於他的職責。根據他的說法，他必須立刻報告每一發砲彈或炸彈落地的位置。「統帥」永遠不會上樓，連上廁所都沒有，他只優雅舒適地用電話指揮調度。這和我們在東線看到的黨衛軍部隊真是太不一樣了！至少我現在明白，我們在這裡可以按照自己的方式打這場戰爭了。我只需要注意的，就是這隻「怪鳥」不要在我不知道的時候離巢就好。

我將兩輛戰車安排在可以掩護魯爾快速道路的地方，剩下的部署在烏納北邊的外圍，朝著卡門（Kamen）方向。我的指揮所設在後者附近一間屋子的客廳裡。城裡幾乎沒有平民了，我們佔據的屋內還有一位小老太太，她把我們照顧得很好。我幾乎不停地四處奔走以掌握狀況，如此我們才不會意外落入包圍。

第二天，敵軍戰車開始對城內開火，但距離非常遠。我從指揮所驅車前往軍營，看看「烏納要塞總部」的氣氛如何。備感挫折的「拿破崙」馬上找上了我：

「洋基佬真是前所未有的無恥！就這樣用戰車對著城內轟。防空砲塔（Flakturm）上的觀察

---

1 編註：德文 Routinier，意為墨守成規、呆板不知變通的人。

哨報告，說這些傢伙開著戰車一排排往開闊地移動！」他還建議我也爬上防空砲塔看看「敵人手中握有什麼牌。」司令因為骨折了，不能爬樓梯，走路也需要拐杖。

我確實對洋基佬的戰車感興趣，便爬上了防空砲塔，馬上看到二十輛左右的敵軍戰車，排成整齊的一小排，距離大約兩公里半。他們偶爾會對市區齊射一輪。我心裡想，必須得讓這些人知道，我們可不是手無寸鐵的。如果他們大老遠從「大池塘」[2]的另一邊跑來，還得忍受這麼多不必要的恐懼，那他們至少回去之後得要有挨一發實彈的經驗可以講吧。我們德國人就是這麼壞！

我希望我們的「拿破崙」也能參與這場小行動，反正骨折在我的戰車裡又不礙事，於是我折返指揮所去邀請司令。他當然沒辦法說不！我們用從魯爾快速道路撤回來的兩輛獵虎開往營區東邊的一小片高地，那裡有非常好的視野可以好好觀察敵人。可惜我在開火時才發現，洋基佬其實距離至少有三公里遠。我們的火砲花了很久才打得準了一些，這段時間敵軍戰車已經躲到附近的一小片樹林裡，並且想當然爾很快就要求火力支援，攻擊我們這支「優勢兵力」，敵軍旋即以相當不友善的火力砸上了高地。其實我在那裡沒有什麼其他目的，身為慷慨大方的主人，只想讓司令先生至少體驗幾發在近距離著地的砲彈而已。命中要害的機率很低，因為洋基佬是用長程砲火攻擊，但造成的心理壓力卻比我預期的還要大。我們的「領袖」兼大戰略家就這樣跑回了自己的碉堡，還忘了把拐杖給帶回去！

我把兩輛戰車都留在那裡，並將它們部署在營區南邊的墓園朝東邊警戒。組員們相當努力地偽裝戰車，我還一直催促他們快一點，因為附近有一架載著砲兵觀測手的「活靶」[3]在空中四周繞飛。若這是真格的戰鬥，這種和費斯勒鸛式聯絡機相似的飛機一定會馬上遭到擊落。但我們在這裡既沒有戰機也沒有防空砲，它們便可以四處亂飛，不必冒著被擊落的風險，同時精準導引砲兵火力。只要我們用機槍對空射擊，洋基佬馬上就會消失。

我在魯爾包圍圈的戰鬥中看過兩、三次的擊落，但僅僅是剛好打中而已。事實上，對那些飛機來說，在戰爭的最後幾週期間，敵軍的上空是完全不危險的。那架「活靶」發現了我們，不久就有一發砲彈飛過，落在我們後方一百五十公尺左右的地方。

我大喊：「趕快上車！」但年輕人根本不聽。他們沒有經驗，不相信當中的危險。第二發砲彈落在我們前面約八十公尺，接著就是敵方整個砲兵連的效力射。一發重型榴彈落在車隊中間，我站在彈著點旁只有幾公尺，但卻奇蹟似地只被一小片破片弄傷。到了這個時候，還跑得動的人，突然全都躲到戰車裡去了。但還有三個士兵躺在地面上悽慘地呼喊——他們身受重傷。一片破片把我的裝填手整個背部都撕裂了，還稍微傷到了脊椎。我把三個人都裝進水桶車，叫駕駛馬上開去伊瑟隆的野戰醫院，我和那邊的醫生很熟。雖然他們全力搶救，但三個傷患還是有一人在送醫後不久宣告不治。這一切都是訓練不足的後果。

當我回到「總部」準備下去地下室時，聽到附近傳來機槍射擊的聲音。我和我的上士馬上前去調查。在營區邊緣，我們碰到了一個陌生單位的士兵，他很驚訝這裡居然還能遇到德軍。他屬於一個已經潰散、自行突破敵軍包圍圈的部隊。這些士兵遇到一支敵軍的巡邏隊，所以才會聽到之前的槍聲。這些人當中不曾看到有實際派兵據守的防線。

---

2 譯註：「大池塘」（Großer Teich）除了原意外，也經常用來稱呼大西洋。

3 編註：指的是L－5哨兵式聯絡機。

這讓我對「司令官」先生所做的戰情簡報充滿好奇。我回到了碉堡內，反正也不用擔心洋基佬會在晚上推進。

發現這群人依然處於一貫的沉著、歡愉的氣氛當中。我問了問最新的前線報告，城防司令也非常自豪地回答：「我們的要塞圈就像鐵環般牢不可破。目前為止只有北邊往卡門的道路那邊，部隊與敵軍有過接觸。」

我以稍微沒那麼高傲的態度同樣精確地回答他：「如果您不立刻向營區的後備連發警報的話，在洋基佬打電話給您以前，會直接在這逮到您了！」對方的回答十分經典：「年輕朋友，暫時先不用緊張啦！」原來美國人要對付的就是這種貨色！這個人認為必須要安撫我。我則以「最誠摯」的方式向他道別，打算開著水桶車，盡快前往指揮所，把那兩輛開往卡門主幹道的戰車都撤回來，同時下令在魯爾快速道路上的各車馬上離開烏納，以免被洋基佬逮到。我沿著國道二三三號往北出發，當要轉上魯爾快速道路的路口前約五十公尺，我中途停下，踩住煞車。在我們面前，有車輛正在從東往西前進。

只能看到影子，因此得偷偷靠近。我們的懷疑很快就成真了。

美國人的輪型和履帶車輛正在安靜地通過烏納往多特蒙德（Dortmund）前進，敵軍肯定不知道這裡還有德軍，路上也沒有任何人把他們攔下來，烏納周邊的防禦還真是「固若金湯」！我的戰車還沒開火，他們大概不想曝露位置吧。我急忙趕回去，把那位「領袖」請出他的山洞，讓他來看看這個奇景。

才剛回到路口的舊陣地，就聽到我的戰車開砲的聲音。車流立刻中斷，還有幾輛吉普車在我們眼前猛力地前後行駛。我獨自繼續開入市區，因為我的司令官情願用走的回去。我開的是在錫根偷的吉普車，上面還畫著美國佬的星星呢！他對此感到害怕。雖然我的上士安撫他，說我們的制服比吉普車更容易激怒美國人，但他還是不願意繼續搭我們的車。我的吉普車已經好幾次在我打算移動到軍部指派的指揮所位置，然後又無法確定當地有沒有美國人蹤影時提供了很好的幫助。

在一陣激烈的交火後，洋基佬的車輛在早晨時撤回了市區東界之後。美國人的恐懼又一次延後了「烏納堡壘」的淪陷。城防司令及其駐軍的「勇敢」，在其中只佔了很小的比例。

我在北面指揮所的部屬，完全沒有察覺美軍已經來到這麼近的距離。我用最快的速度趕回軍部，取得可以隨著情勢發展而自行決定如何處置的許可。

時至今日，我常常捫心自問，為何沒有就這樣子讓自己被俘——顯然已經失去了一切，部隊也沒能再抵抗了。但我們不想，也不相信一切的犧牲都只是枉然。如果對手至少表現出一點膽量，說不定會更輕易令人投降。至少在那個時候，我們還可以期望受到公平的對待。但沒有任何真正的士兵打從心底會願意早早被這種「半吊子」抓起來，尤其是在此期間，東線的戰友們還在勇猛地抵禦俄國人的時刻。

我從軍部快速地駕車回到烏納，想在天亮前到達市區。就在魯爾快速道路前面有個紅燈在閃爍。那是洋基佬嗎？顯然高估了他們，結果是一個親衛隊官兵，正在拿著手電筒奮力地揮手。他說：

「你們不能再開車進城了，這邊都用反戰車障礙物封起來了。烏納會守到最後一兵一卒！」

我說：「別算上我！」然後開車經過這個驚訝的年輕人身旁。沒多久遇到了第一個反戰車障礙，任何汽車都能輕易從左右兩邊的野地繞過去。我在沒有接觸到任何敵人的狀況下抵達營區。

有一個掉隊的人告訴我一個好消息，「指揮官」已經離開了，離開前還發了這樣的電文到元首總部去：「烏納被圍。守至最後一兵一卒！元首萬歲！」根據最新的命令，烏納的守軍應該要在伊瑟隆集結。

我找回所屬的戰車，帶著他們往南前往下一座村莊。很快，我們就感受到戰爭還在打。一輛美軍戰車造成困擾，我很快派一輛獵虎在村莊的東邊就定位，並親自開著水桶車前往一小片高地，以取得良好視野。敵軍已經到達國道二三三號了，眼前有五輛戰車正在樹下。雙方距離不到六百公尺，我馬上找來一輛戰車，讓敵人有些別的事情可以操心。

那輛獵虎的車長是位不曾有作戰經驗的一等士官長，卻想親自參與這件事。為了保險起見，我先帶他走上高地看看敵情，並且告訴他距離，這樣才能萬無一失，就像是在演習。士官長接著回到了車上，我則留下來繼續觀察。

接著這位不幸的弟兄犯了一個致命的錯誤。直到戰車差不多要到達高地時，他才搖低主砲到正確的位置。美國人當然早早就聽到引擎聲，自然也作出反應。有兩輛戰車逃跑了，剩下的三輛則開始射擊。士官長的獵虎立即正面中彈，卻連一發砲都還沒打出去。這個瘋子最終沒有開火，反而在原本可以倒車就走的高地，選擇迴轉調頭。洋基佬看到獵虎的側面出現在眼前，立即讓該車吃了一發命中彈，並且開始起火。隨後敵彈仍然持續命中，車上六位組員無一生還，或許因為擋住了彼此的逃生路線吧。這個例子足以證明，沒有受過充分的基本訓練，那怕是加上最優秀的武器以及對戰爭具備最盛大的熱忱也是枉然。

獵虎驅逐戰車，係一款裝設於虎式車體，重達 82 公噸的突擊砲，極難對付。面對其砲管長度超過 8 公尺的 12.8cm 口徑主砲時，簡直毫無勝算可言！

第三十六章

走向終戰

從陣地可以觀察到國民突擊隊員離開戰線、返回市區。對這些人而言，戰爭已經結束了。美國人平靜地以綿長的縱隊，沿著魯爾快速道路往多特蒙德前進。我從剪式望遠鏡看到女人和女孩在向「解放者」揮手，突然到處都插滿了白旗，不久前還像死城般的市區又再次恢復生機。我心中響起《德意志之歌》的一段歌詞：「德意志的女人、德意志的忠誠……」[1]別人舉起了白旗，那和我們軍人又有什麼關係呢！我們「我們決不會打破曾經的誓言，永遠不會成為惡人」[2]。

我得出點花招才能拿到更多燃料。負責補給站的上士帶著德國式的認真徹底，不停地講著他的「規定」。為此我大聲吼說：

「請讓我看一下你的補給證，這樣我才能向莫德爾元帥報告，我無法移動剩下戰車的責任是誰要負責。」

我立即獲得充足的燃料，數量之多，在魯爾包圍圈終於灰飛煙滅時都還用不完。雖然空中有敵機徘徊，我們還是安全回到了自己的單位，接著繼續「向後方前進」。

這時的包圍圈已經縮小到至少通訊傳輸變得順暢了，先前的幾週，莫德爾元帥與各師之間幾乎沒辦法有任何聯繫。

我把最後一個指揮所設在一間緊鄰著鐵路的屋子。我們直接睡在地上，才剛要打盹，一陣可怕的爆炸撕裂了空氣。理所當然地認定是敵軍轟炸機所造成的，殊不知那是德軍的列車砲，正從我們頭上往北送出它最後的問候。大家躲了起來，尤其當列車砲消失在隧道後，戰鬥轟炸機會飛過來。

在與敵人的最後接觸中，我還初次體驗了拱手交出一個村子的感覺——還包括休戰及其他所有後續事宜——這種事只聽過傳聞，對於我們這些只經歷過東線戰場的人，從來都不覺得有可能發生。

當時我們正在保衛一個較大的村子，我接到的命令，是要不計代價盡量守住越久越好，只要放棄這個關鍵地點，魯爾包圍圈必然會崩潰。

美國人顯然沒有準備好要應對任何的抵抗，大喇喇就開著戰車從道路上過來。在我們擊毀領頭的兩輛之後，剩下的都不肯再露臉了。但這使得當地野戰醫院的主治醫師急忙跑出來，把我狠狠臭罵了一頓——根本不應該開火。野戰醫院的傷患，已經一路堆滿到天花板了，連許多民居裡也被塞進傷患。主治醫生說，這一整個地區現在基本上就是一座大型野戰醫院。這時我徹底明白，我們必須在不交戰的狀況下撤離此地了——儘管我了解，包圍圈會因為放棄這個陣地而崩潰。

即使如此，我還是決定要跟美國人交涉。當帶著我的上士往敵軍的方向出發時，我覺得自己

---

1 譯註：德國國歌。正式名稱為《德意志之歌》（*Deutschlandlied* 或《德意志人之歌》*Das Lied der Deutschen*），其第一段第一句歌詞「德意志高於一切」（Deutschland über alles），有時也用來代稱這首歌，這裡提到的歌詞則出現於第三段。

2 編註：取自一八一四年創作的德國愛國歌曲《即使人們不再忠誠》（*Wenn alle untreu warden*）。

的胃不太舒服。這是我在俄國所遺留下來的後遺症。紅十字在東線又有什麼用呢？在這裡，武器都停擺，雙方都在照料傷兵。

我的上士也覺得事情不太對勁。他很擔心我，並不斷跟我講這個奇怪的感覺，但一切都很順利。美國人從戰車上下來，大概覺得這樣我們才不會恐懼吧。我見到了戰車部隊的指揮官，身邊有一個猶太人口譯。他的第一個問題當然就是「你黨衛軍？」我還是成功讓眼前這個好人冷靜下來，他大概覺得每個黨衛軍的成員都是嗜血好戰的瘋子吧。我向他保證，說我們裝甲兵的制服上有骷髏頭的歷史比黨衛軍還久。

接著我表達了意圖，於是這位美軍少尉作為交涉代表，一同搭車到我方軍部，他在路上什麼都沒有說。當我問他，是不是屬於某某戰車團，他袖子上縫了這個數字，他簡短地回答，說他也沒有問我們團的番號。他的回答大概是正確的吧，但我只是感到驚訝，美國人居然也會在作戰中穿著自己所屬番號，我們的番號則是在戰時不用了。

雙方在軍部討論了各種事項，然後得到了撤離許可，我們為什麼要繼續無意義地讓傷兵面對危險呢？附帶一提，美國人不願意接受我們的將軍孝敬的香菸，更不用說喝點什麼！是有那麼怕我們嗎？

我們離開的同時，美國人怎麼佔領這座城市的細節都已經精確的安排好了。休戰時間我送少尉回去，並與這位美軍裝甲矛頭指揮官道別。他想請我喝一杯咖啡，我拒絕的時候他卻顯得驚訝。他接著便問，為什麼我們還要繼續戰鬥。我告訴他：身為軍人與軍官，大概不需要跟他多做什麼解釋。他建議我好好愛惜部下，很快就會需要每一個士兵才能進行聯合行動。這個說法指的只會是聯合對抗俄國的行動，這又給了我一些希望，在我們和西方對戰之間，或許理性能戰勝仇恨。這在敵軍前線部隊中應該也是成立的，只可惜最終作出決定的人還是政治人物。

我開著戰車都還沒離開村莊，戰俘營裡的俄國人就開始像禽獸般洗劫平民。我必須再次去找美國人，請他們幫忙維持秩序。他們以我無法想像的速度，把這件事完美收拾，不久那些俄國人又被關到鐵絲網後面去了。這次冷酷無情的行動讓我更堅信，西方列強肯定會在我們投降之後向東方進軍。

過了兩天，我抵達之前在野戰醫院時所在的地方。這裡的一切都和之前不同了。這裡現在看起來就像是帳篷集中地，還沒被俘的人全都聚集到了這裡，已經沒有人還想著防守的事了。我們在一小片樹林裡，保修班人員則正在處理最後的幾輛戰車。接著消息傳來，美國人進村子了。我們把砲管炸毀，我要本連最後一次整隊。我在最後一次列隊集合時以及道別時的心情，士兵們臉上表情所顯露出來的種種，都無法以文字表達。有幾個人還想突圍，但最終在戰俘營都再次見到了彼此。

莫德爾元帥在杜伊斯堡附近的森林內，以自殺逃過成為戰俘的命運。對這位優秀的指揮官而言，實在太可惜了！連他都沒辦法阻止戰敗。聽到這位模範軍人透過自殺迴避被俘後勢必會被送往蘇聯的命運，讓我鬆了一口氣。他也不想親身經歷祖國毀滅的過程。

第三十七章

不信教的卻往往比教徒更虔誠

我們一直到最後，都在收聽從東線傳來的新聞。在野戰醫院這個「金籠子」裡，持續有機會聽到最後的德國廣播。我們很高興東邊的戰友們仍然在艱苦奮戰，盡可能阻擋伊凡久一點。遺憾的是，他們的犧牲徒勞無功！美國人在易北河就停止前進，我們共同對抗俄國人的希望也就這麼沒了。這樣的進軍多麼容易，而我們的官兵是多麼願意被拉到東邊去！所有的部隊都還在一起，老美只要接手後勤補給就行了！帶領一場低風險的預防性戰爭的最後機會，就因為他們被仇恨蒙蔽，選擇與惡魔一起對抗德國而煙消雲散。唯一讓盟軍團結一致的目標已經達成——德國不存在了。美國人反正也無法贏得戰爭——這點在他們介入之前就已經確定了。他們選擇了失去和平。

鄧尼茨海軍元帥於收音機上宣佈希特勒的死訊後，軍官們集合起來和醫官們一起待在軍官俱樂部。我們全都再次穿上制服，心裡很清楚這將是最後一次。

幾天後，在美國人的命令下，野戰醫院裡的第一批戰俘被轉移到戰俘營。我和一位受輕傷的中校自願加入，並與另外六位軍官一起離開。現在我們才第一次認識美國軍人，先前只在戰場上從傳聞裡或多或少聽過而已。科技上的進步當然是好事，但如果科技是用來取代教養，其行為就如同我們在敵軍官兵身上所體會到的那樣。只有不曾參加過戰鬥的人，才會有這樣的行為，只透過對暴行的宣傳來評斷我們。

不只是敗者，贏得戰爭的一方也需要人性的光輝面，這樣的光輝面無法從對手的身上找到。我自己的印象，當時的佔領軍不顧一切想證明本身並沒有比我們好，反而是更糟！

首先我們有數千人被趕到一座運動場，這表示不會有可以伸直身體的空間。那裡沒有糧食——即使我們的單位載了滿滿一卡車過來，也是被堆起、焚燒！更糟的是，我們連一滴水都沒有，直到大家開始醞釀聲言要造反，才有幾個士兵獲准去裝一小桶水。當渴求的水送來時，一位少校徒勞無功地嘗試維持秩序，讓每個人都能分到一點。這對老兵不成問題，但當中洋基佬還抓補了一些平民，他們不肯就範，像牲口般衝向桶子。他們就這樣讓飲用水流掉，到最後沒人能分到任何一滴！

幾天後，有一批最近才剛被截肢的傷兵也送了過來，野戰醫院接到徹底清空的命令。他們的敷料一直都沒有換，我們剪開自己的毛毯，盡量給予戰友們臨時的協助。他們死得非常痛苦，我們只能看著他們死去，完全沒辦法幫上什麼忙！

到了晚上，就算只是四處走走，也得冒著生命危險。有人只是想上廁所，美軍也會開槍。我親眼看過三位戰友還沒越過地上畫的警戒線，就這樣失去生命。這就是想要把人道主義帶給我們的「解放者」。而所謂的審訊也是好得不得了。

被審問的弟兄必須說明本身完全不知道的事。他們被放進地上的洞裡，洞的最底部會縮小成一個點。他們必須忍受這樣的痛苦，直到承認「罪行」為止。其他人則得跪在尖銳的鋼鐵表面上被迫認罪！實際發生在雷馬根、克羅伊茲納赫（Kreuznach）、蘭道（Landau），甚至是在黨衛軍軍營內和惡名昭彰的馬美地（Malmedy）的事，肯定都能讓某些戰俘營守衛得到充滿啟發的暗示。

命運對我還算仁慈。不久後，因為從外表看來相當悽慘而獲得釋放。我借了一件平民外套，宣稱我的職業是「農業學徒」，然後填上了我那個當醫生叔叔的地址。於是，我便出乎意料地以自由人的身分出現在叔叔的野戰醫院。我們都很高興能見到彼此，甚至連那裡的醫生都很羨慕我，因為連他們都還是俘虜。

對我來說，戰爭真的結束了。新的生活開始了。

尾聲

多年過去了，昨日的敵人也成了今日的盟友。西方列強對德國戰鬥士兵的仇恨——直到戰爭結束後好多年，我們都還感覺得到——也變成了承認那四年半，德國士兵只是適當地，且英勇而忠誠地履行自己的職責而已。至於我們的國家卻一直無法承認這一點，那就是另一個問題了。這會是我們的國民一直留存下來的污點。

即使我們承受眾多的羞辱，忍受各種不公，但戰場上的袍澤情誼這種古老精神仍然不會消滅。共同經歷痛苦使人產生連結，而共同的經驗則使人義不容辭。那麼，我們這些裝甲兵從戰俘營回來後會想聯絡彼此，又有什麼好奇怪的呢？

我非常幸運，是最早回來的人之一。回到故鄉後相當快樂，我們整個家族都安然度過了這場戰爭。那真是難忘的一天！父親在前一天晚上回來了，他在家裡見到了弟弟和母親。第二天晚上，我們快樂地團圓了。雖然沒有彼此的消息，但卻在二十四小時內陸續回家。可以說，命運待我們都非常仁慈。

舊部隊當中，我最早聯繫到的是戴爾采，然後還找到科斯特勒、里格、史塔德勒（Stadler）和其他好多人。到今天，同單位重新聯絡上的已經超過五十人了。第一次的聚會是在慕尼黑附近的霍爾茲基興（Holzkirchen）舉行，只有一小群人參加，連在奧地利的戰友也來了。一九五五年，我們在阿特湖畔的塞瓦爾興（Seewalchen am Attersee）再次聚會，這次還帶了各自的妻子過去。當時我們決定每年要在五旬節的時候辦一次聚會，直到第五〇二營第二連的所有成員都回來為止。

謹以本書獻給這些士兵，尤其是死去的戰友。每當在聚會時，他們會與我們永遠同在。

英文版後記

寫一本以戰爭史為題材的書籍，其目的是要維持記憶的清晰。閱讀回憶錄的目的，則是去了解當時發生的事。尤其希望年輕一代能從這些文字中學習，也許還能從中找到有關領導統御、訓練和武器相關的一些知識。

第二次世界大戰到現在已經超過四十七年了[1]。許多人會問：戰爭的面貌是否已經發生根本上的改變了？我們還能從當時的經驗學習到東西嗎？核生化武器是否已經打造了全新的現況，使得先前的原則不再有用了？

上一次世界大戰的武器發展，不斷地強化大量消滅人類與文明的能力。核生化武器建立了一套新的戰爭標準，使用這類武器也導致對方以同樣力量保護自己的風險。由於沒有一個國家想要自我毀滅，因此希望這樣的恐怖平衡可以發揮作用。每個有思考能力的人肯定都會問，為什麼工業國家明明對於廢棄現有的核生化武器，以及或多或少的安全儲藏成為需要處理的大問題達數十年了，卻仍在開發新的核生化武器。

1 編註：本書英文版出版於一九九二年。

有三個過去的知名案例可以當作參考。

核子武器：廣島和長崎的世代居民都苦於核彈所造成的遺傳問題[2]。

生化武器：英國外海有一座島嶼曾經用來在羊隻身上測試具抗藥性的炭疽桿菌，至今人類都還不能登上這座島嶼（他們本來打算把這種細菌丟在漢堡！）[3]。該島目前無法居住。

化學武器：在越南使用含戴奧辛戰劑[4]移除森林在其後所造成的損害，到今天仍然無法為美越雙方所忽視，僅從美國最近通過了一項法案來照護受到戰劑影響的越戰美軍老兵就足以證明這點。擁核國還意圖將在核武與其他核生化武器測試的受害者人數列為機密。

雅可．塞加爾教授（Professor Dr. Jacob Segal）是柏林洪堡大學（Humboldt-Universität zu Berlin）的普通生物學教授，他今天仍然相信自己的理論，認為愛滋病毒是用於生物戰的人造產品，由威司奈病毒（Visna Virus）與人類嗜T淋巴球病毒（HTL V-1）基因重組而成。即使這仍只是個理論，光是著名生物學家會去想到這種可能，就足以讓人停下來深思了。政治人物和軍事將領通常都不是生物學家、化學家或物理學家。因此在這樣的狀況下，通常會由科學家來承擔全部的責任，而我希望這些男女科學家的良知能戰勝野心與物質上的欲望，並且最終能阻止這種瘋狂的行徑。

以我之見，東西方陣營的軍事領袖都很清楚，只要核生化武器一拿出來使用，部隊指揮就不復存在了。這時剩下的就只有生存和收拾殘局而已。作戰指揮在核子戰場上不再可能，我希望軍政人士能準備好承認這個事實。最基層的指揮任務在遭遇核生化污染時，受到的不利影響最大。很多生化戰劑的效果要在幾天後才開始出現。主觀來看，這個士兵仍處於戰備狀態，但就算他立刻接受治療，生存的機率也微乎其微。連長應該要繼續讓這些反正已經失去的士兵投入戰鬥嗎？

對士兵和上級來說，這種狀況的心理壓力是極度難以想像的！

當然，戰爭仍然可以採用遠離核生化污染的方式進行。核生化武器用得越多，還能指揮部隊的可能性就越少；用得越少，戰爭就越傳統。這基本上就不會和歐洲在一九三九到一九四五年之間的戰爭相差太遠。現代傳統武器、裝備、組織的品質與效果，與戰場上的部署都仍在持續發展當中。這種「聯合兵種戰鬥」進行得更快，武器變得更為致命、科技也更為複雜——只有人是相同的，甚至變得更加脆弱。因此我確信，除了，甚或沒有核生化武器的影響，領導統御的基本原則、部隊及其武器在時間、空間的相關連——簡單來說就是我們的前輩稱之為機動的東西——改變有限。

最後，在設備和領導統御上過度使用電腦，常常會對最前線的士兵造成額外的心理負擔。在今日，「馬鞍上的命令」（Sattelbefehl）[5]比起我們二戰那年代更被要求。「任務式指揮」

2 譯註：現代的兩地居民都已經沒有基因受到核武損傷的明顯跡象。

3 譯註：指的是蘇格蘭外海的格林納德島（Gruinard Island）。英軍於一九四二年在此地測試含有炭疽桿菌的亞麻籽餅的有效性，並殺死當地羊隻及污染環境，使得英國政府封閉該區域。英方估計投放於德國將會造成數百萬人死亡以及幾乎所有牛隻的滅絕，進而造成糧食短缺。是次測試行動名為素食者行動（Operation Vegetarian），但對德國使用該戰劑的計畫於一九四四年中止，已製造的五百萬枚亞麻籽餅亦全數銷毀。該島已於一九八六年至一九九〇年間除染完畢。

4 譯註：即橙劑（Agent Orange），直至現代都仍有因其中含有的 TCDD 等戴奧辛而發育成畸形兒的案例，美國在一九九一年頒布《橙劑法》，以賠償與治療在越戰時受到橙劑影響的退伍軍人。

5 譯註：「馬鞍上的命令」意指指揮官所下達的野戰命令簡潔並清晰，而非詳細的命令與控制手段，是後文提到的「任務式指揮」的重要部分。「任務式指揮」則是上級在下令時，將重心置於任務的目標意圖，給予下層指揮官在任務手段最大的自由，為德國機動戰理論中的核心概念。

（Auftragstaktik）則在當時就取代了「命令式指揮」（Befehlstaktik），只有這樣才達到在法國與俄國作戰的成功。一個軍人不論軍階高低，如果直到電腦故障才想起自己有人腦、才開始思考的話，無論如何都只是二流的貨色。領導指揮絕對不能依賴電腦！

從先前這些角度來看，第二次世界大戰的教訓對我來說仍有價值，值得去看看它們，值得銘記在心，然後再進一步去發展。

文件參考

文件一

指出了虎式戰車營建立之初所遇到的部分問題。本報告以指揮官的角度撰寫，詳細描述了五〇二重戰車營最早期的部分行動，同時還對此類編組與部署提出建議。本報告於奧托・卡留斯加入該部隊以前完成。

文件二

由五〇二重戰車營的維修人員寫作而成。報告中列出了第一批量產的虎式所遇到的部分問題。

文件三

作者在這份作戰報告中，詳細描述了「猶太人之鼻」的行動（請參閱本書第二十一章）。

文件四

在這份營級作戰報告中，史瓦納少校詳細描述了杜納堡及附近地區的作戰，也就是讓奧托・卡留斯獲頒橡葉騎士十字勳章的那一次作戰。

文件五

這份報告來自陸軍第五十軍的工兵參謀處，討論為了部署虎式而加強道路網一事所需的措施。這份報告是以當時的營長施密特上尉以及卡留斯少尉所提供的意見為基礎寫成。

文件六

由卡留斯少尉本人撰寫，內容描述一九四四年三月在倫必圖及其周邊地區的作戰。在本書中，這段作戰從第十四章開始提及。

文件一

複本
朗格上尉（Lange）
第五〇二重戰車營
第二連

位於戰場
一九四三年一月二十九日

作戰後報告

一、編成

本連於一九四二年一月以第五〇二營的一部編成。前兩輛虎式於一九四二年九月二十五日送達，另於一九四二年十月十三日轉送至第五〇二營第一連（伏爾霍夫）。在前述期間，本連駕駛兵接受赫林技術官（Hering）的檢驗，並同時開始戰車訓練；兩輛虎式大多時間都待在工廠內。直到戰車組裝完成為止，訓練都受限於以申請得來的訓練圖表所進行的室內課，以及一般武器與地形訓練。

一九四二年十二月二十一日與二十二日兩天，本連各收到一輛虎式。十二月二十五日收到兩輛，十二月二十六日收到三輛，十二月二十八日收到兩輛。上述期間，由於整備、改裝與基本的配發物品作業佔用了所有的時間，每天的訓練時間只剩下數個小時。另外，維修人員未完成的工作也必須在這段期間完成。從十二月初到十二月二十一日止，維修班人員和本連的六號戰車（Panzer VI）駕駛，以及本營所有的特業人員、維修領班與維修排排長都被派往第五〇三戰車營。雖然有命令要求最後兩輛戰車要留在西姆斯（Ssyms）的鐵皮上，但所有的虎式都已在佛林波斯托（Fallingbostel）完成歸零。無論如何，三列運輸火車仍準時出發。從佛林波斯托出發的時間：第一列火車於一九四二年十二月二十七日二〇〇〇時出發；第二列於十二月二十八日〇五〇〇時出發；第三列於十二月二十九日一一〇〇時出發。

由於將本連調動至頓河集團軍的命令直到十二月二十三日晚間方送達，因此造成的問題更為嚴重。這是本連第一次確定將離開本營，在此同時，本部連取得的備用料件都仍存放在伏爾霍夫河的營本部那裡。為了確保本連料件供應無虞，遂請求增派卡車（立即由陸軍總務處〔General Army Office〕增派），並於十二月二十六日由本連接收。駕駛則於十二月二十七日上午過後從補充營抵達。當中，所有的六號戰車都持續以沒有附膛刷（KwK36戰車砲用）的狀態送達。這些膛刷直到特別派人前往克魯伯（Krupp）公司與威格曼（Wegmann）公司才得以取得。

本連沒有任何時間花在編組層級的訓練上。建議所有虎式單位在收到第一輛戰車後，至少花三週的時間訓練。更重要的是，務必派有經驗的軍官暫時前往此類單位充當參謀，以便與基層士兵一起訓練，並開始在成軍時分享其經驗。若是操之過急，便會造成作戰時難以成功，或是因技術知識不足而造成六號戰車提前故障。由於已具備戰術與技術知識基礎，建議將虎式配發至目前現有的戰車營。

二、部署

前述三列火車於一九四三年一月五日與六日在無產階級站（Proletarskaja）下車，本連於一月七日編入第十七裝甲師，並獲派前往松加（Ssungar，位於庫伯勒地區）。途中一〇七公里的道路行軍共耗時十個小時半，期間未發生機械故障。行軍過程每二十公里實施一次維修休息。

一九四三年一月八日

任務：本連納編第三十九戰車營，與「桑德」戰車連（Sander）一起攻擊師部左翼的左側翼前方的六處村莊（奧瑟斯奇中心與尼希—塞瑞雅科夫卡Schwerpunkt: Osserskij and Nish-Sserebjakowka），並且消滅了遭遇的敵人。在第一座村莊放火燒毀（伊洛瓦斯基〔Ilowaskij〕西方十二公里）後，本連收到師部的電文：「立刻經由庫伯勒（Kuberle）地區返回，摧毀兩個團的俄軍，該等敵軍由奧瑟斯奇來襲，並有裝甲支援。」

本次行動，本連摧毀兩輛戰車、八門戰防砲與大約一千名俄軍，大多透過輾壓消滅。同時本連亦破壞許多反戰車步槍與步兵輕武器。在本次作戰中，敵軍對友軍步兵發動的正面攻擊遭到完全阻攔。

行進距離：　本日六十五公里

損失：　一輛六號戰車（傳動系統損毀）

　　　　兩輛三號戰車（因敵火損失）

傷亡：一員死亡
五員失蹤
三員受傷
天氣：上午有嚴重暴風雪與結冰情形，後能見度改善

一九四三年一月九日

任務：配合「桑德」戰車連清除伊洛瓦斯基西南部。

攻擊於拂曉展開，最後破壞五門七十六點二公厘戰防砲、兩門輕型野戰砲和一個戰力不強的俄軍營級單位。

部隊完成任務後於伊洛瓦斯基北部集結。

〇九〇〇時——新任務：與接近布拉茨克（Braskij）的十五輛敵軍戰車交戰，並予以摧毀。由於虎式戰車連無法從布拉茨克的橋跨越庫伯勒河，攻擊便以包夾的方式進行。本連自行於伊洛瓦斯基東側跨越庫伯勒河堤防，並向北推進。我軍防線前方約一千公尺外有一條火力強大的敵方戰防砲防線，發動攻擊後遭到摧毀（部分透過使用煙幕）。

交戰過程中摧毀八門戰防砲。

交戰後，本連轉向布拉茨克，與「桑德」戰車連會合。同時，俄國戰車已朝薩爾（Ssal）方向離開。和「桑德」連會合後，本連受命攻擊奧瑟斯奇。該村部分地區在本連擊毀四門側翼戰防砲後起火燃燒。在此之後，本連與脫隊的戰車一起組成車隊行軍返回。

行進距離：本日四十八公里

損失：一輛六號戰車（車長塔中彈〔七十六點二公厘〕，車長塔掀起、焊縫破裂、車長塔螺栓毀損。砲管升降機構暫時受損，應是中彈造成

一輛六號戰車（換檔困難）

一輛六號戰車（引擎著火，火勢由自動滅火器撲滅）

一輛三號戰車（右側履帶主動輪中彈損毀）

傷亡：一員死亡（陶伯特博士少尉：在引擎失火後於後車身上檢查引擎時遭戰防砲擊中陣亡）

天氣：雲層遮蔽，視野良好

一九四三年一月十日

任務：配合「桑德」戰車連，對布傑尼（Budjenny）西北方的敵軍裝甲部隊發動攻擊。

作戰過程中，本連摧毀十一輛戰車、兩門戰防砲與一個俄軍營（三輛T-34、一輛KV-1、七輛T-60）。

車輛與人員損失：無

依軍部命令，所有具戰鬥力的戰車應立即歸第十六機械化步兵師節制，三輛六號戰車與六輛三號戰車因此前往。六號戰車在第十六步兵師留至一月十五日，三號戰車則留到一月二十四日，期間兩型戰車皆參與數次戰鬥，但多數時間主要花在長途行軍。一月十四日，三輛六號戰車前去掩護第十六步兵師撤往西邊三公里外的卡馬洛夫（Kamarow，位於諾佛-薩德考斯基北方）然後再從道路行軍返回位於無產階級站的連部。三號戰車仍然屬該師節制。全部三輛六號戰車都於回程因機械問題故障，在草原上等待三十小時後才得以回收（原因是缺乏曳引車）。

一月十日，本連殘存部隊與松加附近的故障戰車受命返回無產階級站。由於俄軍佔領了部分

補給路線，造成回收單位無法及時趕到，因此返回的過程十分困難。即使如此，本連依然回收所有的裝備，大多利用與後衛一起撤退的戰車運送。此等戰車皆係透過臨時修理措施恢復至可行駛狀態。

一月十六日與十七日，本連仍能執行任務的部隊前往史達林斯基普德（Stalinski Pud），並於一月十七日參與防禦俄國步兵攻擊的行動。日落時，第五〇二營第二連受命撤退，該連當時歸第五〇三戰車營節制。往羅斯托夫（Rostow）的行軍分階段進行，一直進行到一月二十二日。四輛虎式與三輛三號戰車於薩爾斯克（Ssalsk）上鐵皮；其餘車輛以道路行軍的方式拖曳至羅斯托夫，曳引的主力是兩輛虎式，四輛曳引車若非上鐵皮所需，即是自身亦已受損。由於路堤、深溝與結冰狀況嚴重，向後方行軍與拖曳的過程相當困難，亦經常受到干擾。

三、評估：

任何指揮階級都必須發布絕對的命令，確保虎式部隊永遠不會以低於連級兵力部署，並且六號戰車絕不會與三號戰車分開部署，絕無例外。虎式在不停的攻擊中，必須持續扮演直接攻擊的力量，並於防禦行動時負責堅守重點地帶。前線部隊大致會認為，虎式什麼都做得到。他們並不理解新武器也會有缺點和弱點，只能透過經驗與進一步開發來彌補。因此，虎式戰車部隊可能必須面對一種風險，就是受命執行一般戰車連就能輕易解決的任務。在持續移動對傳動系統與引擎造成的壓力，以及缺乏時間維修的狀況下，虎式便會受損，造成其單位在需要時無法迎戰。維修班必須有能力在同樣的地點工作越久越好（這樣的地點最好是火車站）。調度時，維修班務必知道「要去哪裡」。目前為止，虎式戰車部隊仍必須留作部隊指揮官的最終戰力。此類單位必須保持可用狀態，並時時在該地區防禦重地的後方待命，以便在其他方法都失敗時執行指揮官的決策。

道路行軍：

冬季用履帶板無法提供充足的側面防滑效果，這點在許多冰封的溝壑與路堤行進時相當明顯。行軍速度能滿足所有需求。

敵火攻擊效果：

七十六點二公厘戰防砲未曾貫穿或重創本連的虎式。有一次，車長塔因前端上緣中彈、焊縫破損而遭到稍微掀起，內部的螺栓也同時斷裂。

俄製四二型反戰車步槍最多可穿透十七公厘裝甲，這是根據駕駛座前方斜面中彈處的測量所得的結果。此型步槍相當常見，有龐大的槍口焰可以用於辨識。有一次，車長塔的前觀測窗遭到間接命中。觀測窗的角落破損並反彈脫落，造成基能（Kinon）觀測窗無法使用，若是直接命中便可能會貫穿。反戰車步槍的子彈通常會擊中觀測窗附近。有一發砲彈擊中八十八公厘主砲的套筒砲身（可能是四十五公厘戰防砲的砲彈），造成套筒砲身嚴重凹陷、砲管內襯輕微凹陷。由於車組員沒有料到砲身會受損，因此並未中斷射擊。

交火：

最佳的射擊距離上限是一千五百公尺；若是武器歸零得當，可以在此距離內有絕佳的命中率。直到目前為止，八十八公厘主砲的有效性與貫穿能力面對任何目標都超出預期。

彈藥基本裝載之比例必須設定為穿甲彈與高爆彈一比一，補給單位須至少以此比例供應才能每天依交戰需求調整。在交戰後期，本連只能取得穿甲彈。有些砲彈彈殼過厚，造成砲閂卡住、主砲停擺。

主砲的行軍扣必須設計成可用把手操作。由於目前的固定扣設計，射擊能力會受到影響，並且造成至少一分鐘的延誤。在戰鬥狀況下，不固定主砲就移動戰車是不可能的，主砲只要短時間移動，就會發生嚴重的俯仰角校正問題。

車長的射擊觀測空間充足，但射手的視野會嚴重受到開砲時的煙霧影響。不論如何，瞄準鏡都需要雨刷。目前以部隊整體層級的自行應變措施正在接受測試，效果相當優異。

改裝請求：

車長：車長塔的高度必須降低，觀測縫必須改裝成可調整式。砲塔頂蓋一如先前請求，必須改為可往側面開啟。耳機與麥克風的接線過短。車長席的轉動機構輔助手輪必須加裝空檔位置；車長塔若能有潛望鏡，應會對車長的工作十分有幫助。

射手：需要使射手能採用正常坐姿，無須扭轉臀部。將砲管俯仰角手輪的位置調高，並配有護套。瞄準鏡會在嚴寒天候下結冰，造成指針滑動，無法設定射程[1]。砲塔鎖定機構必須往上啟動，目前的設定會關閉此機構。需要加裝將砲塔鎖定於六點鐘方向的鎖定機構，因為砲塔在拖車時會往兩側滑動。

裝填手：機槍的位置與主砲過於接近，造成彈帶的裝填相當困難。由於過熱的彈帶容易斷裂或彎曲，機槍卡彈的頻率相當高。八十八公厘主砲的彈藥架位置相當不便，尤其是位置較低的彈藥架。緊急逃生門必須設計成像一般房門般開啟，其絞鍊應類似於無線電通信手的頂蓋（裝於內側）。依此門目前之設計，緊急逃生門可以從車內開啟，卻無法從車內關閉。然而，該門實際上不只用於危險時脫逃，也用於撤離傷員、與步兵接觸、拋棄空彈殼，以及在戰鬥中撲滅引擎室火警（將砲塔轉至三點鐘方向，然後從該門滅火）。此門在拖行戰鬥中失去行動力的戰車時，可作為下車進行必要工作之出口。[1]

駕駛：觀測縫十分容易卡住。請安裝可迴轉側式光學鏡（即駕駛與無線電通信手使用的潛望鏡）。戰鬥室與引擎室之間防火牆的艙門必須加大，使操作更為容易。請將燈火管制車燈加裝裝甲保護，於戰鬥中車燈時常遭到破壞。請將工具箱裝於車內或儲藏室內，否則經常會遺失。

無線電通信手：本戰車未完善防止無線電干擾之工作。車上載有連長的指揮車需要中波段無線電，易與師部保持直接且持續之聯繫。缺乏此種無線電一事對第十七裝甲師造成相當嚴重的干擾。

四、編制

本重戰車營有兩個重戰車連，已具備十分強大的戰鬥力。部分人員尋求成立第三個重裝（虎式）連，但此舉並不恰當。目前將虎式集中於一處到如此程度是不可能的。此舉將造成本營的分散，並使補給工作更為困難。另外，本營亦可能因此而難以運用，無法完成其實際任務。由於俄國的道路狀況惡劣，本營及所屬輪式車輛已在營級行軍時遇到道路行軍困難與交通阻塞。

以本連的編制而言，以下配置一般認為是最適當的（第二連自編成以來便採用此配置）。

指揮單元：

兩輛六號戰車（皆裝有指揮車裝備；第二輛預計用作連長備用車，目前尚未送達）

兩個排，各配有四輛六號戰車

兩個排，各配有五輛三號戰車（配備短管七十五公厘主砲）

驗證：

兩個虎式戰車排都擁有重裝火力，可以由連長快速調動。若一輛車喪失，各排仍能有效保持戰鬥力，射擊控制也持續由排長管制。

兩個三號戰車排都可以在任何時候用於偵察前方與側翼，替六號戰車抵擋近距離攻擊，以及與步兵及大量目標交戰等。備用料件、精確戰時編制表與料件分配表的提供，必須先經過具備實戰經驗，能以此經驗評估的軍官審閱。

總結而言，在解決了緊迫的問題之後，虎式應能完全滿足重戰車在戰場上所需達成的目標。本連的九輛虎式中，多數都已行駛達約八百公里。

1 譯註：德國戰車的射手觀瞄系統設計與美國不同，射手瞄準目標時，必須評估並設定目標距離，主砲會依據射手設定的距離調整俯仰角，因此在此提到「設定射程」；美國戰車則是在瞄準時即有不同射程所用之不同的準心，射手依目標距離選擇使用。

文件二

維修排
第五〇二重戰車營
先科督察官（Cenker）
維修領班諾伊柏特（Neubert）

位於戰場
一九四三年一月二十九日

技術檢討報告

一、傳動系統損傷

外側地輪輪緣的束緊器會在行進中自動鬆開。結果：外側地輪脫落。地輪、其橡膠表面及地輪輪圈嚴重磨損。

原因：

A、連接外側地輪的輪緣過小。固定用的螺絲不強、太短。螺絲上的螺紋太粗。

B、當地輪的橡膠外層受損時，地輪輪圈會碰撞履帶，造成輪圈外緣彎曲而無法使用。
C、內外側地輪裝設位置間隔過窄；最多只有十公厘。
D、前方數來第二組舉臂彎曲。
E、目前的鎖定裝置效果不佳。安裝輪緣時必須十分小心。

補救措施：

針對A：將固定用的輪緣做得更大。將其使用的螺絲製造得更為堅固，同時配上較細的螺紋；只採用可以使用螺帽的螺絲。

針對B：製作地輪的橡膠外層時，應確保第一層橡膠（或鐵絲網）與輪圈齊平。如此一來，便能確保地輪在橡膠層脫落時持續在第一層橡膠（或鐵絲網）上滾動。結果：可避免地輪與輪圈的嚴重磨損。

針對C：地輪安裝間距過窄，並不適合冬季的運用，會造成橡膠車輪的嚴重磨損。如果戰車於路況極差、有大量岩石與冰塊的地形行進，車輪間的空隙會被沙石卡住，造成舉臂彎曲、扭力樑損毀。請求（建議）地輪間距適度加大。

針對D：見上方C。

針對E：使用亨舍爾（Henshel）公司最近送來的兩種螺絲所設計的半月形金屬片充當螺絲的固定片；然而螺絲兩邊都必須加長，讓固定片加高。務必確保安裝時將支撐環保持乾淨（將油漆刮掉）。

二、履帶固定銷滑出

原因：

履帶固定銷的固定裝置過於脆弱（內外兩側）。

補救措施：

內側（履帶側）採用更深的凹槽與更堅固的固定裝置；不要將固定件焊死，而是使用螺絲來固定履帶銷。

三、主動輪的固定螺絲（錐狀螺絲）鬆脫

補救措施：

經常在戰場上栓緊錐狀螺絲，或鑽孔貫穿螺絲頭，並以鐵絲固定。

安裝傳動系統

安裝、拆除地輪用的工具。

以下規格的套筒扳手必須提升強度：

五十二公厘

二十七公厘

三十二公厘

需要配發更換扭力樑時固定舉臂用的裝置。

四、冷卻系統受損

原因：

管線連接器處冷卻液流失。管線連接器不佳；連接管線過短。

補救措施：

SKF管線連接器（類似於麥巴赫公司〔Maybach〕產品）

目前基層以鐵絲固定。加長連接管線。於管線末端加設唇部。

將從引擎接出的冷卻水出口接至右側散熱器

原因：

在開關後車身的頂蓋時，有一片門閂會壓住連接管線，將管線往下壓；連接管線會因此受到扭曲，造成管線固定器鬆脫。結果：漏水、冷卻水流失。

補救措施：

變更頂蓋門閂的位置。目前基層直接將遠端的管線折斷處理。

五、供油管線損傷

供油管線容易滲漏；上油箱與下油箱之間的連接部容易滲漏。

補救措施：

改善安裝方式；安裝時檢查焊接；特別注意強化金屬片上的鉚釘。

燃料流失

原因：

燃油泵膜螺絲鬆脫。玻管指示器油封不良。通往油泵的管線鬆脫。

補救措施：

全面改善工廠安裝時栓緊螺絲與管線的工作。在長途道路行軍後亦須於現場重新栓緊。鎖緊燃油管線的螺絲。

通往化油器的供油管線

原因：

材料變形。

補救措施：

麥巴赫公司已計畫更換材料。

六、引擎損傷（化油器火警）

原因：

A、拆除進氣管時，所有密封件都已受損（目前採用軟木密封）。

B、進氣管的軟木密封受損時會留下空隙，可能造成引擎逆火時的火焰逸出。

C、浮塊發生滲漏。結果：燃料讀數變動及燃料供給過剩。

補救措施：

針對A：採用特殊或較不易受損的材料，或由化油器製造商變更設計。

針對B：此故障可透過改善密封品質修正。

針對C：報請製造商徹底檢查化油器與浮塊。

七、引擎火警

原因：

A、濺出的燃油引燃（由品質不良的曲軸外油封造成）。

B、通往油泵的管線配置不佳。結果：燃油滲漏。

C、機油補充管螺絲蓋配置不佳。結果：機油滲漏。

前述溢出的機油會滴到消音器上。油封脫落時機油也會滲漏。

補救措施：

針對A：採用品質更佳的曲軸油封。

針對B：栓緊所有供油管線，並將所有螺帽栓緊。

針對C：作戰期間，並非所有狀況下都能使用扳手栓緊補充管螺絲。建議改用大型翼形螺帽，取代現有的六面螺絲。如此即使徒手也能確保栓緊。補充管蓋的油封應改變安裝方式，確保實戰時不會脫落。

若駕駛能在作戰期間進行維修休息時，在不必打開後車身頂蓋的狀況下檢查機油存量，應能改善此問題。

八、滅火系統缺陷

原因：

發生火警時，車組員無法在不離開戰鬥室的狀況下撲滅引擎室火警。

一、基於無法解釋的原因，自動滅火器有時無法於化油器發生火警時啟動。

二、在自動滅火器使用兩至三次後，其滅火劑便用完，而且現場無法補充或更換。

補救措施：

建議於通往引擎室的防火牆安裝一處開口，使組員得以在不離開戰鬥室的狀況下，永遠有機會以最快的方式撲滅引擎室火警。務必於戰鬥室內安裝五公升裝泰特拉（Tetra）二氧化碳滅火器，以便隨時撲滅任何火警。

九、傳動系統損傷

變更傳動裝置；尤其是加長車外纜繩。結果：變更換檔模式。加速煞車（第一煞車）磨損。獨立的換檔液壓缸會自行移位。獨立致動桿的補強與固定問題嚴重，造成獨立螺栓的普雷森（Preson）插銷和開口銷經常遺失。由於這些零件位於傳動系統外殼後方，若不拆開外殼便無法檢查。需要提供品質更好的油封或在拆除時鎖得更緊，方能解決傳動系統配管的問題。由於油管安裝不良，傳動系統會損失油壓。

補救措施：

加速煞車明顯過多的磨損，是由於換至四檔或五檔造成的。建議製造廠採用更堅固的材料製造此組煞車。

在製造傳動系統時，務必詳細注意配線群組與總成。絕對不能採用具延展性的材質。在製造商或陸軍驗收處（Army acceptance office）組裝與檢查傳動系統的過程中，務必確保外部致動桿與軸件都以普雷森插銷及開口銷正確固定，已有數輛戰車由於此類細微缺失而故障。為了調整各軸，前線士兵往往必須在沒有任何協助的狀況下，花好幾個小時的時間調整。同樣地，製造商亦必須確保車內不會發生傳動系統油壓線鬆脫與換檔液壓缸移位的狀況。

大多數手動排檔機構的缺陷與問題，都能透過等待到達工作溫度再使用來解決。然而，實戰時經常遇到無法作此等待的狀況。因此，務必採取措施使此型戰車可以在到達工作溫度前就開始行駛，而不會損傷車內零件。

六號戰車曳引裝備相關之檢討報告

I、在六號戰車的曳引行動中發現，所有曳引相關裝備都過於脆弱、性能不足。所有拖車桿都會彎曲、螺栓也會卡住。雖然裝備有許多支撐結構，但六號戰車於陡峭地形下施加的力量仍然過高，造成所有曳引裝備扭曲。

II、十八噸曳引車重量嚴重不足；使用三至四輛曳引車在困難地形拖吊一輛六號戰車幾乎不可能。面對艱困地形，戰車往往會把擋在路中間的曳引車直接撞開，煞車性能絕對需要改善。在陡峭地形中實際運用證明，拖吊戰車通過地形需要三輛曳引車在前方拖拉，兩輛在後方充當煞車。建議每個營都要配發兩輛採用虎式戰車底盤的車輛來執行拖吊（受損車輛）。

III、由於車隊長度的關係，在推進路線上使用四至五輛曳引車拖吊虎式會阻礙交通，在車隊內執行道路行軍十分困難。當要接近另一個車隊的時候，還要全車隊突然停車是幾乎不可能的。夜間無法以拖吊的方式執行距離較長的道路行軍，因為每座橋都必須檢查承重能力，在夜間通過窄溝等障礙物也相當困難。

IV、使用四輛曳引車拖吊一輛六號戰車前進一百五十公里，就足以造成全部四輛曳引車的離合器與傳動系統受損。四輛曳引車中，有一輛的傳動系統受損過於嚴重，必須整套翻新。

V、曳引車所採用附橡膠襯墊的雪鍊完全不適合困難地形使用，也不適合用於拖吊六號戰車。雪鍊強度不足會直接扯斷，導鍊滑落，同時還會扯落橡膠襯墊。用來將戰車以絞盤拖出的纜繩強度嚴重不足，容易斷裂。若要將一輛六號戰車於十度坡度下以絞盤拖出，需要五輛曳引車。
除了絞盤用的纜繩外，絞盤驅動裝置的安裝螺絲也會扯破。這些螺絲只能用於拖拉七又三分之一噸，即使用上兩輛曳引車搭配兩套滑輪系統，基本上仍不可能將失去動力的戰車從鐵道末端的坡道拖上鐵路台車。
務必改用更堅固的絞盤纜繩，並開發更優異的拖吊系統來拖吊六號戰車。實用狀況證明，困難地形回收作業最簡單、快速的方法，就是使用另一輛六號戰車。

VI、為了回收一輛六號戰車，一個排必須至少備有六輛可用的曳引車（其中還要有一具六噸吊車）。
由於五〇二營分為兩個單位（各自擁有自己的維修排），我們的第二維修排手上只有三輛曳引車（其中還有一輛因傳動系統受損而損失）。結果使得回收六號戰車極為困難。
各虎式戰車連都必須擁有六輛曳引車，此措施係絕對必要。

VII、現場正在改良拖吊裝備。即使如此，仍須於國內開發性能更為優異的拖吊裝備；製造商必須將這些產品隨同每輛戰車出廠。
建議拖吊裝備修改配置，改為裝設在排氣管消音器的左右兩側。如此一來便能使用一輛六號戰車將另一輛六號戰車拖離戰場，而不需要額外的協助（例如在戰鬥時因故障、火警或其他缺失的情形）。在戰鬥中使用拖車纜繩來拖吊六號戰車是十分困難的。

1、這是因為工作過程的繁複，以及從戰車上取回拖車纜繩，並將纜繩接上扣環的步驟所致。

2、製造商提供的扣環已於現場證明其品質嚴重不佳。

原因：A、材料過於脆弱，會在使用中斷裂。

B、扣環會彎曲，螺栓也會變形。

結果：需要更多程序，才能將變形的螺栓和扣環從扣環裝設孔上拆除。

VIII、將履帶安裝工具箱掛於車外左側的效果不佳。該工具箱務必移至車內，本連幾乎所有車輛的工具箱都已遺失。

文件三

地點機密
卡留斯少尉
第五〇二重戰車營第二連

一九四三年一月二十九日

一九四四年三月十七日至二十一日期間之作戰報告

一九四四年三月十七日

一九四四年三月十七日〇九〇〇時，為了準備對整個第六十一步兵師的作戰區發動大規模攻擊，俄軍開始砲擊。起初無法判斷防守要點，我的兩輛虎式位於瓊迪努（Chundinurk）西邊一千公尺處，作為一六二擲彈兵團的預備隊。在砲擊仍持續的〇九三〇時，有十員從瓊迪努出發往西，並經過我的身邊。不久又有一門三十七公厘防空砲、一輛十二噸曳引車，最後還有無武裝人員二十至三十員尾隨在後。我問其中一員，是否從廢墟過來的。當聽說兩處廢墟與農舍都已撤除人員並予以摧毀，我便開始行動。我沒有收到上級任何進一步的命令，所有電話線都已於砲擊中遭到切斷或破壞。我馬上快速推進至農舍，並邀二號車稍微向左搜尋。我馬上注意到敵軍已在倫必圖鐵路堤北側的平地上，集結了營級的兵力，並且有一輛戰車正在「孤兒院」東南方移動。在鐵路堤北側，還有另外五輛T－34正快速朝向北邊的公路前進。由於突擊砲也已撤往北方，當時我們手邊沒有任何防禦武器。還留在原位的只有統帥堂師右翼的機槍陣地，並於午後稍晚恢復射擊。「孤兒院」南邊的T－34在發現我們靠近時馬上掉頭，它往倫必圖方向與我擦身而過，並於極近距離內遭到擊破。朝公路前進的五輛T－34也在幾分鐘內悉數擊毀，另外還擊毀了鐵路堤上的五門戰防砲。平原上的蘇聯步兵大多於一次反擊時遭到擊殺，進而讓我軍重拾舊有的主要防線。農舍與廢墟在此之後的敵軍攻勢中，直到天黑都沒有落入敵軍手裡，只需要重新佔領即可。

我在一〇三〇時前通知席勒中尉，說當地已沒有步兵駐守。此報告被團部認定為不確實，直到我於一七〇〇時親自驅車前往「孤兒院」的團部說明，並促成組織數員且下令返回舊據點為止。在半個小時的重武器火力準備之後，俄軍在裝甲單位支援下，於一三四〇時在倫必圖以營級兵力發動新一波攻擊。主防線由我所屬的戰車成功守住（一一〇〇時已有第三輛戰車抵達），此波攻勢亦以敵軍承受慘重損失並敗退告終。我軍摧毀五輛T－34與一輛KV－1。由於前進觀測手已離開現場，我軍砲兵並未提供支援。一五一五時，敵軍於倫必圖鐵路堤南方集結團級兵力。由於我的彈藥不足，新一波攻擊又即將來臨，我（透過席勒中尉）聯絡軍級砲兵對倫必圖附近事先標定的目標發動砲擊，並於約二十分鐘後射擊。砲擊的效果十分優異，整個集結區遭到完全摧毀。俄軍直到一六一五時才再次攻擊，此波攻擊則是以營級兵力實施，企圖不計一切代價奪下前述據點。一七〇〇時，敵軍受到慘重傷亡，攻勢也遭到擊退，俄軍並未達成任何目標，我軍又於倫必圖附近再擊毀三輛T－34。俄軍攻擊未果後，我留下兩輛虎式駐守廢墟，親自驅車前往團部。一六〇〇時，高層指揮部（經席勒中尉轉達）宣稱我軍已佔領廢墟。直到我通知哈瑟少校，他才聽說今日早上的混亂，他接著組織一小批人員。由於過程花了很久的時間，我必須在天黑時從廢墟往後撤退兩百公尺。此舉的目的是要避免敵軍獵殺小組的攻擊，同時確保射界。有一輛虎式仍留在農舍，該處始終未落入敵軍之手，直到十員步兵於二一〇〇時抵達，直接佔領該地。另有二十五員在皮爾祖—奧威爾（Pirtsu-Auwere）公路上組成防線。俄軍於晚間未曾企圖發動攻擊。於二一三〇時，我驅車返回基地補給。二四〇〇時，另外兩輛虎式派去「孤兒院」充當預備隊。然而我事後並未用到它們。

摧毀：十四輛T－34、一輛KV－1、五門七十六點二公厘戰防砲

一九四四年三月十八日

自〇五〇〇時從皮爾祖出發起，我與十六員步兵一起向廢墟進攻。三輛戰車全部對西側廢墟發動短暫的毀滅性砲擊後，我往前到達該地，由八員佔領了。東側廢墟的攻擊比較困難，敵軍派了四十人部隊佔領，而且該地更靠近鐵路堤。俄軍的防守十分堅強頑固，前一晚他們已經在廢墟中部署了五門七十六點二公厘戰防砲，均在交戰中立即遭到摧毀；另外，還有一門四十七公厘防空砲和兩門短管七十六點二公厘步兵榴彈砲遭到破壞，兩輛從倫必圖廢墟發起反攻的T－34戰車遭到摧毀。〇五四五時，敵軍開始實施重型迫擊砲與大口徑火砲的砲擊。有四員步兵傷亡，剩下人員不足以佔領廢墟，更不可能守住。我取消了攻勢，避免進一步的損失，包括戰車的損失在內。我將傷兵帶回，並驅車前往補給基地。東側廢墟在接下來幾天都在俄軍手中，他們在廢墟中留下了大約三十到四十具陣亡人員屍體。

一四四五時，廢墟、農舍與其北側的平地遭遇重型武器彈幕式的攻擊準備射擊。一五〇〇時，俄軍派連級部隊（附裝甲支援）對廢墟及農舍反攻。此波攻勢遭到擊退，我軍擊毀兩輛T-34與一輛T-60。

摧毀：四輛T-34、一輛T-60、五門七十六點二公厘戰防砲、兩門七十六點二公厘短管步兵榴彈砲，以及一門四十七公厘防空砲

一九四四年三月十九日

一二〇〇時：在火砲與迫擊砲射擊準備之後，對三十八．九號地點的南北向道路攻擊。摧毀六輛T-34、一輛KV-1、一輛T-60和一門七十六點二公厘戰防砲。一六〇〇時：從南方三十三．九號地點實施反攻。一七〇〇時：摧毀一輛T-34。一八〇〇時：摧毀一輛T-34。一九〇〇時：奪回舊有的主要戰線。

摧毀：八輛T-34、一輛KV-1、一輛T-60、一門七十六點二公厘戰防砲。

一九四四年三月二十日

〇五一五時：俄軍以連級兵力於倫必圖附近發動攻擊。〇六二〇時：擊退攻勢。擊毀一輛T-34。一一四五時：在倫必圖遭到連級兵力攻擊。一二三〇時：擊退攻勢。擊破一輛T-34與一門四十七公厘戰防砲。

摧毀：兩輛T-34、一門四十七公厘戰防砲

一九四四年三月二十一日

〇三〇〇時：位於中央的廢墟遭俄軍佔領。〇四四五時：與十員步兵對中央廢墟發動反擊。〇六二〇：穩定控制廢墟。摧毀兩門七十六點二公厘戰防砲。

〇八三〇時：再次撤離廢墟。四員陣亡、六員脫逃。一二〇五時：一輛虎式攜帶無線電裝備到達農舍（原本駐守該地的虎式故障），無法步行前往。於三十三・九號地點摧毀兩輛T-34。

一六三〇時：對中央廢墟發動逆襲。一七〇〇時：重新掌握狀況。一輛車受困，回收過程遭迫擊砲直接命中，一員受傷。除此以外，回收過程大致順利。

摧毀：兩輛T-34、兩門七十六點二公厘戰防砲

一九四四年三月二十二日

一〇〇〇時：三十三・九號地點遭遇攻擊。擊毀兩輛T-34，成功擊退攻勢。

摧毀：兩輛T-34

（簽名）

卡留斯少尉

第五〇二重戰車營第二連

文件四

機密

軍指揮所

軍部：陸軍第五十軍

一九四三年七月十四日

Ia./ K.Pi.F.——Stopi.

No. 93 / 43 g. Kdo.

致覆：A.O.K 18. la No. 9945 / 43 geh, of June 12, 1943

主旨：有關六號戰車（虎式）的部署

收件人：A.O.K. 18

第五〇二重戰車營營長施密特上尉和排長卡留斯少尉已執行新偵察路線，調查本軍作戰區A-E行動區的進出路線。偵察得知以下情報：

A行動區

卸貨火車站：泰茲（Taizy）

進出路線：泰茲、紅村（Krasnoje Selo）、德萊耶斯多夫（Dreiecksdorf）、河濱道路

介於基肯卡（Kikenka）水溝至歐拉尼恩包（Oranienbaum）鐵路與河濱道路之間的橋梁，目前可透過以下方法繞過：先在號誌室附近接近鐵路堤，直到高壓電線處，然後往北前進七百五十公尺，再往東從德萊耶斯多夫前往河濱道路。

需要進行的工程：

號誌室東邊一處溝渠上的鐵路橋需要補強。在號誌室附近地區需要建造從鐵路堤下到田野道路的坡道。上述工作不會有難度，可以快速進行。

基肯卡溝渠從德萊耶斯多夫往河濱道路的橋梁，一開始還不需要補強。

經穿過無產階級站集體農場的路，並在歐拉尼恩包鐵路處接上沿鐵路前往烏利茲克（Urizk）外圍的路，即可從紅村經德萊耶斯多夫至河邊的路前往烏利茲克。

需要進行的工程：

鐵軌分叉處北邊兩座跨越河床的公路橋都需要補強（位於鐵軌分叉西側以及交叉點中央前）。此項工作亦能在趕工狀況下相對快速完成。

B行動區

進出路線：泰茲、紅村、康斯坦丁諾夫卡（Konstantinowka）、德萊耶斯多夫、普希金公路

在此路線與德萊耶斯多夫—普希金公路交叉處，如果跨越杜德霍夫（Duderhofer）溪的橋能

提升至承重七十噸，就可以繼續朝普希金方向前進。此橋位於渡河點東邊六百公尺，需要完整重建。

在特定條件下，可以跨越里哥夫斯基（Logowski）運河。建議建造具有表面補強的渡口。

C行動區

進出路線：泰茲、東杜德霍夫（Duderhof Ost）、格羅斯拉格（Groes Lager）、芬蘭科伊洛佛（Finn. Koirowo）

東杜德霍夫的橋已經強化，但它北邊一座跨越排水溝的橋也需要補強。

從格羅斯拉格到芬蘭科伊洛佛的其餘路程只有在地面結凍時方可通行。

D行動區

進出路線：泰茲、東杜德霍夫、格羅斯拉格、尼可拉耶夫卡（Nikolajewka）、瑪卡波西（Mal Kabosi）、雷科洛佛（Rechkolowo）

塔利科拉（Talikola）、索洛西（Ssolosi）、烏斯庫亞（Uskulja）和尼可拉耶夫卡等地跨越溝渠的橋梁屬於瑪卡波西—格羅斯拉格的東西向通道，必須補強。

進出路線：加奇納、科科洛佛（Kokkolowo）、瑪卡波西、雷科洛佛

在科夫洛佛（Kowrowo）和佩雷亞（Pellelja）之間的反戰車壕必須在跨越處填平方能通過。

E行動區

進出路線：加奇納、佩雷亞、索波雷瓦（Ssobolewa）、索菲亞（Sofija）、普希金科布西（Kirbusi）南邊河床上的橋必須升級至承重七十噸。

進出路線：加奇納、羅曼諾佛（Romanowo）、內環、安卓普奇納（Antropschina）、史魯茲克（Sluzk）、普希金

希望能補強伊碩拉（Ishora）西南方七百五十公尺處排水溝上的橋，但這可以放在最後施工。

羅曼諾佛的里哥夫卡溪（Ligowka）無法以渡河方式通過。溪上的橋必須檢查是否能承受七十噸重量，如有必要即須補強。

長時間從安卓普奇納北方外圍開始的調度，在地形上似乎有困難。若能補強斯拉夫安卡溪（Slavianka）、接到普克羅夫斯卡亞（Pokrowskaja）往史魯茲克的路之前，還有皮亞樹雷佛（Pjaselewo）北方外圍的橋和史魯茲克北邊醫院等橋，便能確保推進不受阻礙。

所有補強過的橋梁與繞行路線都必須以第五〇二重戰車營的戰術符號（大象）標記。

此致

軍部參謀長

文件五

漢斯－約阿欽・史瓦納
第五〇二重戰車營
少校營長

於東線戰場
一九四四年八月十九日

一九四四年六月二十四日至三十日，第五〇二重戰車營參謀、第二連與第三連於第十八軍作戰區之作戰報告

隸屬關係

一九四四年六月二十三日時，第五〇二重戰車營參謀、第二連和第三連派駐在第三十八軍之下，第一連在第五十軍（第十六軍團）之下。

在第三十八軍的狀況

六月二十二日與二十三日，在重大砲擊火力準備之後（六十到八十個砲兵連的大型彈幕），敵軍以強大步兵與裝甲部隊突破主要防線。他們於第一二一步兵師的作戰區（奧斯綽夫東北

方），沿約兩公里長的防線突破。敵軍奪下了蘇耶佛（Sujewo，即猶太人之鼻）、夏普科佛（Schapkowo）、巴耶佛（Bajewo）、汪科佛（Wankowo）等高地。六月二十三日晚間，敵軍利用戰車與車載步兵，沿普雷斯考往奧斯綽夫（Ostroff）的道路，沿蘇耶佛—尤季諾（Judino）稜線前進。

第五〇二重戰車營的警備與任務

大約在六月二十三日二〇〇〇時，第五〇二營第三連（駐紮在奧斯綽夫西南方的魯賓亞提〔Rubinjati〕）開始戒備。營部與第二連隨即也提升戒備，並依第二十八軍命令，前往皮萊（Pyljai）附近地區加入第一二一步兵師，以便發動反攻，重新奪取舊有的主要前線。在三十公里的行軍只因機械問題遭遇輕微損失之後，上述各連在夜間於命令所述區域內集結完畢。完成戰備的戰車數量如下：營部一輛指揮車、第二連十一輛虎式中的十輛、第三連十四輛虎式中的十一輛。

第一二一步兵師（師長羅爾上校〔Löhr〕）的作戰會議將以下任務分派給各連：

從戰術集結區（第三連在皮萊；第二連在此地北方四公里、緊接塞什奇諾村〔Sseschtkino〕處）開始，攻擊預定於六月二十六日發動，奪回蘇耶佛的高地。本次攻擊預定沿著從基洛佛（Kirowo）國立農場到夏普科佛的路線實施，並配合最近剛加入的第九十四擲彈兵團第一營。攻擊預計在師部加強的砲兵重型火力準備之後開始。第二連受命緊密配合第九十四擲彈兵團第一營行動。營部與第三連仍在師部之下，除非受命攻擊，否則不會先行出手。

在上述攻擊發動的同時，第一二一工兵營也會執行側翼攻擊。本次攻擊預定以突擊砲和自走砲實施，沿著尤季諾—蘇耶佛稜線往蘇耶佛和沃史茲奇尼諾（Woschtschinino）的目標前進。

六月二十四日：攻擊發起時間為〇六三〇時。到〇六四五時，第二連已移動至塞什奇諾西側的集結區，並與第九十四團第一營接觸。至〇七二〇時，部隊跨越步兵防線，計畫利用我軍砲擊與突擊的步兵一起行動。我軍步兵隨後於基洛佛國立農場東邊的樹林處，因敵軍的強力砲擊而被迫臥倒在地。虎式戰車連至此進度順利，但在五百公尺後便被迫停車。該連被俄軍發現，馬上遭到集中砲火攻擊。本攻勢於一〇三〇時再度恢復前進。步兵與戰車逐步推進，對抗敵軍奮力作戰的步兵、中型與重型戰防砲，偶爾還遭遇極大數量的各種口徑的砲擊。

右翼由一二一工兵營執行的攻勢明顯更為順利。了解到此狀況後（透過師長的提示），原訂支援第二連攻打蘇耶佛的第三連全體改為支援一二一工兵營。其目的是要讓此波推進能量充足的攻勢走得更遠，紓解遭遇激烈交戰的第九十四擲彈兵團與第二連，並及時到達目標。這波沿尤季諾至蘇耶佛稜線發動的攻勢，佔據土地的過程相當快速。截至一一〇〇時，第三連已到達沃史茲奇尼諾的西南邊緣。據估計，俄軍在突破區的步兵兵力大約有三個步兵團，並有一個混合裝甲旅支援。俄軍步兵在兩支由虎式支援的攻擊隊強力夾擊下，顯已失去士氣，俄軍撤離了目標（猶太人之鼻）前方的地帶。大約在一二〇〇時，第二連與第三連都到達了蘇耶佛附近高地，沒有損失。他們發現身處於俄軍主陣地的中央，包括四座我軍先前使用的碉堡，以及一套延長的壕溝區，幾乎不可能讓戰車通過。俄軍步兵堅守陣地，因此只能清除部分壕溝內的士兵。許多碉堡、機槍與迫擊砲陣地都遭到炸毀，包括數輛經過良好偽裝、藏於蘇耶佛村廢墟內的敵軍戰車。由於敵軍的砲擊與強大步兵反抗，跟在兩支攻擊隊後方的我方步兵承受了嚴重損失。此部隊因夏季高溫與極為困難的地形（沼澤加上彈坑）而嚴重疲勞。這些步兵直到午後才得以與戰車部隊接觸，此時亦只剩下最低限度的兵力。關於此點，據報兩個虎式戰車連皆派出了一至兩個排去載運步兵，以清除目標地點的敵軍陣地。此舉的結果使第二連得以完全摧毀一支遭到阻斷的俄軍步兵營。截至晚間，目標地點已有三波敵軍反擊遭到兩個連的虎式擊退。過程中有七輛敵軍戰車遭到擊毀，還有至少一個營的步兵遭到殲滅。蘇耶佛高地仍遭俄軍步兵以大批兵力佔據，敵軍仍指示集中砲火攻擊此地，以摧毀虎式戰車部隊。此次砲擊使兩輛虎式失去行動或作戰能力，其中一輛甚至因中彈狀況過於嚴重，車組員不得不於遠離我軍前線處下車逃生。第二輛戰車於晚間企圖自力返回時發生火警，是因供油管線受損所致，車組員隨後自行撲滅火勢。

由於我軍步兵截至二一〇〇時仍無法清除及佔領高地，兩支虎式戰車連於二二〇〇時（在向師部提出意見具申後）撤退。單憑虎式的火力仍無法達成原先的意圖。該等虎式一路撤至營部，準備擊退任何新一波的反擊。整個第三連於夜間撤回皮萊，並在當地接受補給過夜。第二連有一個排與前線步兵一起留在夏普科佛，其餘則受命返回皮萊。

戰果：　擊毀二十輛戰車（T－34與KV－1）
　　　　擊毀十五門戰防砲
　　　　至少兩個營的敵軍步兵遭到消滅或擊潰

友軍損失：兩輛六號戰車：
　　　　其中一輛位於敵軍主要防線前方，第二輛位於我軍主要防線中央

傷亡：　無

一九四四年六月二十五日：狀況

敵軍仍佔領猶太人之鼻的多數地區。六月二十五日，及二十五日至二十六日之間的夜晚，敵軍另外以步兵、戰防砲與戰車強化此地的兵力。

此地防線於六月二十四日由九十四擲彈兵團及一二一工兵營（兩者皆有虎式戰車連支援）發動反擊奪下，於六月二十五日防守成功。此地反擊了敵軍步兵發起的數波反擊。我軍企圖於夜間發動反攻，意圖奪回舊有的主防線，尤其是同時要攻擊猶太人之鼻與其北方地區，控制巴耶佛與伊凡科佛（Iwankowo）附近高地。這波攻勢預訂於六月二十六日實施，原因是其所需的部隊（步兵營、砲兵、火箭砲兵）並未準時抵達。

白天，第二與第三連仍留在皮萊的集結區。在夏普科佛，第二連的一個排則部署於第九十四擲彈兵團第一營的指揮部。該排擊退了敵軍發動的各種小規模反擊。

一九四四年六月二十六日：任務

本次任務目標係繼續減少敵軍突破猶太人之鼻的狀況，並重新建立蘇耶佛的舊有防線。本次攻擊部署兩個戰鬥群，預計以類似六月二十四日的方式實施攻擊。一二一工兵營由席勒上尉所屬的六輛虎式支援，沿著稜線從沃史茲奇尼諾往蘇耶佛的右側攻擊。九十四擲彈兵團有六輛由卡留斯少尉指揮的虎式支援，並從左側攻擊。攻擊發動時間原訂於〇九〇〇時，但於夜間提早至〇六〇〇時。

攻擊的執行：

在對突破區與蘇耶佛高地發動砲幕準備之後（由所有可用砲兵連集中砲火射擊），兩支攻擊隊於〇六一五時集結、實施攻擊。突破敵軍防線的工作輕易完成，沒有遭遇太大阻礙。由於戰車與步兵間緊密的合作，以逐一壕溝的步調順利進行，攻擊直到蘇耶佛與沃史茲奇尼諾的高地為止都相當順利。在高地東緣，席勒的裝甲部隊破壞了兩門一二二公厘戰防砲。攻擊繼續的時候，虎式戰車部隊開始面對極為惡劣的地形。敵軍陣地已因兩軍的砲擊而遭到徹底破壞，前幾天的雨勢造成壕溝與彈坑內開始累積泥巴與淤泥。戰車只能一步步緩慢推進，並且必須以無線電互相指引方向。六月二十四日當天，戰車部隊遭遇敵軍各種口徑火砲的集中彈幕。此時明顯發現，巴耶佛具優勢的高地（原訂要同時攻擊）尚未由我軍控制，而是成了敵軍強大的抵抗區，使敵軍得以使用強大火力攻擊側翼。敵軍在此建立的觀察哨，亦能俯瞰兩支攻擊隊所在的整個地帶。以砲兵企圖封鎖此危險北方側翼的行動只獲得部分成功，但效果不彰。火砲、戰防砲與一五二公厘突擊砲的集中攻擊，造成兩支虎式部隊都蒙受損失。席勒上尉有兩輛虎式因砲擊受損而無法移動；卡留斯少尉也有兩輛虎式受損。即使如此，控制猶太人之鼻的攻勢仍然繼續進行。右側攻擊隊的步兵，也就是一二一工兵營成功到達了目標。該部與戰車緊密配合，緩緩推進，並在一連串快攻中清除了敵軍重兵把守的壕溝，有時還必須使用火焰發射器。沃史茲奇尼諾村與山坡背面（向東下降）的壕溝區都由我軍佔領。左側攻擊隊對蘇耶佛高地的佔領與清除行動只有部分成功。村莊的中心遭到佔領，而村莊北方則發生嚴重而沒有結果的交戰，因為此地受到巴耶佛高地來自側面的控制。在虎式將步兵帶到舊有前線時，它們必須移動至蘇耶佛的高處。該部隊於此遭受來自東邊的戰防砲與突擊砲集中火力攻擊。卡留斯部隊在一千五百公尺外擊毀兩門俄軍突擊砲後，一輛戰車遭到火砲與突擊砲擊中、失去戰力。同樣的砲火也擊毀了席勒部隊的兩輛戰車。為了避免前進至高地或跨越高地所造成的額外損失，所有虎式都受命退回後坡位置，準備抵禦敵軍戰車，或在敵軍突破防線的狀況下反擊。猶太人之鼻東面斜坡上陣地只能透過步兵配合砲兵的支援佔領。步兵在沉重損失下成功於一三〇〇時佔領舊有的防線，並開始建立防禦，抵抗預期即將到來的敵軍反攻，蘇耶佛高地北面仍由俄軍佔領。在列昂哈德上尉指揮下，另有四輛完成備戰的戰車於午後從皮萊抵達，並加入席勒部隊，支援工兵的防禦戰鬥。在持續的空中密接支援與重型砲兵和迫擊砲支援下，敵軍以七輛戰車（包括KV－1與雪曼戰車）和大約四百名步兵的兵力，在一五〇〇時左右從東邊出擊。列昂哈德上尉的戰車摧毀了兩輛KV－1，敵軍步兵成功將工兵逐出蘇耶佛的正面坡。猶太人之鼻的戰鬥一直持續到晚上才結束。直到天黑後，戰況穩定到足以讓從剛佔領的前線後退。戰車部隊於營部附近紮營，充當隨時待命的預備隊兼戰車防禦部隊。加上六月二十四日的損失，一共有九輛虎式於新奪得的前線或後方不遠處遭到擊毀，都是砲兵或戰防砲所為。所有具備完整作戰能力的虎式都於夜間出動，回收這些失去戰力的戰車。截至六月二十七日早上，有五輛受損的虎式成功從前線回收完畢。

戰果：　　摧毀兩門突擊砲（一五二公厘）及兩輛KV－1；
　　　　　摧毀四門一二二公厘戰防砲及數門戰防砲和自走砲；
　　　　　大量敵軍步兵武器、迫擊砲與機槍以火力或輾壓破壞；
　　　　　約五百名敵軍陣亡

友軍損失：七輛六號戰車因中彈而癱瘓；其中五輛於夜間回收

人員損失：一員軍官（瑙曼少尉）、一員士官，以及一員士兵失蹤；
　　　　　四員重傷
　　　　　兩員輕傷

一九四四年六月二十七日：

蘇耶佛（猶太人之鼻）的狀況維持不變。北邊，友軍於早上以步兵、突擊砲與師部砲兵的集中火砲發動攻勢，佔領伊凡科佛（烏其諾－戈洛德茲）的高地。在卡留斯少尉的領導下，由四輛虎式組成的戰車排從夏普科佛附近射擊，為前述攻勢提供支援。該地可以完全控制烏其諾－戈洛德茲及巴耶佛的高地。卡留斯排於夜間在九十四擲彈兵團一營的營部過夜。突擊砲與步兵的攻擊沒有成功，並於兩小時後因相當程度的傷亡而中止。白天，卡留斯留在九十四團一營充當反應部隊。席勒上尉則帶著四輛具作戰能力的虎式，在一二一工兵營營部待命，後來轉移至四三五擲彈兵團一營，以對抗敵軍的反擊與裝甲部隊突破。白天狀況大致上沒有改變，除了敵軍多次砲擊，並對猶太人之鼻發動數次小規模攻擊之外。在九輛因中彈折損的虎式中，有六輛至此時已回收完畢。此六車已由救濟排拖吊至維修班，有三輛中彈的虎式仍待在我軍主要防線前方的原地，它們只能在夜間、有步兵與裝甲部隊支援的狀況下，巡邏隊才能前往。二二〇〇時左右，我軍認定距離我軍主戰線最遠處的虎式中有一名俄軍砲兵觀測員，且引擎聲（裝甲車輛或曳引車）的出現也顯示俄軍企圖將該輛虎式拖走，因此在師長命令下以我方火砲擊毀該輛戰車。

一九四四年六月二十八日

狀況維持不變，只有三輛虎式組成的反應部隊（由艾希洪恩少尉指揮），於基洛佛國立農場東方一公里處的營部持續待命，其餘虎式並未投入。第二連於一二一步兵師在特列吉納（Telegina）建立的指揮部，第三連則留在皮萊。各車由維修班修理完畢，部分送達維修工廠班或維修連（針對需要超過三天的修理）。

六月二十八日晚間，艾希洪恩少尉的反應部隊於一千八百公尺外擊毀兩輛KV－1。六月二十九日，一輛美製戰車（雪曼）於兩千公尺外遭到擊中，並失去行動力。不久後，又有數門敵軍部署於烏其諾－戈洛德茲和巴耶佛等高地的中口徑火砲遭到摧毀。艾希洪恩少尉於夜間持續嘗試回收戰車未果，他企圖回收兩輛放棄於無人地帶、尚未完全摧毀的虎式。由於俄軍每次都以強力砲擊回應，在沒有步兵支援下靠近此二車是不可能的。艾希洪恩少尉與所屬戰車停在原有位置，持續嘗試回收直到七月四日為止。步兵的狀況維持不變，敵軍仍然保持強大的防守戰力。直到最後，我軍發現俄軍開始企圖回收、拖吊兩輛虎式，進而於七月三日晚間下令以我軍砲火破壞該二輛戰車。

一九四四年七月一日，營部、第二連和第三連（除了艾希洪恩的反應部隊外）撤回位於奧斯綽夫西北方、威利卡亞河（Wilikaja）邊的夏巴尼－瓦尼諾（Schabany-Wanino）。七月二日二三三〇時，本營接獲集團軍命令，通過鐵路前往杜納堡，抵達後，本營即應交由第二軍指揮，並於十六軍團的作戰區內行動。

第五〇二重戰車營第一連並未遭遇戰鬥。六月二十三日晚間，該連接獲北方集團軍命令，前往第五十軍的作戰區充當十六軍團的預備隊。該連只在第一八一步兵師作戰區內觀測到俄軍突破防線。七月一日，該連接獲命令前往第十軍作戰區的伊德里札（Idriza）。該連於二八一警衛師作戰區部署，並參加為時兩天的戰鬥。

戰果：　摧毀三輛敵軍戰車（兩輛ＫＶ－1、一輛雪曼）
　　　　摧毀數門中口徑砲
　　　　大量敵軍陣亡
友軍損失：　兩輛六號戰車因無法從無人地帶回收，而由我軍砲擊破壞
人員損失：　無

第三十八軍作戰區之奧斯綽夫東北方地區部署總結暨檢討

在一個步兵團、一個工兵營和重型砲兵支援的緊密配合下，本營之參謀與兩個連以第一二一步兵師一員的身分，發動了成功的反擊，清除奧斯綽夫東北方突破防線的敵軍，並重拾蘇耶佛（猶太人之鼻）與沃史茲奇尼諾高地上的防線。本次戰鬥雙方都大量投入步兵、裝甲與砲兵部隊。本次戰鬥有時候類似於大規模的物力大比拚，以爭奪具優勢——猶如堡壘、工事完備的高地為目標。

虎式的支援是本次攻擊不可或缺的一環，若沒有此型戰車的加入，絕不可能成功，而本次作戰的成功也必須付出數輛虎式的代價。這些損失的戰車是火砲與突擊砲直接命中的共同結果。在六月二十四日與六月二十六日的攻擊中，不幸地，俄軍顯然已具備觀察並側擊所有來自北方攻勢的能力。若是有部隊從更北邊的位置同時攻擊，消滅此側翼位置，便能解決此問題。然而我軍缺乏執行此任務的步兵與砲兵。與輕步兵之間的合作在兩天的攻擊中都很順利。然而，在第一天的攻擊中，如此的合作並未有成果，因為突擊的步兵部隊，也就是第九十四擲彈兵團，是在攻擊發起前才剛抵達。該部已在鬆軟地形上徒步行軍了十五公里，並且只接受很短時間的簡報。要說明的是，我軍步兵在兩天的作戰中都十分積極，有時甚至有值得讚許的表現。在攻擊的第二天，戰

車面對的戰鬥狀況更為艱難。敵軍已利用陣地，強化戰防砲、突擊砲和戰車的戰力，砲兵顯然已佔據比前一天更為良好的觀測位置。從指揮的角度，六月二十六日的戰鬥因俄軍干擾超短波無線電而變得更為困難。他們在沒有被干擾的頻道上講德文，並發出錯誤的命令。我軍持續努力尋找沒有被干擾的頻率，然後在這些頻道上繼續運作。然而，這也代表諸如以無線電發布命令給一個營的工作往往要花上超過一個小時。由於砲擊猛烈，其他傳遞命令或親自前去遞送命令的方法都無法使用。從裝備上而言，連長車必須裝備中波無線電，才能在無線電受到此類干擾時傳達所有命令。

地形對攻勢帶來了相當嚴重的困境。除了普雷斯考和奧斯綽夫之間常見的破碎沼澤地之外，此地的地形還受到敵我雙方砲擊的摧殘。再加上舊有的壕溝區與碉堡位置，有些地區對戰車而言根本無法通行。虎式從後方集結區前往戰鬥區的過程之所以沒有發生問題，只是營部早在投入到第三十八軍作戰區之前，就事先調查過直到最前線為止的路線和橋梁而已。橋梁的強化和道路（林道）鋪設，由師部與軍部的工兵依本營的建議執行。在戰術與技術面上，本營不只與第三十八軍，也和第一二一步兵師擁有最佳的關係，所有的建議與請求都得到了回應。本營及以下各連持續由該師節制，並且只受命支援其下的單位。因此，本營得與該師的師長羅爾上校或作戰官緊密合作。師長與指揮三十八軍的將領都經常稱讚本營的合作與表現。

在本次攻擊中，羅爾上校所指揮的第一二一步兵師曾在國防軍的報告中出現。基於「保防理由」，本營則未曾被提及。

一九四四年六月二十四日至三十日期間戰果

日期	戰鬥	突擊砲	戰車	戰防砲	火砲	擊斃敵軍
6/24	攻擊蘇耶佛	-	20	15	-	600
6/26	攻擊蘇耶佛	2	2	4	-	500
6/28-30	夏普科佛防禦	-	3	-	1	-
總計		**2**	**25**	**19**	**1**	**1100**

完成戰備的戰車數與維護部門表現

日期	作戰區車輛總數	具作戰能力車輛數	維修班與修理廠完成車輛數
6/23	31	24	-
6/24	31	16	-
6/25	31	11	1
6/26	30	10	-
6/27	30	11	2
6/28	30	12	-
6/29	32	13	1
6/30	32	15	2

註：由修理班修理的戰車沒有計入

一九四四年六月二十四至三十日間友軍損失

人員傷亡	軍官	士官	士兵	總計
陣亡	-	-	-	**-**
失蹤	1	1	1	**3**
受傷（住院）	-	1	12	**13**
受傷（在營休養）	-	5	10	**15**
總計	**1**	**7**	**23**	**31**

器材損失： 三輛六號戰車含武器裝備全損
六輛六號戰車被敵火擊毀（從戰場上回收並於工廠班修復）
兩輛半履帶車被敵火擊毀（已回收並修復）

一九四四年六月二十四至三十日間彈藥消耗

八十八公厘Pzgr.39穿甲彈：	1079發
八十八公厘高爆彈：	1132發
機槍彈藥：	64000發

文件六

第五〇二重戰車營
少校營長
漢斯—約阿西姆・史瓦納

位於東線
一九四四年八月二十日

一九四四年七月四日至八月十七日，第五〇二重戰車營投入第十六軍團作戰區之作戰報告

一九四四年七月四日至二十七日，杜納堡作戰區

一九四四年七月三日

隸屬關係：

本營（排除第一連）在第五〇二重戰車營部、第二連與第三連到達時，納編第二軍。

第二軍的狀況（第十六軍團與北方集團軍的右翼）：

敵軍利用強大的步兵與裝甲部隊，於六月二十二日突破第一軍作戰區（及其南方）位於北方集團軍與中央集團軍在波洛茨克的交接處。敵軍強行向西突破了第一軍南面側翼的杜納河兩岸。第二軍從第十六軍團的作戰區撤出，受命於第一軍的右翼旁、杜納堡的東方與東南方建立新的防線。該單位受命以新送達的師建立此防線（大多數來自第十八軍團的區域，額外的重武器、第五○二重戰車營、數個突擊砲旅與營，還有防空砲與重砲兵營也納編）。此任務透過環繞杜納堡四周、杜納河南岸的主要前線完成。在七月的前幾天，各步兵師佔領了一條穩固的防線，大致上從德魯亞（Druja）延伸到道加里埃（Daugailiai），中途沿著杜納堡往考恩（Kauen）的道路，經過布拉斯羅（Braslow）、崔斯夫塔提（Treswtaty）和多卡塔（Dokatas）。各師一個接一個由鐵路運輸至杜納堡和杜納堡南方三十公里的塔蒙（Turmont）。我軍預期敵軍企圖包圍第十六軍團的南翼，佔領杜納堡和重要的鐵公路網。我軍原本企圖透過與中央集團軍（第九軍團）左翼接觸，封鎖兩集團軍之間的缺口，並且以最近剛納入第二軍團底下的部隊建立堅強的防禦。中央集團軍左翼因持續面對強大的敵人壓力而往西撤退。

火車在七月三日與四日於布里加諾佛（Briganowo）和奧斯綽夫裝載五○二營的維修工廠，連同維修連的一個排、參謀、第二連和第三連前往杜納堡。火車於七月四日晚間載著第一批人員抵達，其餘人員的運輸一直持續到七月六日。他們原本於杜納堡北邊的森林集結，然後在橋梁加強工程完成，允許虎式通過杜納堡的鐵路橋後，部隊就改在佩斯基（Peski）和勞瑟錫（Laucesy）集合，那是位於杜納堡南邊八公里的杜納河南岸。

維修連和火車留在杜納河北岸，接近華爾多夫（Waldorf，即Mazciema）和史綽皮（Stropi）。

總共有二十二輛虎式完成戰備，可以由參謀、第二連和第三連操作。

一九四四年七月四日至八日

向第二軍軍長與副軍長報到、開會，同時還與第二一五步兵師接觸過後，本營持續執行杜納堡東方、東南方與南方的路線與橋梁偵察任務。一開始，此類任務由軍官帶領的五支偵察隊實施。根據十六軍團的命令，來自第二軍的六八〇工兵建設營受命與本營合作，利用本營提供的情資，前去替虎式建造橋梁，同時強化區域內現有的橋梁，否則此地的橋梁大多只能支撐十噸（最多只有二十噸）。第三工兵建設營與第二一五、二二五步兵師的工兵營偶爾也會協助。一開始，工兵先建立了從杜納堡前往新前線的進出路線。這時杜納堡的鐵路橋仍是虎式跨越杜納河的唯一通道。不只是杜納堡東方一百公里內的河道無法跨越，該城西北方至少相同距離內的河道也沒有可以渡河的地方，涉水渡過杜納河是不可能的。由於上述原因，我軍計畫於杜納堡西北方的杜納河上建造一艘六十噸渡船。建造工作由本營的工兵排進行，並由杜納堡城區司令派出的勞工支援。第十六軍團後來於杜納堡西北方八十公里外的利芬霍夫（Livenhof）安裝一艘七十噸渡船（來自裝甲架橋設備）。以福斯水桶車、機車——我軍佔領區之外——和半履帶車進行的偵察行動，本營路線偵察排排長沃爾夫中尉成為北方集團軍第一個與中央集團軍第九軍成功接觸的軍官。魯威戴少尉帶領的偵察排利用三輛半履帶車，對敵軍在南方、東南方的戰線之前的前進部隊實施偵察，同時還為虎式的部署執行路線偵察。在執行上述任務的同時，他在七月八日發現敵軍只有兵力微弱的步兵部署在戰線之前。本營持續向第二軍報告有關道路網加強與後續的路線與對敵軍偵察等事宜。由於缺乏收集戰術等級的敵軍情資所需的偵察工具或充足的偵察機，本營對敵軍的了解非常片面，有些部分甚至完全不明。

一九四四年七月九日

陸軍第二軍的狀況：

敵軍往西推進，一開始先攻擊杜納堡四周沿杜納河南岸建立的防禦陣地（屬於一三二步兵師的區域）。敵軍從齊納（Dzina）襲來（杜納堡東方六十公里），並往布魯亞（Bruja）攻去。在更南邊的地方，敵軍也以強勢兵力往西推進。敵軍使用裝甲部隊與步兵攻擊第二一五與二〇五步兵師在維齊（Vidzy，德萊斯維亞提〔Dryswiaty〕南方二十公里）和皮勒科尼埃（Pilkoniai，薩拉卡斯〔Salakas〕西南方十五公里）的偵察部隊，這些部隊從師部陣地一路散開到南邊。依照第二軍的判斷，狀況如下：敵軍意圖包圍主戰線，由我軍最新納編的步兵師往西延伸；敵軍隨後企圖推進至杜納堡—烏田納（Utena）—考恩公路，並轉向從南方或西南方朝杜納堡前進。

一〇〇〇時，本營接獲命令帶上所有單位（參謀、第二連和第三連）朝二〇五步兵師的德古茲埃（Deguziai）實施道路行軍。此命令要求本營在中午高溫下，沿著杜納堡—薩拉塞（Sarasai）—德古茲埃公路行軍五十公里。由於情勢危急、二〇五步兵師急需本營的協助，因此延後至晚間較為涼爽時刻行軍的請求遭到了拒絕。接近一九〇〇時，第二連與第三連的戰鬥單位抵達命令要求的區域，途中發生大量道路行軍造成的故障（引擎損傷、傳動機構損傷等），此類狀況在高溫與長距離行軍下很容易發生。原本執行道路行軍的二十二輛虎式中，只有第二連的五輛與第三連的三輛仍具作戰力。本營營部於一五〇〇時設置在薩拉卡斯的二〇五步兵師。本營對二〇五步兵師右翼前方以各自的偵察排進行路線與作戰偵察，進而投入了薩拉卡斯西邊與西南邊的行動。

二〇〇〇時，在薩拉卡斯，於第二軍軍長在場的情況下，我們在二〇五步兵師師部討論接下來的行動。本營接獲以下任務：

> 在德古茲埃西南方三公里外的公路橋準備好後，本營即應繼續行軍，前往十五公里外的道加里埃。敵軍已對一支團級兵力、有突擊砲與防空砲支援的部隊實施攻擊，該部於皮勒科尼埃建立了防守嚴密的據點。敵軍包圍了這裡，並持續將戰車、機械化步兵、反裝甲武器與個別的火砲，以大約團級的兵力經陶拉格奈（Tauragnai）往杜納堡—考恩公路方向，朝西北方前進。本營要從道加里埃往西南方前進，於加尼埃（Garniai，道加里埃南邊兩公里）與敵軍交戰，並與皮勒科尼埃的戰鬥群接觸——塔拉尼埃（Taranjai）北邊。本營隨後與戰鬥群一起向右進攻，佔領陶拉格奈與烏田納之間的地峽。

德古茲埃西南方三公里的路橋（鐵製、跨距四十六公尺、有桁架）只有二十四噸的承重能力。二二五工兵營的一個連在晚上補強了這座橋，他們帶了三根交叉樑，並將路面補強至可承重六十噸。

為了維修行軍期間故障的戰車，本連維修隊與維修工廠（受命來到薩拉塞）都派上了用場。當晚，有數輛故障的虎式回到營部，或是恢復戰力。接近午夜時，第三連可戰鬥的虎式又恢復到了九輛。

戰果：　無

故障：　八輛虎式因機械問題故障

一九四四年七月十日

為了執行此任務，第三連（列昂哈德上尉）於一一〇〇時帶著九輛具戰力的虎式離開德古茲埃的集結區。至〇四〇〇時，該連已跨越補強過的路橋，並於〇六〇〇時前後到達道加里埃。第二連只有五輛具戰力的虎式，因此留在德古茲埃保護公路橋，並幫忙處理前一天故障的戰車。第二連還接獲另外的任務，要以偵察排的半履帶車尋找敵軍，同時實施路線偵察，從德古茲埃往西邊和西北編出發，進入杜塞托（Duestos）與安提里普托（Antiliepte）附近。在與三七七擲彈兵團第一營（其任務是在二二五步兵師的作戰區內控制道加里埃的杜納堡—考恩公路）接觸後，第三連依令攻擊加尼埃，並佔領了其西南方兩公里的二一六高地。當該連離開加尼埃時，受到大量的戰防砲、火砲與迫擊砲攻擊，該連摧毀了當中的許多戰防砲與迫擊砲。當繼續通過零碎樹林形成的限制地形時，該連再次與敵方強大的反裝甲兵力與步兵交戰，這些敵軍以近距離在內的各種戰術頑強抵抗。兩輛戰車因砲塔（車長塔與主砲）遭到戰防砲從側面擊中而損毀。該連若是繼續前進，只會遭受更多傷亡，且無法迅速完成任務（突破至被包圍的團）。若是沒有步兵協助，掃蕩樹林（此任務本應由未支援本次攻擊的步兵營執行）是不可能的。因此該連受命於午後不久脫離加尼埃的戰鬥，並往東移動與加特里埃（Gateliai，薩拉卡斯西南方十二公里）的三九五擲彈兵團接觸。該連隨後應與該團一起立刻朝皮勒科尼埃前進，並從東北方接近。

接近一三〇〇時前不久，本營接獲命令，要德古茲埃的第二連沿杜納堡－考恩公路前進，途經道加里埃，再往烏田納前進。該連必須支援二二五步兵師底下的一個步兵團發動攻擊。此任務係由北方集團軍替二二五步兵師下令，並原本應由五〇二重戰車營全體執行。本營在一四〇〇時收到取消命令，因此後來沒有遂行。從早上就不停以本身兵力攻打烏田納的二二五步兵師已經取消攻擊了。師部從中央集團軍（該師已納編該集團軍三天，卻尚未與其聯繫）接獲命令，要以最快速度前往威科米爾（Wilkomir），並且過程中不得投入戰鬥。第二連原本已準備要以七輛虎式實施攻擊，但受命停止動作，回到德古茲埃的舊陣地，戒備及支援新組成的二〇五步兵師防禦陣地。

一八三〇時收到彈藥之後，第三連與三三五擲彈兵團一起從加特里埃往西南方前進（途經布林克里斯科〔Brinkliskes〕）。其任務是要突破到史圖里埃（Stugliai），並與皮勒科尼埃的戰鬥群接觸，該戰鬥群自一〇〇〇時起就沒有傳來任何消息。該團的大部分（第一營）從皮勒科尼埃東邊的樹林中前進，與滲透的敵軍步兵交戰，同時掃蕩森林。虎式連只有搭配小規模戰力的步兵（一個警戒部隊的八十員）和兩輛突擊砲。本次攻擊一開始相當順利，該部摧毀了敵軍在布林克里斯科南邊陣地部署的數門重型與中型戰防砲。該連的攻擊於一八八高地受阻，當地的敵軍投入新的兵力，並以步兵與反戰車兵力施以強力抵抗。

至日落為止，我軍摧毀了大量戰防砲，也使數門火砲失去戰力。敵軍步兵從樹林中發動的反攻也成功遭到反制，敵軍損失將近兩百員。天黑後，基於原本可作戰的七輛虎式這時只剩下兩輛仍具戰力，攻擊必須停止於當時的戰線。有五輛車因動力系統承受的壓力過大、夏季的高溫和前一天的長距離道路行軍而故障。受命與本連協同的步兵（領導無方，只會遲疑地跟著攻勢前進）

在經歷相當的困難後，被帶到了一八一高地上的陣地（便於夜間提供巡邏人員）。

當日夜晚，在皮勒科尼埃遭到包圍的戰鬥群回報，稱其已於白天撤離當地，並企圖於日落時返回二〇五步兵師的主要防線。至此，持續進行攻擊的必要性已不復存在。

為撤離第三連並回收五輛因機械問題於戰場上失去動力的虎式，第二連在艾希洪恩少尉的指揮下從德古茲埃前往卡特里埃（Cateliai）。該部只有兩輛在午夜後不久到達目標，其餘皆在道路行軍過程中故障。

戰果：　擊毀十六門戰防砲
　　　　擊毀十五門迫擊砲
　　　　摧毀二至三個步兵連
友軍損失：八輛虎式因機械故障損失
　　　　兩輛虎式因砲塔中彈損失
人員傷亡：兩員士官輕傷

一九四四年七月十一日

艾希洪恩與所屬戰車帶著七十五員步兵於〇二〇〇時左右抵達第三連，並接手一八八高地的巡邏警戒任務。

二〇五步兵師對三三五擲彈兵團下令，須於七月十一日白天撤回從薩拉卡斯到阿維諾斯塔（Avignosta）的防線。此令是基於敵軍自前一天晚上以來就不斷以強大的步兵、個別的戰車與強力的砲兵支援攻擊二〇五步兵師的整個前線。敵軍企圖包圍該師的整個右翼，該師的步兵兵力並不足以在限制重重、嚴重破碎、有時還有濃密樹林的地形上守住主要防線。

因此，列昂哈德上尉接獲任務，要自行回收所屬故障的戰車，並從卡特里埃返回德古茲埃。救濟排的四輛曳引車於卡特里埃（烏瑟尼斯基〔Uzeniskis〕）北邊道路三公里處的路口加入他的部隊。艾希洪恩少尉以及受命與他協同的步兵，掩護三三五擲彈兵團的撤退。他與俄軍集結區的敵軍一直交戰到〇五〇〇時，在過程中摧毀了四門戰防砲。他在本身西邊兩公里外發現有十四輛俄軍戰車與突擊砲企圖往北突破。敵軍精準運用了西側的地形，包圍了擲彈兵團的右翼。由於雙方之間有大塊面積的樹林、地形起伏和塞爾斯湖（Syles），他無法攻擊該裝甲部隊。〇五〇〇時，艾希洪恩指揮的掩護部隊，包括隨附的步兵已經撤至加特里埃，敵軍只派出不強的偵察巡邏隊跟隨。〇六三〇時，他再次轉移陣地至加特里埃北邊三公里外的路口，並在當地掩護擲彈兵團與其裝備（火砲、突擊砲與迫擊砲）撤退，直到大約一四〇〇時為止（撤退一事依計畫執行）。這段期間，敵軍沿盧科表奈（Lukobiunai）—帕柏茲（Paberze）公路的動態提升。從大量的塵土雲可以斷定，敵軍正以戰車與卡車進一步往北方突破。一三三〇時，艾希紅恩與超過兩個連兵力、有反裝甲、戰車與迫擊砲的俄軍步兵，在兩座湖（烏瑟尼斯基）之間的路口交戰。過程中，他摧毀了更多步兵與兩門戰防砲。有一輛虎式遭戰防砲擊中，砲塔嚴重受損，必須送回薩拉卡斯。一四〇〇時，艾希洪恩在炸毀三座橋後，沿著往薩拉卡斯的路線撤退。一五〇〇時，他跨越了新的主要防線，該防線係沿里加牙伊（Ligajai）與羅迪斯（Luodis）之間的阿維諾斯塔—薩拉卡斯建立，至此完成了掩護撤退的任務。他帶著一輛具完全作戰能力、一輛具部分戰力的虎式返回連上。

回收第三連與第二連受損的虎式（艾希洪恩戰鬥群）的工作因極度惡劣的路況，部分無法通過的沼澤地和脆弱的橋梁而遭遇極大的難度，回收工作一直持續到七月十一日午後，所有虎式最後都成功回收。有一部分戰車甚至是直接在原地由各連的維修班恢復至具戰力狀態。在列昂哈德上尉的指揮下，這些戰車於德古茲埃附近地區集結。

七月十一日〇二三〇時，本營接獲命令，立刻派一個連經杜納堡前往二一五步兵師位於塔茲卡（Tarzeka，杜納堡南方十五公里）的指揮部。俄軍從東邊經里札尼（Ryczany）和卡拉西諾而來，並已利用大約三十輛戰車和大量的步兵兵力，於七月十日傍晚突破德萊維亞提湖（Dryswiaty）與里札（Rycza）之間的主要防線。當天晚上，敵軍戰車摧毀了四三五擲彈兵團的大量部隊，其中有一支隨附的立陶宛警衛營傷亡尤其慘重，還掃平了數處戰防砲與高射砲陣地，強大的步兵也沿著里札湖往北推進。

〇三〇〇時，席勒上尉獲派帶著七輛具戰力的戰車，前往從德古茲埃通往杜納堡的道路，他從該地繼續經佩斯基前往塔茲卡，為了達成此事，他必須前進六十五公里。從德古茲埃或薩拉卡斯直接往東前往二〇五步兵師的近路無法通行，此路線上的多座橋梁尚未補強至可供虎式通過。在行軍前往佩斯基的路上，有五輛虎式因機械故障而失去動力，只有兩輛仍具戰力的虎式抵達目標。加上兩輛直接從維修廠送來前線的戰車（總共有四輛虎式），席勒接獲命令支援二一五步兵師的反攻。他的任務是要與四三五擲彈兵團二營合作，奪回卡拉西諾村，並重新佔領舊有的戰線。

一五一五時，經過砲擊準備之後，攻擊從塔茲卡經馬金科維茲（Markinkowicze）沿通往卡拉西諾的道路實施。部隊於馬金科維茲摧毀了數支不強的步兵部隊，並於打擊了大量的敵軍戰車、突擊砲與反裝甲部隊後攻下卡拉西諾。此次戰鬥摧毀十輛敵軍戰車（T-34、T-60和七六點二公厘突擊砲）與兩門重型戰防砲。我軍步兵自力緩步對抗強勢敵軍步兵的推進，這些敵軍步兵的陣地建立在有植被和小範圍林地的地帶。該部於傍晚接觸到虎式，於卡拉西諾協同建立新的障礙防線，並以此抵擋數波敵軍以步兵與砲兵支援實施的逆襲，敵軍承受了大量的傷亡。在對抗敵軍戰車與戰防砲的過程中，有一輛虎式遭戰防砲（八五公厘）擊中而失去動力，並在一側履帶脫落的狀態下留在主防線上。兩輛虎式引擎受損，由於第五輛虎式在交戰期間抵達，卡拉西諾的防禦戰便在面向北、東兩個方向的地帶繼續實施，向前推進而佔領的地區後來成功守住了。這些戰車於夜間仍留在掩護位置，戒護主要防線。無法行動的戰車於七月十二日和十三日晚間回收。

戰果：　摧毀十輛戰車（T－34、T－60和七六點二公厘突擊砲）
　　　　摧毀六門戰防砲
損失：　兩輛六號戰車砲塔遭戰防砲擊中
　　　　六輛六號戰車因機械故障失去行動能力
人員傷亡：　兩員輕傷

一九四四年七月十二日：二一五步兵師的狀況與第三連（列昂哈德上尉）的投入

二一五步兵師直到七月十日為止都還在中央集團軍之下，此時正歸第二軍節制。此轉移係因當時狀況與北方集團軍右翼受到相當的威脅，亦即敵軍企圖以裝甲與步兵部隊包圍該部。該師與二〇五步兵師鄰接，將主要防線往西從德古茲埃西方三公里外的湖水區，沿著史凡托伊溪（Swatoji）延伸。七月十二日早上，敵軍成功突破了安提里普托西邊這條新的主要防線。部隊觀察到有個別的戰車朝北邊杜塞托的方向前進。

第三連當時仍在執行德古茲埃的掩護任務，此時被轉移至二二五步兵師，並於一三〇〇時接獲命令，行軍至安提里普托，並與三七七擲彈兵團從當地出發朝西南邊的德拉西奈（Drasinai）反擊。該連帶著四輛虎式抵達安提里普托時，剛好趕上擊退一波沿德拉西奈—安提里普托公路發動的裝甲攻勢。擊退過程中，該連摧毀了兩輛T－34戰車，其餘敵軍戰車後來消失在樹林中。當地有突擊砲在掩護，第三連企圖經帕度斯提（Padustus）往札比修尼埃（Zabiciuniai）實施側翼攻擊，據信敵軍正從那裡向北攻擊。該連成功抵達札比修尼埃，沒有遭遇敵軍，亦沒有找到突破戰線的敵軍戰車。日落時，該連撤回安提里普托，後來又撤到文薩瓦伊湖（Vensavai）南岸的文薩瓦伊，位於德古茲埃北方六公里處。他們在當地對所屬車輛作保養。

戰果：　摧毀T－34戰車

損失：　無

第二二五步兵師的狀況：

七月十一日當天，德萊維亞提湖與里庫湖（Ricu）之間的舊有主要戰線只有南面已重新建立，一直到卡拉西諾為止（包括卡拉西諾）。從當地起，防線轉向北，經過克拉其諾（Krakino）、湖泊和馬金科維茲。地峽的北部有愛沙尼亞和立陶宛的警衛隊駐守。他們的任務，是要封鎖直到里庫湖之間的地帶。這些單位在俄軍攻擊時，或只是有徵兆俄軍即將攻擊時都不太願意抵抗。他們也會在遇到微不足道的砲擊時就撤出陣地，在七月十二日一天內就發生了三次以上狀況。在卡留斯少尉的指揮下，四輛原本部署在馬金科維茲東南方樹林內準備作為反擊的虎式，在三次上述狀況發生時都前去攔截撤退的立陶宛與愛沙尼亞警衛隊，並施以小規模反擊之後，將他們送回原有的陣地。

七月十二日，五〇二營一連從第十軍（伊德里札）搭火車抵達杜納堡。該連擁有十輛可作戰的虎式。一九〇〇時，經過在第二軍的諮詢後，軍長哈瑟中將（Hasse）下令該連分成兩部行動。第一部帶五輛虎式前往文薩瓦伊支援第三連，該連當時和二二五步兵師一起行動（位於杜納堡西南方五十五公里外）。另一部則由另外五輛虎式組成，任務是組成新的戰鬥群，前往瓦沙連納（Vazsaliena）國立農場（杜納堡東方二十公里外）的八十一步兵師。八十一步兵師最近剛進入二一五和一三二步兵師的作戰區之間，因應敵軍從東邊發動的攻勢增加了。一三二步兵師已不具備完全的作戰能力。

一九四四年七月十三日

本營自第一連抵達後，以滿編狀態納編第二軍，並分布在三個戰鬥群之中，分別負責該軍的三大重要防禦區：第三連（由第一連一半兵力支援）和二二五步兵師一起行動；第二連與二一五步兵師一起行動；剩下半個兵力的第一連則與八十一步兵師一起行動。

第三連（二二五步兵師）在一九四四年七月十三日並未投入，而是留在文薩瓦伊的集結區待命，並派了兩輛虎式前往安提里普托掩護。本連在二二五步兵師作戰區內進行路線與橋梁偵察，並派出一輛半履帶車往阿別里（Abeli）向西前進，為預期將執行的任務偵察敵情。六八〇工程建設營派了一個工兵連隨同該連，以替虎式搭建橋梁。

第二連（二一五步兵師）在卡留斯少尉的指揮下，持續與三八〇擲彈兵團一起於德萊維亞提和里庫湖之間行動。七月十二日至十三日之間的夜晚，俄軍步兵滲透了愛沙尼亞與立陶宛警衛隊在里庫湖附近的陣地，並於〇六〇〇時攻打馬金科維茲的莊園。立陶宛軍往西北方撤退，還有一部分往南。在虎式的協助下，於馬金科維茲—卡拉西諾湖南邊不遠處建立了新的防線，而立陶宛步兵（指殘存的部隊）則往馬金科維茲推進。白天，俄軍步兵在限制重重、嚴重破碎的地形實施攻擊，但都被援軍與馬金科維茲—史卡巴提（Skabaty）地區的立陶宛、愛沙尼亞兵力擊退。入夜後，卡留斯少尉的虎式於三八〇擲彈兵團團部集結。

第一連的其餘部隊（八十一步兵師）由五輛虎式組成，並由包曼少尉（Baumann）指揮。該部於維薩里埃拉（Vecsaliela）莊園的師部附近集結。師部試圖將該部投入至東邊與東南邊。此連後來執行了路線與橋梁偵察，但七月十三日並未投入。

戰果：　　於二一五步兵師作戰區，與敵步兵以重武器交戰

一九四四年七月十四日：二一五步兵師的狀況與第三連（半個連兵力加強）的部署狀況

俄軍利用樹林、低地與步兵，持續發動進攻。他們企圖將還未盡穩固的防線往前推。只要他們在主要防線上發現弱點，就會試著以個別的戰車突破，利用機會持續往東北方突破。

七月十四日接近〇三〇〇時，一波強大的步兵攻勢在安提里普托發生，同時還有數個砲兵連的支援。此次攻擊由三七七步兵團利用在安提里普托巡邏的兩輛虎式（由普拉斯曼少尉〔Plassmann〕指揮）支援擊退。敵軍步兵蒙受了慘重的傷亡，還失去了一門重型戰防砲。白天，敵軍成功於安提里普托東南邊的史托斯尤奈（Stossjunai）和一七五高地突破。敵軍跨越了史凡托

伊溪，並打算建立大型橋頭堡。

午後，第三連（由第一連的五輛虎式支援）受命與三七七擲彈兵團第二營一起反擊。所有戰車都編入一個戰鬥群，由鮑爾特少尉指揮。一八〇〇時於加特里埃的營部作簡短的討論後，反擊於一九一五時開始。此波反攻意在經由一七五高地奪下史托斯尤奈村。當戰鬥群到達高地時，遭遇猛力砲擊。虎式透過持續轉移陣地成功留在高地，同時支援我軍步兵的推進。戰車遭遇來自史凡托伊溪南邊高地的猛力戰防砲與戰車砲擊。部隊發現兩千五百公尺外的逆向坡陣地上有六輛戰車，並正受到這六輛戰車的轟擊，但未能消滅它們。數門戰防砲、俘獲的敵軍火砲和步兵成功在戰鬥中與之交火。過程中，該部擊毀了六門戰防砲與一輛史達林風琴。我軍步兵因敵方砲火越來越猛烈而無法留在高地，此波攻勢便於此終止。戰車部隊隨後撤至下一個低地，於二二〇〇時在營部集結，等待新的任務。

第二一五步兵師的狀況與第二連（卡留斯少尉）的部署：

德萊維亞提湖和里庫湖之間的主要防線因防守所需的步兵兵力不足，無法依原有計畫時間據守。因此，我軍規劃於七月十四日午後發動一波反攻，清理卡拉西諾北方遭突破處，縮短防線的長度。

為達成目標，必須發動強力攻擊，奪下里庫湖南端的波諾里則村（Bolnorycze，離卡拉西諾北邊一公里）與一七五高地。

在原本具戰力的四輛虎式中，有兩輛機械零件受損，因此只有兩輛可投入作戰。兩輛受損的虎式可以前進至適當的位置提供支援。部隊組成三個戰鬥群來執行攻擊：

第一戰鬥群有兩輛虎式與三十員步兵
第二戰鬥群有兩輛突擊砲與三十員步兵
第三戰鬥群有兩輛突擊砲與三十員步兵

一八三〇時，第一戰鬥群利用集中砲火掩護通過了卡拉西諾北邊的主要防線，並攻擊波諾里則村。短暫激烈交火之後，敵軍的袋狀抵抗陣地，以及位於村子裡、高地和樹林內的戰防砲都失去戰力。同時，兩輛受損的虎式也從卡拉西諾提供火力支援。透過仔細利用地形（有許多植被，某些地帶還有無法通過的沼澤），兩輛虎式前進至一七三．三高地，並攻擊撤退的敵軍步兵。大約到了二一〇〇時，目標已經控制，往里庫湖最短的交通路線也已建立。敵軍承受了大量的人員傷亡，他們只有部分部隊逃出包圍。新奪得的地區由步兵負責佔領。

虎式於努維昂斯（Nurwiance）團部的舊位置集結。返回的路上，由於四周一片漆黑，一輛虎式誤入沼澤受困。剩下最後一輛運作正常的虎式協助脫困。該車還拖吊了兩輛於戰鬥期間受困、無法在極為困難的地形下到達目標的突擊砲。

戰果：
- 摧毀八門七六點二公厘戰防砲
- 摧毀一輛史達林風琴
- 成功與馬拉車隊、車載步兵與砲陣地交戰
- 相當數量的敵軍死亡
- 碉堡與戰鬥陣地失去戰力

一三二步兵師（包曼戰鬥群）並未發生戰鬥。七月十四日午後，包曼少尉的五輛戰車受命向西移動八公里，前往薩羅那亞（Salonaja）莊園附近的集結區。

一九四四年七月十五日

未發生值得一提的戰鬥行動。

第二軍作戰區內的狀況，使人得以假設敵軍已取消從西南邊與南邊攻打杜納堡的計畫，或許已帶著大輛重型武器與裝甲部隊往東撤離，以期在別處發動新的攻勢。

一九四四年七月十六日：二一五步兵師與第二連部署處（卡留斯少尉）的狀況

七月十六日早上，敵軍突破了馬恩加（Marnga，塔蒙南邊八公里）位於二一五步兵師右翼的主要防線，並繼續往北推進。虎式戰鬥群在卡留斯少尉指揮下，原本受命要離開它與三八〇步兵團（團部在努維昂斯）的陣地，前往塔蒙。該部將從格萊甘斯（Grygance）的集結區出發，並與一八九擲彈兵團的一個營協同，於一三〇〇時對西南方發起攻勢。通過馬恩加後，其目標是夏布羅夫史恰納（Schablowschtschyana）東邊的高地。隨後，該部便須繼續往西攻擊，朝阿維信卡（Awischinka）前進。在更西邊的地方，有另一個戰鬥群（包括新的援軍，包含一個突擊砲營和步兵），要從卡利什基（Karlischki）對夏布羅夫史恰納發動攻擊。

一二二五時，在第二連發起攻勢前，俄軍從馬恩加朝西北方沿整個一八九擲彈兵團的作戰區搶先攻擊，俄軍到達了馬恩加北邊的高地。卡留斯少尉自行實施反擊，阻止了敵軍的突破。我軍的攻擊延後到一四〇〇時開始，當地的地形對裝甲部隊不利，諸多丘陵間有許多未曾預期到的沼澤低地持續出現。因此，裝甲部隊的攻擊十分困難，戰車常常需要繞道而行。當日午後，卡留斯少尉抵達第一個目標（夏布羅夫史恰納）東北邊三百公尺外的山坡，並與敵重型、中型戰防砲，以及大批步兵交戰。他在持續的交戰中掃蕩了敵軍陣地，但因地形阻礙而沒有繼續推進，我軍步兵並沒有跟上攻擊。直到午後一七三〇時，步兵才再一次收到命令要跟隨裝甲部隊攻擊。一段時間後，俄軍再次在砲兵支援下攻擊，我軍步兵再次停在原地。由於沒有友軍步兵的支援，卡留斯少尉在原地駐停至二一〇〇時。隨後他從馬恩加北邊的高地後方驅車返回，夜間停留在營部附近，以準備因應新一波俄軍的反擊。

戰果：　摧毀十四門四七公厘戰防砲，以及兩門七六點二公厘戰防砲；殲滅相當數量的步兵

第一三二步兵師的狀況與第一連（包曼戰鬥群）的部署：

過去幾天，一三二與八十一步兵師在杜納堡東部的狀況如下：里庫湖、史努迪湖（Snudi）和杜納河（位於特羅亞〔Troja〕西邊）舊有的主要防線遭到俄軍步兵與裝甲部隊沿史努迪湖發動的攻勢突破。俄軍成功以大量步兵滲透了西連（Silene）東南邊的樹林。一開始，我軍以少量的步兵與重型武器通過樹林的北端，隨後改為從西側掃蕩樹林，重新與樹林南邊舊有主要防線的部隊接觸。一三二步兵師的西面側翼就在樹林旁，該師企圖在七月十六日沿史努迪湖西側發動攻勢。為了協助此事，包曼的虎式部隊接獲第二軍命令前往該師，途經利爾本－波洛塞西（Lielborne-Boloselci）莊園。他們受命沿巴巴斯基－波洛尼（Babascki-Borony）公路，配合四三六擲彈兵團與

突擊砲部隊發動攻擊。本次攻擊的發起時間依令為一六〇〇時。包曼帶所屬虎式準時出發，強行突破步兵前哨，繼而在杜賓諾佛村（Dubinovo，巴巴斯基南方一點五公里）遭遇八門重型戰防砲意外強大的攻擊。三車中彈重創，戰鬥的其餘時間無法行動，我軍步兵並未攻擊。突擊砲本應從西邊包圍杜賓諾佛進攻，但因重型戰防砲而蒙受嚴重損失，因此該路線的攻擊一開始就受阻。日落後，包曼的戰車返回出發陣地。

戰果：　　摧毀六門重型戰防砲與四門中型戰防砲；殲滅相當數量的敵軍步兵

損失：　　三輛虎式遭重型戰防砲損傷

人員傷亡：　無

七月十六日，第三連並未投入作戰。

一九四四年七月十七日

第二連與第三連未投入作戰。在鮑爾特少尉的指揮下，第一連半部（先前納編列昂哈德上尉的第三連）於七月十六日與十七日之間的晚間撤出二二五步兵師的作戰區，並以道路行軍經杜納堡—維斯卡林納（Vascalina）莊園（八十公里）前往八十一步兵師。敵軍利用步兵往西北邊推進，離開西連西南邊的樹林地帶，並攻擊西連東端的掩護部隊。七月十七日晚間二〇三〇時，鮑爾特領四輛戰車出動，掩護西連東北側，但並未與任何敵軍接觸。

一九四四年七月十八日

第二連與第三連未參與戰鬥。

八十一與一三二步兵師的狀況與第一連的部署：

七月十七日與十八日之間的夜晚，俄軍暫停了西連東邊與東南邊的攻勢，並撤往南邊。十八日，我軍企圖動用所有可用的機械化武器與乘載步兵的卡車，發動地區性攻擊，以期奪回里庫湖和史努迪湖之間舊的防線。在八十一步兵師處，成立了一個由梅耶上校（一八九擲彈兵團團長）指揮的戰鬥群。該群包括四輛虎式、五輛突擊砲、十輛載有步兵的突擊砲、二十公厘高射砲、八十八公厘高射砲、一個立陶宛擲彈兵營，以及隨同的砲兵觀測員。一四〇〇時，戰鬥群從西連往南前進，到達普勞斯基耶提（Plauskiety，西連東南邊八公里），並未遭遇強而有力的抵抗。該部繼續前進時，戰車與突擊砲遭遇一條縱深的梯形戰防砲防線。部分戰防砲的位置遠離林地中的道路，因此難以攻擊。虎式摧毀了數門戰防砲，並於一七三〇時到達烏巴尼村（Urbany，普勞斯基耶提東南邊兩公里）。步兵並未跟隨攻擊，而是在第一波敵軍抵抗時便趴下尋求掩護。樹林南端仍有敵軍步兵重兵把守，敵軍從西邊發動的反擊偶爾會干擾普勞斯基耶提往北的前進路線。

由於敵軍從西側對側翼造成的嚴重威脅，加上與日漸增加的敵情壓力（包括砲兵支援），裝甲推進部隊在二〇〇〇時左右依戰鬥群指揮官梅耶上校的命令撤離烏巴尼（Urbany），返回西連補給。步兵撤至從烏拉茲湖（Ulacz）到多米尼（Domini，西連東南邊四公里）的地區，並在當地建立防禦陣地。

一三二步兵師往南追擊撤退敵軍的任務，於〇七三〇時開始。

包曼少尉有三輛具備戰力的虎式，因此派去與四三六擲彈兵師和兩輛突擊砲合作。他從巴巴斯基沿道路往南，到達南邊五公里外的波洛尼，途中沒有遇到值得關注的抵抗。直到基魯奇（Dzieruki）與其南面的樹林邊緣，敵軍的抵抗才開始增強。戰防砲與砲兵使得此次的攻擊停歇了。

此次攻擊於基魯奇附近終止。天黑後，虎式撤回普魯西（Plusy）北邊的補給據點。

戰果：　摧毀七門重型戰防砲
　　　　殲滅敵軍持反戰車步槍的步兵
損失：　一輛虎式因命中驅動系統而失去動力
人員傷亡：　一員受傷
　　　　　　一裝填手氣體中毒

一九四四年七月十九至二十一日

敵軍沿著整個第二軍作戰區的攻勢都已停止，並開始將部隊撤往南方與西方。第一連撤出八十一步兵師作戰區，並轉往薩拉伊（Saraai），在道路上行軍八十公里（杜納堡西南邊三十公里）充當本軍的預備隊，該連在當地有機會維修車輛。

第三連與二一五步兵師於七月十九日納編四十三軍（請參閱四十三軍作戰區報告）。

第二連留在塔蒙充當軍部與二一五步兵師的預備隊。離開維修廠班的戰車於佩斯基（杜納堡南邊八公里）由艾希洪恩少尉集結。直到七月二十一日晚間止，第二軍的狀況維持不變。

一九四四年七月二十二日

〇一〇〇時前不久，第二軍參謀長透過無線電對本營示警，並對狀況發出以下說明：

七月二十一日晚間，強大的俄軍裝甲部隊突破了二九〇步兵師（部署於第一軍右翼）在杜納河北岸的陣地，並已到達克拉斯勞（Kraslau）附近。敵軍於一九〇〇時到達卡札諾瓦莊園（Kazanova）。隨後敵軍往伊茲瓦塔（Izvalta，杜納堡東邊二十八公里）前進。二九〇步兵師正在撤退，其任務是在伊茲瓦塔建立新的防線抵抗，該師現納編第二軍。五〇二營任務如下：所有具戰力的虎式跨越杜納河前往北岸，並利用杜納堡往伊茲瓦塔的道路盡速前往二九〇步兵師位於歐梅尼卡亞（Ohmelnickaja）的指揮部。擊退任何往杜納堡突破的敵軍裝甲部隊，路上預期會遇到敵軍。

第一連與第二連接獲無線電警示。其戰鬥部隊攜帶充足物資前往杜納堡。兩位連長受命要先出發，比連隊早一步到達位於戈奇（Gorki，杜納堡西南邊鐵路沿線二點五公里外）的營部待命。與連長進行作戰會議後，營部移至杜納堡東北方外圍地區（德軍墓園），等待本營部隊的到來。艾希洪恩少尉從佩斯基帶領四輛虎式抵達，並於〇五〇〇時指派沿通往伊茲瓦塔的道路出發，進行戰鬥偵察，並與二九〇步兵師接觸。第一連（鮑爾特少尉）於〇六〇〇時帶領六輛虎式跟進。第二連（卡留斯少尉）回報該連最快也要〇八〇〇時才能抵達本營集結點，該連受命跟在第一連後面。在與本營所有部隊建立無線電聯繫後，營長與通訊班和路線偵察排一起前往二九〇步兵師，並於〇九〇〇時前後抵達。艾希洪恩少尉在前往奇梅尼卡亞（Chmelnickaja）的途中沒有遇到任何敵軍。

二九〇步兵師的狀況：

清晨，敵軍發兵攻打杜納河、伊茲瓦塔、里耶里（Lielie）、楚里（Truli，伊茲瓦塔北邊三公里）一帶新形成的防線，並於里耶里—楚里處派約二十輛戰車往西突破。據推測，敵軍裝甲部隊應是往維斯基（Viski，杜納堡東北邊二十五公里）的方向前進。

我軍無法得知敵軍確切的位置與進軍路線。為與敵軍裝甲部隊交戰，及掩護杜納堡與伊茲瓦塔之間的補給線，師部派出一個突擊砲營的殘存部隊前往里耶里與楚里附近，同時還派出六六六裝甲獵殺營中兩個連的重型戰防砲（PAK 43）部署於伊茲瓦塔和里皮尼斯基（Lipiniski，伊茲瓦塔西邊十公里）。我軍未收到任何偵察報告，唯一的報告來自師部的後勤車隊，宣稱於〇九〇〇時前不久，曾於巴蘇基（Barsuki，杜納堡東北方二十公里）的杜納堡—羅西騰公路前方不遠處看到敵軍戰車。師部授權本營，擁有完全的行動自由，並指派於一〇〇〇時抵達的第一連往萊庫尼（Leikuni）與里耶里—楚里方向攻擊，切斷俄軍裝甲部隊的進軍路線。艾希洪恩少尉受命帶著兩輛虎式沿伊茲瓦塔—杜納堡的道路返回，從北邊瑙耶內的火車站（Naujene，杜納堡前十五公里）執行偵察，找出據報出現在巴蘇基的敵軍戰車當前的確切位置。第二連（卡留斯少尉）通過無線電與傳令兵接獲命令，要回到杜納堡—羅西騰公路，並從當地往北朝維斯基前進，保持該重要公路的暢通。發現敵軍戰車的位置後，必須往東轉向、開始戰鬥。

一一〇〇時前不久，鮑爾特少尉對萊庫尼攻擊，於該村南邊五百公尺外遭遇第一次敵軍抵抗。敵軍在萊庫尼部署了約八輛戰車與數門戰防砲來保護南面側翼。該部隊與六輛T-43、數輛牽有戰防砲的卡車，和已經建立陣地的戰防砲交戰，並摧毀上述目標。繼續往萊庫尼途中，有兩輛虎式因中彈而失去動力。其餘四輛尚有戰力的虎式佔領了萊庫尼，並提供掩護直到傍晚為止，封鎖了俄軍的補給線。艾希洪恩少尉從瑙耶內火車站朝北出發，到達鐵提尼（Teltini）及其北方的溪流。此地區內的橋梁都無法承受虎式的重量。由於必須等待敵軍裝甲部隊從塔蘇基轉向南方，他留在鐵提尼掩護毫無遮掩、完全曝露的二九〇步兵師側翼及其補給路線直到晚上為止。第二連依令跟著第一連沿杜納堡—伊茲瓦塔公路前進，在瑙耶內火車站收到新的命令。該連直接從當地往西轉向，經克里瓦尼（Krivani）直接向西前往羅西騰公路，沿該公路前往維斯基。一三〇〇時前不久，該連在沒有預期的狀況下，於瑪利納瓦（克里瓦尼北方四公里）遭遇二十輛敵軍重型與超重型戰車（史達林戰車與T－43）。

卡留斯少尉在行軍中攻擊敵軍戰車，他帶領連隊前進，身後還有克舍上士與寧史泰特少尉跟著。在沒有任何友軍受損的狀況下，他們以三輛虎式在近距離和極近距離內擊毀了十七輛敵軍戰車，卡留斯本身的戰車就擊毀了十輛，只有三輛敵戰車成功逃往東邊消失。

他隨後利用所屬連隊掃蕩瑪利納瓦村，與從北方前來的一個突擊砲營接觸。此舉使自一〇〇〇時起便由俄軍戰車封鎖的杜納堡—羅西騰公路再次暢通，俄軍對杜納堡的攻勢也因此停擺。

第二連於一五〇〇時接獲新任務，從瑪利納瓦朝東前往巴蘇基（瑪利納瓦東方四公里）。該連要在當地擊退預期即將出現的新一波敵軍裝甲攻擊，封鎖當前我軍得知的俄軍進攻軸向。該連沒有遇到任何值得一書的抵抗便到達了目標，封鎖所有往北、東、東南的道路。

由於本營的介入，尤其是卡留斯少尉指揮的第二連，二九〇步兵師獲得了機會，可以在不受打擾的狀況下於夜間往西撤退，在杜納堡—維斯基公路的東邊建立新防線。為了達成此事，我軍派了數個以卡車載運的營支援該師。這些部隊守在維斯基南邊的防禦陣地。本營受命掩護巴蘇基、瑪利納瓦、邦達里斯基（Bondariski）等區域，直到新防線佔領完成為止。因此，第二連留在巴蘇基，第一連前進到往瑪利納瓦的道路上，掩護北方與東北方。在席勒上尉的帶領下，維修廠內所有可作戰的戰車都從杜納堡前往克里瓦尼（Krivani）。這些戰車預計將充作東邊與東北邊作戰的預備戰力。

本營的後勤車隊與維修連先前位於杜納堡北方地區，但於七月二十三日夜間移動至杜納河南岸。他們往埃格蘭（Eglaine）的方向前進，於當地停駐。只有戰鬥部隊需要的補給單位留在杜納河北岸。

戰果：　擊毀二十三輛戰車（十七輛T－43、六輛史達林戰車）
　　　　摧毀六門重型戰防砲
　　　　摧毀數輛卡車
友軍損失：兩輛虎式因戰防砲與戰車砲攻擊而失去動力
人員傷亡：無

一九四四年七月二十三日

七月二十二日至二十三日夜間，第二連與納編的少量步兵駐守巴蘇基，擊退了敵軍以戰車與步兵發動的攻擊。當晚，兩輛敵軍戰車遭到摧毀。掩護部隊未能阻止強大步兵與個別戰車滲透進瑪利納瓦東邊的樹林區，並在當地集結向西發動新一波攻擊。清晨前不久（〇四三〇時），虎式撤至新設的主要防線後方。七月二十三日白天，敵軍利用猛力砲擊支援，數次從瑪利納瓦東邊的樹林朝北發動攻勢，攻向維斯基西南方五公里外的公路交叉口。這些攻擊都由當地的突擊砲與步兵擊退。由於二九〇步兵師的步兵部隊不足以完全佔領、守住從杜納河彎曲的維路西（Vilusi，杜納堡東北方十二公里）與維斯基之間的主要防線，維斯基南方的敵軍攻勢正在增強，瑪利納瓦東方樹林內的敵軍集結區也顯示，敵軍即將對杜納堡發起新一輪攻勢。因此，本日午後在瑪利納瓦北端建立了一條警戒線。我軍試圖與北方接觸，解救遭包圍的防空部隊，但數輛俄軍戰車（史達林戰車）經仔細利用地形而推進至邦達里斯基處的公路，解救無果。兩輛虎式因中彈重創，失去動力。二九〇步兵師命令瑪利納瓦的掩護部隊於晚間撤往西拉瑟西（Silacirsi）的里卡南卡（Likananka）地區，第二連於克里瓦尼集結。

七月二十三日午後，敵軍派出四十輛戰車與強大步兵成功突破了介於薩拉塞南邊與西南邊的二〇五與二一五步兵師之間的八十三步兵師。第二軍下令將一個連撤出杜納堡北邊，並於同日午後移至薩拉塞。鮑爾特少尉於一九〇〇時派遣去帶領五輛虎式經杜納堡前往薩拉塞。

戰果：
摧毀兩輛戰車（T－43）
摧毀三門重型戰防砲
殲滅大量敵軍

一九四四年七月二十四日：二九〇步兵師的狀況與第二連的部署

敵軍在瑪利納瓦北側以大批步兵與個別的戰車，沿杜納堡—羅西騰公路進一步往西推進。敵軍隨後企圖透過鐵路橋跨越里卡南卡溪（杜納堡東北方十二公里）從北方攻打杜納堡。嘗試失敗後，敵軍又一次沿里卡南卡溪往西攻擊。為確保此地區的安全，師部建立了一支附有兩個反戰車連（使用PAK 43）和少許步兵的掩護部隊。一〇〇〇時前不久，第二連接獲任務，經杜納堡北端轉移至提爾圖—史洛波達（Tiltu-Sloboda）與里姆薩斯（Rimsas）等村莊（杜納堡西北方十二公里）。該連須於當地以四輛虎式封鎖里卡南卡溪，對抗敵軍企圖對杜納堡的包圍攻擊。卡留斯少尉與四輛虎式派出前往；第二連其餘六輛虎式則於克里瓦尼繼續由寧史泰特少尉指揮。他們配合五〇三擲彈兵團，掩護通往東北方的杜納堡—羅西騰公路。

一七〇〇時，寧史泰特少尉接獲報告，稱里卡南卡溪前的公路西邊不遠處發現三輛敵軍戰車。為了與敵軍交戰，他前進至西拉瑟西。當時，敵軍正在離開西拉瑟西東方一點五公里外的樹林（約有二十輛戰車與大批步兵），其目標是佔領道路、突破至杜納堡。他們一開始成功擊退步兵的前進掩護陣地。寧史泰特隨後利用所屬的兩輛虎式，跟突破的敵軍戰車交火。他成功擊毀了二十輛敵戰車中的十七輛，包括兩輛突擊砲，他本身就擊毀了十輛敵軍戰車。他隨後指揮所屬六輛虎式，與四十四工兵營一起反擊。至晚間，該部已奪回舊有的陣地。

寧史泰特少尉所屬於日落時撤回克里瓦尼。

卡留斯部隊由營部簡報有關其位於里姆薩斯與提爾圖—史洛波達的掩護任務後，隨即從第二軍下令（一七〇〇時前不久）往東北方偵察，途經克洛基（Klocki）直到抵達杜伯尼基（Dubleniki）為止。他隨後須暫時保護從杜納堡往北的鐵路，保障仍在該區行動的運輸火車。

在推進與指揮戰車的過程中，卡留斯少尉搭乘的附邊車機車，於科科尼斯基村（Kokoniski）北方外圍突遭遇敵方前鋒步兵與游擊隊，並遭到衝鋒槍與其他槍械射擊重傷。兩輛前進的虎式將重傷的卡留斯和他的駕駛兵接走，並於快速前進時消滅敵步兵。天黑時，當時由艾希洪恩少尉指揮的四輛虎式一路撤回提爾圖—史洛波達的里卡南卡地區。夜間，一開始先有一個連的步兵以卡車載往前線，後面又有一整個營跟進。他們的任務是掩護此地區。

戰果：擊毀十七輛敵軍戰車
殲滅大量步兵與重武器

人員傷亡：騎士十字勳章得主卡留斯少尉重傷
另一員重傷

一九四四年七月二十五日：二九〇步兵師的狀況與第二連的部署

敵軍利用第二軍（二九〇步兵師）與第一軍在瑪利納瓦與維斯基之間的空隙，引入新的步兵與裝甲單位。根據十六軍團的命令，二九〇步兵師將於北邊進攻，第一軍所屬則會從南邊的維斯基沿杜納堡—羅西騰公路進攻，此戰的目的為封鎖缺口。

為達成該目標，五〇三擲彈兵團搭配突擊砲與寧史泰特少尉所屬的五輛虎式，於一五三〇時開始攻擊瑪利納瓦。一開始，虎式只能從里卡南卡溪南岸的西拉瑟西提供火力支援，此處公路橋已於兩天前炸毀。在偵察西側一處渡口，認定勉強可供虎式通過後，寧史泰特伴隨擲彈兵團推進到村莊南緣為止。但他的部隊無法繼續前進，一輛戰車在一座不穩的橋上受困。步兵在與敵步兵和迫擊砲激烈交戰造成的慘重傷亡後到達瑪利納瓦北端。為爭奪瑪利納瓦，七月二十五日晚間曾發生戰鬥，但沒有決定性結果。俄軍發動多次反擊，但大多數都遭到擊退。過程中，寧史泰特摧毀了兩輛戰車與三門重型戰防砲。

七月二十五日艾希洪恩少尉所在位置的狀況：

夜間，俄軍步兵沿鐵路推進至杜納河河畔，佔領了位於里卡南卡溪北邊的奧格里亞尼村（Ausgliani）。負責戒備的營部派兵對抗此批敵軍，但未能清除村莊。一四〇〇時，北方聽見大量的戰車噪音。此事使我軍假定敵軍企圖佔領杜納河上的里卡納莊園（Likana），利用杜納堡—克勞茲堡（Kreuzberg）公路進一步推進（可能也會跨越杜納河來到西側）。

因此，艾希洪恩少尉立刻從提爾圖—史洛波達出發，突破敵軍在奧格里亞尼的步兵防線。就在里卡納莊園東側，他遭遇一支共有十六輛戰車，包括重戰車（史達林系列戰車）與T-43戰車的敵裝甲部隊。十分鐘內，全部十六輛戰車皆於近距離擊毀（三百公尺內），沒有任何友軍傷亡。此時，艾希洪恩少尉返回其位於提爾圖—史洛波達的原始位置。午後，他在奧格里亞泥西邊一公里外的河洲進行一次推進。此次推進他摧毀了兩門敵軍的重型戰防砲，它們不斷地對在杜納河西岸及河川道路上的卡車車隊射擊。

戰果：　摧毀十八輛戰車（史達林戰車與T-43）
　　　　摧毀五門戰防砲
　　　　與敵軍步兵交戰

人員傷亡：　一名軍官負傷（寧史泰特少尉，留在本連）

一九四四年七月二十六日

俄軍數次攻打瑪利納瓦，企圖逼迫我軍掩護部隊退回里卡南卡溪。寧史泰特少尉的虎式整天都在里卡南卡溪西岸的西拉瑟西與克里瓦尼掩護。里卡南卡溪被炸毀的公路橋西邊有一處渡口已經補強完畢，使在西拉瑟西掩護的虎式可以往北移動一點二公里，於一八〇〇時前不久抵達瑪利納瓦南端。此後不久，俄軍以連級兵力的步兵與少數戰車攻打瑪利納瓦北部。我軍擊退此波攻勢，還擊毀了一門十二點二公分的突擊砲。二〇〇〇時後不久，克里瓦尼的虎式與一處步兵集結區交戰，該區係由我軍發現藏於該村北方一片林地內。預期會從該地發起的攻擊並未發生。

艾希洪恩部隊的部署：

午夜後不久，原本在杜納河西岸充當本軍預備隊的五〇一擲彈兵團，用突擊艇送到杜納河東岸。依北方集團軍的命令，它朝里卡納火車站進攻，迫使俄國步兵撤離杜納河東岸，將他們往東一路趕到鐵路線。本次攻擊一開始沒有任何砲兵或重武器支援。清晨前不久，第二軍下令艾希洪恩少尉的戰車支援五〇一擲彈兵團的攻擊。〇六〇〇時，艾希洪恩少尉與他的四輛虎式移出提爾圖—史洛波達。他再次突破了敵軍在奧格里亞尼的陣地。這段期間，該陣地已經過戰車和戰防砲強化。攻擊期間，我軍共擊毀四輛敵軍戰車與數門戰防砲。一輛虎式被戰防砲命中，損害嚴重且起火燃燒（全損）。該車車組員由我軍安全救回。〇八〇〇時前不久，艾希洪恩少尉一路推進至五〇一擲彈兵團所在位置，於懷庫拉尼（Waikulani，奧格里亞尼北邊三公里）的路口聯繫上。他在〇八三〇時與該團一起向東朝里卡納火車站前進，沿途對上猛烈的戰防砲與戰車砲。這時第二輛虎式遭敵重型戰防砲擊中，起火燃燒（全損）。車組員三員死亡、一員重傷。

直到一一〇〇時，本次攻勢緩慢地前進至里西吉（Liciji，離里卡納火車站一公里）。在此處，步兵因面對敵軍從鐵路堤發動的猛烈射擊而停下。虎式也無法繼續前進，敵軍的戰車與戰防砲數量都增加了。這段期間又摧毀另外八輛戰車、一輛火箭砲和數門戰防砲。一支載著步兵的卡車車隊此時正往奧格拉尼（里西吉南方）移動，也由我部摧毀。由於本次攻擊已不再能保證成功，並且擲彈兵團開始受到南、北兩方向大批敵步兵與裝甲部隊的包圍威脅，該團於一一三〇時由第二軍下令撤回杜納河對岸（除了在柏斯基〔Broski〕與迪曼提〔Dimanti〕保留小規模橋頭堡之外）。

艾希洪恩受命自行突破返回提爾圖—史洛波達的原始陣地，並於當地補給。同時在奧格里亞尼，敵軍又進一步增加兵力，部署了大量的戰防砲。艾希洪恩少尉未與前述部隊交戰，而是帶領兩輛虎式快速通過奧格里亞尼。過程中，他突破了數處戰防砲陣地，遭到無數的戰車砲與戰防砲砲彈擊中，估計有超過四十門的戰防砲對這兩輛虎式開火。一二五〇時，艾希洪恩到達原本的出發地點，所屬的兩輛虎式都無法再進一步作戰。

自二三〇〇時起，二九〇步兵師位於杜納堡北方的橋頭堡撤回杜納河南岸，此乃第二軍大規模撤退的部分之一。二一三〇時，第二連兩輛部署於杜納河北岸的虎式通過杜納堡鐵路橋撤回南岸，於戈奇的營部集結（橋梁西南方二點五公里）。

第一連於七月二十三日受命從杜納堡前往薩拉塞攔截預期將出現的敵軍裝甲突擊，但直到七月二十五日都沒有遭遇戰鬥。該連於七月二十五日與二十六日參與八十三步兵師作戰區內薩拉塞西南邊的小規模反擊，擊退了數波敵軍步兵攻勢。由於據報出現的敵軍戰車取消攻擊，薩拉塞南邊與西南邊並未發生與敵軍裝甲部隊的交戰。

戰果：
摧毀十二輛敵軍戰車（T-43）
摧毀一輛一二二公厘突擊砲
摧毀一輛火箭砲
摧毀十門戰防砲
連同搭乘的步兵，摧毀三十四輛卡車
與敵軍步兵交戰
損失：
兩輛虎式全損
人員傷亡：三死、一重傷

一九四四年七月二十七日

第二軍的新主要防線沿勞斯溪（Lauce）延伸，大致上與薩拉塞－杜納堡公路平行，並於杜納堡沿杜納河轉向西北。敵軍相當遲疑地跟著我軍的撤退步伐前進。七月二十七日並未發生任何大規模交戰，第一連待在本軍右翼後方（八十七步兵師）的薩拉塞準備反擊；第二連與營部則於八十一步兵師後方的戈奇待命。

往西北的進一步撤退計畫於七月二十七日與二十八日之間的夜晚，以及二十八日與二十九日之間的夜晚進行。本次撤退的目的，是要與第一軍的右翼接觸（該軍正撤往西北邊的杜納河北岸），抽出部隊往西延伸主要防線（四十三軍作戰區），以及攔截正在進攻、朝北往里加施加極大壓力的敵軍。午後，本營接獲命令要撤回原訂於七月二十八日至二十九日到達的防線。二二〇〇時起，營部與第二連移動至埃格蘭西北邊四公里的伊留斯特溪（Illiuxt）後方的樹林內；第一連一路移動至勞藤錫莊園（Rautensee，埃格蘭南邊十公里外），任務是準備協同第二軍的進一步部署。

本次移動依計畫而行。維修連第二排（先前駐在埃格蘭）向西北邊移動四十五公里到阿尼斯特村（Akniste）。午夜前不久，本營自十六軍團接獲命令，要將營部、第一連與第二連移動至四十三軍作戰區內的阿別里（行軍距離三十五公里）。

第二軍作戰區內杜納堡周邊地區部署之總結與觀察

本營的本部、兩個連（二、三連）共同投入第二軍作戰區內的杜納堡周邊地區。自七月十三日至二十日，本營三個連全部到齊。自該日起，第三連轉移至四十三軍，在新建立的防線保護北方集團軍曝露的南面側翼（本營於該行動的原始任務是封鎖敵軍攻擊）後，本營被分成二至四個戰鬥群，用於在本軍作戰區內執行以下任務：

一、防禦並封鎖敵裝甲部隊攻擊。

二、配合步兵支援與突擊砲部隊反擊，奪回淪陷的村莊與地區。

三、在主要防線上執行臨時性掩護任務。

四、作為反應部隊，防禦預期將發生的敵軍攻擊。

五、替短距離撤退行動充當掩護。

六、執行現地戰鬥偵察任務。

所有任務皆成功完成，並且本營或個別連也因表現得到軍部、師部的讚賞。將虎式以獨立戰鬥群的方式部署（分散在整個軍作戰區，並且經常替換所屬師部），在多數狀況下皆成功保持本軍的主要防線完整直到七月二十六日撤退為止。只要投入虎式，俄軍就會取消，或只以步兵在適合的地形（樹林與湖泊周邊地區）攻擊。投入虎式一如部署突擊砲、重防空砲、反裝甲部隊與砲兵，經常需要快速重新調度，幾個小時內就要依新的敵情做出調整。為了守住主要防線或奪回防線，所有可用的重型武器都被帶到破口。過程中，我軍往往很少注意到機械方面的需求，尤其是虎式戰車營的需求。

一切都以不計代價守住主防線為最高指導原則，每個步兵都比一輛虎式要有價值（第二軍軍長的評論）。本營與後來的十六軍團裝備相關方面的人員，不間斷地就技術方面提出問題，還建議如何部署以降低對裝備的要求，這點獲得了上級的認可。本營經過長距離行軍的結果，就是虎式持續遇到動力系統與傳動系統的損傷問題，機械方面問題發生的頻率高到維修連與備用零件的取得再也跟不上的地步。關於此方面的細節請參考技術檢討報告。本營的意見是，相同的戰果是有望達成，但須滿足以下條件：

一、對主要防線前方執行更多地面與空中偵察，清楚了解敵軍的實力與意圖；

二、所有重型武器（虎式、突擊砲、八十八公厘戰防砲、八十八公厘防空砲）都有固定的任務區；且

三、擁有充足的備用重武器，存放於遠離主戰線所在，並盡可能留在接近中央的地點。

整體而言，與師、團、營級參謀的工作關係順利，調配納編的隸屬關係並非經常一致。本營企圖避免納編在小於師級的單位，亦企圖只與團級與營級參謀合作，但並非每次都能成功。當發生此類問題時，本營經常必須介入，並建議團或營採取適當的部署。

由於本營最多時被拆成四個戰鬥群，指揮變得相當複雜。通信方面，中波或超短波無線電可利用中繼站允許至多三個戰鬥群的通信。除了在七月十日至十一日與二〇五步兵師共同進行的戰鬥外，本營只能照顧到個別戰鬥群的戰術部署，這是基於各群指揮官僅參與作戰會議，以及參與

個別戰鬥群的行動而已。另外，本營必須隨時為軍部保持待命，等待軍長調用。

杜納堡南方的地形至少有八成不適合裝甲部隊部署。此地眾多的湖泊與溪流（流向與攻擊方向相反）、孤立的沼澤區與零碎樹林都會造成地形上的障礙與限制，使虎式難以部署與展開，以及應用其優異的射程。基於此特點，當地地形使虎式無法以超過連級或排級的兵力部署。因此，虎式在此接獲的任務大多實為突擊砲的工作。另須補充，虎式因其優異的裝甲，因此可能更適合此類任務。

杜納堡周邊作戰區內的橋梁條件極為惡劣。若非有六八〇工兵營協同，本營的虎式根本無法抵達主要防線。在前述期間內，該營補強了約六十座橋梁，改善了數處渡口。該營至少有一個連投入補強通往後方維修連與後勤車隊之道路上的各座橋梁。

一九四四年七月四日至二十七日的戰果

日期	戰鬥	戰車	突擊砲	戰防砲	火砲	殲滅敵軍
7/10	攻打道加里埃南方	-	-	16	-	300
7/11	攻打卡拉西諾 薩拉卡斯撤退	10	-	6	-	-
7/12	反攻安提里普托	2	-	-	-	-
7/14	反攻史托斯尤奈 攻打卡拉西諾北方	- -	- -	6 2	1 -	- 200
7/16	攻打馬恩加 反攻巴巴斯基	- -	- -	6 4	- -	100 -
7/18	攻打西連南方與巴巴斯基南方	-	-	7	-	150
7/22	杜納堡北方戰車戰	23	-	6	-	-
7/23	防衛瑪利納瓦東方	2	-	3	-	100
7/24	防衛並反攻瑪利納瓦	17	-	-	-	50
7/25	里卡納戰車戰 防衛瑪利納瓦	16 2	- -	2 3	- -	- 50
7/26	攻打里卡納	12	1	10	1	300
總戰果		**84**	**1**	**71**	**2**	**1250**

完成戰備的戰車數量暨維修人員表現

日期	行動區域內總數	具作戰能力	維修人員整備完成數
7/4	33	28	3
7/5	33	28	1
7/6	33	28	3
7/7	33	25	1
7/8	33	25	1
7/9	32	20	1
7/10	32	25	-
7/11	32	13	1
7/12	33	7	-
7/13	45	15	1
7/14	45	15	2
7/15	45	17	4
7/16	45	18	5
7/17	45	20	1
7/18	45	23	5
7/19	45	23	5
7/20	34	17	-
7/21	33	17	2
7/22	33	20	9
7/23	33	13	-
7/24	33	14	1
7/25	33	12	-
7/26	34	10	1
7/27	32	12	1

一九四四年七月四日至二十七日的傷亡

人員傷亡	**軍官**	**士官**	**士兵**	**總計**
陣亡	-	-	3	**3**
失蹤	-	-	-	**-**
受傷（住院）	1	2	7	**10**
受傷（在營休養）	5	5	8	**18**
總計	**6**	**7**	**18**	**-**

器材損失：

三輛六號戰車（虎式）：連同武器裝備全損

十輛六號戰車（虎式）：遭敵火破壞失去行動能力（從戰場回收並由維修連修理完成）

一輛附邊車機車：全損

一九四四年七月四日至二十七日的彈藥消耗

88公厘Pzgr.39穿甲彈	555發
88公厘高爆彈	876發
機槍彈藥	36000發

附錄

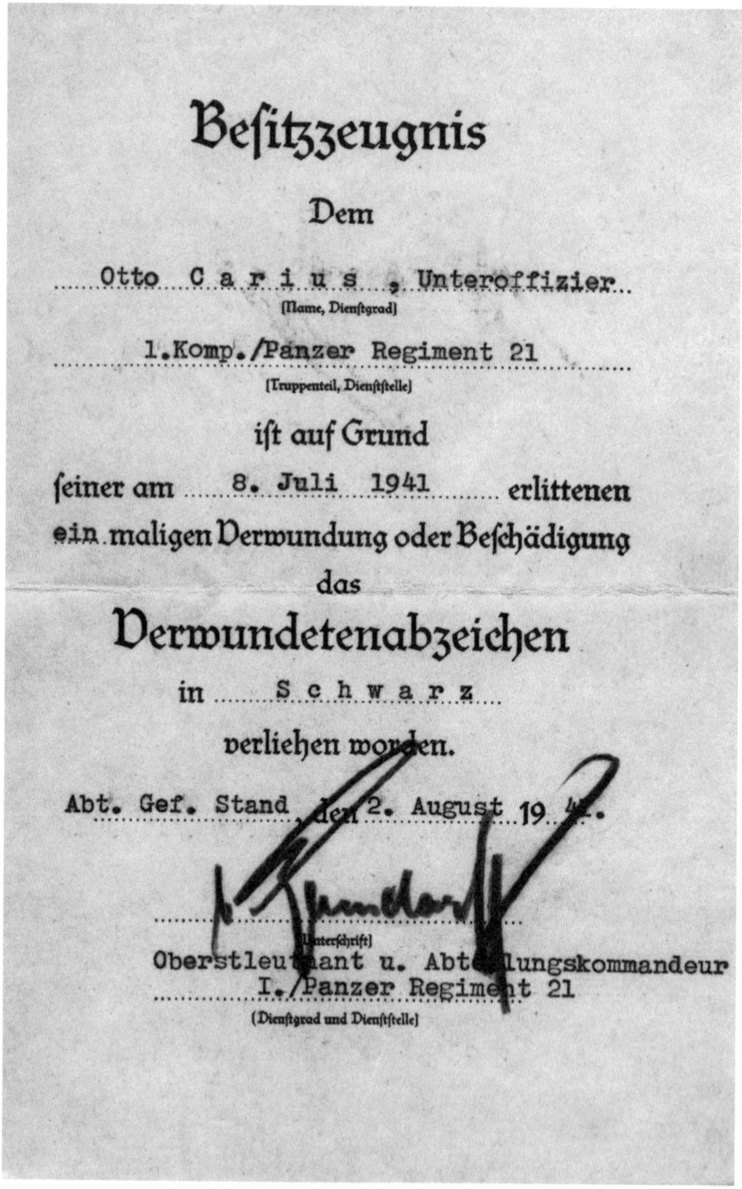

Besitzzeugnis

Dem

Otto C a r i u s , Unteroffizier

(Name, Dienstgrad)

1.Komp./Panzer Regiment 21

(Truppenteil, Dienststelle)

ist auf Grund

seiner am 8. Juli 1941 erlittenen

ein maligen Verwundung oder Beschädigung

das

Verwundetenabzeichen

in S c h w a r z

verliehen worden.

Abt. Gef. Stand , den 2. August 19 4.

(Unterschrift)

Oberstleutnant u. Abteilungskommandeur
I./Panzer Regiment 21

(Dienstgrad und Dienststelle)

卡留斯下士於 1941 年 7 月 8 日負傷獲頒黑質戰傷獎章，由 21 裝甲團 1 營中校營長馮・格斯托夫（von Gerstorff）簽發。

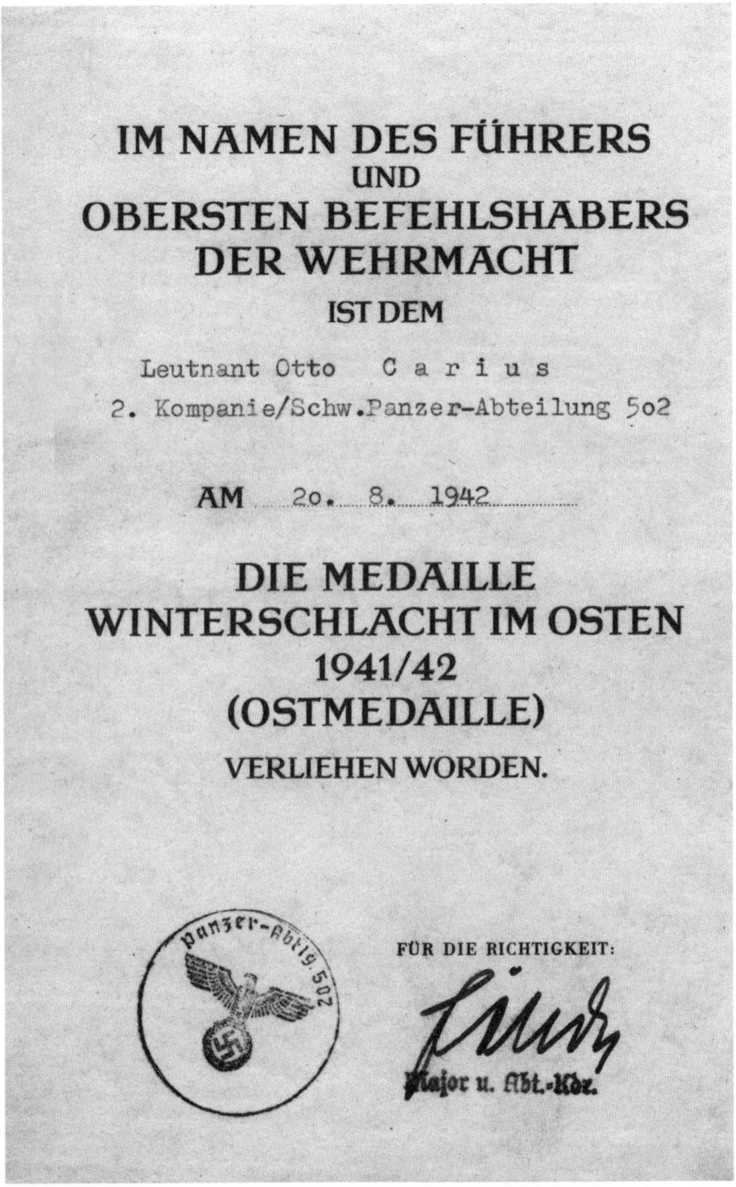

IM NAMEN DES FÜHRERS
UND
OBERSTEN BEFEHLSHABERS
DER WEHRMACHT
IST DEM

Leutnant Otto C a r i u s
2. Kompanie/Schw.Panzer-Abteilung 5o2

AM 2o. 8. 1942

DIE MEDAILLE
WINTERSCHLACHT IM OSTEN
1941/42
(OSTMEDAILLE)
VERLIEHEN WORDEN.

Panzer-Abtlg. 502

FÜR DIE RICHTIGKEIT:

Major u. Abt.-Kdr.

卡留斯少尉於一九四二年八月二十日獲頒 1941 至 1942 年東線冬季戰役勳章，由 502 重戰車營少校營長簽發。

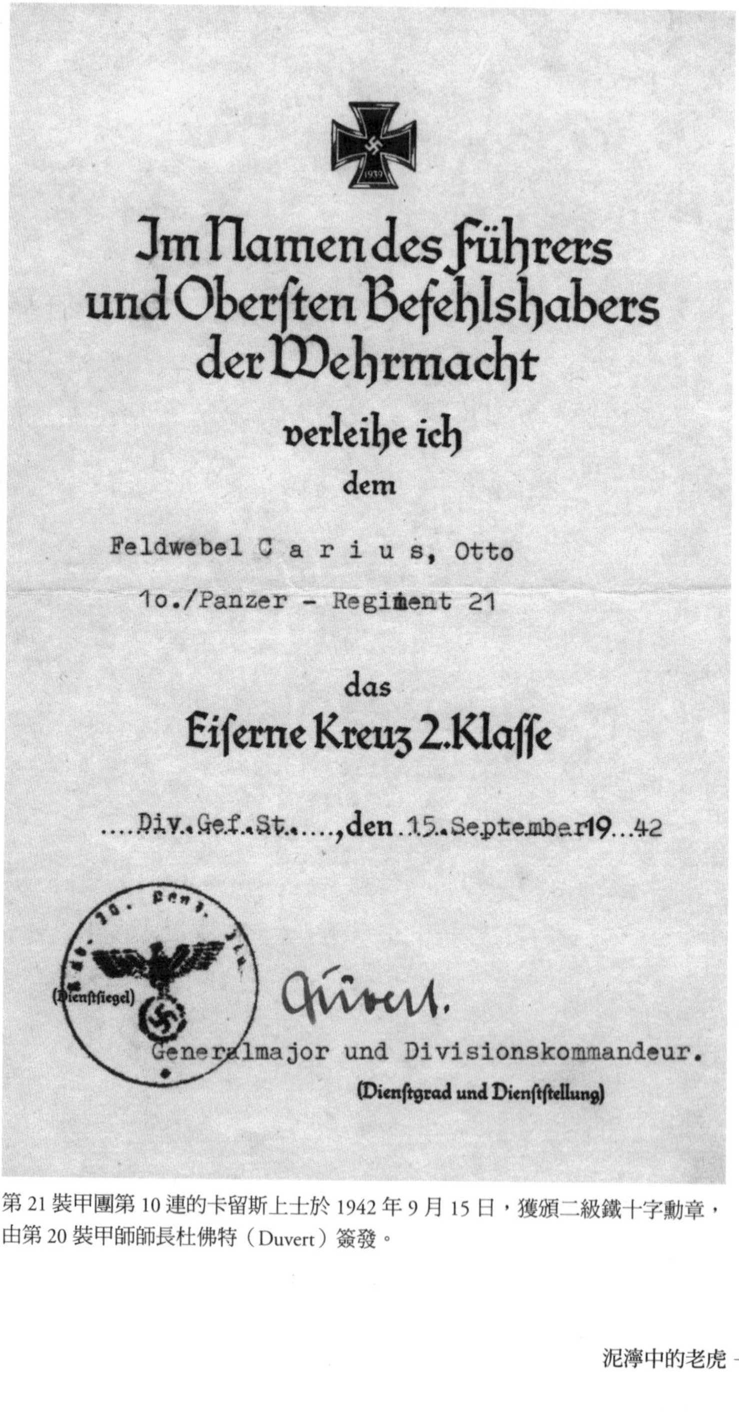

Im Namen des Führers
und Oberſten Befehlshabers
der Wehrmacht

verleihe ich

dem

Feldwebel C a r i u s, Otto

1o./Panzer - Regiment 21

das

Eiſerne Kreuz 2. Klaſſe

....Div.Gef.St.....,den .15.September19...42

(Dienſtſiegel)

Duvert.

Generalmajor und Divisionskommandeur.

(Dienſtgrad und Dienſtſtellung)

第 21 裝甲團第 10 連的卡留斯上士於 1942 年 9 月 15 日，獲頒二級鐵十字勳章，由第 20 裝甲師師長杜佛特（Duvert）簽發。

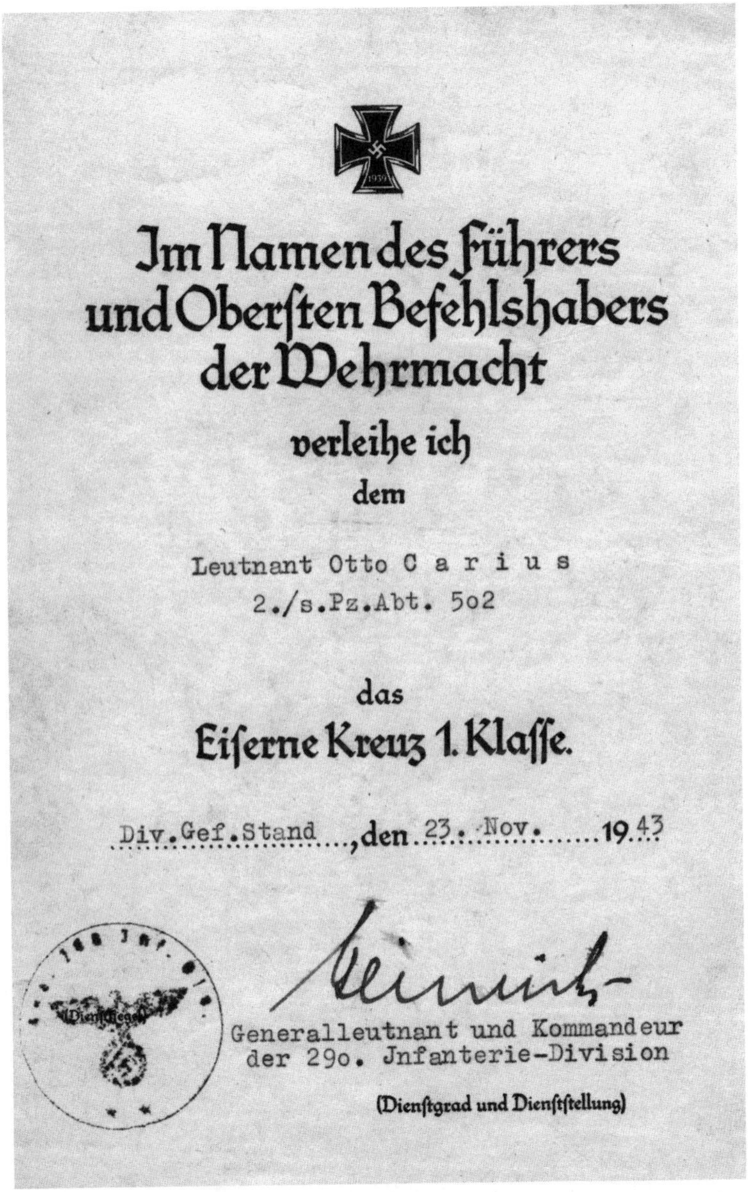

Im Namen des Führers
und Obersten Befehlshabers
der Wehrmacht

verleihe ich

dem

Leutnant Otto C a r i u s
2./s.Pz.Abt. 5o2

das

Eiserne Kreuz 1. Klasse.

Div.Gef.Stand, den 23. Nov. 1943

Generalleutnant und Kommandeur
der 29o. Jnfanterie-Division

(Dienstgrad und Dienststellung)

第 502 重戰車營第 2 連的卡留斯少尉於 1943 年 11 月 23 日，獲頒一級鐵十字勳章，由第 290 步兵師中將師長海因里希斯（Heinrichs）簽發。

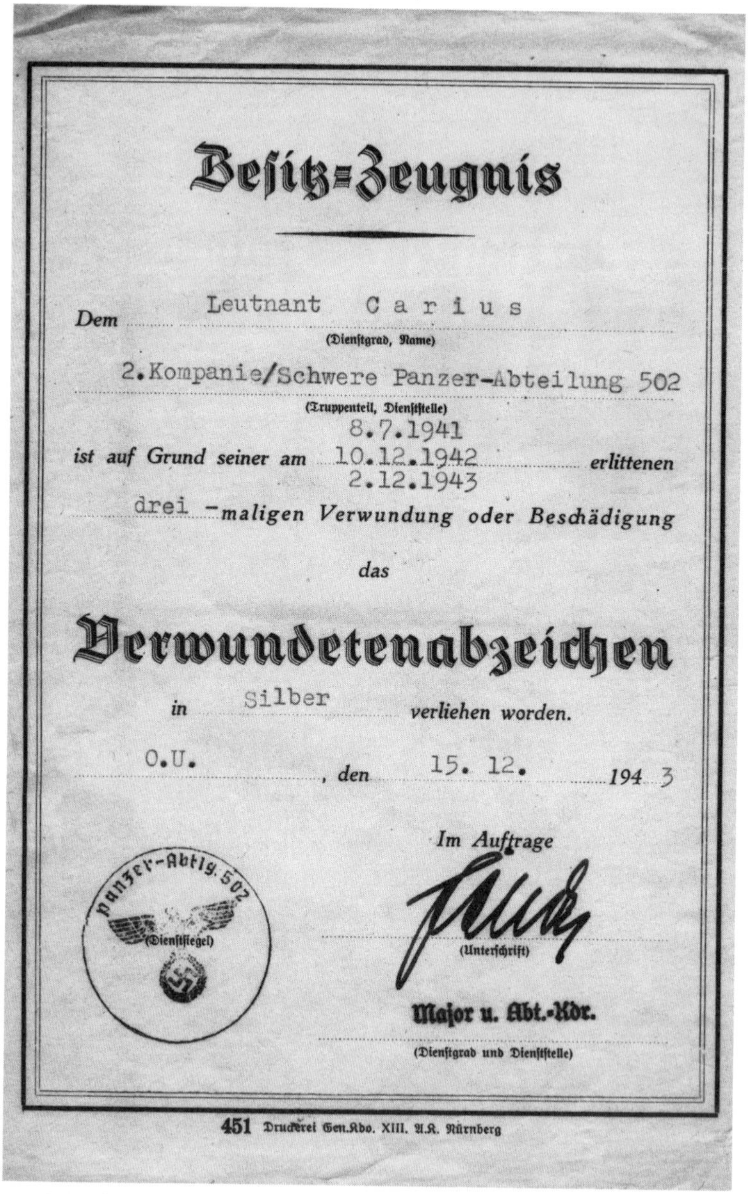

Besitz-Zeugnis

Dem Leutnant Carius
(Dienstgrad, Name)

2.Kompanie/Schwere Panzer-Abteilung 502
(Truppenteil, Dienststelle)

ist auf Grund seiner am 8.7.1941 / 10.12.1942 / 2.12.1943 erlittenen

drei -maligen Verwundung oder Beschädigung

das

Verwundetenabzeichen

in Silber verliehen worden.

O.U., den 15. 12. 1943

Im Auftrage

Panzer-Abtlg. 502
(Dienstsiegel)

(Unterschrift)

Major u. Abt.-Kdr.
(Dienstgrad und Dienststelle)

451 Druckerei Gen.Kdo. XIII. A.K. Nürnberg

502重戰車營少校營長葉德簽發的銀質戰傷獎章，卡留斯分別在1941年7月8日、1942年12月9日、1943年12月2日負傷。

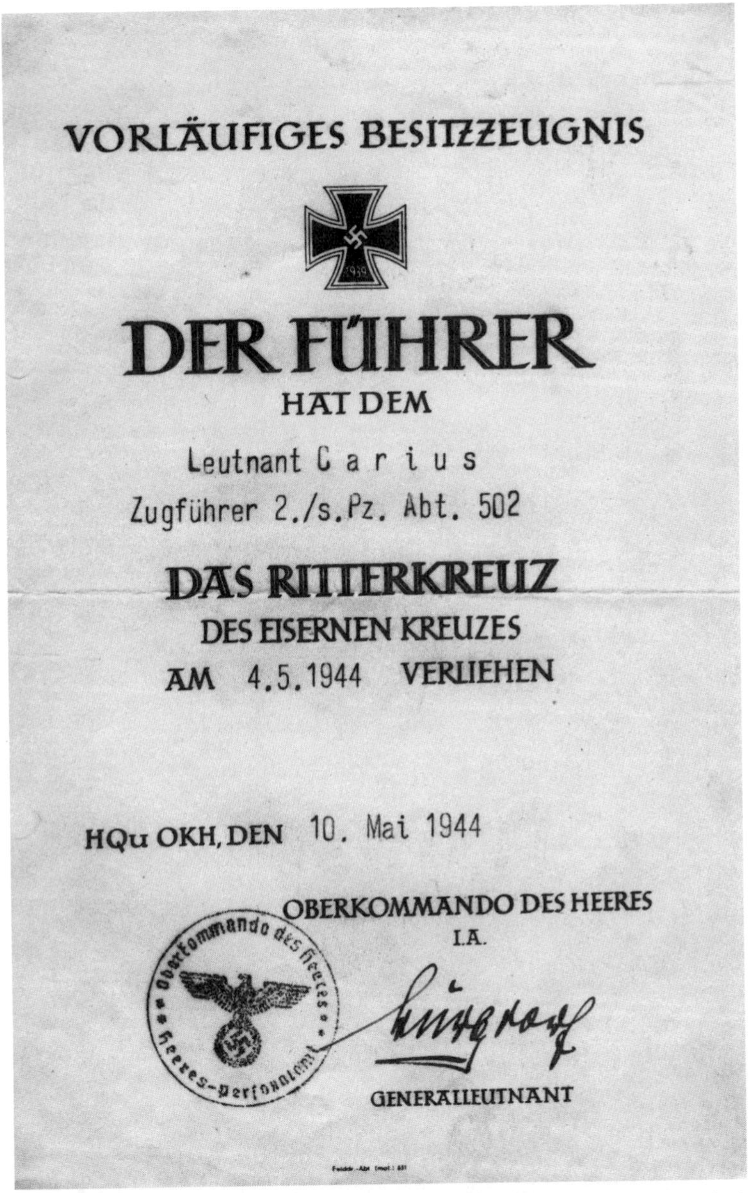

VORLÄUFIGES BESITZZEUGNIS

DER FÜHRER

HAT DEM

Leutnant C a r i u s

Zugführer 2./s.Pz. Abt. 502

DAS RITTERKREUZ

DES EISERNEN KREUZES

AM 4.5.1944 VERLIEHEN

HQu OKH, DEN 10. Mai 1944

OBERKOMMANDO DES HEERES

I.A.

GENERALLEUTNANT

卡留斯排長於 1944 年 5 月 4 日獲頒騎士十字勳章，由陸軍總司令部人事局次長布格道夫中將代簽核發。

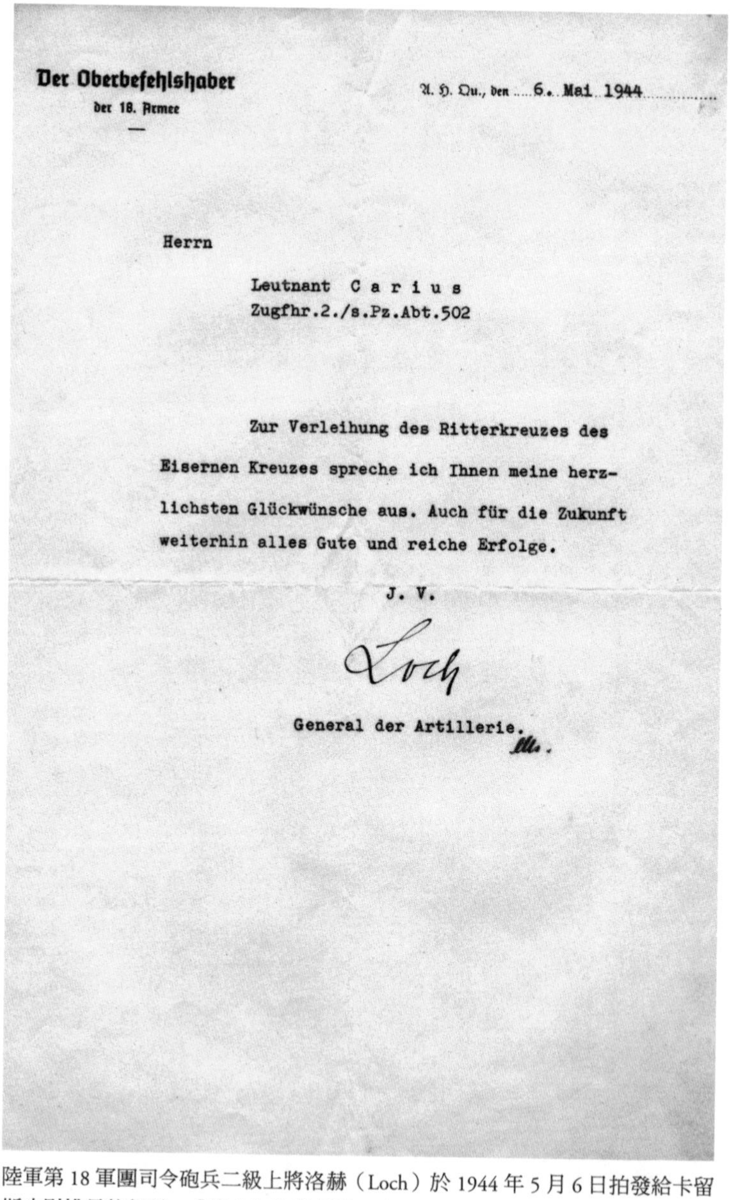

Der Oberbefehlshaber
der 18. Armee

A. H. Qu., den 6. Mai 1944

Herrn

Leutnant C a r i u s
Zugfhr.2./s.Pz.Abt.502

Zur Verleihung des Ritterkreuzes des Eisernen Kreuzes spreche ich Ihnen meine herzlichsten Glückwünsche aus. Auch für die Zukunft weiterhin alles Gute und reiche Erfolge.

J. V.

Loch

General der Artillerie.

陸軍第 18 軍團司令砲兵二級上將洛赫（Loch）於 1944 年 5 月 6 日拍發給卡留斯少尉排長的賀電。「謹此為您獲頒騎士十字勳章，致上最衷心的祝賀。並預祝未來持續建功立業、一切安好。」

Paderborn, 2. Juni 1944

Herrn Leutnant Carius
in der schw. Panzer-Abt. 502

Die Panzer-Lehrgänge „Tiger" und die Ersatz- und Ausbildungs-Abteilung 500 beglückwünschen Sie zu Ihrer hohen Auszeichnung mit dem Ritterkreuz des Eisernen Kreuzes und wünschen Ihnen für die Zukunft viel Soldatenglück und Erfolg.

Heil Hitler!

Luder

Major und Kommandeur

位於帕德伯恩的第 500 營少校營長魯德（Luder）拍發的賀電：「虎式戰車訓練學員與 500 補充暨訓練營在此恭喜您獲得騎士十字十字勳章殊榮，並祝您持續武運昌隆，在接下來的軍事生涯中屢獲成功。」文末附上「希特勒萬歲！」的口號。

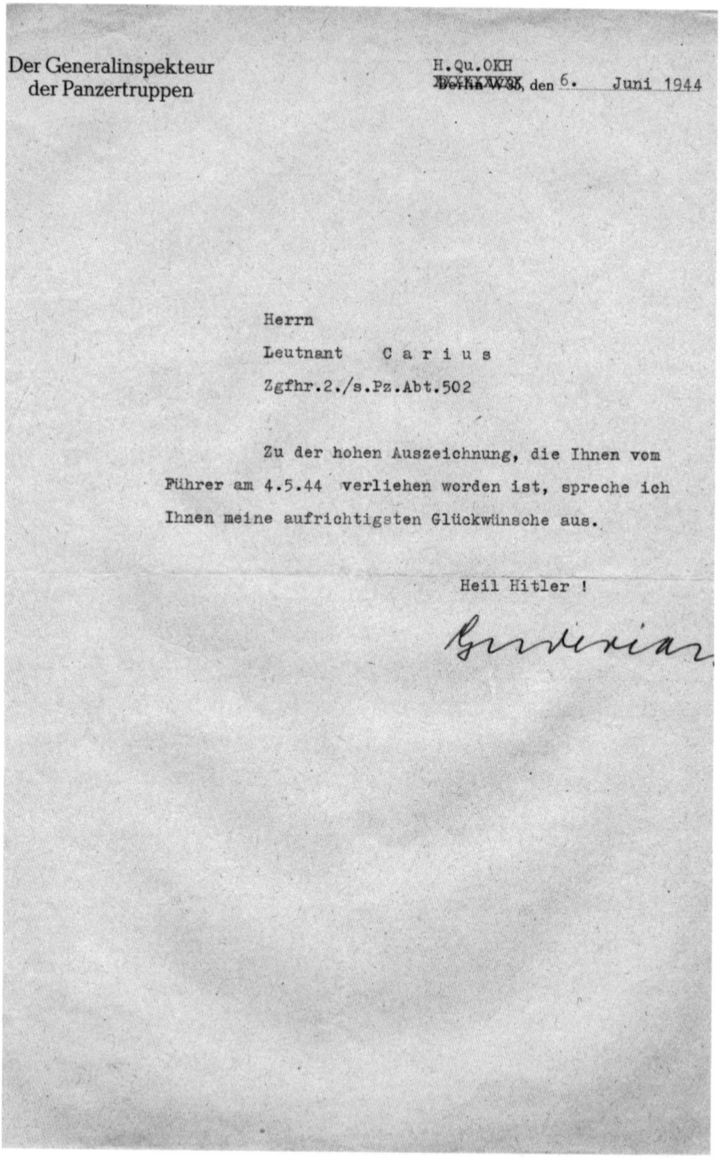

Der Generalinspekteur
der Panzertruppen

H.Qu.OKH
~~Berlin W 35~~, den 6. Juni 1944

Herrn

Leutnant C a r i u s

Zgfhr.2./s.Pz.Abt.502

Zu der hohen Auszeichnung, die Ihnen vom Führer am 4.5.44 verliehen worden ist, spreche ich Ihnen meine aufrichtigsten Glückwünsche aus.

Heil Hitler !

Guderian

裝甲兵總監古德林於 1944 年 6 月 6 日拍發給卡留斯少尉排長的賀電，當天湊巧是西線諾曼第登陸的日子。「謹此誠摯地恭賀您於 1944 年 5 月 4 日收到元首頒發的殊榮。」

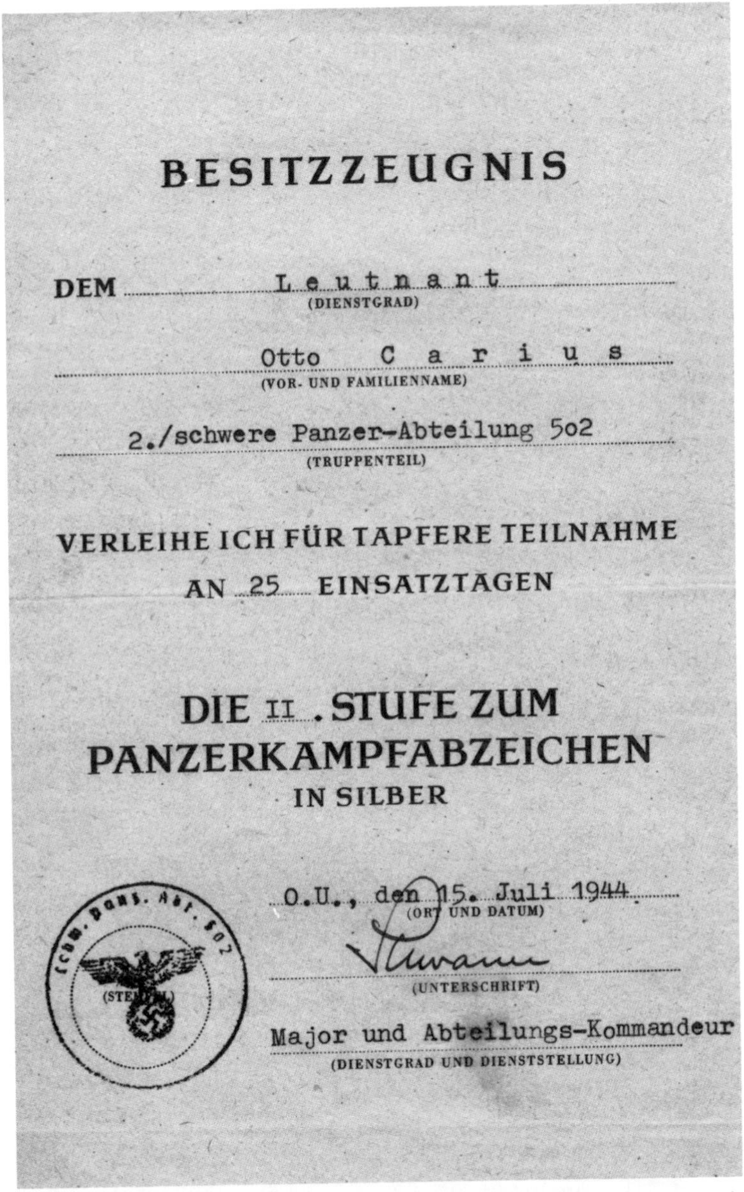

BESITZZEUGNIS

DEM Leutnant
(DIENSTGRAD)

Otto C a r i u s
(VOR- UND FAMILIENNAME)

2./schwere Panzer-Abteilung 5o2
(TRUPPENTEIL)

VERLEIHE ICH FÜR TAPFERE TEILNAHME
AN 25 EINSATZTAGEN

DIE II . STUFE ZUM
PANZERKAMPFABZEICHEN
IN SILBER

O.U., den 15. Juli 1944
(ORT UND DATUM)

(UNTERSCHRIFT)

Major und Abteilungs-Kommandeur
(DIENSTGRAD UND DIENSTSTELLUNG)

卡留斯少尉因英勇參與為期 25 天的戰鬥，獲頒第二等銀質裝甲突擊動章，由 502 營少校營長史瓦納簽發。

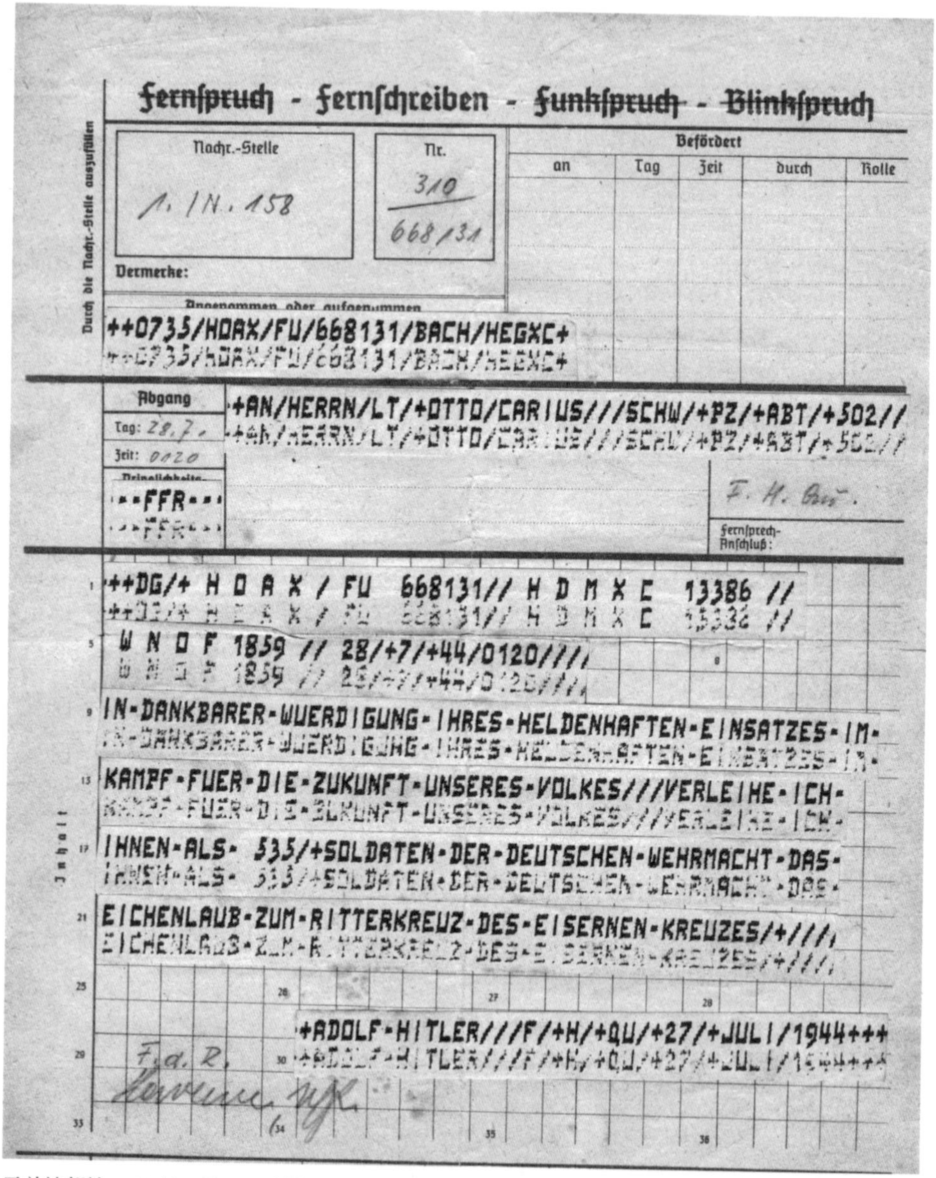

Fernspruch - Fernschreiben - ~~Funkspruch~~ - ~~Blinkspruch~~

Durch die Nachr.-Stelle auszufüllen

Nachr.-Stelle: 1. IN. 158

Nr. 310 / 668/31

Befördert: an | Tag | Zeit | durch | Rolle

Vermerke:

Angenommen oder aufgenommen

++0735/HDAX/FU/668131/BACH/HEGXC+
++0735/HDAX/FU/668131/BACH/HEGXC+

Abgang Tag: 28.7. Zeit: 0020

+AN/HERRN/LT/+OTTO/CARIUS///SCHW/+PZ/+ABT/+502//
+AN/HERRN/LT/+OTTO/CARIUS///SCHW/+PZ/+ABT/+502//

Dringlichkeits-: ++FFR++
++FFR++

F. H. Bu.

Fernsprech-Anschluß:

Inhalt

++DG/+ H D A X / FU 668131// H D M X C 13386 //
++DG/+ H D A X / FU 668131// H D M X C 13386 //
W N D F 1859 // 28/+7/+44/0120///
W N D F 1859 // 28/+7/+44/0120///
IN-DANKBARER-WUERDIGUNG-IHRES-HELDENHAFTEN-EINSATZES-IM-
IN-DANKBARER-WUERDIGUNG-IHRES-HELDENHAFTEN-EINSATZES-IM-
KAMPF-FUER-DIE-ZUKUNFT-UNSERES-VOLKES///VERLEIHE-ICH-
KAMPF-FUER-DIE-ZUKUNFT-UNSERES-VOLKES///VERLEIHE-ICH-
IHNEN-ALS- 535/+SOLDATEN-DER-DEUTSCHEN-WEHRMACHT-DAS-
IHNEN-ALS- 535/+SOLDATEN-DER-DEUTSCHEN-WEHRMACHT-DAS-
EICHENLAUB-ZUM-RITTERKREUZ-DES-EISERNEN-KREUZES/+///
EICHENLAUB-ZUM-RITTERKREUZ-DES-EISERNEN-KREUZES/+///

+ADOLF-HITLER///F/+H/+QU/+27/+JULI/1944+++
+ADOLF-HITLER///F/+H/+QU/+27/+JULI/1944+++

F. d. R.
Lauriu. ak.

元首總部於 1944 年 7 月 27 日拍發給卡留斯的電報，「為對您於戰場英勇表現以替我國人民爭取未來之舉表達謝意，特此致贈國防軍第 535 枚橡葉騎士十字勳章予貴官。」署名，阿道夫．希特勒。

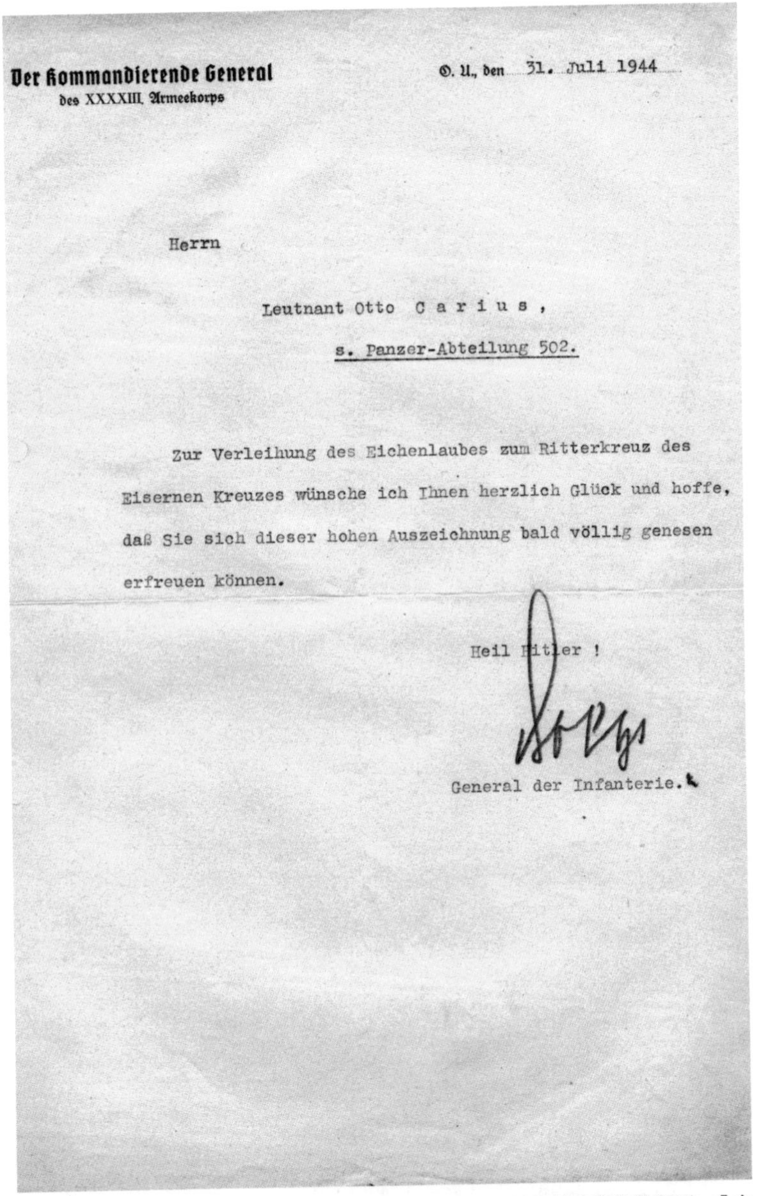

Der Kommandierende General
des XXXXIII. Armeekorps

O. U., den 31. Juli 1944

Herrn

Leutnant Otto C a r i u s ,

s. Panzer-Abteilung 502.

Zur Verleihung des Eichenlaubes zum Ritterkreuz des Eisernen Kreuzes wünsche ich Ihnen herzlich Glück und hoffe, daß Sie sich dieser hohen Auszeichnung bald völlig genesen erfreuen können.

Heil Hitler !

General der Infanterie.

第43軍團司令洛策（Latze）步兵上將於1944年7月31拍發給卡留斯的賀電，「由衷地祝願您早日康復，並以最佳身體狀態享受橡葉騎士十字勳章的榮譽。」

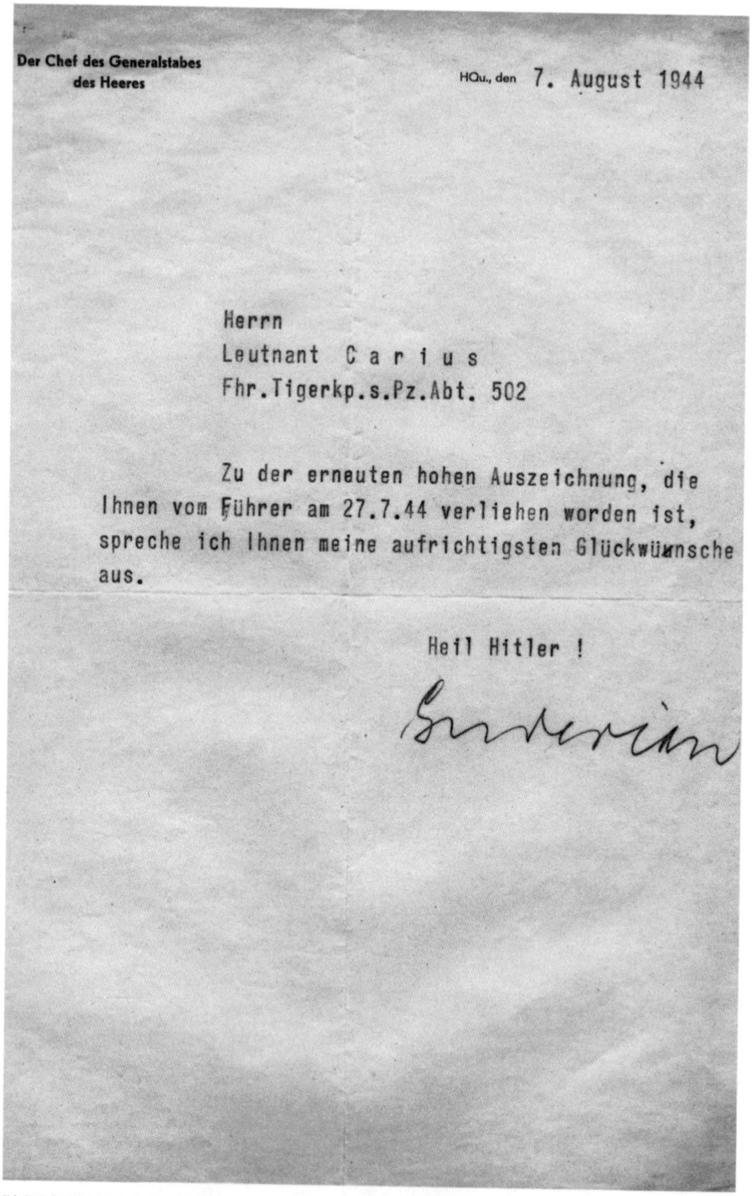

Der Chef des Generalstabes
des Heeres

HQu., den 7. August 1944

Herrn
Leutnant C a r i u s
Fhr.Tigerkp.s.Pz.Abt. 502

Zu der erneuten hohen Auszeichnung, die Ihnen vom Führer am 27.7.44 verliehen worden ist, spreche ich Ihnen meine aufrichtigsten Glückwünsche aus.

Heil Hitler !

Guderian

陸軍參謀總長古德林上將於 1944 年 8 月 7 日的賀電，「謹此為您於 1944 年 7 月 27 日再次收到元首頒發的另一殊榮，致上最誠摯的祝賀。」

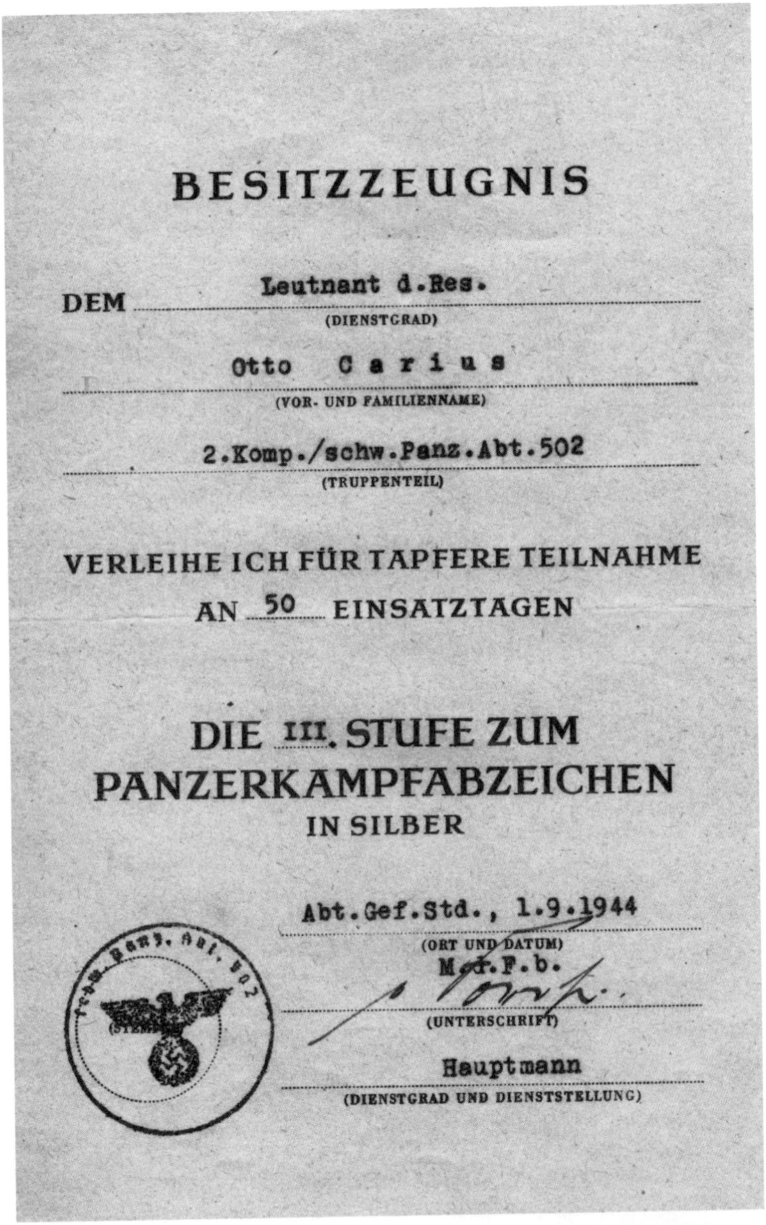

BESITZZEUGNIS

DEM Leutnant d.Res.

(DIENSTGRAD)

Otto Carius

(VOR- UND FAMILIENNAME)

2.Komp./schw.Panz.Abt.502

(TRUPPENTEIL)

VERLEIHE ICH FÜR TAPFERE TEILNAHME

AN 50 EINSATZTAGEN

DIE III. STUFE ZUM

PANZERKAMPFABZEICHEN

IN SILBER

Abt.Gef.Std., 1.9.1944

(ORT UND DATUM)

M.d.F.b.

(UNTERSCHRIFT)

Hauptmann

(DIENSTGRAD UND DIENSTSTELLUNG)

卡留斯備役少尉因英勇參與為期 50 天的戰鬥，獲頒第三等銀質裝甲突擊勳章。

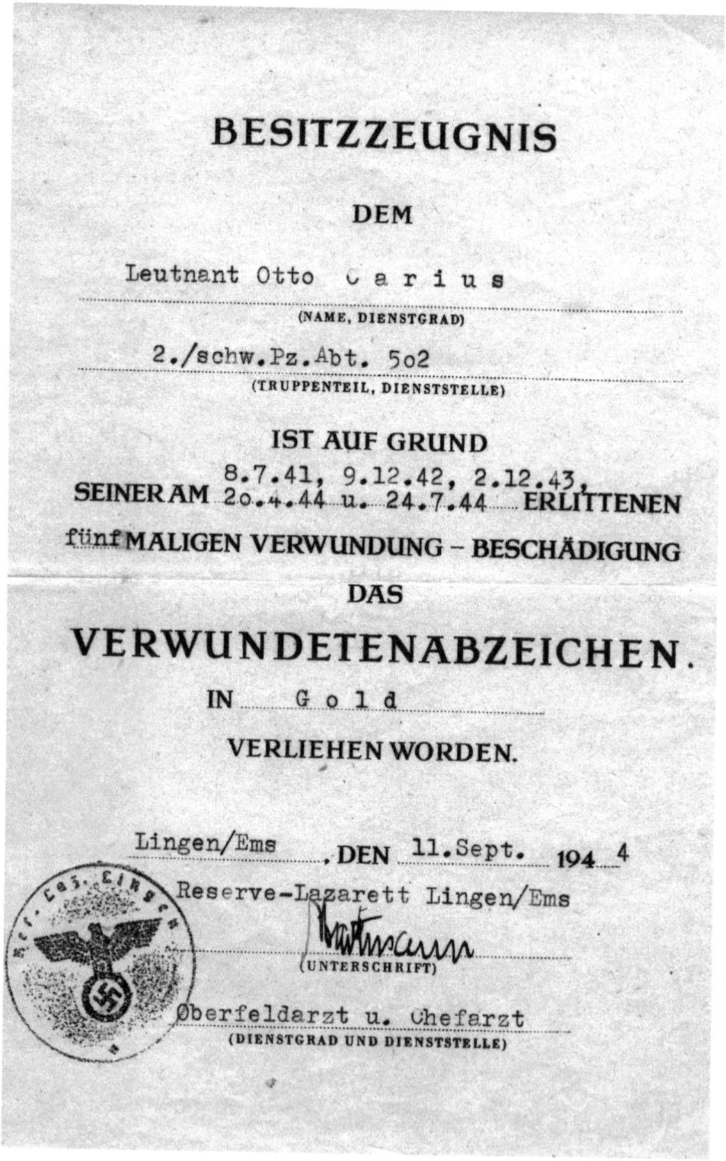

BESITZZEUGNIS

DEM

Leutnant Otto Carius

(NAME, DIENSTGRAD)

2./schw.Pz.Abt. 5o2

(TRUPPENTEIL, DIENSTSTELLE)

IST AUF GRUND

SEINER AM 8.7.41, 9.12.42, 2.12.43, 2o.4.44 u. 24.7.44 ERLITTENEN

fünfMALIGEN VERWUNDUNG – BESCHÄDIGUNG

DAS

VERWUNDETENABZEICHEN.

IN Gold

VERLIEHEN WORDEN.

Lingen/Ems, DEN 11.Sept. 1944

Reserve-Lazarett Lingen/Ems

(UNTERSCHRIFT)

Oberfeldarzt u. Chefarzt

(DIENSTGRAD UND DIENSTSTELLE)

卡留斯少尉於 1944 年 9 月 11 日負傷獲頒金質戰傷獎章，由埃姆斯河的林根後備野戰醫院中校總醫師哈特曼簽發。載明 5 次的受傷日期分別是 1941.07.08、1942.12.09、1943.12.02、1944.04.20、1944.07.24。

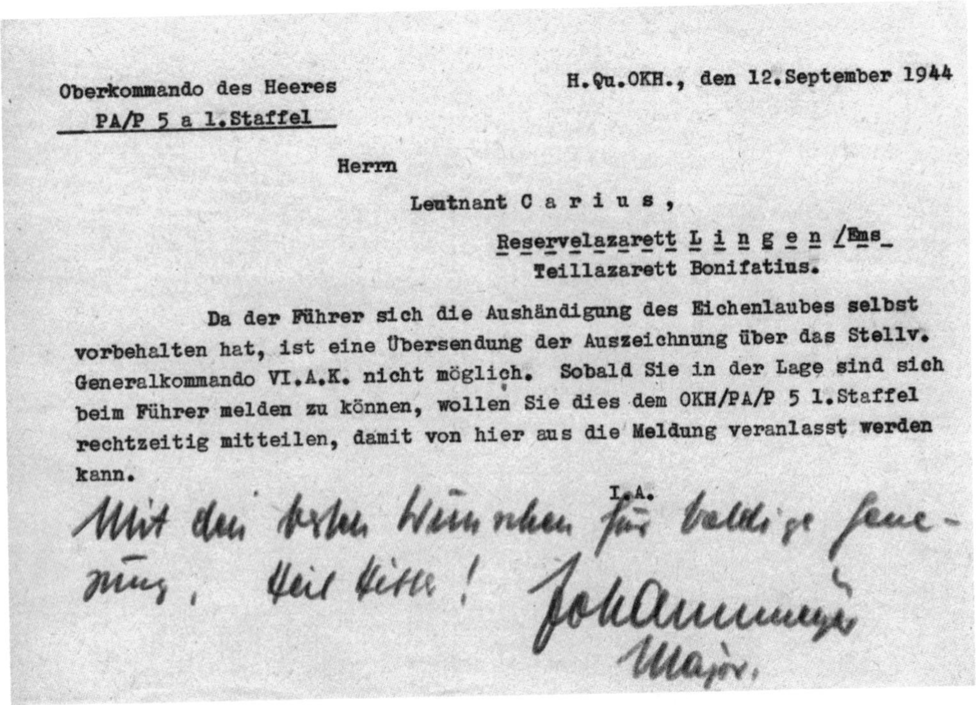

Oberkommando des Heeres
PA/P 5 a 1.Staffel

H.Qu.OKH., den 12.September 1944

Herrn

Leutnant C a r i u s ,

Reservelazarett L i n g e n /Ems
Teillazarett Bonifatius.

Da der Führer sich die Aushändigung des Eichenlaubes selbst vorbehalten hat, ist eine Übersendung der Auszeichnung über das Stellv. Generalkommando VI.A.K. nicht möglich. Sobald Sie in der Lage sind sich beim Führer melden zu können, wollen Sie dies dem OKH/PA/P 5 1.Staffel rechtzeitig mitteilen, damit von hier aus die Meldung veranlasst werden kann.

I.A.

Mit den besten Wünschen für baldige Genesung. Heil Hitler!
Johannmeyer
Major.

卡留斯少尉的舊識，陸軍總司令部任職的梅耶少校，於陸總部人事處第五處第一組所拍發的電文上，加上了自己的內容「（手寫）祝早日康復。希特勒萬歲！」電報內容如下：「由於元首保有頒發橡葉的權力，因此無法透過第六軍司令部代理寄送勳章。如您恢復狀況已能親自向元首報到，應即通知陸軍總司令部人事處第五處第一組，俾利本組製作適當報告。」

Schwere Panzer-Abteilung 502
- Kommandeur -

Abt.Gef.Std., 10.9.44.

An

Leutnant
Otto C a r i u s ,
z.Zt. Res.Laz.
L i n g e n a.d.Ems,
Teillazarett Bonifatius.

Mein lieber C a r i u s !

Als Nachfolger von Herrn Major S c h w a n e r habe ich lediglich Ihre Spuren bei der s.Pz.Abt.502 wahrgenommen. Es ist mir aus diesem Grunde ein Bedürfnis, mich auf diesem Wege Ihnen als Kommandeur Ihrer schönen Abteilung vorzustellen.

Von Ihren hiesigen Kameraden habe ich vernommen, welch scheußliches Pech Sie bei Ihrem letzten Einsatz gehabt haben. Ich möchte Ihnen von ganzem Herzen eine baldige und restlose Genesung wünschen. Die ganze Abteilung schließt sich von ganzem Herzen diesen Wünschen an.

Ich würde mich ganz besonders freuen, wenn Sie auch Ihren künftigen Aufenthaltsort, sowie Ihre weiteren Wünsche der Abteilung mitteilen würden, damit Sie die Abteilung bei Erlangung derselben unterstützen kann.

Gleichzeitig habe ich die Freude, Ihnen die III.Stufe zum "Panzerkampfabzeichen in Silber" für 50 Angriffe zu übersenden.

Mit den herzlichen Grüßen und aufrichtigen Wünschen für baldige Genesung, bin ich Ihr

Ihnen ergebener

Fromme.

502營長於1944年9月10日寫給人在後備野戰醫院休養的卡留斯少尉，內容如下：

親愛的卡留斯：

身為史瓦納少校的繼任者，我經常在502重戰車營聽見您的事蹟。出於這個原因，身為您的傑出營級指揮官，我認為有需要以此信向您自我介紹。

從您的戰友口中，我得知您於上次行動遭遇的可怕噩運。我打從心底希望您早日完全康復。全營上下也全心抱持同樣願望。

若能請您通知營上接下來停留的地點與任何進一步的願望，我定會十分欣喜，也能讓營上協助您實現。

同時我亦十分榮幸，寄頒給您參與50次攻擊的第三級銀質戰車突擊勳章。

在此衷心問候您並誠摯願您早日康復，此致

您的

馮・佛斯特

Schwere Panzer-Abteilung 502
- Kommandeur -

Abt.Gef.Std., den 24.9.1944

An
Oberleutnant
Otto C a r i u s ,
z.Zt. Res.Laz.Lingen,
L i n g e n / Ems
Teillaz. Bonifatius.

Mein lieber Carius !

Ich bin in der erfreulichen Lage, Ihnen Ihre vorzugsweise Beförderung zum O b e r l e u t n a n t d.Res. in weiterer Anerkennung Ihrer hervorragenden Einsätze bekanntzugeben. Nachfolgend die Durchschrift des heutigen Fernschreibens an den Chefarzt des Res.Laz.Lingen/Ems, woraus Sie RDA und nähere Angaben entnehmen können:

"Um dienstliche Bekanntgabe der mit Wirkung und RDA. vom 1.8.1944 gem.Verfg.OKH/PA Ag P 1/6.Abt.-a3- Az. pers.v.31.8.1944 erfolgten vorzugsweisen Beförderung des Leutnant d.Res.Otto Carius zum Oberleutnant d.Res. wird gebeten."

Im Namen der ganzen Abteilung und selbstverständlich auch persönlich wünsche ich Ihnen von ganzem Herzen eine baldige und restlose Genesung, damit Sie bald hier bei uns im alten Kameradenkreis zu gemeinsamen Einsätzen wieder in der Lage sind.

Mit kameradschaftlichen Grüßen bin ich

Ihr

ergebener

502營長於1944年9月24日寫給人在後備野戰醫院休養的卡留斯少尉，內容如下：

親愛的卡留斯：

我在此十分榮幸能有機會通知您，首先恭賀您因表現優異將晉升為備役中尉。以下是今日送至埃姆斯河的林根後備野戰醫院總醫師處的電報複本，供您可以從中得知您的階級年資起算日期及進一步資訊：

「所請公布之晉升生效及階級年資起算日是依1944年8月31日OKH/PA Ag P 1/6.Abt.-a3-Az-pers.文執行，奧托・卡留斯後備少尉晉升至後備中尉，自1944年8月1日起生效，階級年資亦於同日起算。」

以全營之名，當然也包括我個人，誠心祝您早日完全康復，不久後能回到這裡，與老戰友相聚並共同作戰。

充滿袍澤情誼衷心問候您，

您忠實的

馮・佛斯特

泥濘中的老虎：德國戰車指揮官的戰爭回憶

TIGER IM SCHLAMM: Die 2. schwere Panzer-Abteilung 502 vor Narwa und Dünaburg

作者　奧托・卡留斯（Otto Carius）
譯者　常靖、滕昕雲
導讀／審定　許智翔
主編　區肇威（查理）
封面設計　倪旻峰
內頁排版　宸遠彩藝

出版　燎原出版／遠足文化事業股份有限公司
發行　遠足文化事業股份有限公司（讀書共和國出版集團）
地址　新北市新店區民權路 108-2 號 9 樓
電話　02-2218-1417
傳真　02-8667-1065
客服專線　0800-221-029
信箱　sparkspub@gmail.com
法律顧問　華洋法律事務所／蘇文生律師
印刷　成陽印刷股份有限公司

出版日期　二〇二一年十一月／初版一刷
　　　　　二〇二四年〇六月／初版六刷
定價／五八〇元
ISBN　9786269505524（平裝）
　　　9786269505548（EPUB）
　　　9786269505531（PDF）

讀者服務

泥濘中的老虎：德國戰車指揮官的戰爭回憶 / 奧托 . 卡留斯 (Otto Carius) 著；常靖、滕昕雲譯 . -- 初版 . -- 新北市：遠足文化事業股份有限公司燎原出版 , 2021.11
432 面；17×22 公分

譯自：Tiger im Schlamm : die 2. schwere Panzer-Abteilung 502 vor Narwa und Dünaburg

ISBN 978-626-95055-2-4 (平裝)

1. 卡留斯 (Carius, Otto)　2. 傳記　3. 第二次世界大戰

784.38　　110016582